KB070335

시나리오 가이드

THE TOOLS OF SCREENWRITING
A Writer's Guide to the Craft and Elements of a Screenplay

시나리오 가이드

데이비드 하워드 · 에드워드 마블리 공저/ 심산 옮김

저자서문

이 책은 어떻게 완성되었는가

컬럼비아대학 영화학과의 프랭크 대니얼*이 한 달 동안 주재한 시나리오 작법 세미나에 초청되는 행운을 얻은 것은 10년 전 일이다. 세미나가 시작되기 전에 나는 도움이 될 만한 몇 권의 책을 읽어오라는 지시를 받았는데 그중 하나가 에드워드 마블리의 〈극적 구조 Dramatic Construction〉(1972)였다. 나는 시내의 모든 책방에 전화를 걸었으나 그 책이 절판이라는 사실을 확인했고, 도서관에 갔을 때에는 그 책이 벌써 대출되었다는 것을 알았다. 아마도 나처럼 세미나에 참석하려 한 누군가가 빌려갔을 것이다. 그래서 어쩔 수 없이 나는 전혀 준비가 안 된 상태로 세미나에 참석할 수밖에 없었는데, 곧 대부분의 다른 참석자들도 나와 마찬가지로 그 책을 구해보지 못했다는 사실을 알게 되었다. 결국 세미나가 진행되었던 한 달 동안 우리는 단 한 권뿐이었던 그 책을 돌려보며 공부할 수밖에 없었다. 그래도 세미나는 무사히 진행되었을 뿐 아니라 대단히 성공적으로 이루어졌다.

그 이후 나는 프랭크를 따라 컬럼비아대학으로 가서 시나리오 작법 과정과 감독 과정을 공부했다. 그리고 프랭크가 남캘리포니아대학의 영화-텔레비전 학과 학장을 맡게 됨에 따라 그의 지도하에 시나리오 작법 과정의 설립책임자 겸 교수가 되었다. 그렇게 지난 세월 동안 실로 많은 변화가 있었지만 두 가지 사실만은 여전하다. 첫째, 마블리의 저서 〈극적 구조〉는 분명 희곡 작법에 관한 책이었고, 그래서 사례도 주로 연극에서 따온 것들뿐이지만, 시나리오 작법을 공부하는 학생들에게도 대단히 유효한 입문서라는 사실이다. 둘째, 그 책은 아직도 절판중이어서 여전히 구하기가 힘들다는 사실이다.

성마틴출판사(St. Martin's Press)의 그레고리 맥나이트(Gregory McNight)가 마블리의 〈극적 구조〉를 시대에 맞게 고치고 시나리오 작법에 알맞도록 개정하자는 기획을 가지고 나를 찾아온 것은 그 즈음이다. 지금 당신이 손에 들고 있는 이 책 〈The Tools of Screenwriting: A Writer's Guide to the Craft and Elements of a Screenplay〉는 그런 경로를 통하여 만들어졌다. 언뜻 보기에 그것은 아주 쉬운 일처럼 느껴졌다. 어찌됐건 〈극적 구조〉는 그 자체로 훌륭한 저서였고, 나는 이미 그 책의 내용을 훤히 꿰고 있었으며, 다년간의 수업시간을 통하여 그 책의 이론들을 광범위하게 적용시켜본 경험이 있었기 때문이다.

그러나 간단하게 보이는 모든 일들의 실상은 매우 복잡하게 마련이다. 드라마 이론에 관한 마블리의 글 대부분은, 그의 목소리와 글쓰는 방식을 나 자신의 목소리 및 글쓰는 방식과 통일시키기 위해서라도, 어느 정도 다시 쓰여져야 했다. 또한 마블리가 희곡을 분석한 글의 대부분은 영화를 분석한 글로 대체되어야만 했다. 결국 이 책은 나의 최근 작업에서 나온 산물과 마블리의 예전 저작이 한 권의 텍스트에 통합된 것이다. 마블리가 몇 년 전에 고인이 된 까닭에 그와 나는 함께 토론하기는커녕 단 한 번도 만난 적이 없지만 이 책은 분명히 우리의 공저이다. 그저 이어붙인 솔기가 너무 많이 눈에 띄지 않기를 희망할 뿐이다.

그런 과정을 거쳐 만들어진 책이기 때문에 아이디어와 도움, 그리고 특히 드라마 이론의 공적에 대해 감사를 표하는 일도 한결 복잡해진다. 이 책에 이론의 형태로 포함되어 있는 것 가운데 많은 부분은 마블리의 책보다 훨씬 위로 거슬러올라간다. 아리스토텔레스의 사상을 어떤 방식으로든 언급하지 않은 채 드라마 이론에 관한 글을 쓴다는 것은 아마도 불가능할 것이다. 아리스토텔레스를 위시한 고대 사상가들 외에도 유럽의 연극적 전통에서 도출된 기본적 개념들이 이 책의 제2부 「스토리텔링의 기초」나 제3부 「시나리오 작법」을 집필하는 데 커다란 도움을 줬다.

간혹 다른 사람의 아이디어를 차용했으면서도 그러한 사실 자체를 인식하지 못하는 경우도 있다. 나의 경우는 그렇지 않다. 나는 최소한 이 책에서 설명되고 있는 것의 많은 부분이 어디에서 연원했는지 알고 있다. 나는 드라마, 영화, 스토리텔링, 시나리오 작법에 관한 공부를 프랭크 대니얼 밑에서 시작했다. 시나리오작가이자 시나리오 작법 교수로서 본격적인 경력을 시작한 것도 주로 그에게서 받은 통찰력의 결과를 바탕으로 해서였다. 그러므로 나의 독창적인 견해라고 여기고 있는 것들 중 많은 것들이 실제로는 프랭크 대니얼-그는 내게 있어서 나일강의 원류와도 같은 존재이다-에게서 연원했을 가능성이 크다.

이 책에 소개된 시나리오 작법 이론에 관한 한 프랭크 대니얼이 최초로 정립했음이 분명한 개념들이 많다. "누구의 스토리인가?", "누구의 신(scene)인가?", 객관적인 드라마와 주관적인 드라마, 누설과 인식의 원리 등은 모두 그가 정립한 개념들이다. 그 밖에도 준비신과 여파신, 미리 알려주기와 예상하게 만들기 등도 그의 공적에 속한다. 시나리오 작법 이론에 관한 프랭크 대니얼의 기여 중에서도 가장 중요한 것은 드라마의 본질에 대한 놀라울 만큼 단순한 정의이다. "누군가가 어떤 일을 하려고 대단히 노력하는데 그것을 성취하기란 매우 어렵다." 훌륭한 발명품이 그러하듯 훌륭한 이론 역시 일단 창조되고 나면 너무나도 빤해 보여서 왜 이전에는 아무도 그 단순한 핵심을 직시하지 못했는가 의아스러워질 지경이다.

이 책이 독자와 시나리오작가에게 시나리오의 전체 구조를 이해하고 실제로 그것을 집필하는 데 도움이 되기를 기대한다.

1993년 봄
캘리포니아 샌타모니카에서
데이비드 하워드

---

*프랭크 대니얼(Frank Daniel)은 오랫동안 세계 유수의 영화학교들을 이끌어온 현대영화교육사의 산 증인으로 이 책에서 제시되는 개념들을 최초로 정립한 학자이다. 1960년대에는 '프라하의 봄'을 구가하던 체코영화학교(FAMU)의 학장이었고, 신설된 미국영화학교(AFI)의 초대학장이었으며, 이후 자신의 애제자였던 밀로스 포먼(Milos Forman)과 더불어 컬럼비아대학 영화학과의 초대(공동) 학과장으로 재직한 바 있다. 현재도 유럽과 미국을 넘나드는 정력적인 활동으로 후진양성에 몰두하고 있다.-역주

역자서문

연역과 귀납의 변증법

벌써 4년 전의 일이다. 1950년대 미국을 배경으로 하는 갱스터누아르를 찍겠답시고 뉴욕을 방문한 적이 있다. 초고를 마음에 들어한 제작자가 제법 두둑한 출장비까지 챙겨주었던 까닭에 난생 처음 케네디공항에 발을 디딘 나는 날아갈 듯한 기분이었다. 그러나 자료조사와 제작비 견적서를 뽑아보기 위하여 면담한 뉴욕유니언의 크루들은 그 멍청했던 계획을 듣자 어이없다는 듯 너털웃음을 터뜨려댔다. 당신들이 책정한 제작비가 한국에서는 큰돈일지 몰라도 여기서는 로(low)버젯도 안 돼요, 그건 노(no)버젯이라구요!

그들이 들이민 견적서를 꼼꼼히 들여다본 나는 고개를 끄덕였다. 그것은 자존심의 문제가 아니라 냉혹한 현실이었을 뿐이다. 그래서 졸지에 할 일이 없어진 나는 출장비를 몽땅 애틀랜틱시티의 카지노에 쏟아붓고는 뉴욕거리를 하릴없이 헤매고 다닐 수밖에 없었다. 아마도 낮술에 취해 센트럴파크의 잔디밭에 벌렁 드러누워 늘어지게 한잠을 자고 난 다음이었을 것이다. 록펠러빌딩 앞까지 터덜터덜 걸어간 나는 엄청나게 커다란 대형서점을 하나 발견하고는 시간이나 죽일 요량으로 불쑥 발을 디밀었다.

한국에서 날아온 촌뜨기를 주눅들게 한 것은 그 대형서점의 규모가 아니라 다양성이었다. 시나리오와 관련된 책들로만 가득 채워진 서가들이 한쪽 벽면을 모두 차지하고 있었던 것이다. 내가 노골적으로 핀잔을 주는 서점직원에게 콩글리시로 딴청을 피우며 그 서가들 앞에 쪼그리고 앉아 거의 한나절을 다 보낸 끝에 고른 것이 바로 이 책이다. 내 얕은 식견에도 이 책은 단연 군계일학처럼 돋보였던 것이다.

그 후로 나는 시나리오를 쓰다가 막힐 때마다 이 책을 뒤적거려왔다. 이 책은 내게 가장 믿음직한 진단서요, 처방전이며, 조언자였던 것이다. 최근 들어 주제넘게도 사람들을 모아놓고 시나리오워크숍을 열게 되었을 때 내가 교재로 채택한 것 역시 이 책이었다. 그리고 수강생들의 열띤 호응과 권유가 결국 나로 하여금 이 책을 우리 말로 옮기겠다는 만용을 부리게 만들었다. 그러고 보면 이 책과 나와의 인연이 꽤나 길고도 질긴 셈이다.

이 책의 가장 도드라진 특징으로는 무엇보다도 먼저 실용주의를 꼽아야 할 것이다. 그것은 우선 저자의 영화관에서 분명히 드러난다. 저자는 시나리오 작가를 예술가(artist)라기보다는 스태프들 중의 한 사람(staff writer)으로 본다. 유럽에서 발생한 작가주의 이론에 대하여 코웃음을 치는 것도 마찬가지 맥락이다. 영화의 진정한 작가(auteur)란 그 영화를 만드는 데 참가한 모든 스태프들과 캐스트들이지 결코 어떤 한 개인일 수 없다는 견해를 피력하고 있는 것이다. 이 책에서는 '시나리오란 결국 작가와 관객이 벌이고 있는 게임이며, 따라서 가장 먼저 염두에 두어야 할 것은 관객의 체험'이라는 실용주의적 관점이 시종일관 관철되고 있다.

실용주의는 이 책의 집필방식에서도 확연히 드러난다. 제3부에서 확인할 수 있는 간단명료한 정의와 제4부에서 반복학습하도록 되어 있는 풍부한 예시들은 이 책이 이론서가 아니라 실용서라는 증거이다. 이 책의 핵심을 이루고 있는 것은 제3부의 작법 이론인데, 그 이론체계는 복잡하기는커녕, 오히려 지나칠 만큼 단순화되어 있다. 대신 이 책의 백미라고 해야할 제4부의 분석에서 그 단순한 이론들이 얼마나 다양하게 적용되고 있는가를 확인시켜주고 있는 것이다. 나는 이 독특한 학습체계를 '연역과 귀납의 변증법'이라 부른다.

이 책이 실용서라면 그 사용설명서를 덧붙이는 것도 역자의 의무일 듯싶다. 우선 나는 독자들에게 이 책에서 집중적인 분석의 대상이 되고 있는 12편의 영화들을 다시 한번 꼼꼼히 볼 것을 권한다. 그리고 나서 제2부와 제3부에서 다루고 있는 항목들을 하나하나 곱씹어가며 따져보는 것이다. 가령 제2부에서 [좋은 스토리의 요건]을 읽고 난 다음 〈시민 케인〉이 그것을 갖추고 있는가를 따져보고, 제3부에서 [주요긴장과 절정과 해결]을 읽고 난 다음 〈델마와 루이스〉에서는 그것이 어떻게 적용되었을까를 생각해보는 식이다. 그런 뜻에서 이 책의 제4부는 마치 〈수학의 정석〉 말미에 붙어 있는 해답편과도 같다. 따라서 이 책을 읽을 때 제4부를 먼저 들춰보는 것은 어리석은 짓이다. 문제를 풀기도 전에 해답부터 들춰본다면 학습능력이 향상될 리 없다.

이제 이 책에서 '연역과 귀납의 변증법'이 발전해 나가는 과정을 살펴보자. 우선 독자는 제3부에서 [아이러니]에 대한 간단명료한 정의를 익힌다. 그 다음 그는 제4부에서 분석되고 있는 12편의 영화들을 하나하나 상기해보면서 그 속에 숨겨진 아이러니라는 기법을 찾아내려 노력해야 한다. 이때 중요한 것은 스스로 찾아내려는 노력이다. 그 노력의 과정에서 아이러니라는 기법을 자신의 것으로 체화하는 것이기 때문이다. 이 책의 제4부에는 물론 그 해답이 실려 있어 언제든지 확인해볼 수 있다. 아이러니의 경우 한 편의 영화당 적어도 서너 개 이상이 사용되고 있으므로 제4부에서만 확인할 수 있는 예들이 수십 개에 달한다. 이상이 연역적 방식에 의한 아이러니의 학습과정이다. 그리고 그 반대의 경우, 즉 개별적인 영화들로부터 아이러니들을 찾아내어, 그것들을 꿰뚫고 있는 하나의 핵심을 이해하는 것이 귀납적 방식에 의한 아이러니의 학습과정이 될 것이다. 독자는 이와 같은 연역과 귀납의 변증법적 발전과정을 지속적으로 거치면서 하나의 작법이론을 자신의 것으로 체득하게 된다.

그러므로 이 책은 천천히 곱씹으며 읽어야 효험이 있다. 소설책 못지않게 흥미진진한 것은 사실이나 그렇다고 해서 소설책 넘기듯이 하룻밤 만에 읽어도 될 책은 아니라는 뜻이다. 내가 진행하는 워크숍에서는 하루에 한 항목이나 두 항목 정도만 소화하는 것을 원칙으로 삼고 있다. 쿵후 유단자의 기억을 이식받는 즉시 쿵후의 달인이 되는 것은 〈매트릭스〉라는 영화 속에서나 가능한 일이다.

이 책을 우리 말로 옮기는 과정에서 나는 번역을 생업으로 삼고 있는 사람들에 대하여 존경심과 동시에 의심을 품게 되었다. 그만큼 까다롭고 모호하며 때로는 어쩔 수 없이 과감한 의역을 시도해야만 되는 것이 번역이라는 작업이 아닌가 싶다. 그래도 나름대로 저자의 본래 의도와 표현을 최대한 옮겨보려고 안간힘을 쓴 것은 사실이다.

이 책에서 굵은 활자로 표시된 것이나 따옴표로 강조된 것은 모두 저자의 뜻이다. 원서에서 이탤릭체로 쓰여져 있거나 (겹)따옴표로 강조된 것을 그대로 옮긴 것이다. 영화제목의 경우 처음 등장할 때에 한하여 영어원제를 병기하였다. 다만 영어원제와 국내개봉제목 혹은 비디오출시제목이 현저하게 다른 경우, 국내에서 통용되고 있는 기득권적 지위를 인정한다는 뜻에서, 후자를 채택하였다. 국내에 소개되지 않은 영화의 경우 대체로 원제를 그대로 직역한다는 원칙에 따랐다.

원서에는 없지만 한글판에서 덧붙여진 부분도 있다. 독자의 이해를 돕는다는 차원에서 본문에 등장하는 영화들에 대하여 간단한 해제를 달고, 본문에 등장하는 시나리오작가들에 대해서는 간략한 필모그래피를 덧붙인 부록이 그것이다. 방대한 자료집과 인터넷의 구석구석을 샅샅이 뒤진 끝에 만들어낸 한글판만의 서비스이다.

이 책이 한국영화 시나리오의 발전에 조금이라도 기여하게 되기를 기대한
다.

1999년 여름
신촌 노고산에서
심 산

차 례

시나리오작가

"쓴다는 것은 무에서 유를 창조해내는 일이다."   -로버트 타우니

"작가의 임무는 자신이 의도하는 바를 최선의 방식으로 전달하는 것이다."
-빌 위틀리프

시나리오작가의 임무

"언제부터인지 모르게 나도 '시나리오가 좋지 않으면 결코 좋은 영화가 나올 수 없다'는 미신을 신봉하는 사람들 중 하나가 되어버렸다."　　-어니스트 레먼

"시나리오에 대해서 왈가왈부하는 것은 쉬운 일이지만 그것을 쓰는 것은 어려운 일이다. 세상에 가득 차 있는 저 모든 형편없는 시나리오들이 이 사실을 증명한다."　　　-톰 럭먼

"영화의 핵심은 어떤 두 사람 사이에 벌어지는 4~5분간의 사건들이다. 나머지는 모두 이 순간들에 임팩트와 반향을 주기 위하여 존재한다. 시나리오란 그 순간늘을 위해서 존재하는 것이다."
　　-로버트 타우니

어쩌면 시나리오야말로 글쓰기의 모든 형태들 중에서 가장 어려운 것일 뿐만 아니라 크게 오해받고 있는 장르일 것이다. 시나리오작가의 노동의 결과로 만들어진 영화는 소설보다 훨씬 더 즉각적이고 직접적으로 관객에게 다가간다. 그러나 시나리오작가가 자신의 대사와 아이디어와 욕망들을 그 최후의 결과물인 영화에 쏟아붓는 과정 자체는 대단히 우회적일뿐더러 복잡한 매개체를 필요로 한다. 간단히 말해서 소설과 독자 사이의 간격보다 시나리오작가와 관객 사이의 간격이 훨씬 더 큰 것이다. 그 결과 시나리오작가는 에세이나 소설이나 시를 쓰는 사람들은 결코 봉착하지 않을 숱한 문제들과 마주치게 된다.

시나리오작가는 감독, 배우들, 의상담당자, 촬영감독, 사운드 디자이너, 미

술감독, 편집자 등 실제로 영화를 만드는 데 참여하는 모든 사람들과 충분한 의사소통을 해야 한다. 동시에 그는 특히 관객의 심리상태를 늘 염두에 두어야 하며 영화적인 스토리텔링 기법들에 통달해 있어야 한다. 무엇보다도 그는 자신이 만들어낸 스토리 속에 등장하는 모든 캐릭터들이 무엇을 하고자 하며 어떤 열망을 가지고 있고 한계는 무엇인지에 대하여 훤히 꿰뚫고 있어야 한다. 시나리오작가가 홀로 짊어져야할 이러한 임무들은 엄청난 하중으로 그를 짓누르며 때로는 서로 갈등을 일으키기도 한다. 빼어난 시나리오가 창작되는 일이 극히 드문 것은 이 때문이다.

그러나 시나리오작가에겐 역사적으로 축적된 경험의 보고가 있다. 시나리오의 직접적인 모태는 희곡이다. 시나리오는 본질적으로 희곡으로부터 그 기본작법과 구성법 등을 배워왔다. 그리고는 그것에 덧붙여 스토리를 관객에게 전달하는 새로운 방법과 테크놀로지 등을 발전시켰다. 성공적인 연극(즉 오랜 세월 동안 많은 관객의 흥미를 끌어온 작품)과 성공적인 영화를 비교해본다면 그들이 어떤 공통점을 가지고 있다는 사실을 발견하게 될 것이다. 플라우투스(Plautus)의 희극과 닐 사이먼(Neil Simon)의 코미디, 고대그리스 비극과 〈대부 The Godfather〉, 셰익스피어(Shakespeare)의 연극과 〈뻐꾸기 둥지 위로 날아간 새 One Flew Over the Cuckoo's Nest〉를 비교해보면 관객의 흥미를 끌기 위해 사용된 기법들이 놀라울 만큼 닮았다는 것을 깨닫게 된다. 다른 말로 표현하자면 관객의 흥미를 집중시키기 위해 고안된 어떤 기법들이 존재하며, 그것은 학습되어질 수 있다는 뜻이다(물론 기법의 습득이 곧 자동적으로 훌륭한 희곡이나 시나리오의 집필을 보장한다는 것은 아니다. 그러나 기법의 부족이 실패를 보장한다는 것만은 확실하다).

시나리오작가의 임무를 단순히 대사를 확정짓는 것 정도로 생각한다면 곤란하다. 실제로 그런 것은 극히 작은 문제에 지나지 않는다. 모든 시나리오작가에게 확고하게 있어야 하는 컨셉은 어떤 일련의 시퀀스들에 대한 기본적인 비전이다. 이 비전에는 배우들이 내뱉는 대사뿐 아니라 그들의 행동과 주변환경에 대한 묘사는 물론이고 그 스토리가 속해 있는 전체적인 문맥, 조명, 음악과 사운드, 의상 그리고 스토리텔링의 전체적인 페이스와 리듬까지가 포함된다. 시나리오작가는 이 모든 것을 동시에 아우르면서 그것을 아주 명백하게 표현해내야 한다. 그래야만 감독, 촬영감독, 사운드 디자이너 등 실제로 영화를 만드는 모든 사람들이 시나리오작가가 본래 의도한 바를 그대로 스크린에 옮길 수 있게 되는 것이다.

결국 시나리오작가가 만들어낸 스토리를 최종적으로 해석해내는 것은 그들의 몫일지도 모른다. 그럼에도 불구하고 한 영화가 가지고 있는 최초의 비전은 어디까지나 시나리오작가의 배타적 전유물이다. 시나리오작가야말로 그 영화를 '보는(see)' 최초의 관객이다. 그것이 비록 마음속에서 혹은 종이 위에서일 뿐이라해도. 시나리오작가는 자신의 작품이 영화로 제작되었을 때 관객이 무엇을 보고 무엇을 들으며 특히 무엇을 경험하게 될지에 대하여 항상 명확한 의도를 가지고 있어야 한다. 그것이 명확하지 않으면 그 시나리오 혹은 그것의 결과물로서의 영화가 관객에게 시나리오작가가 원했던 어떤 임팩트를 줄 가능성은 거의 없다.

유능한 시나리오작가는 배우의 대사는 물론 그들의 행동을 어떻게 묘사하고, 언제 어디서 그들이 등장하고 퇴장하는지를 결정하며, 세트와 의상과 음악은 어떠해야 하며, 리듬과 페이스의 미묘한 변화가 어떤 효과를 자아낼지를 잘 알고 있어야 한다. 그렇다고 해서 시나리오작가가 사운드 엔지니어나 촬영감독이나 세트 디자이너나 전기기술자가 되어야 한다는 뜻은 아니다. 다만 자신이 본래 상상한 것을 필름 위에 옮기는 과정에서 반드시 필요한 다양한 기술들이 어떻게 적용되는지 알고 있어야 한다는 뜻이다.

시나리오에는 이러한 과정에 대한 비전이 담겨 있어야 한다. 시나리오란 영화라는 극도로 복잡한 예술형식의 청사진과도 같은 것이다. 그것은 3차원의 공간을 2차원의 공간 속에 녹화해내면서 시간의 다양한 차원들을 담아내는 동시에 음악과 시와 무용이라는 예술과도 연결되어 있는 극도로 복잡한 예술형식이다.

시나리오작가가 최초로 상상해낸 이 모든 비전들이 완벽하게 충족되리라고 기대하기는 어렵다. 그것은 희곡에서도 마찬가지이다. 셰익스피어가 배우들의 실수에 너무도 경악한 나머지 〈햄릿 Hamlet〉의 대본에다가 배우들에 대한 간곡한 고언들을 덧붙여 놓았다는 것은 널리 알려진 사실이다. 그는 작가의 의도대로 되지 않는 연극의 한계를 너무도 뼈저리게 느껴 심지어 무대를 '형편없는 단두대(unworthy scaffold)'라고 부르기도 했다. 그러나 그의 희곡들은 살아남았다. 그가 만들어낸 스토리텔링의 기법들은 오늘날까지도 살아남아 여전히 빛을 발한다. 경탄을 자아내는 그의 대사를 두고 하는 이야기가 아니다. 셰익스피어의 대사는 그의 희곡들이 남긴 방대한 드라마의 전통들 중에서 한 요소를 차지하고 있을 뿐이다.

영화가 실제로 만들어지는 과정에서 시나리오작가가 밤잠을 설쳐가며 세심하게 배려해놓은 자신의 비전-어떤 뜻에서는 자신의 '자식(baby)'-을 포기해야만 되는 경우도 부지기수이다. 시나리오가 영화화되어 최초의 관객과 만나게 될 때까지의 매단계마다 그런 일들이 벌어진다. 그런 과정을 거친 후에도 시나리오작가가 품었던 최초의 비전들 중 어떤 편린들이 스크린 위에 고스란히 남아 있는 것을 발견하는 것은 경이로운 일이다. 그런 일이 가능하다면 그것은 시나리오작가가 전체적인 제작과정을 잘 알고 있고, 그 과정에서 함께 일하는 모든 사람들과 충분한 의사소통을 하였으며, 무엇보다도 가장 효율적인 방법으로 관객에게 최대한의 정서적 임팩트를 주기 위하여 부단히 노력했기 때문일 것이다.

이 책에서 다루고자 하는 것은 드라마의 구조와 스토리텔링의 기법들이다. 어떤 것들은 연극의 역사만큼이나 오래된 것이고 또 어떤 것은 테크놀로지가 발전함에 따라 새롭게 고안된 것이다. 결국 시나리오를 쓴다는 것은 하나의 스토리를 실제의(혹은 실제처럼 보이는) 장소에서 펼쳐보이기 위한 꼼꼼한 청사진을 만드는 일과 같다. 3차원의 공간에서 펼쳐지는 스토리에다가 페이스와 리듬을 조절하는 시간이라는 차원을 하나 더한 도합 4차원을 활용하여 관객에게 최대한의 정서적 임팩트를 선사하려 도모하는 것이 시나리오이다.

무대와 스크린

"희곡과 시나리오에서 드라마를 만들어가는 창작과정 자체는 그다지 다르지 않다. 다만 시나리오에서는 그것이 스크린 위에서 펼쳐진다는 사실을 빼놓고는." -어니스트 레먼

시나리오의 드라마투르기(영화와 텔레비전 드라마에 적용되는)는 희곡의 역사로부터 많은 것을 배워왔지만 이 두 개의 예술양식은 서로 다르다. 영화와 연극이 어떻게 다른가를 설명하는 것은 흡사 개와 고양이가 어떻게 다른가를 설명하는 일과도 같다. 둘 다 포유류이며 네 발로 걷고, 털이 나고 꼬리가 있으며, 쫑긋 솟은 귀와 주둥이를 가지고 있는 것은 사실이다. 그러나 한번 흘끗 보기만 해도 우리는 그것이 개인지 고양이인지 구별할 수 있다. 이 두 장르에 좀더 익숙해지면 연극적인 작품과 영화적인 작품의 차이를 분명히 인식할 수 있을 것이다.

가장 먼저 눈에 띄는 차이는 그것이 종이 위에 어떻게 쓰여져 있는가에서 드러난다. 그 차이는 비록 하찮아 보일지 몰라도 본질적인 차별성을 시사하고

있다. 희곡의 경우 종이 위에 쓰여 있는 대부분의 글들은 모두 배우의 대사인 반면, 시나리오의 경우 신의 묘사와 배우들의 행동 그리고 관객이 보게 되는 비주얼 사이에 어떤 균형이 잡혀 있다. 지나친 단순화라는 위험을 무릅쓰고 말한다면, 희곡은 스토리텔링의 하중을 거의 전적으로 배우들의 대사에 의존하고 있는 반면, 시나리오(와 그것의 결과인 영화)는 배우들의 행동에 의존하고 있는 것이다. 물론 연극에서도 관객의 경험에 결정적인 영향을 끼치는 것은 대사가 아니라 행동이기는 하다. 그러나 연극과 영화가 각각 어느 것을 더 강조하고 있는지를 살펴보면 문제는 자명해진다.

연극의 경우 관객이 보게 되는 것은 실제의, 살아 있는, 숨을 쉬는 인간이다. 반면 영화의 경우 관객이 보는 것은 그저 배우들의 녹화된 이미지일 뿐이다. 배우와 관객 사이의 교감을 극대화시키는 데에는 명백히 연극이 영화보다 앞선다. 훌륭한 연극배우라면 관객으로부터 마치 전류라도 통하는 듯 강렬한 공감을 불러일으킬 수 있는데, 이는 영화배우에게는 거의 불가능한 일이다. 무대 위의 연극배우는 자신의 감정을 관객에게 직접 전달할 수 있는데 스크린 위의 영화배우에게는 이것이 불가능한 것이다. 연극의 이 강점은 곧바로 영화의 단점이 되는 것이다.

그러나 이 직접성과 친밀함에는 대가가 따른다. 연극의 희곡작가는 관객에게 어떤 특정한 행동이나 반응을 주목하게 한다든가, 어떤 정보의 극히 작은 부분을 인지시키는 데 대단히 제한된 자유밖에는 누릴 수가 없다. 물론 연극에서도 관객의 주의를 집중시키는 여러 가지 기법들이 통용된다. 그러나 그 어느 것도 관객에게 다른 곳에 한눈 팔 자유를 전혀 허용하지 않는 영화의 프레임만큼 강력한 파워를 발휘할 수는 없다. 또한 연극에서는 장소를 바꾼다거나 시간을 건너뛴다는 것이 결코 쉽지 않다. 두 가지가 다 가능하기는 하나 결코 영화만큼 자유자재로 행해질 수는 없는 것이다. 연극에서 무대장치를 바꾸는 데 소요되는 시간 동안 도시를 건너뛰고 대양을 건너뛰어 지구를 한 바퀴 돌았다가 다시 돌아올 수도 있는 것이 바로 영화이다. 연극은 그것이 진행되는 대부분의 시간 동안 하나의 장소와 하나의 특정한 시간대에 묶여 있을 수밖에 없다. 반면 영화는 시나리오작가와 감독이 카메라를 움직이려 들기만 한다면 어느 곳이든 갈 수 있고 어떤 시간대이든 담아낼 수 있다.

연극은 배우와 관객 사이의 직접적인 교감을 주무기로 가진 반면 시간과 장소의 제약이라는 한계를 갖는다. 반면 영화는 시간과 장소의 선택에서는 거의 무제한의 자유를 누리는 대신 배우와 관객 사이의 직접적인 교감은 보장할 수 없다. 이것이 곧 영화에서의 연기가 연극에서의 연기보다 저열한 것이라는 뜻은 아니다. 그 둘은 다르다. 영화에서의 연기는 관객과 멀리 떨어진 곳에서 행해진다는 장애물이 하나 더 추가되는 것이다.

이때 발생하는 관객과의 거리는 카메라에 의해 보상받을 수 있다. 카메라는 연극 객석의 관객이 배우들에게 접근할 수 있는 거리보다 더욱 가깝게 영화배우에게 다가갈 수 있는 것이다. 카메라는 아무리 작은 제스처와 표정이라도 잡아내어 강렬하게 각인시킬 수 있다. 그래서 연극에서라면 사실적인 것으로 받아들여질 반응도 스크린 위에서는 '너무 크게(too big)' 비쳐질 수 있다. 그러나 카메라의 테크닉이 아무리 뛰어나 관객을 캐릭터의 '내면(inside)'으로까지 이끌어갈 수 있다 하더라도 무대에서의 연기와 카메라 앞에서의 연기 사이에 존재하는 갭 자체를 메울 수는 없다.

유능한 시나리오작가라면 이러한 영화의 강점과 단점을 충분히 염두에 두고 시나리오를 써나갈 것이다. 유능한 희곡작가 역시 마찬가지이다. 희곡과 시나리오가 각기 다른 방식으로 관객을 사로잡기 위하여 독자적인 스토리텔링을 구사하는 것은 여기에서 비롯된다. 희곡작가라면 관객을 사로잡기 위하여 배우에게 긴 대사와 충분한 시간을 주어 '마음껏 활개를 펴게(strut his stuff)' 할 것이다. 반면 시나리오작가는 배우에게 그의 캐릭터, 하고자 하는 일, 열망을 드러낼 수 있는 행동을 좀더 많이 부여하여 그러한 연기가 불러일으킬 수 있는 정서적 진폭을 극대화시키려 할 것이다. 동시에 그는 영화의 강점을 최대한 활용하여 관객에게 자신이 보여주고자 하는 것만을 보도록 만들고 시간과 장소 선택의 자유를 마음껏 누릴 것이다.

무대 위에서 보여줄 수 있는 모든 것은 스크린 위에서도 보여줄 수 있다. 연극과 영화는 드라마에 필요한 요소들을 거의 공유하고 있다(비록 그것들이 사용되는 비율은 서로 다르지만). 그러나 연극과 영화는, 마치 개와 고양이가 많은 공통점을 가지고 있으면서도 서로를 대체할 수 없는 것처럼, 전혀 다른 예술양식이다.

3

각색

"원작이 훌륭하다고 해서 영화까지 훌륭해지리라는 보장은 없다. 각색과정에서 흔히 발견되는 잘못은 원작의 문학성을 그대로 고수하려는 시도이다." —월터 번스틴

"영화는 소설이 해낼 수 없는 일을 훌륭하게 해낸다. 영화에는 내러티브를 풀어가는 놀라운 도구인 사이즈(size)와 스코프(scope)라는 것이 있는 까닭이다. 영화와 소설은 전혀 다른 예술양식이다. 그 둘 사이에 유일한 공통점이 있다면 그저 대사가 사용된다는 것 정도이다. 시나리오작가가 영화 속의 한 신을 어떻게 쓰는가 하는 문제는 소설가가 소설 속의 한 장면을 어떻게 쓰는가 하는 문제와 아무런 상관이 없다." —윌리엄 골드먼

영화 속의 스토리는 다양한 형태의 원작을 가질 수 있다. 연극, 장편소설 혹은 단편소설, 체험담, 심지어는 시나 노래도 각색을 거쳐 영화가 될 수 있다. 얼핏 보기에 이렇게 원안을 가지고 시나리오를 쓰는 것이 오리지널 시나리오를 쓰는 것보다 훨씬 쉽게 생각될 수도 있을 것이다. 그러나 각색이 창작보다 어렵다. 좀더 뛰어난 기술과 영화라는 매체에 대한 깊은 이해가 요구되는 것이 바로 각색이다.

이 세상에 존재하는 다양한 형태의 온갖 스토리들 중에서 시나리오로의 각색이 용이한 것은 극소수에 지나지 않는다. 흔히 사용되는 '드라마적 변형(dramatic license)'이라는 용어 자체가 바로 어떤 스토리를 드라마로 만들려할 때 필연적으로 거치게 되는 변경, 단순화, 압축, 제거 등의 필요에 따라

생겨난 것이다. 그래서 실제로 일어난 일을 소재로 한 영화를 볼 때 '사실은 저렇지 않았는데(But it wasn't like that)' 하는 느낌을 가져본 경험이 누구에게나 있을 것이다.

이러한 원작과의 혹은 실제 사건과의 불일치가 곧 시나리오작가의 무능에서 비롯되었다고 생각하면 곤란하다. 드라마를 풀어나가기 위해서 그것은 반드시 필요한 변형이었을 가능성이 크다. 우리가 살고 있는 실제의 삶은 3장구조에 딱 맞아떨어지지 않는다. 소설들이란 대체로 너무 많은 이야기들을 담고 있거나, 전혀 비주얼하지 않거나, 너무 내면의 성찰에만 경도되어 있게 마련이다. 또한 연극은 기본적으로 무대의 제약을 염두에 두고 쓰여진 것이다. 따라서 연극을 영화로 만들려면 반드시 내레이터로서의 카메라의 기능을 백분 발휘하여 세트의 제한을 뛰어넘고 연극에서는 그저 암시되었을 뿐인 행동들을 드라마틱한 것으로 만들어 보여주어야 한다. 단편소설 역시 3장구조의 제1장이 생략된 경우가 많고, 사건들이 너무 부족하거나, 비주얼이 약한 대신 내면만을 파고들기 일쑤이다. 시나 노래는 그저 윤곽만을 어렴풋이 가지고 있는 경우가 많아서 시나리오작가에게는 출발점 이상의 의미를 갖지 못한다.

시나리오작가가 각색에 임하려 할 때 언제나 떠올리게 되는 질문이 있다. 어느 정도나 원작에 충실할 수 있을까? 때때로 지나치게 원작에 충실한 각색은 형편없는 영화를 만들 수 있다. 그 스토리가 원작의 형태 안에서는 제 아무리 파워풀하다고 해도 본래 영화를 염두에 두고 만들어진 것이 아닌 이상 스크린 위에서는 제대로 작동되지 않는 까닭이다.

일반적으로 드라마란, 특히 영화의 경우, 고도의 압축과 첨예화를 필요로 한다. 흔히들 "소설은 가십이지만 드라마는 스캔들이다(Fiction is gossip, drama is scandal)"라고 말한다. 가십과 스캔들은 본질적으로 다르지 않다. 다만, 스캔들은 더 첨예한 형태를 갖춘 채 들불처럼 사납고 빠른 속도로 번져가는 데 반해, 가십은 두서없고 산만한 형태로 오래 지속되는 것뿐이다. 소설 속에서나 실제의 삶에서 몇 달 혹은 몇 년 간에 걸쳐 일어난 사건들도 영화 속에서라면 단 하루 만에 일어난 사건인 것처럼 표현하는 것이 더 효과적일 수도 있다.

그러나 또한 원작이라는 것을 읽거나 실제의 사건들을 살펴보노라면 그것을 있는 그대로 영화에 옮기고 싶다는 충동이 느껴지는 것도 자연스러운 일이다. 따라서 시나리오작가는 각색에 임할 때 항상 이러한 두 측면을 끊임없이 저울질해야 한다. 원작에 충실할 것인가 아니면 드라마적 필요에 따른 압축과 첨예화의 요구에 충실할 것인가를 결정짓는 것은 대단히 어려운 문제이다.

초보적인 시나리오작가에게 각색의 대상이 되는 원작이란 그러므로 든든한 지팡이라기보다 차라리 거치적거리는 장애물이기 쉽다. 반면 유능한 시나리오작가라면 그것은 흥미로운 도전대상이다. 그는 스크린 위에서 펼쳐질 드라마가 제대로 작동되기 위해서는 원작 내에서 무엇을 찾아내야 하고, 어떤 장면들을 유지해야 하며, 또 다른 장면들은 언제, 왜, 어떻게 바뀌어야 하는지를 알 것이다. 그는 또한 사건의 저류에 흐르는 드라마의 본질을 찾아내고, 서로 연결될 것 같지 않은 요소들을 솜씨 좋게 묶어내어 주제와 드라마에 기여하게 함으로써, 원작의 스토리에 있는 본연의 진실을 제대로 드러내려 애쓸 것이다.

각색과정에서 마주치는 또 하나의 어려움은 화자(narrator)의 존재를 어떻게 대체할 것인가이다. 소설에는 1인칭 화법 혹은 3인칭 화법의 어떤 화자가 있다. 매우 드물게 발견되지만 아주 뛰어난 몇몇 소설에는 소설가와 독자가 직접 대화하는 듯한 2인칭 화법(the direct one-on-one communication between the author and the reader)도 동원된다. 그러나 영화에는 소설에 등장하는 화자의 존재를 대체할 만한 것이 없다. 소설가는 또한 집필 도중에 슬그머니 샛길로 빠져 철학이나 심리학 따위를 늘어놓을 수도 있고 개인사를 들추어내거나 단어들을 가지고 말장난을 할 수도 있지만 시나리오작가는 그럴 수 없다.

유능한 시나리오작가도 때로는 소설가가 자신의 목소리를 가지고 독자에게 직접 이야기하는 이런 대목에 이르러서는 좌절감을 느끼게 된다. 소설가 독자의 상상력을 불러일으키는 이러한 방식은 시나리오에서는 불가능하기 때문이다. 관객이 스크린 위에서 보는 것은 '리얼(real)'한 것이다. 배우는 곧 그 인물이며, 영화 속 장소와 사건들 역시 리얼하게 다가온다. 독자는 소설을 읽을 때 그 속에 등장하는 인물과 장소와 사건들에 대해서 상상의 나래를 펼치면서, 소설가의 개인적인 명상을 마치 귀엣말로 듣고 있는 듯한 기쁨을 느낄 수 있다. 소설가의 마음속 길을 따라 느긋하게 산책을 즐기면서 상상의 나래를 펼치는 기쁨을 영화는 제공할 수 없다. 영화는 관객이 마음대로 상상하지 못하도록 확정된 이미지를 스크린 위에 투사할 뿐이다.

초보적인 시나리오작가라면 각색과정에서 조언을 받는 것이 좋다. 최대한의 드라마틱한 임팩트를 위하여 원작을 어떻게 바꾸고, 어디를 발전시키며, 무엇을 강조해야 할지 배워나가는 과정에서 시나리오 작법을 익히게 될 것이다. 그리하여 결국 이 책에서 제시하는 작법들을 자신의 것으로 체화할 수만 있다면 그 과정에서의 노고가 결코 헛되지 않으리라.

영화의 작가

"모든 사람들이 힘을 합쳐 한 편의 영화를 만드는 것이다." -윌리엄 골드먼

"나는 시나리오작가이지만 분명히 말할 수 있다. 현장에서 감독보다 중요한 사람은 없다. 하지만 현장에서도 영화를 만드는 작업은 언제나 협동을 필요로 한다. 내가 보기에 작가주의 이론(auteur theory)이란 학자들이 그저 어떤 개인을 손쉽게 찬양하거나 비난하려는 필요에 의해 만들어낸 하나의 방편에 불과하다. 그것은 지나치게 단순화된 이론일 뿐 실제로 영화를 만드는 과정에서 벌어지고 있는 일들과는 별 상관이 없어 보인다." -로버트 타우니

"영화는 필연적으로 협동작업이 될 수밖에 없다." -빌 위틀리프

영화의 진정한 작가는 누구인가? 학자와 평론가들은 이 문제를 가지고 씨름하기를 즐긴다. 일반적으로 널리 횡행하고 있는 견해는 감독이, 그리고 오직 감독만이 영화의 작가, 즉 오퇴르(auteur)라는 것이다. 이러한 견해의 창시자는 프랑수아 트뤼포(François Truffaut)로서 그가 평론가 시절 〈카이에 뒤 시네마 Cahiers du Cinema〉에 피력한 것인데, 미국에서는 앤드루 새리스(Andrew Sarris)에 의해서 널리 유포되었다.

영화사를 들여다보면 실제로 작가(auteur)라는 칭호가 어울릴 법한 일군의 사람들-즉 영화적 표현의 일관성이 있고 무엇보다도 한 개인의 신념과 예술성을 강하게 드러내는 사람들-을 찾아볼 수 있다. 그리고 이러한 작가들의 대부분은 감독들이었다. D.W. 그리피스(D.W. Griffith), 빌리 와일더(Billy

Wilder), 앨프리드 히치콕(Alfred Hitchcock), 잉마르 베리만(Ingmar Bergman), 프랑수아 트뤼포, 우디 앨런(Woody Allen) 등. 하지만 베리만, 와일더, 트뤼포, 앨런 등은 동시에 스스로 시나리오를 썼거나 누군가와 함께 공동으로 시나리오를 썼다는 사실을 간과해서는 안 된다. 히치콕의 경우는, 비록 작가크레딧에 자신의 이름을 남기지는 않았지만, 언제나 함께 일하는 작가와 긴밀한 협의를 하면서 시나리오작업에 깊숙이 관여해왔다.

그러나 매해 생산되는 저 숱한 영화들 중에서, 스스로 시나리오를 쓰는 감독이건 그렇지 않은 감독이건, 시나리오작가와의 긴밀한 협의를 중시하는 감독의 작품들이 차지하는 비율은 극히 일부분일 뿐이다. 그렇다면 그 이외의 모든 영화들의 작가는 도대체 누구라는 말인가? 바로 그 한 편의 영화를 위해 함께 작업한 모든 사람들-시나리오작가와 감독은 물론이고 제작자, 촬영감독, 미술감독, 그리고 배우들까지-이 작가이다.

감독이 이들 중에서 가장 중요한 역할을 맡고 있다는 것에는 의심의 여지가 없다. 그러나 시나리오가 없다면, 배우들이 없다면, 카메라와 사운드와 세트와 의상과 그 모든 프로덕션이 없다면, 감독은 아무것도 할 수 없다. 한 편의 영화를 꼼꼼히 들여다보면 함께 일하는 시나리오작가가 기여하는 바가 얼마나 큰지 금세 알 수 있다. 촬영감독이나 작곡가나 디자이너의 경우 역시 마찬가지이다. 위에서 언급한 저 위대한 작가 겸 감독(writer-director)들의 작품들에서조차 그렇다. 감독이 아닌 다른 스태프들의 일이 끝나는 지점은 어디이고 감독의 일이 시작되는 지점은 또 어디인가? 일단 게임이 시작되고 나면 팀 전체의 리더가 감독이라는 것은 분명한 사실이지만, 시나리오작가가 없다면 게임도 없는 것이고, 팀 멤버들의 도움 없이 감독 혼자서는 아무것도 성취할 수 없다는 사실 또한 분명하다.

간단히 말해서 영화의 작가가 누구이냐는 것은 우문에 불과하다. 영화를 제작하고, 촬영하고, 편집하고 하는 스태프들간의 상호의존성은 너무도 강력한 것이어서 그들 중 누구 한 명만을 골라 영화의 작가라고 부른다는 것은 어불성설이다.

물론 어느 한 개인의 이름이 브랜드처럼 분명하게 각인되는 영화들도 있다. 그 개인이 감독일 수도 있지만 때로는 시나리오작가나 촬영감독일 수도 있다. 더 나아가, 아마도 작가주의 이론가들은 좀체로 받아들이려 하지 않겠지만, 그 작품을 누가 쓰고 누가 감독했느냐와는 무관하게, 스타(영화배우)의 브랜드가 더 앞설 수도 있다. 매 웨스트(Mae West)의 영화들로부터 〈신 맨 Thin Man〉 시리즈를 거쳐 제임스 본드(James Bond) 영화들이나 클린트 이스트우드(Clint Eastwood)의 서부극에 이르기까지, 숱한 영화들이 무엇보다도 스타들을 내세워 다른 영화와 스스로를 구분하려 해온 것은 부인할 수 없는 사실이다.

  그러나 대부분의 영화에서 작가란 어느 한 개인이 아니라 팀 전체를 의미한다고 보는 것이 옳다. 한 편의 영화에서 발견되는 다양함과 깊이와 생생함 등은 모두가 그 팀의 개별 구성원들이 자신의 전문적인 역량을 최대한 발휘하여 팀 전체의 프로젝트에 기여하려 노력한 결과의 총합인 것이다.

시나리오작가의 위상

"기본적으로 한 편의 영화를 만드는 데 핵심적인 역할을 하는 사람은 일곱이다. 이들이 제각기 최선을 다해야만 영화가 제대로 만들어진다. 그들을 무순으로 나열해보자면 감독, 제작자, 배우들, 촬영감독, 미술감독, 편집자, 그리고 시나리오작가이다. 때로는 영화음악가가 막중한 역할을 해낼 때도 있다."
  -윌리엄 골드먼

"모두가 자신이 맡은 바를 제대로 해낼 때면 그들 각자의 작업들이 하나로 융합되는 듯한 느낌을 갖게 된다. 물론 작가는 작가이고, 배우는 배우이며, 감독은 감독일 뿐이다. 그러나 그들이 각자가 맡고 있는 작업들을 한데 융합시키며 일할 때에라야 진정으로 함께 일한다는 의미를 찾을 수 있는 것이다."
  -로버트 타우니

    일부 평론가들 사이에서는 물론이거니와 심지어 영화산업에 종사하는 사람들 사이에서도 꽤 심각하게 유포되어 있는 끔찍한 편견이 있다. 영화를 만드는 사람들(filmmakers)과 시나리오작가들은 별개의 그룹이라는 식의 견해이다. 그들은 마치 시나리오를 쓴다는 것은 실제로 영화를 만드는 일(filmmaking)에 속하지 않는다고 생각하고 있는 듯하다. 이러한 편견은 시나리오를 쓰려는 사람들에게까지 퍼져 있어 시나리오만 잘 쓰면 됐지 실제로 영화를 만드는 과정에 대해서는 몰라도 그만이라는 식의 오해를 정당화시킨다.

    희곡작가, 소설가, 저널리스트, 배우, 웨이터, 가정주부 출신으로 시나리오작가로 변신한 사람들의 사례는 얼마든지 찾을 수 있다. 그러나 그러한 사례가 곧 그들의 전직이 시나리오작가로서의 훈련을 대체할 수도 있다는 사실을 의미하는 것은 아니다. 훌륭한 시나리오작가가 되려면 실제로 영화를 만드는 과정이 어떠한지를 잘 알고 있어야 한다. 영화가 어떻게 만들어지는지, 영화라는 매체가 요구하는 것과 한계와 강점이 무엇인지, 함께 일하게 될 사람들은 어떤 사람들인지, 어떻게 해야 그들과 충분한 의사소통을 할 수 있는지를 알지 못하는 작가가 있다면 그는 결코 훌륭한 시나리오를 써낼 수 없다.

심포니를 작곡하기 위해서 반드시 오보에를 연주할 줄 알아야 하는 것은 아니다. 그러나 작곡가라면 오보에의 강점과 한계에 대하여 분명히 알고 있는 것이 유리하다. 바순, 첼로, 바이올린, 그 밖에 오케스트라를 구성하는 모든 악기들에 대해서도 마찬가지이다. 건축가라면 반드시 시멘트로 기초를 닦는 일이나 지붕의 프레임을 짜는 일을 할 줄 알아야 하는 것은 아니다. 그러나 건축에 반드시 필요한 지식 속에는 무엇이 구조적으로 가능한지 불가능한지 여부에 덧붙여 다양한 건축기법들의 필요조건, 쓰임새, 결함 따위가 포함되게 마련이다.

시나리오작가도 마찬가지이다. 시나리오작가는 제작자, 감독, 배우들, 디자이너, 영화음악가, 촬영감독, 프로덕션 매니저, 녹음기사, 편집자, 믹싱기사 등 영화를 만드는 일에 참여하는 모든 사람들과 충분한 의견교환을 해야 한다. 시나리오를 제대로 쓰려면 단지 종이 위에 스토리를 적어놓는 데 급급해서는 안 되며 함께 일하는 모든 사람들에게 자신의 스토리를 제대로 전달하고 의사소통을 할 수 있도록 노력해야만 한다.

영화를 만든다는 것은 협동작업이기 때문에 효율적인 작업을 위해서는 인간관계가 대단히 중요하다. 시나리오작가가 가장 중요시해야 하는 인간관계를 셋만 꼽으라면 곧 제작자, 감독, 그리고 배우들과의 관계이다. 물론 다른 스태프들도 참고자료로 혹은 자신이 해내야 될 작업의 시발점으로 시나리오를 들여다본다. 그러나 제작자, 감독, 배우들의 경우는 차원이 다르다. 이들은 시나리오작가가 의도한 바를 완전히 이해하고 있어야 되는 것이다.

제작자는 숱한 질문을 던진다. 어떤 사람들이 이 영화를 보고 싶어할까? 최근에 만들어진 다른 영화들과의 유사점은 무엇인가? 주연을 혹은 조연을 어떤 배우에게 맡기는 것이 좋을까? 제작비는 얼마나 들까? 이 밖에도 많은 질문들이 가능하다. 그러나 제작자가 시나리오를 읽을 때 마음속에 떠오르는 가장 핵심적인 질문은 대체로 위와 같은 것들이다.

시나리오작가가 이러한 질문들에 대하여 해답을 주려 하는 것—가령 특정한 배우를 추천하는 것—은 그다지 현명한 일이 아닐지도 모른다. 그러나 제작자가 시나리오를 읽으면서 대체로 이런 질문들을 떠올리리라는 것을 염두에 두는 것은 반드시 필요하다. 내년에는(혹은, 좀더 현실적으로 생각하자면, 앞으로 2년 후에는) 어떤 영화가 히트할까를 점쳐보면서 시나리오를 쓰는 것은 불가능한 일일지도 모른다. 차라리 그저 당신을 끌어당기는 스토리, 당신 스스로가 영화로 보고 싶은 스토리를 쓰고, 당신의 그러한 감각이 결국엔 관객을 끌어당기리라는 믿음을 가지는 게 좋다.

시나리오작가와 감독 사이의 관계는 너무도 밀접하다. 그래서 어떤 이들은 동시에 그 두 가지 일을 다하려고 하기도 한다. 실제로 그들 중 몇몇은 성공하기도 했다. 아마도 프로덕션 기간 내내 이 영화를 어떻게 바라봐야 하는가 하는 문제에서 거의 동일한 시각을 유지하는 사람들이 있다면 바로 시나리오작가와 감독, 두 사람뿐일 것이다. 즉 시나리오작가와 감독만이 스토리 전체를 보고, 그것이 어떻게 관객에게 전달되며, 그래서 관객이 무엇을 체험하고 어떤 반응을 보일지에 대한 견해를 공유한다.

제작자 역시 초기단계에서부터 배급에 이르기까지 영화에 깊이 관여하는 것은 사실이지만 아무래도 그의 주된 관심은 예산, 스케줄, 로케이션 등과 같이 영화를 만드는 과정에 대한 현실적인 고려들에 집중될 수밖에 없다. 반면 시나리오작가와 감독은 스토리의 날줄과 씨줄을 함께 짜나간다는 점에서 서로에게 가장 강렬하게 의지하고 얽매어 있는 동반자들이다. 만약 그들이 같은 영화를 만들고 있다면—즉 각자의 마음속에 그리고 있는 영화가 동일한 것이라면—그들의 협동작업은 대단히 풍성하고 훌륭한 결과를 낳을 것이다. 시나리오작가와 감독이 프리프로덕션에서부터 함께 일하면서 시나리오를 다듬어야 하는 이유는 그 때문이다.

시나리오작가와 배우들과의 관계는 일반인들이 상상하는 것보다 훨씬 더 가깝다. 그들끼리 자주 만나 대화를 나눈다는 뜻에서가 아니라 작업에 임하는 그들의 태도가 매우 유사하다는 점에서 그렇다. 시나리오를 쓰는 일은 곧 캐릭터에 대한 탐구로 시작된다. 어떤 캐릭터들을 발견하거나 창조해내고, 그들이 하고자 하는 일을 찾아내고, 그들이 기대하거나 두려워하는 것이 무엇인지를 알아내고, 그들을 화나게 하는 일을 만들어내는 것이다.

배우들 역시 이와 동일한 방식으로 일한다. 그들은 자신들이 연기할 캐릭터들의 내면에서 어떤 일이 벌어질지를 깊숙이 파고들어간다. 다만 다른 점이 있다면, 시나리오작가는 스토리에 등장하는 거의 모든 캐릭터들을 탐구해야 되는 데 반하여, 배우들은 자신이 맡은 오직 하나의 캐릭터만을 파고들면 된다는 것뿐이다. 그 과정에서 시나리오작가의 관심과 에너지는 필연적으로 분산될 수밖에 없다. 따라서 캐릭터를 창조한 시나리오작가보다 오히려 그를 연기할 배우들이 좀더 그 캐릭터를 깊이 이해하고 가슴으로 느끼게 되는 경우가 발생하는 것은 자연스러운 일이다.

그런 연유로 캐릭터는 결국 시나리오작가보다는 배우에게 '귀속(belong)' 되게 마련이다. 배우가 시나리오작가보다 그 캐릭터를 더욱 깊이 이해하게 되는 것이다. 프로덕션에 들어가기 전에 시나리오를 다듬는 과정에서 자신의 캐릭터를 완벽히 이해하고 있는 배우로부터 어떤 피드백을 받을 수 있다면 시나리오작가에게는 커다란 도움이 될 것이다. 불행하게도 이러한 과정이 언제나 가능한 것은 아니다. 그러나 가능하다면 이러한 과정을 거치려 노력해야 한다. 배우로부터의 피드백이 시나리오에 반영된다면 영화는 한층 더 풍성해질 것이다.

스토리텔링의 기초

"스토리는 캐릭터와 함께 시작된다."
-프랭크 대니얼

좋은 스토리의 요건

"작가는 결코 알 수 없는 반면 관객은 언제나 알고 있다. 작가가 제아무리 자신이 쓴 작품의 성공을 확신한다 해도 그건 어디까지나 스태프들 내부의 시사실에서나 통용될 수 있는 이야기일 뿐이다. 관객은 언제나 작가에게 그가 결코 알 수 없었던 어떤 것을 갑자기 알려주는 법이다."   ―어니스트 레먼

"영화에서 가장 큰 죄악은 관객을 지루하게 만드는 것이다."   ―프랭크 대니얼

"우선은 다루려고 하는 내용을 잘 알아야 한다. 내가 결코 듣도 보도 못한 어떤 것에 대해서 무슨 말을 할 수 있단 말인가?"   ―빌 위틀리프

좋은 스토리는 많다. 하지만 도대체 좋은 스토리란 어떤 것일까? 좀더 정확하게 표현하자면 '잘 짜여진 좋은 스토리(a good story well told)'란 어떤 것일까? '공감을 자아내는 한 영웅이 결코 극복해낼 수 있을 것 같지 않은 장애물들과 맞서 싸워서 결국엔 승리한다'라는 정의는 좋은 스토리의 상당부분을 설명해낸다. 〈셰인 Shane〉에서 〈북북서로 진로를 돌려라 North by Northwest〉와 〈뻐꾸기 둥지 위로 날아간 새〉를 거쳐 〈스타워즈 Star Wars〉에 이르기까지.

그러나 그와는 다른 범주에 속하면서도 그에 못지않게 성공적이고 매혹적인 영화들도 있다. 〈성공의 달콤한 향기 The Sweet Smell of Success〉나 〈아마데우스 Amadeus〉나 〈대부〉처럼 그 주인공이 결코 호감을 자아내지는 않

지만 관객의 관심을 고조시키는 영화들이다. 이런 영화의 주인공들은 결코 호감을 자아내거나 사랑스럽지 않지만, 어찌됐건 관객의 관심을 끌고, 일정한 감정이입을 이끌어낸다. 비록 그들의 행동이나 욕망이나 삶 전체가 역겨운 것이라 할지라도 관객은 그들의 내면에서 '고통받고 있는 인간의 마음(human heart suffering)'에 주목하는 것이다.

좋은 스토리의 절대다수는 이 양극단 사이에 처해 있는 캐릭터들을 다루고 있다. 즉 그들의 생각이나 행동의 어떤 부분 때문에 전적으로 공감할 수는 없지만, 그럼에도 불구하고 대체로 공감할 수 있는 캐릭터들을 다루는 경우이다. 〈카사블랑카 Casablanca〉나 〈파이브 이지 피시즈 Five Easy Pieces〉나 〈수색자 The Searchers〉 그리고 〈보디히트 Body Heat〉 같은 영화들이 이 범주에 포함된다.

그러므로 주인공에 대한 관객의 감정이입-그리고 그것이 발전된 공감-이 반드시 전적으로 완벽한 것일 필요는 없다(하지만 적어도 최소한의 감정이입은 반드시 필요하다). 그리고 주인공은 무엇인가를 하려고 해야 한다. 아무것도 하려고 하지 않는 것이나 현재 진행되고 있는 어떤 일을 그만두려 하는 것 역시 무엇인가를 하려고 하는 것이다. 누군가의 생명을 구하려 한다거나, 경주에서 이기려고 한다거나, 징병을 거부하려 한다거나, 영향받기를 싫어한다거나, 그림을 그리려 한다거나 하는 따위는 모두 제대로 된 주인공들이 '하려고 하는 일(wants)'이 될 수 있다. 이때 주인공이 하려고 하는 일의 성취를 가로막는 장애물들이 반드시 등장해야 한다. 만약 누군가의 생명을 구하거나, 경주에서 이기거나, 그림을 그리는 일이 너무 쉽게 성취된다면 관객은 틀림없이 "그래서 어쨌단 말이야(So what)?" 하고 반문하게 될 것이다. 주인공이 하려고 하는 일이 너무 쉽게 성취되면 관객이 흥미를 가질 리 없다.

"관객이 주인공에게 감정이입을 하는 것은 그가 고통을 받고 있다거나 짓눌려 있다거나 하는 이유에서가 아니다. 관객은 그가 자신이 처해 있는 처지에 대하여 어떻게 대응하는가에 따라 감정이입을 한다."
　　　-월터 번스틴

　　조르주 폴티(Georges Polti)는 1895년에 프랑스에서 〈36가지의 드라마틱한 상황들 Les Trente-six Situations Dramatique〉이라는 저서를 출간하였다. 그는 자신의 저서에서 드라마틱한 상황이 가능한 36가지 범주를 지적했는데, 그가 나눈 범주가 매우 기본적이고 도움이 될 만한 지표인 것은 사실이지만, 그렇다고 해서 모든 스토리들의 공통된 구조를 설명해내고 있는 것은 아니다.

　　드라마틱한 상황의 기본을 깜짝 놀랄 만큼 단순하게 설명해낸 사람은 바로 프랭크 대니얼이다. 누군가가 어떤 일을 하려고 대단히 노력하는데 그것을 성취하기는 매우 어렵다(Somebody wants something badly and is having difficulty getting it). 만약 관객이 '누군가'와 감정이입을 하고 있는데, 그 누군가는 무엇인가를 하려고 노력하고 있고, 그 무엇인가를 성취하기가 매우 어렵다면, 스토리는 제대로 되어가고 있는 것이다.

　　만약 주인공이 목표의 성취에 대하여 별반 관심이 없다든가, 그 목표의 성취라는 것이 너무 쉽거나 완전히 불가능한 것이라면, 드라마는 성립하지 않는다. 좋은 스토리란 그러므로 다음과 같이 정의할 수 있다. 관객에게 일정한 감정이입을 유발케 하는 주인공이 어떤 일을 하려고 하는데, 그 일의 성취는 매우 어렵지만 결코 불가능한 것은 아니다.

　　'잘 짜여진 좋은 스토리'는 또 하나의 결정적인 요소를 필요로 한다. 관객이 그 스토리를 어떤 식으로 체험하느냐 하는 문제이다. 관객이 알고 있는 것, 관객이 알게 되는 시점, 한 명 혹은 그 이상의 등장인물이 모르고 있는 사실들 중에 관객이 알고 있는 것, 관객이 기대하는 것, 관객이 두려워하는 것, 관객이 기다리는 것, 관객을 놀라게 하는 것, 이 모든 것들이 스토리텔링의 기본요소들이다. 시나리오작가의 위대한 성취란 이런 요소들을 잘 활용하여 관객을 스토리 안으로 끌어들이는 것이다. 이런 요소들을 잘 활용하지 못하면 스토리는 그저 사건들의 나열이 될 뿐이지 관객이 파고들 만한 체험이 되지 못한다.

초보적인 시나리오작가들에게는 관객을 염두에 두고 써나간다는 것이 마치 극구 피해야만 될 악덕이라도 되는 것처럼 생각하는 경향이 있다. 하지만 그것은 '관객을 염두에 두고 쓴다는 것'과 '관객에게 영합하려 한다는 것'을 혼동하는 데서 비롯된 것이다. 관객에의 영합은 마땅히 거부되어야 한다. 어떠한 사상이나 순수한 감정도 없이 그저 관객이 쉽게 '소비'할 수 있도록 미리 잘 다져진 요리를 제공하는 일은 모든 사람들의 시간과 에너지를 낭비하는 일일 뿐이다.

관객을 염두에 두지 않고 드라마를 쓴다는 것은 마치 그 옷을 입을 사람을 염두에 두지 않고 옷을 디자인하는 것만큼이나 어리석은 짓이다. 그렇게 만들어진 옷에는 팔을 꿸 곳이 세 군데일 수도 있고, 다리를 꿸 곳이 없을 수도 있으며, 허리가 7인치로 좁혀져 있을 수도 있다. 그와 동일한 경우가 드라마에서도 발생할 수 있다. 아무도 체험하기를 원치 않는 스토리가 나오는 것이다.

관객을 염두에 두고 쓰는 것과 관객에게 영합하려 하는 것 사이의 차이는 결국 '누가 스토리의 주도권을 쥐고 있느냐' 하는 문제로 귀결된다. 관객에게 영합하려 할 경우, 주인공의 행동을 결정짓는 것은 지금 쓰고 있는 스토리에 앞서(a priori) 관객이 원하는 것은 과연 무엇일까에 대한 작가의 추측일 뿐이다. 이때 스토리의 주도권은 전적으로 관객에게 있게 된다. 반면 관객을 염두에 두고 써나가면서 관객으로 하여금 주인공과 상황과 사건들에 몰두하도록 만든다면 스토리의 주도권은 시나리오작가가 쥐게 된다. 그렇게 할 수 있는 작가만이 관객에게 어떤 체험을 선사할 수 있으며 그들을 스토리 안으로 끌어들일 수 있는 것이다.

이 책에서 다루려고 하는 두 가지 과제는 '어떻게 좋은 스토리를 발전시킬 것인가'와 '어떻게 그 스토리를 제대로 전달할 것인가'이다. 이 두 가지 과제는 너무도 밀접하게 얽혀 있어 그들을 서로 떼어놓고 언급한다는 것이 불가능할 정도이다. 프랭크 대니얼은 말한다. "그것은 간단하다. 그것은 흥미로운(exciting) 사람들에 대한 흥미로운 이야기를 흥미로운 형식으로 말하는 것이다." '잘 짜여진 좋은 스토리'의 기본요건은 다음과 같다.

1. 관객이 감정이입을 할 수 있는 '누군가(somebody)'에 관한 스토리이다.
2. 그 누군가는 '어떤 일(something)'을 하려고 대단히 노력한다.
3. 그 어떤 일은 성취하기가 '어렵다(difficult).' 그러나 불가능한 것은 아니다.
4. 그 스토리는 최대한의 '정서적 임팩트(emotional impact)'와 '관객의 참여(audience participation)'를 끌어낼 수 있는 방식으로 전개되어야 한다.
5. 그 스토리는 '만족스러운 엔딩(satisfactory ending)'으로 맺어져야 한다(그렇다고 해서 반드시 해피엔딩이어야 한다는 뜻은 아니다).

'잘 짜여진 좋은 스토리'란 간단한 것이다. 그러나 그것을 쓰기란 쉽지 않다.

3장이론

"제1장에서는 등장인물들과 전체의 스토리가 처해 있는 상황을 다룬다. 제2장에서는 그 상황이 진척되어 갈등의 최고조에 이르게 되는 커다란 문제를 다룬다. 제3장에서는 갈등과 문제가 어떻게 해결되는가를 다룬다." — *어니스트 레먼*

전체를 5장으로 나누는 작가들도 있다. TV드라마에서는 종종 전체를 7장으로 나누기도 한다. 그러나 이 책에서 다루려는 것은 전체의 스토리를 3장으로 나누는 방법이다. 사실 전체를 몇 장으로 나누느냐 하는 문제는 작가가 그의 스토리를 어떻게 짜나가느냐에 따라 결과적으로 나오는 것이지 관객이 그 스토리를 어떻게 체험하느냐에 따라 나오는 것은 아니다. 적절히 그리고 효과적으로만 사용한다면 전체를 3장으로 나누든, 5장으로 나누든, 7장으로 나누든 상관없다. 동일한 시퀀스의 동일한 장소에서 벌어지는 스토리라 하더라도 거기에 등장하는 사건들을 임의의 장으로 분할할 수 있는 것이다.

드라마의 역사에 등장하는 수많은 위대한 교사들과 작가들은 대개 '3장구조(the three act structure)'에 대하여 이야기한다. 그러나 이러한 표현에는 스토리텔링의 법칙을 불변의 어떤 것으로 오해하게 만드는 폐단이 있다. 다리를 건설할 때와 마찬가지로 일단 설계가 완성되면 아무것도 변할 수 없다는 식이다. 그러나 실제의 경우를 들여다보면 스토리는 자체적으로 진화(evolve)한다. 그것의 '구조' 조차도 스토리의 전개에 따라 변하는 것이다. 그것은 끊임없이 변한다.

뿐만 아니라 스토리텔링에서는 어떤 불변의 구조가 있을 수 없다. 모든 새로운 스토리들은 그 자체가 하나의 '원형(prototype)'이며 언제나 새롭게 창조되어야 하는 것이다. 어떤 구조의 빈칸을 채우기만 하면 하나의 스토리가 형성되는 것이 아니다. 훌륭한 스토리텔링은 관행에의 추종보다는 새로운 발명을 요구한다(그런 연유로 이 책에서는 '3장구조'라는 표현 대신 '3장으로의 분할(a division into three acts)'이라는 표현을 쓰기로 한다).

이 책에서 3장이론의 패러다임을 사용하는 것은 그것이 가장 이해하기 쉬울뿐더러, 스토리에 대한 관객 체험의 단계에 가장 밀착해 있는 패러다임이기 때문이다. 제1장에서 관객은 등장인물들을 익히고 스토리에 접하게 된다. 제2장에서 관객은 스토리에 대한 정서적 참여도를 높이게 된다. 제3장에 이르면 스토리는 정리되고 관객은 만족스러운 엔딩을 체험하게 된다. 다른 말로 표현하자면 하나의 스토리에는 시작이 있고, 중간이 있고, 끝이 있게 마련이다.

영화에는 연극에서의 막(幕)처럼 커튼이 내려지는 것도 아니고 각 장(場)마다 명확한 경계가 있는 것도 아니다. 바로 이러한 사실이 영화의 스토리를 연속적인 것으로 만든다. 엔딩에 이르기까지 멈춰 서지도 않고 뒤돌아보는 일도 없이 끝까지 가는 것이다.

영화가 관객에게 선사할 수 있는 가장 이상적인 체험은 그것을 처음부터 끝까지 쭉 이어지는 하나의 꿈-끊임없이 스토리를 앞으로 전진시키면서 관객의 마음과 정서를 사로잡았다가 마지막에 이르러서야 그것으로부터 '깨어나게(wake)' 만드는 그런 꿈-처럼 느끼도록 하는 것이다. 시나리오작가가 신들이 분할될 때마다 스토리상의 꿰매고 기운 부분들을 느끼지 못하게 하려고 노력하는 것도 관객에게 마치 꿈을 꾸고 있는 것 같은 상태-즉 영화 밖의 모든 근심 걱정을 잊고 스토리에 완전히 함몰된 상태-를 선사하기 위한 것이다.

그러므로 영화가 몇 개의 장으로 분할되었다는 것을 관객은 의식할 수 없어야 한다(물론 스토리의 중심축이 변화할 때 어떤 정서적인 변화를 느낄 수는 있겠지만). 3장이론은 시나리오작가를 위해서 존재한다. 시나리오작가는 이 이론에 기대어 어떻게 스토리를 풀어나갈지 그 아이디어를 조직해내고, 스토리상의 중요한 순간들이 최대의 임팩트를 갖기 위해서는 어디쯤 위치하는 것이 좋을까를 발견하는 것이다. '시나리오 작법의 도구들(Screenwriting Tools)'과 관련된 많은 저서들은 바로 이 최대의 임팩트라는 목표를 달성하기 위한 다양한 요소들을 상세하게 다루고 있다.

제1장에서는 관객에게 스토리가 펼쳐지는 세계와 주요 등장인물들을 소개하고, 스토리가 기초하게 될 주요 갈등을 설정한다. 한 명의 주인공이 등장하는 대부분의 스토리에서는 제1장의 끝에 이르러 그의 삶과 그가 처해 있는 곤경이 집중조명되게 마련이다. 즉 그가 하고자 하는 일이 확정되고 장애물들의 윤곽이 드러나는 것이다.

제2장에서는 목표에 대한 주인공의 추구를 가로막는 장애물들이 더 상세하고 첨예하게 부각된다. 동시에, 제2장이 진행되는 동안, 주인공은 변화하고 발전하거나, 최소한 변화할 수밖에 없는 압력을 받게 되는데, 이 변화는 제3장에서 확연해진다. 스토리의 서브플롯들이 폭넓게 발전하는 것도 바로 제2장에서이다.

제3장에서는 메인스토리(주인공의 스토리)와 서브플롯들이 제각기 다른 방식으로 모두 해결된다. 이때 중요한 것은 어떤 종류의 결말이 내려졌다는 느낌, 즉 갈등이 끝났다는 느낌이 확실히 들어야 한다는 것이다(비록 관객이 수평선 너머에서 몰려오고 있는 또 다른 폭풍을 바라보게 될지라도, 어찌됐건 그 스토리의 갈등을 풀어버려야 하는 것이다).

3장이론을 마치 무슨 주형(鑄型)이나 공식 같은 것으로 받아들여 시나리오작가는 주물러댄 반죽을 그저 들이붓기만 하면 되는 것처럼 인식해서는 곤란하다. 그것은 차라리 처음 가보는 위험한 장소를 여행할 때 탐험가 혹은 가이드가 계속 주목해야만 될 어떤 이정표와도 같은 것이다. 가이드(시나리오작가)를 따라다니는 관광객(관객)이야 풍경을 둘러보고, 앞길에 잠재해 있을지 모를 위험을 예감하고, 즐거움을 기대하고, 밤중에 들려오는 무서운 소리를 듣기만 하면 된다. 하지만 가이드는 이정표에서 눈길을 떼지 않고 있다가 행여라도 길을 잃으면 곧바로 다시 있어야할 곳으로 되돌아가야 하는 것이다.

현명한 가이드는 결코 관광객에게 모든 이정표들을 지적해주지 않는다. 대신 그는 관광객으로 하여금 하나의 연속된 체험으로 그 여행을 즐기도록 배려한다. 그러면 관광객은 가이드를 여행에 대해서는 대단한 능력을 가진 신비한 존재로 받아들이게 될 것이다.

스토리의 세계

"나는 내가 원하는 상황 속으로 캐릭터들을 억지로 밀어넣으려 하지 않는다. 캐릭터들이 충분히 리얼하게 그려졌다면 그들 스스로가 자신들이 원하는 상황이 어떤 것인지를 가르쳐줄 것이다."
-빌 위틀리프

"등장인물들과 그들의 주변환경 사이에는 반드시 어떤 종류의 상호작용이 있게 마련이다."
-월터 번스틴

어떤 영화에서건 그것의 스토리가 펼쳐지는 세계는 하나의 독자적인 창작품으로서, 현대를 다루건 다른 시간대를 다루건, 리얼한 것이건 공상적인 것이건, 우리가 살고 있는 실제의 세계에 대한 하나의 변주이다. 몇몇 속편들은 물론 예외이지만, 두 편의 서로 다른 영화가 완전히 동일한 세계를 다루고 있는 경우란 결코 없다. 대부분의 영화는 그것만을 위하여 특별히 창조된 세계 내에서 나름대로의 법칙과 한계와 중요한 사건들을 갖는 것이다.

얼핏 보면 완전히 동일한 세계를 다루고 있는 것처럼 보이는 영화들 사이에서도 상황은 마찬가지이다. 예를 들어 〈챔프 The Champ〉와 〈록키 Rocky〉는 둘 다 투쟁하는 복서와 프로복싱 세계를 다루고 있다. 그리고 둘 다 어떤 종류의 용기를 보여준다. 그러나 〈챔프〉가 좀더 우화에 가깝고 어떤 도덕적인 교훈을 예시하고 있다면, 〈록키〉는 더 신화에 가깝고 어떤 전설의 탄생과정을 보여주고 있는 것이다.

어떤 영화에서 다루고 있는 세계의 독창성을 시험해보는 방법들 중 하나는 그 영화의 신을 다른 영화 속에 대입하여 상상해보는 것이다. 극단적인 예이긴 하지만 〈문스트럭 Moonstruck〉과 〈대부〉를 비교해보자. 이 두 영화의 스토리는 모두 뉴욕에 살고 있는 이탈리아 이민가정의 여러 세대들을 다루고 있다. 그러나 그 영화들 속의 어느 한순간도 다른 영화 속에 끼워넣는다면 어울리지 않는 장면이 되고 말 것이다.

이 경우보다 훨씬 더 유사한 세계를 다루고 있는 영화들을 비교해보아도 어긋나기는 마찬가지이다. 〈차이나타운 Chinatown〉과 〈이중배상 Double Indemnity〉은 거의 같은 시대의 로스앤젤레스에서 벌어진 사건들을 다루고 있고, 똑같이 하드보일드한 캐릭터들과 대사들을 사용하고 있으며, 시니컬한 면이 있다는 점까지 유사하다. 그러나 이런 모든 유사성에도 불구하고, 제이크 기츠라는 인물은 〈이중배상〉에는 전혀 어울리지 않으며, 월터 네프라는 인물 역시 〈차이나타운〉에는 전혀 어울리지 않는다. 그들은 마치 완전히 다른 세계에 속해 있는 사람들처럼 보인다. 실제로 그렇다.

스토리의 세계에서 독창성은 두 가지 요소에서 비롯된다. 하나의 요소는 주인공의 천성이고 다른 하나의 요소는 시나리오작가의 천성이다. 스토리의 세계에서 중요한 것과 중요하지 않은 것은 대부분 주인공이 누구냐, 그는 어떤 사람이냐, 그가 처해 있는 곤경은 어떤 것이냐에 따라 갈린다. 그와 동시에 스토리의 세계에 막대한 영향을 끼치는 것은 시나리오작가가 어떤 생각을 품고 있는가와 그것이 실제로 무엇을 다루고자 한 스토리인가(제3부의 제6장〔주제〕를 보라)이다.

스토리의 등장인물들에 대하여 강조해야 될 것과 그렇지 않은 것, 그들이 하고자 하는 일, 그들이 가지고 있는 두려움, 그들의 기대, 그들의 주변환경, 그들이 처한 현실, 그들이 가지고 있는 몽상, 이 모든 것들은 시나리오작가의 내면으로부터 창조되어 나온 것이다. 따라서 시나리오작가의 개인적 취향(어떤 경우에는 무의식적으로 드러난다)과 의식적 선택이 관객에게 제시되는 스토리의 비율과 명암과 세계관에 미묘한 변화를 불러일으키게 마련이다.

4

주인공과 적대자와 갈등

"나는 결코 등장인물과 따로 놀고 있는 플롯을 짜지 않는다. 시나리오를 써나가기 위해서는 반드시 그 스토리가 누구에 관한 것인지, 주인공은 누구인지를 분명히 파악하고 있어야 한다. 가령 악당에 관한 시나리오를 쓸 경우 내가 가장 역점을 두는 것은 그 악당이 자신의 역량을 최대한 발휘하도록 하여 무시무시하지만 흥미로운 인물, 설득력 있고 매혹적인 인물로 만드는 일이다."　　　—월터 번스틴

　　대부분의 스토리들은 한 명의 중심적인 캐릭터, 즉 주인공(protagonist)을 중심으로 하여 쓰여진다(제3부 제1장 〔주인공과 그가 하고자 하는 일〕을 보라). 심지어 등장인물이 여럿 나오는 스토리나 일반적이지 않은 구조(제3부 제7장 〔통일성〕을 보라)를 가지고 있는 스토리의 경우에도 각 개인과 관련된 서브플롯은 저마다 주인공을 내세우게 마련이다. 드라마의 기본적인 상황을 '누군가가 어떤 일을 하려고 대단히 노력하는데 그것을 성취하기는 매우 어렵다'라고 정의할 때의 그 '누군가'가 바로 주인공이다.

　　적대자(antagonist)란 맞서는 세력으로서 목표에 대한 주인공의 추구를 실질적으로 방해하는 인물이다. '성취하기는 매우 어렵다'고 할 때의 그 '어려움(difficulty)'에 해당한다. 주인공과 적대자라는 이 두 개의 서로 맞서고 있

는 세력이 스토리의 갈등을 창조한다.

많은 스토리에서 적대자는 주인공과는 별개의 인물로서 어떤 '나쁜 녀석'이다. 〈북북서로 진로를 돌려라〉, 〈스타워즈〉, 〈차이나타운〉, 〈터미네이터 Terminator〉 등을 보면 주인공과 적대자는 분명하고도 확연히 구분되는 인물들로서 서로 맞서 싸운다. 이런 종류의 스토리에서는 주인공이 외적 갈등, 즉 자신이 아닌 누군가와의 갈등을 갖는다.

그러나 절대 다수의 스토리에서 주인공은 곧 자신의 적대자이기도 하다. 중요한 투쟁은 주인공의 내면에서 벌어지고 있는 것으로써, 같은 인물의 양면 혹은 욕망들 혹은 절박한 요구들이 서로 맞서는 것이다. 이러한 내적 갈등의 가장 확연한 예들이 바로 〈햄릿〉과 〈지킬박사와 하이드씨 The Strange Case of Dr. Jekyll and Mr. Hyde〉 같은 경우이다. 〈시에라 마드르의 보물 The Treasure of the Sierra Madre〉, 〈우리에게 내일은 없다 Bonnie and Clyde〉, 〈현기증 Vertigo〉, 〈분노의 주먹 Raging Bull〉 같은 경우도 여기에 해당한다. 이러한 종류의 영화에서는 스토리상의 가장 중요한 투쟁이 주인공의 내면에서 벌어지는 것이다.

주인공이 곧 적대자이기도 한 내적 갈등을 다룬 스토리에서도 외적 갈등은 등장한다. 또한 외적 갈등을 가장 솜씨있게 다룬 스토리에서도 주인공의 내적 갈등에 해당하는 요소가 있게 마련이다. 이 두 갈등 사이에 균형을 잡는 것이 중요하지만 대개의 스토리들은 어느 한 쪽의 갈등을 주요 갈등으로 설정하게 된다.

〈카사블랑카〉에서 릭은 내적 갈등─개입할 것인가 나 몰라라 할 것인가─과 투쟁한다. 그러나 그와 동시에 그에게 분명한 태도를 취하라는 압력을 가해오는 슈트라세 소령의 존재도 있다.

〈스팅 Sting〉의 주인공은 로버트 레드퍼드가 맡은 조니 후커인데, 그가 하고자 하는 일은 자기의 친구이자 스승을 죽인 자에게 복수하는 것이다. 바로 그 자가 적대자이며 따라서 갈등은 외적인 것이다. 하지만 그와 동시에 조니 후커의 내면에서도 투쟁이 일어난다. 과연 내가 복수를 해낼 수 있을까? 도대체 누구를 믿어야 하는가?

〈죠스 Jaws〉의 주인공은 브로디 보안관이며 적대자는 상어이므로 그들 사이의 갈등은 외적인 것이다. 그러나 브로디는 그와 동시에 반드시 극복해야만 할 내적 갈등도 갖고 있다. 그는 바다를 무서워하고, 상어와 맞서 싸우고 싶지 않으며, 더 큰 배를 갖고 싶어한다.

〈우리에게 내일은 없다〉의 주요 갈등은 바로 클라이드의 자기파괴적인 충동으로 그의 내면에 있다. 하지만 그에게는 또한 죽어라고 그를 추적해오는 경찰관이 있다. 그의 존재야말로 클라이드가 안고 있는 내적 갈등의 외적 표현인 셈이다.

외부의 적대자와 더불어 존재하는 내적 갈등의 표현은 주인공을 더 심도 깊고 흥미롭게 만든다. 주요 갈등은 내적인 것이지만 외적 갈등의 요소도 있는 스토리야말로 주인공이 가지고 있는 양면을 생생하게 묘사하여 그를 '살아 있는 사람처럼 느끼게' 할 수 있다. 시나리오를 쓸 때 가장 핵심이 되는 과제는 이것이다. 주인공의 내면에서 벌어지고 있는 일을 어떻게 관객에게 보여줄 것인가?

내면의 외면화

"중요한 것은 종이 위에 어떻게 쓰여 있는가가 아니라 스크린 위에서 어떻게 보여지는가이다."
-톰 릭먼

대부분의 영화에서는 내적 갈등과 외적 갈등이 공존(어떤 비율이든 상관없이)하고 있으므로 시나리오작가는 늘 인물의 내면에서 벌어지고 있는 것들을 어떻게 보여주어야 하는가 하는 문제와 마주치게 된다. 캐릭터들의 내적인 삶-그들의 기쁨, 고통, 비밀스러운 욕망, 기대, 숨겨진 공포 등-을 들여다볼 수 있는 창문을 마련해놓지 않는다면, 그 스토리는 필시 깊이가 없거나 지루한 것이 되기 십상이다.

한 인물과 정확히 대척적인 위치에 있는 다른 인물이 존재한다면 문제는 훨씬 쉬워질 것이다. 그러나 불행하게도 이런 종류의 극단적인 대척점이 언제나 존재하는 것은 아니다. 초보적인 시나리오작가는 대개 이 문제를 해결하기 위하여 대사에 집착하는데 이것은 그리 좋은 해결책이 아니다. 그렇게 하는 경우 관객이 마주치게 되는 것은 자신들의 감정에 대하여 공개적으로 그리고 솔직하게 털어놓는 인물들뿐이고, 그 결과 극장에서 벌어지는 유일한 드라마란 곧 출구를 찾아 우르르 몰려나가는 관객의 모습일 것이다.

그보다는 인물의 행동을 통하여 그의 내적인 삶을 엿볼 수 있도록 하는 것이 훨씬 낫다. 물론 말하는 것도 행동의 일부이기는 하다. 그러나 대사는 시나리오작가가 짊어져야 할 짐의 극히 일부분밖에는 감당할 수 없다. 가령 어떤 인물이 "나는 너에게 화가 났어"라고 말했다고 하자. 그것은 너무 약한 표현이고 어쩌면 거짓말일 수도 있다. 그러나 한 인물이 다른 인물의 먹살을 낚아채어 그를 벽에다 내동댕이쳤다면, 대사가 없더라도 그 인물의 내면에서 어떤 일이 벌어지고 있는지를 알아차릴 수 있다. 복잡한 내면의 감정상태를 드러내는 어떤 행동을 찾아낸다는 것, 이것이 시나리오작가가 당면하고 있는 가장 어려운 과제이다. 그것은 또한 제대로 된 스토리와 대사만 무성한 스토리를 구별짓는 기준점이기도 하다.

〈애니 홀 Annie Hall〉에서 앨비와 애니가 함께 한 가장 행복했던 순간들 중의 하나는 랍스터를 요리할 때이다. 애니가 떠나간 다음 앨비는 다시 다른 여자와 그 일을 되풀이하는데, 이 장면은 그가 내심 무엇을 그리워하는지 그리고 무엇을 되찾고 싶어하는지를 드라마틱하게 보여준다. 그리고 그 시도가 얼마나 허망한지 보여줌으로써 그의 내면에 속하는 많은 것을 관객에게 알려주는 것이다. 애니와 함께 한 장면과 다른 여자와 함께 한 장면 모두에서 대사가 나오지만, 이때의 대사들은 관객이 앨비의 행동과 캐릭터와 그 심정 등을 이해하는 데 꼭 필요한 요소는 아니다.

대사가 반드시 언표(言表)된 바를 의미하는 것은 아니다. 어떤 인물이 상대방에게 영원한 사랑에 대한 이야기를 하면서 다가가는데, 그의 등 뒤에는 커다란 식칼이 감추어져 있다고 하자. 이때 믿어야 할 것은 그의 대사인가 행동인가? 실제로 서로 아귀가 맞지 않는 대사와 행동을 병치시켜 보여준다는 것은 한 인물의 내면세계를 명확하게 보여주는 하나의 방법이다. 가령 한 인물이 어떤 인물에게 거짓말을 하고 있다는 사실을 관객이 알게 되면, 관객은 거짓말을 하는 인물의 내면세계를 들여다보게 될뿐더러, 그가 누구에게 그리고 어떻게 거짓말을 하는지도 알게 된다. 때로는 그가 왜 거짓말을 하는지를 넘겨짚어 볼 수도 있는데, 그것은 곧 그의 동기에 대한 이해를 마치 스냅사진처럼 관객의 가슴속에 남기며, 그의 내면 삶 속으로 직접 파고드는 효과를 자아낸다.

이와 같이 인물들 사이에서 벌어지고 있는 것처럼 보이는 일과 실제로 그들의 내면에서 벌어지고 있는 일 사이에 존재하는 것이 서브텍스트(subtext)이다. 서브텍스트가 발생하는 가장 알기 쉬운 예는 한 인물이 거짓말을 하고 있는데 관객은 그가 거짓말을 하고 있다는 것을 알고 있는 경우이다. 그러나 실제로 서브텍스트는 이보다 훨씬 더 복잡하게 작용한다.

〈카사블랑카〉에서 일자가 공항통과권을 요구하며 릭에게 권총을 겨눴을 때, 겉으로 보이는 행동은 적대적이고 호전적인 것으로 비치지만, 실제로는 훨씬 더 복잡한 감정상태의 표현이다. 관객은 그 스토리가 처해 있는 상황과 일자가 그런 행동을 취한 방식을 알기 때문에 표면에 보이는 것 이상의 진실—릭에 대한 일자의 사랑, 빅터에 대한 일자의 사랑 혹은 존경심, 그리고 파리에서 벌어졌던 일에 대하여 사죄하고 싶어하는 마음—을 간파해낼 수가 있는 것이다.

필요한 정보를 관객에게 조금씩 신중하게 누설해줌으로써, 어떤 인물은 모르는 사실을 다른 인물은 알고 있다는 것을 보여줌으로써, 어떤 행동을 다양한 각도에서 재조명하여 보게끔 만듦으로써, 어떤 정보를 스크린 위에서 어떤 방식으로 인식시킬지(어떤 인물에게 그리고 동시에 관객에게)를 세심하게 선택함으로써, 유능한 시나리오작가는 서브텍스트가 풍부한 장면을 만들어낼 수 있는 것이다.

서브텍스트는 장면을 풍요롭게 하고 인물에 대한 이해도를 높일 뿐만 아니라 관객의 즐거움을 배가시키고 스토리에의 참여도를 증대시킨다. 스크린 위에서 벌어지고 있는 일을 충분히 인식하면서 서브텍스트의 본질까지 파악하게 된 관객은 스스로를 스토리의 참여자로 느끼면서 등장인물들의 내면적인 삶까지도 이해하게 된다.

객관적 드라마와 주관적 드라마

이제 겨우 기어다닐 만한 어린아이를 절벽 꼭대기에 올려놓았다고 하자. 이럴 때의 상황은, 그 어린아이가 하고자 하는 일이 무엇이고 어떤 버릇을 가지고 있으며 어떠한 삶을 살아왔는지와 무관하게, 그 자체로 충분히 드라마틱하다.

폭력적인 무기와 무술의 사용, 육체적인 공격, 산더미처럼 쌓인 현찰, 빈둥거리며 떠들어대는 뒷골목의 젊은 남자들을 뒤로 하고 미끄러지듯 빠져나가는 매혹적인 여인, 대관식의 화려한 정경, 이런 모든 것들은 객관적으로 드라마틱하다. 즉, 이러한 장면의 드라마틱한 임팩트는, 관객이 그 장면에 결부되어 있는 인물에 대해서 얼마나 자세히 알고 있는지의 여부와 무관하게, 그 자체로서 존재한다는 뜻이다.

그러나 대부분의 훌륭한 영화에서는 위와는 다른 이유로 드라마틱하게 느껴지는 장면들이 있다. 오직 관객이 캐릭터에 대하여 무엇인가를 알고 있기 때문에, 그리고 어떤 일이 일어날 것인지에 대하여 관심이 있기 때문에 드라마틱하게 느껴지는 장면들이다.

가령 어떤 남자에게 극단적인 폐쇄공포증이 있다는 사실을 관객이 알고 있다고 하자. 이럴 경우 단지 그를 벽장 속에 가두어놓는 것만으로도 흡인력 있는 장면을 만들어낼 수가 있다. 더 나아가, 그 인물이 자신이 하고자 하는 일을 성취하기 위해서는 폐쇄공포증에도 불구하고 스스로를 벽장 속에 숨겨야 하는 상황을 만들어낸다면, 드라마는 급격하게 고조되게 마련이다.

이러한 상황에서 빚어지는 드라마는, 스토리에 대한 관객의 지식과 참여 위에 기초하고 있으므로, 주관적 드라마라고 한다. 객관적 드라마와 주관적 드라마를 구분한 것 역시 프랭크 대니얼이 시나리오이론 정립에 기여한 중요한 공헌들 중 하나이다.

객관적 드라마에만 혹은 주관적 드라마에만 의존하려 한 영화들이 없었던 것은 아니다. 그러나 대부분의 훌륭한 영화들은 이 두 가지 유형의 드라마를 적절히 섞어 사용한다.

객관적 드라마에만 의지하려 들면 관객은 금세 지루해하면서 흥미를 잃게 된다. 총이 점점 더 커지고 폭발은 점점 더 엄청난 것이 되고 절벽은 점점 더 높아진다 해도, 관객이 캐릭터에 대해서 관심을 가지지 않게 되면, 그런 모든 현란한 기법들도 한낱 무용지물이 되고 말 것이다.

반대로 주관적 드라마에만 의지하는 영화 역시 관객을 따분하게 만든다. 다가올 어떤 종류의 위험에 대한 기대를 가질 수 없다면 아무 일도 일어나지 않는다는 느낌이 들어 결국 관객으로 하여금 "뭐 이렇게 사건이 없어(too little happen)?" 하고 투덜거리게 만들 것이다.

그러므로 객관적 드라마와 주관적 드라마를 적절히 섞는 것이야말로 가장 효과적인 방법이다. 어느 한 쪽이 좀더 지배적인 역할을 하겠지만 때로는 동시에 두 가지가 모두 작용하는 경우도 있다. 두 가지의 드라마가 효과적으로 결합되었을 때 가장 기억에 남는 짜릿한 순간들이 만들어진다.

예를 들어 〈어두워질 때까지 Wait Until Dark〉를 살펴보자. 관객은 수지 헨드릭스가 장님이기는 하지만 모든 것을 홀로 해결할 수 있는 여인이라는 사실을 알고 있다. 그녀는 우연한 사건에 휘말려 마약거래상에게 쫓긴다. 그녀가 앞을 못 본다는 사실, 그녀가 무사하기를 바라는 관객의 마음, 그녀는 알지 못하지만 관객은 알고 있는 마약거래상의 온갖 술책들, 이 모든 것들의 효과적인 결합이 관객으로 하여금 극장 의자에서 엉덩이를 못 떼면서 스토리 안으로 빨려들도록 만드는 것이다.

〈아마데우스〉는 주관적 드라마를 극히 효과적으로 사용한 영화이다. 그러나 그 영화는 살리에리의 자살시도를 보여주면서 시작되는데 그것은 객관적으로 드라마틱한 장면이다. 〈아마데우스〉의 감동적인 엔딩은 살리에리가 모차르트를 죽게 만드는 장면인데 여기에서는 객관적 드라마와 주관적 드라마가 대단히 풍부하게 사용되었다. 살리에리와 모차르트라는 캐릭터에 대한 관객의 이해, 경제적인 문제로 절박해하는 모차르트, 모차르트를 구하려고 애쓰는 아내의 절망적인 시도, 이 모든 것들이 효과적으로 결합되어 있는 것이다.

시간과의 싸움

"스토리가 허락하는 한 타임프레임을 짧게 설정하라."   *-링 라드너 주니어*

"당신에게 허락된 시간에 비해 스토리가 너무 많아선 안 된다."   *-톰 릭먼*

영화에는 세 가지 종류의 시간이 존재한다. 리얼타임과 스크린타임과 타임 프레임. 리얼타임이란 실제로 행동이 벌어질 때 소요되는 시간이다. 가령 1마일을 달린다고 할 때 세계적인 수준의 육상선수라면 대략 4분 정도 걸릴 것이다.

스크린타임이란 스크린 위에서 그 행동을 묘사할 때 소요되는 시간이다. 아마도 달리기 시작할 때의 30초, 달리는 동안의 모습을 10초, 결승점 통과장면을 15초, 거기다가 응원하고 있는 팬들의 모습을 몇 숏 편집해서 집어넣는다면 대략 1분 정도 될 것이다.

타임프레임(time frame)이란 어떤 행동에 대해서 관객이 기대하고 있는 데드라인 혹은 끝을 의미한다. 가령 육상시합에서라면 경주가 끝나고 모든 행동이 마무리되는 결승점이 될 것이다.

대부분의 장면들은 리얼타임으로 진행된다. 즉 어떤 행동을 할 때 스크린 위에서 소요되는 시간은 관객이 현실에서 그런 행동을 할 때 소요되는 시간과 정확히 일치한다. 관객은 스크린 위의 인물들이 보여주는 행동이 현실공간에서 일어나고 있다고 받아들이면서 영화를 보는 법이므로 리얼타임을 심하게 왜곡시키면 감상에 지장을 초래하기 때문이다.

하지만 어떤 순간들은 실제의 행동에서 요구되는 시간보다 짧게 잘려나간 채 묘사될 수도 있다. 이렇게 관객에게 그들이 꾸고 있는 '지속적인 꿈'에서 깨어나도록 쇼크를 주지 않는 범위 내에서 일정한 시간을 건너뛰는 것을 축약 (ellipsis)이라고 한다. 예를 들어 양말과 신발을 신는 데 실제로 소요되는 시간 같은 것은 축약할 수도 있다. 사실 그런 시간을 축약시키지 않으면 관객이 먼저 못 참아할 것이다.

반대의 경우를 상상해보자. 어떤 인물이 잡히거나 발각될 위험이 있을 때 혹은 어떤 극적인 전환이 이루어지려고 할 때, 오히려 반대로, 양말을 꿰거나 신발을 신는 행동을 실제보다 길게 묘사할 수도 있을 것이다. 이것을 **확장** (elaboration)이라고 한다.

축약과 확장이 동시에 사용된 예로 〈차이나타운〉의 마지막 장면을 들 수 있다. 에벌린이 딸과 함께 도망치려고 차에 뛰어올라 시동을 걸고 급하게 출발할 때 리얼타임의 어떤 순간들이 축약되었다. 현실 속에서라면 자동차 키를 꽂으려고 허둥댔을 것이고 시동이 걸리는 데에도 시간이 더 걸렸을 것이다.

반면 경찰이 총을 쏘아 그 차가 기나긴 경적을 울리며 멈추어서자 다른 모든 인물들이 그리로 달려가는 장면을 자세히 보자. 카메라를 차 옆으로 옮겨 다른 숏을 보여주는데, 달려오는 사람들은 아직도 저만치 있고, 그 거리는 무척이나 멀어보인다. 그러는 동안 관객은 도대체 어떻게 되었는지가 알고 싶고 그 끔찍한 경적소리를 그만 멈추게 했으면 하고 안달을 하게 마련이다. 이런 드라마틱한 임팩트를 위하여 리얼타임은 정교하게 확장된 것이다. 어떤 중요한 순간에 대한 관객의 체험을 길게 늘리도록 고안된 슬로모션 역시 이러한 목적으로 사용된다.

그러므로 스크린타임이 리얼타임과 반드시 일치할 필요는 없다. 대부분의 초보적인 시나리오작가는 '리얼타임의 노예가 되고 있다(get stuck in real time).' 그들이 쓴 시나리오를 보면 어떤 인물이 자리에서 일어나서, 방을 가로질러, 방문을 열고, 뒤돌아서 그것을 닫고, 차 있는 곳으로 가서, 차 문을 열고, 올라타고, 차 키를 꽂고… 이런 식이다. 그러한 행동들은 뭔가 새로운 의미나 갈등을 내포하고 있는 것이 아니라면 지루하기 짝이 없다.

한 장면 내에서도 축약은 가능하다. 위에서와 같이 실제로는 4분 걸리는 육상시합도 1분이면 묘사할 수 있는 것이다. 만약 그 육상시합이 전체 스토리 상에서 매우 중요한 것이라면 4분 가까이 지속시킬 수도 있고 그 이상으로 확장시킬 수도 있다. 그러나 그것이 그저 스토리의 발전에 한 부분을 차지할 뿐이라면 4분이란 너무 긴 시간이다. 그 장면 내에서 새로운 행동이나 정보를 제공하지도 않으면서 관객이 4분 내내 긴장을 유지하리라고 기대하는 것은 어리석은 짓이다. 그러므로 관객에게 행동의 전 과정을 보고 있다는 믿음을 주면서도 리얼타임의 일정부분을 잘라내는 기교가 필요하다.

축약의 한 방법으로 동시에 다른 장소에서 벌어지고 있는 일들을 보여주는 경우도 있다. 가령 그 육상선수의 아버지가 스탠드에서 응원하고 있는데 그가 심장병을 앓고 있는 사람이라고 상정해보자. 육상시합이 주는 긴장과 흥분 때문에 그 아버지가 쓰러져 버린다면 어머니는 남편을 돌보기 위해 시합장면에서 눈을 뗄 수밖에 없을 것이다. 확인해본 결과 남편은 그저 의자에서 미끄러진 것일 뿐이었다고 해도 상관없다. 그들이 몸을 추스르자 시합은 이미 막바지에 이르러 관객의 관심은 온통 결승점에 쏠려 있게 마련이다. 관객은 결코 이 과정에서 사용된 축약을 눈치채지 못할 것이다. 그것은 4분을 1분 30초 내지 2분 내에 묘사하기에 충분할 만큼 관객의 관심을 흐트러뜨려놓은 것이다.

한 장면 내에서 시간을 축약하는 또 다른 방법은 관객에게 다른 볼 거리를 제공하여 실제로 벌어지고 있는 행동이 축약되었다는 사실을 눈치채지 못하게 하는 것이다. 가령 1분이 소요되는 장면 안에서 3분이 걸리는 계란삶기를 보여주어야 한다고 하자. 이 경우 관객의 관심을 계란이나 끓는 물로부터 떼어놓아야 한다. 계란을 삶는 인물은 그 장소에 있는 다른 인물과 어떤 중요한 교호작용을 하거나 다른 일-예를 들면 양파를 썰다가 손가락을 베는 것 따위-을 해야 한다. 그렇게 함으로써 축약된 스크린타임을 리얼타임처럼 보이게 (seem) 할 수 있다.

대부분의 축약은 장면과 장면 사이에서 이루어진다. 한 장면에서 시카고를 떠나 뉴욕으로 향하는 인물을 보여주고 바로 그 다음 장면에서 뉴욕에 온 인물을 보여줄 수도 있다. 물론 페이드 아웃이니 페이드 인이니 디졸브니 몽타주니 하는 방법들도 시간을 축약시키기 위하여 사용할 수 있지만 그렇게 하는 것이 반드시 필요한 것도 아니고 현명한 것도 아니다.

한 장면과 다음 장면 사이에서 어떤 '시간상의 유의미한 점프(any significant jump)'를 보여주고 싶을 때 신경 써서 해야할 것은 '장면전환(transition)'이다. 가령 시카고를 떠나는 장면 다음에 뉴욕에 도착하는 장면을 바짝 붙이는 경우, 앞장면의 말미나 뒷장면의 초입에 '잠깐 동안 숨을 돌릴 만한 휴식(a breather)'을 설정하는 것이 효과적이다. 그 잠깐 동안은 하루를 축약한 것일 수도 있고 일주일이나 일년을 축약한 것일 수도 있다.

이를테면 어떤 인물이 시카고를 떠나는 장면의 말미에 뒤에 남게 되는 사람들을 몇 초 동안 더 보여주는 것이다. 구체적으로 어떤 마지막 대사가 있을 수도 있고 어떤 반응이 있을 수도 있고 때로는 개그가 등장할 수도 있다. 그런 다음 새로운 장소에 도착한 인물로 바로 연결시키는 것이다. 물론 반대로 그 인물이 등장하기 전에 새로운 장소를 몇 초 동안 보여줄 수도 있다.

관객으로 하여금 시간상의 갭을 건너뛰도록 하기 위하여 시나리오작가는 다양한 도구들을 사용한다. 대사로 이루어진 장면전환, 소리로 이루어진 장면전환, 시각적 유사성 혹은 시각적 변형 위에 기초한 장면전환, 축약된 시간을 건너뛰는 어떤 행동을 보여주기 위해 의상이나 소도구나 음악을 사용한 장면전환.

예를 들어보자. 어떤 인물이 반드시 그 녀석을 찾아내어 한 방 먹이겠노라고 큰소리치며 밖으로 나간다. 다음 컷에서는 곧바로 한 방 얻어맞는 그 녀석의 얼굴과 원하던 것을 이루어 만족스러워하는 인물의 모습을 보여줄 수도 있다. 살아 있는 한 절대로 턱시도 따위는 입지 않겠노라고 공언하는 어떤 인물을 보여준 다음 곧바로 턱시도를 입고 있는 그의 모습을 보여줄 수도 있다.

관객으로 하여금 시간상의 갭을 건너뛰도록 만드는 또 다른 방법은 진행중인 어떤 일의 시작을 보여주고 나서 그것이 완결된 모습을 보여주는 것이다(위에서 언급한 육상시합과 선수 부모들의 경우). 이 방법도 잘만 사용하면 커다란 효과를 볼 수 있다. 어떤 인물이 아파트에 페인트칠을 한다고 할 때 단 한 번의 디졸브나 페이드 아웃-페이드 인을 통해서 바로 다음 장면에서 그가 페인트칠을 완성한 모습을 보여줄 수도 있을 것이다. 좀더 영화적인 방법은, 일단 페인트 냄새 때문에 기침을 해대는 이웃집 여자를 보여준 다음, 페인트칠을 완성하는 인물에게로 돌아가는 것이다.

타임프레임은 시나리오작가가 관객에게 어떤 중요한 행동이 완결되는 데 드라인이 있음을 미리 알려주어 그들의 정서적 에너지를 집중시키기 위하여 고안된 것이다(제3부 제14장〔미리 알려주기와 예상하게 만들기〕를 보라). 타임프레임이 아주 명확하게 제시되어 있는 영화들이 있다. 시한폭탄이 존재하고 그것이 터지지 않게 하려는 주인공이 등장하는 영화들이다. 타임프레임이 아예 제목으로 사용된 영화들도 있다.〈48시간 48 Hours〉,〈5월의 7일간 Seven Days in May〉,〈하이눈 High Noon〉,〈코드네임 콘돌 Three Days of the Condor〉. 이 경우 관객은 스토리가 주어진 타임프레임 안에서 끝나리라는 것을 알게 된다.

스토리가 진행됨에 따라 타임프레임이 정해지는 영화들도 있다. 이런 영화들 속에서는 어떤 데드라인, 진실의 순간, 전투, 경주, 경합 따위의 타임프레임이 등장한다.〈스타워즈〉에서 반란군은 별이 자신들의 행성을 파괴하기 전에 그것을 파괴해야만 한다.〈록키〉의 모든 것은 어떤 진실의 순간, 즉 타이틀매치를 위하여 만들어져 있다.〈아프리카의 여왕 The African Queen〉에서 모든 것은 독일전투함인 루이자호를 침몰시킬 때까지 추구된다. 관객은 타임프레임에 이르게 되면 진실의 순간이 도래하리라는 것을 이미 알고 있다.

타임프레임을 아예 제목으로 삼는 영화도 있고, 스토리가 진행되면서 자연스럽게 그것을 만드는(대개 제1장 말미에) 영화도 있지만, 스토리 전체로 볼 때 타임프레임이 등장하지 않는 영화도 있다. 그러나 그런 영화에도 스토리의 어떤 부분에서는 한시적인 타임프레임을 사용한다.

예를 들어 〈스팅〉의 한 시퀀스를 보자. 그들은 전화국에 잠입하여 사기의 대상이 되는 인물과 어떤 만남을 가져야만 한다. 주어진 시간은 국장이 점심 식사를 위하여 자리를 비우는 한 시간뿐이다. 이때의 한 시간이 바로 그 시퀀스에 주어진 타임프레임이다.

타임프레임 – 혹은 흔히들 쓰는 표현으로 째깍거리는 초시계 – 을 잘 사용하면 어떤 한 장면이나 한 시퀀스를 첨예하게 극화시켜 축약함으로써 그것을 좀더 드라마틱하고 집약된 것으로 만들 수 있다.

8

불확실성의 파워

"관객에게 설명하려 들지말라. 그러면 관객은 방관자로 남게 된다. 대신 관객에게 조금씩 보여줘라. 그러면 관객은, 등장인물이 체험하는 것과 똑같은 방식으로 그것을 체험하게 됨으로써, 참여자가 된다."
-빌 위틀리프

영화를 만드는 사람의 가장 큰 과제는 관객을 객석에 잡아매고서 그들이 스토리에 집중하도록, 그리고 인물들이 어떻게 될 것인지에 대해서 관심을 갖도록 만드는 일이다. 다른 말로 표현하자면 관객을 '참여' 시키는 것이다. 참여를 끌어내지 못하면 관객은 스토리에 흥미도 없고 그것으로부터 영향을 받지도 않는 단순한 방관자가 되고 만다.

그것은 곧 드라마의 죽음이다. 스토리는 그 자체만으로 드라마틱한 것이 아니다. 오직 관객에게 어떤 임팩트를 끼치고 그들을 어떤 식으로든 감동시킬 때에만 드라마틱한 것이 된다. 드라마(희극과 비극을 다 포함하여)가 성립하기 위해서는 반드시 관객으로부터의 정서적 반응을 이끌어내야만 한다.

아이로니컬하게도, '정서적'인 스토리를 다루고 있는 영화들이 다 관객의 정서에 영향을 끼치는 것은 아니다. 반대로, 선이 굵고 액션으로 가득 차 있는 모든 영화들이 관객의 정서를 건드리지 못하는 것도 아니다. 〈우리에게 내일은 없다〉, 〈대부〉, 〈북북서로 진로를 돌려라〉 같은 영화들은 액션으로 가득 차 있지만 관객으로부터 어떤 강하고 본능적인 반응을 이끌어내는 데 성공하고 있다. 미친 듯이 울부짖는 인물이 등장한다고 해서 그 영화가 곧 정서적인 임팩트를 주리라고 생각한다면 오산이다. 그것이 가능해지려면 우선 관객이 그 인물에 대해서, 그러한 상황이 빚어진 전후관계에 대해서, 그리고 그 울부짖음을 촉발한 사건들에 대해서 잘 알고 있어야 한다.

관객을 스토리에 참여시키고 드라마가 요구하는 정서적 반응을 이끌어내려면 어떤 방법을 사용하여야 할까? 한마디로 표현하자면 '불확실성(uncertainty)'이다. 코앞에 닥쳐온 사건에 대한 불확실성, 그리고 사건의 최종 결말에 대한 불확실성. 이 개념을 다른 말로 표현하자면 '기대 대 두려움(hope versus fear)'이다. 만약 관객에게 하나의 사건에서 기대를 갖도록 하고 또 다른 사건에서 두려움을 갖게 한다면, 그래서 정말 이 스토리가 어떻게 끝날지에 대해서 도저히 알 수 없도록 만든다면, 이 불확실성의 상태야말로 가장 효과적인 도구가 된다. 관객은 기대와 두려움이 강렬하게 뒤섞여 있는 스토리에 대하여 매혹되게 마련이다.

〈카사블랑카〉의 릭은 과연 그의 사랑하는 여인 일자가 관련되어 있음에도 그를 둘러싸고 있는 복잡하고 위험한 세계에 개입하지 않고 버틸 수 있을 것인가? 〈400번의 구타 The 400 Blows〉의 앙트완느는 과연 이 험한 세상에서 자신의 자리를 찾을 수 있을 것인가? 〈시에라 마드르의 보물〉의 프레드 돕스는 과연 탐욕에 굴복할 것인가 아니면 약속을 지킬 것인가? 〈이창 Rear Window〉의 제프리는 과연 살인범이 그를 찾아내기 전에 정원 건너편의 아파트에서 벌어진 사건의 내막을 알아낼 수 있을 것인가? 〈애니 홀〉의 앨비는 과연 애니와의 관계를 유지할 수 있을 것인가?

동일한 사건일지라도 주변환경에 따라 정반대의 기대와 두려움을 내포할 수 있다. 아이를 갖기 원하는 젊은 부부가 있다고 하자. 그들은 이번 달에는 임신이 되었기를 기대하는 동시에 혹시라도 임신이 안 되었으면 어떻게 하나 하는 두려움을 갖게 된다. 그러나 나이가 너무 어리거나 아직 준비가 되어 있지 않은 젊은 부부의 경우라면, 임신이란 곧 두려움이고, 임신하지 않는 것이 기대가 된다.

관객의 불확실성이 곧 등장인물의 불확실성과 반드시 일치할 필요는 없다. 만약 관객이 바라보기에 아이를 갖기 원하는 그 젊은 부부가 잘못 맺어진 한 쌍이라면, 그래서 파경이 곧 닥칠 것만 같고 태어날 아이는 불행해질 것 같다면, 등장인물이 느끼는 것과는 정반대로, 제발 임신하지 말았으면 하는 기대와 임신하면 어쩌나 하는 두려움을 느낄 수도 있는 것이다.

그렇다면 관객에게 이러한 불확실성의 느낌—곧 '기대 대 두려움'의 느낌을 갖도록 하려면 어떻게 해야 할까? 가장 먼저 손꼽혀야 될 요건은 감정이입이다. 관객은 한 명 혹은 그 이상의 등장인물에 대하여, 아무리 적어도 최소한 이상의 정도로, 동정적이 되어야 하는 것이다(제3부 제1장 〔주인공과 그가 하고자 하는 일〕을 보라). 그 다음으로 중요한 요건은 어떤 일이 일어날 것인가 (what will happen)가 아니라 어떤 일이 일어날지도 모른다(what potentially might happen)는 것을 관객에게 알리는 일이다.

가령 〈모던타임스 Modern Times〉를 보자. 찰리 채플린은 한 백화점의 야간경비원이다. 그는 폴레트 고다르 앞에서 잘난 척을 하기 위해 눈가리개를 하고서는 롤러스케이트를 탄다. 그런데 그가 롤러스케이트를 타고 있는 곳은 때마침 플로어에 커다란 구멍을 뚫어놓은 재건축현장에 바짝 붙어 있다. 눈가리개를 한 그는 그 커다란 구멍에 접근했다가는 멈춰 서고, 다시 멀어졌다가는 더욱 가까이 접근해서 또 멈춰 서고 하기를 계속한다. 그러는 동안 관객은 강한 '기대 대 두려움'을 느끼면서 배를 잡고 웃기도 하고 바짝 긴장하기도 하는 것이다.

만약 관객이 그곳에 커다란 구멍이 있다는 사실을 몰랐다면, 그래서 어떤 일이 일어날지도 모른다는 사실 자체를 몰랐다면, 긴장도 기대도 두려움도 없을 것이며, 결국 드라마 자체도 없다. 그가 구멍 옆을 아슬아슬하게 지나쳐 갈

때, 그가 구멍에 빠지지 않을 거라는 확신을 가질 수 없기 때문에, 즉 불확실성의 상태에 머물 수밖에 없기 때문에, 관객은 드라마에 참여하게 되는 것이다.

그러므로 참여의 기초가 되는 것은 '예상(anticipation)'이다. 어떤 일이 일어날지도 모른다는 예상은 상황에 대한 정보가 주어진 다음에야 가능한 일이지 아무런 정보도 주어지지 않은 상태에서는 불가능한 일이다. 만약 관객에게 어떤 일이 일어났을 때의 위험 혹은 이득을 미리 알려주지 않는다면 그들은 어떤 일이 일어날 것인가에 대하여 예상하려 들지 않는다.

초보적인 시나리오작가들이 흔히 범하는 오류가 이것이다. 오직 관객에게 엔딩을 짐작하지 못하게 하겠다는 일념하에 모든 필요한 정보들을 꽁꽁 숨겨버리는 것이다. 그러나 찰리 채플린이 눈을 가리고 롤러스케이트를 탈 때 그 앞에 커다란 구멍이 있다는 사실을 관객이 몰랐다고 상상해보라. 〈프렌지 Frenzy〉에서 실제의 살인범이 누구인지를 관객이 몰랐다고 상상해보라. 〈뜨거운 것이 좋아 Some Like It Hot〉에서 마피아에 쫓기고 있는 두 남자가 여장(女裝)을 하고 있다는 사실을 관객이 몰랐다고 상상해보라. 도대체 긴장이 가능한가? 드라마가 가능한가?

관객에게 앞으로 벌어질 일들을 눈치채지 못하게 하려면 어떻게 해야 할까? 어떤 일이 일어날지도 모른다는 사실을 꽁꽁 숨겨놓은 것은 현명한 방법이 못 된다. 오히려 관객이 기대하는 대로 될 수도 있지만 그에 못지않게 관객이 두려워하는 대로 될 수도 있다는 것을 동시에 알려주는 것이 가장 좋은 방법이다. 기대와 두려움이 서로 팽팽히 맞서 있어야 관객은 스토리에 참여하면서도 실제로 그것이 어떻게 끝날지를 정확히 예측할 수 없게 되는 것이다.

그러므로 스토리에 대한 관객의 참여를 최대한 이끌어낼 수 있는 방법은 다음과 같다. 관객은 등장인물에 대하여 어느 정도의 감정이입을 해야 한다. 관객은 어떤 일이 일어날지도 모른다는 사실을 알고 있어야 한다. 관객은 기대와 두려움 사이를 오가면서 어느 한 쪽에 강한 흥미를 가져야 한다. 관객은 기대와 두려움의 대상 중 그 어느 것이라도 실제로 일어날 수 있다는 사실을 진심으로 믿어야 한다.

어떤 영화를 분석할 때 각각의 개별적인 장면들과 전체 스토리가 제대로 작동되고 있는지를 알아보려면 그 영화가 관객의 느낌, 지식, 믿음에서 기대와 두려움이라는 두 가지 요소를 성공적으로 배합하였는가를 살펴보라. 그런 관점에서 〈아마데우스〉, 〈지옥의 묵시록 Apocalypse Now〉, 〈이창〉, 〈바람과 함께 사라지다 Gone with the Wind〉, 〈제3의 사나이 The Third Man〉, 〈페르소나 Persona〉 등을 분석해보라.

최종적으로 완성된 영화에서 관객의 마음을 움직이려면 시나리오 단계에서부터 이 기대와 두려움이라는 배합이 존재해야만 한다. 관객을 기대와 두려움 사이에서 오가도록 만들려는 노력이 시나리오 단계에서부터 제대로 되어 있지 않다면, 그 시나리오로 만들어진 최종적인 영화가 제작비를 건질 수 있을 가능성은 거의 없다고 보아도 좋다.

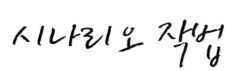

시나리오 작법

"어떤 작가가 자신의 내면을 들여다보며 무엇인가를 발견해내려고 애쓰고 있다면 그는,
넓은 의미에서, 우리 모두를 위하여 무엇인가를 발견헤내려 하고 있는 셈이다."
-빌 위틀리프

"내가 무슨 생각을 하고 있는지 도대체 어떻게 알 수 있겠는가?
내가 그것을 직접 써보기 전에는."   -E.M. 포스터

주인공과 그가 하고자 하는 일

"주인공이 누구인지를 분명히 해야 한다. 그는 어디에서 왔는가? 어떤 배경을 가지고 있는가? 작가는 그의 사회적 · 지적 · 역사적 · 정치적 입장을 확정지어야 한다. 그가 하고자 하는 일은 무엇인가? 그가 두려워하는 것은 무엇인가? 그는 무엇을 위하여 또는 무엇에 반(反)하여 행동하는가?"
—월터 번스틴

시나리오의 주인공은 대체로 사건을 이끌어가는 사람이다. 그러나 사건을 이끌어가는 사람이라는 것이 곧 주인공의 정의는 아니다. 또한 그것이 스토리의 구조 안에서 주인공의 역할을 규정하고 있지도 않다.

주인공의 가장 중요한 특징은 어떤 목표를 달성하고자 하는 아주 강렬한 열망을 가지고 있다는 것이다. 그래야 관객이 그가 목표를 달성하고자 나아가는 것을 지켜보면서 흥미를 느끼게 되고 스토리에 몰두하게 된다. 영화가 어디서 시작되어 어디에서 끝나야 하는지를 결정짓는 것이 바로 이 '목표에 대한 주인공의 추구'이다.

구조가 잘 짜여진 시나리오들을 보면 대체로 이미 그 도입부에서부터 관객의 시선을 강하게 잡아끄는 한 인물이 등장한다. 작가는 그 인물 즉 주인공이 가지고 있는 강렬한 열망 혹은 절박한 요구가 행동으로 나타나고 있는 장면을 제시함으로써 관객의 시선을 붙잡아매는 것이다.

그는 무엇인가를 원한다. 그것은 권력일 수도 있고 복수일 수도 있고 여인의 사랑을 구하는 것일 수도 있으며, 단순히 빵 한 조각일 수도 있고 마음의 평화일 수도 있고 자신을 추적하는 자들로부터 도망치는 것일 수도 있다. 그것이 무엇이든 상관없다. 어떤 종류의 강렬한 열망이 반드시 존재해야 하는 것이다.

〈하이눈〉의 보안관 윌 케인은 마을을 구하고 자신의 직책을 다하기를 원한다. 〈지붕 위의 바이올린 Fiddler on the Roof〉의 우유장수 테브예는 비록 불안정한 생활을 하고 있지만 가족들을 잘 먹여살리고 다섯 명의 딸들 모두가 제대로 된 혼처로 시집가기를 원한다. 〈어느 날 밤에 생긴 일 It Happened One Night〉에서 엘리 앤드루스가 원하는 것은 뉴욕으로 돌아가는 것이다. 〈이창〉의 제프리는 정원 건너편의 아파트에서 벌어지고 있는 미스터리를 풀어보고 싶어한다. 〈제3의 사나이〉의 홀리 마틴이 원하는 것은 옛 친구 해리 라임을 찾아내는 것이다.

주인공의 열망 혹은 요구 혹은 추구는 스토리가 전개되어 나가면서 점점 더 집약되고 강해진다. 그것은 정적인 것이거나 불변의 것이 아니다. 다른 말로 표현하자면, 주인공의 열망이 반드시 처음부터 강렬할 필요는 없지만, 스토리가 전개되어 나가면서 함께 발전해나가는 것이어야 한다는 뜻이다. 스토리가 전개되면서 관객이 따라가게 되는 것도 그리고 관객을 스토리 안으로 끌어들이는 것도 바로 이 '목표에 대한 주인공의 추구'이다.

잘 설정된 주인공은 관객으로부터 강한 정서적 반응을 이끌어낸다. 윌 케인이나 테브예처럼 공감을 자아내기도 하고, 엘리 앤드루스처럼 동정을 불러일으키기도 하고, 홀리 마틴처럼 흥미를 느끼도록 하기도 하고, 제프리처럼 찬탄을 금할 수 없게 하기도 하는 것이다. 중요한 것은 관객이 주인공에게 무관심해지지 않도록 하는 일이다. 관객으로 하여금 주인공이 과연 그가 하고자 하는 일을 성취할 수 있을 것인가에 관심을 기울이도록 해야 한다. 강한 정서적 반응을 이끌어내지 못하는 주인공은 필경 관객을 지루하게 만들고 그러면 영화는 침몰해버린다.

그렇다고 해서 모든 영화의 주인공들이 반드시 공감을 자아내고 호감을 주고 찬탄의 대상이 되어야 하는 것은 아니다. 아마도 〈대부〉의 돈 콜레오네나 〈성공의 달콤한 향기〉의 시드니 팔코 같은 인물에게 호감을 느끼거나 찬사를 보낼 관객은 없을 것이다. 그럼에도 그들에 관한 스토리는 매혹적일 수 있다. 재미있고 사랑스러운 인물 못지않게 야만적이고 경멸스러운 인물도 주인공이 될 수 있다. 오히려 아무리 긍정적인 주인공이라고 해도 '좋지 못한 일면'을 하나쯤은 가지고 있어야 한다. 그래야 관객은 저런 사람이 과연 자신이 하고자 하는 일을 성취할 수 있을까를 주시하면서 긴장하게 된다.

주인공이 하고자 하는 일을 성취할 수 있을까에 대한 관객의 흥미는 바로 주인공 자신이 그 일에 대해서 가지고 있는 열망에 비례한다. 주인공의 열망이 강할수록 관객의 흥미도 강해지는 것이다. 그가 하고자 하는 일이 과연 사회적으로 바람직한 것인지, 도덕적인 것인지 부도덕한 것인지, 정의로운 것인지 부당한 것인지, 이타적인 것인지 이기적인 것인지는 문제가 되지 않는다. 주인공에 대한 관객의 정서적 태도를 결정짓는 것은 그가 얼마나 강렬하게 그것을 원하고 있는가이다. 자신이 무엇을 원하는지 모르는 주인공, 설사 알고 있다고 하더라도 그것의 성취여부에 대해서 별반 신경쓰지 않는 주인공이 있다면, 그는 드라마를 이끌어가기에는 너무 빈약한 주인공이다.

만약 햄릿이 자신이 가야할 길이 너무도 위험하기 때문에 그저 될 대로 돼라고 해버린다면 어떤 관객이 그의 행보에 대해서 관심을 갖겠는가? 만약 다시는 총질을 하지 않겠다고 맹세한 셰인이 실제로 어떤 사건에 휘말려 들어갔는데도 끝끝내 총을 들지 않는다면 어떤 관객이 그의 운명에 대하여 관심을 갖겠는가? 관객을 사로잡고 앞으로 펼쳐질 사건에 대하여 관심을 갖도록 하는 것은 완벽한 주인공이 아니라 오히려 약간의 결함을 지닌 주인공이다.

대부분의 경우 주인공 역할을 하는 것이 곧 주연이다. 가장 흥미로운 역할이고 따라서 가장 집중적인 포커스를 받게 될 뿐 아니라 관객이 따라가는 것도 바로 그 인물이기 때문이다. 그래서 시나리오작가들은 종종 자신의 작품 제목을 아예 주인공의 이름에서 따오기도 한다. 〈밀드레드 피어스 Mildred Pierce〉, 〈시민 케인 Citizen Kane〉, 〈니노치카 Ninotchka〉, 〈셰인〉, 〈투시 Tootsie〉…. 그 리스트는 한정없이 길어진다.

때로는 〈우리에게 내일은 없다〉, 〈내일을 향해 쏴라 Butch Cassidy and the Sundance Kid〉, 〈뜨거운 것이 좋아〉처럼 두 명의 인물이 거의 같은 목표를 달성하고자 함께 행동하는 스토리를 가진 영화들과 마주치게 되기도 한다. 그러나 이 경우에도 대개 스토리를 발전시켜나가는 결정을 내리는 것은 한 사람이다. 〈우리에게 내일은 없다〉에서는 보니, 〈내일을 향해 쏴라〉에서는 부치, 〈뜨거운 것이 좋아〉에서는 조/조세핀이다. 그들은 비록 상대역보다 더 많은 시간 동안 스크린을 점유하지는 않을지 몰라도 상대역이 따라올 수밖에 없는 결정을 내린다는 점에서 주인공의 역할을 수행하고 있는 것이다. 두 인물의 행동을 결정하는 것은 주인공의 판단이고, 상대역의 욕망을 압도하는 것도 주인공의 욕망이다.

스토리는 주인공이 하고자 하는 일에 따라 짜여진다. 그것을 성취하기 위해 나아가야 할 길이 일직선으로 뻗어 있든 휘어져 있든 상관없이 행동을 결정하는 것이 바로 목표의 추구이기 때문이다. 주인공이 하고자 하는 일 즉 목표의 추구를 염두에 둘 때 반드시 기억해야 할 세 가지 커다란 원칙이 있다.

1. 영화가 통일성을 가지려면 목표가 하나뿐이어야 한다. 두 가지 이상의 목표를 가지고 있는 주인공이 등장하는 스토리가 있다면, 우선 성공이든 실패든 하나의 목표에 대한 추구를 결말지은 다음에 다음 목표로 넘어가야만 하는데, 그렇게 할 경우 작품의 골격이 부서지고 관객의 흥미를 분산시킨다.

   시나리오는 하나의 다리이다. 다리의 한쪽 끝은 주인공이 무엇을 원하는가에 걸쳐져 있고, 다른 한쪽 끝은 그가 그것을 성취했는가 성취하지 못했는가 하는 결말에 걸쳐져 있는 것이다. 중간에서 휘어져 두 개 이상의 다른 방향으로 갈라져 있는 다리는 구조공학적으로 볼 때 튼실한 다리일 수 없다(주인공 이외의 다른 등장인물들도 하고자 하는 일과 그 일을 성취하고자 하는 욕망을 가질 수 있다. 그러나 그렇다고 해서 그것이 '관객이 따라가는 것은 목표에 대한 주인공의 추구'라는 사실을 부정해도 좋다는 것은 아니다).

2. 하고자 하는 일은 반드시 장애물을 불러들여야 한다. 갈등을 만들어내기 위해서이다. 그 장애물이 다른 등장인물로부터 연유한 것이든, 자연으로부터 연유한 것이든, 스토리가 펼쳐지는 주변상황들로부터 연유한 것이든, 주인공의 내면으로부터 연유한 것이든 상관없다. 어찌됐건 목표에 대한 주인공의 추구가 강한 장애물에 부딪히게 되는 것이 아무 장애물도 설정되어 있지 않은 것보다 훨씬 더 강렬한 스토리가 되는 법이다.

3. 하고자 하는 일이 어떤 종류의 일인가에 따라 관객은 주인공에 대한 태도를 결정한다. 만약 그것이 영웅적인 일이라면 관객은 주인공을 흠모하게 될 것이다. 만약 그것이 돈키호테 같은 일이라면 즐거워할 것이고, 혐오스러운 일이라면 증오나 경멸을 품게 될 것이다. 주인공과 그가 하고자 하는 일은 거의 동격이라고 해도 좋을 만큼 밀접하게 연관되어 있다. 그 둘을 서로 떼어놓고 논의하는 것은 아예 불가능하다.

2

갈등

"내게 있어서의 키워드는 언제나 '갈등'이다. 이 스토리의 갈등은 무엇인가? 네가 들려주고 싶어하는 스토리를 가능하게 하는 갈등은 어떤 것인가?"
                                        ─월터 번스틴

 연극에서이건 영화에서이건 드라마를 다루는 작업에서 가장 핵심적인 요소로 꼽히는 것이 바로 갈등이다. 갈등이 없다면 작가는 관객을 사로잡을 수 없다. 스토리란 하나의 경쟁(contest)을 그리는 것이다. 누군가가 의식적으로 무언가를 성취하려 한다, 그런데 그 무언가는 성취되기가 어렵다, 성취를 방해하는 그 무엇인가가 존재하는 것이다(스토리란 바로 그 성취욕과 장애물 사이의 경쟁을 그리는 것이다).

 갈등이야말로 스토리를 앞으로 전진시키는 엔진이다. 스토리에 에너지를 주고 움직이도록 만드는 것이 바로 갈등이다. 갈등이 없다면 관객은 스크린 위에서 묘사되는 사건들에 대하여 무관심해지고 말 것이다. 갈등이 없는 영화는 죽은 영화이다. 갈등의 중요성은 아무리 강조해도 지나치지 않다.

초보적인 시나리오작가에겐 갈등이란 곧 서로 소리를 지르고 총을 쏴대고 주먹질을 하는 식의 극단적인 행동의 형태를 띨 것이라고 생각하는 경향이 있다. 물론 이런 행동들도 갈등을 표현할 수는 있지만 그렇게 하는 것만이 유일한 방법이라고 생각한다면 곤란하다. 그저 단순히 점심식사를 하는 인물을 보여주는 것만으로도 장면을 움직이기에 충분한 갈등을 창출해낼 수 있는 것이다.

〈파이브 이지 피시즈〉에는 주인공인 로버트 듀피가 식사를 하면서 토스트를 추가로 주문하는 장면이 나오는데 매우 인상적이다. 그저 단순히 토스트를 추가주문한다는 것이 레스토랑의 규칙을 고수하려는 웨이트리스와 로버트 듀피의 의지 사이에서 하나의 투쟁처럼 변하게 될 때, 너무 단순하여 지루해야 마땅할 듯한 이 장면이 극히 매혹적인 장면으로 탈바꿈하게 되는 것이다.

갈등은 신파조의 행동이나 과도한 행동으로부터 창출되는 것이 아니다. 그것은 무언가 성취하기 어려운 것을 성취하려 하는 인물로부터 창출되는 것이다. 스토리의 전체를 놓고 보거나 각각의 개별적인 장면들을 놓고 보거나 마찬가지이다. 만약 등장인물이 그 장면에서 아무것도 원하는 것이 없다면, 갈등도 있을 수 없고, 그 결과 그 장면 자체가 무정형의 쓸데없는 쓰레기처럼 무너지게 된다. 만약 스토리 전체를 통틀어 어떤 인물도 무언가를 하려 들지 않는다면 그 시나리오는 진흙창에 처박히게 된다.

무언가를 원한다는 것은 전진일 수도 있고 후퇴일 수도 있으며, 긍정적인 것일 수도 있고 부정적인 것일 수도 있다. 아무것도 하려 들지 않는다는 것 역시 무언가를 열렬히 하려 한다는 것만큼이나 강한 갈등을 창출할 수 있다. 현재의 상황에서 벗어나려고 노력하는 것이나 '그저 있었던 그대로의 현재상황(a better status quo)'으로 되돌아가려고 하는 것 역시 무언가를 원하는 것이다. 이루기 힘든 무언가를 성취하려고 한다는 것이 갈등을 창출한다.

갈등을 창출하는 요구란 〈늑대와 춤을 Dances with Wolves〉의 오프닝에서 부츠를 신으려고 안간힘을 써대는 장면에서 확인할 수 있는 것처럼 지극히 단순한 것일 수도 있다. 또한 〈닥터 스트레인지러브 Dr. Strangelove : or

How I Learned to Stop Worrying and Love the Bomb〉나 제임스 본드 영화에서처럼 핵전쟁으로부터 지구를 구해내려는 시도만큼이나 엄청난 것일 수도 있다. 〈카사블랑카〉에 등장하는 릭의 경우를 보면 아무것도 하려 들지 않는다는 것 역시 매우 강력한 욕망이 될 수 있다. 〈오즈의 마법사 The Wizard of Oz〉에서는 그저 있었던 그대로의 현재상황으로 되돌아가려는 것이 소설과 영화 모두를 밀고나가는 강력한 힘이다.

장애물

"만약 당신이 창조한 캐릭터가 살아 있다면 당신은 그에게 어떤 행동을 하라고 강요할 필요가 없다. 그저 그를 쫓아다니기에도 벅찰 따름이다. 시나리오를 쓴다는 것 혹은 스토리텔링이 마법으로 화하는 순간이 바로 그런 때이다." ―빌 위틀리프

주인공과 그가 하고자 하는 일이 스토리를 구축해나가는 데 가장 중요한 두 가지 요소라면, 세 번째로 중요한 요소가 다양한 장애물들이다. 만약 주인공이 하고자 하는 일을 가로막는 장애물들이 없다면 갈등도 없고 따라서 스토리도 없다. 이 경우 주인공은 그저 아무 어려움 없이 그가 하고자 하는 일을 성취하면 된다. 현실세계 속에서라면 그보다 더 좋은 일은 없다. 그러나 드라마의 세계에서라면 그것은 매우 치명적인 결함이 된다. 목표를 달성하기 위한 투쟁이 없다면 관객이 관심을 기울일 리 없기 때문이다.

장애물이 단 하나만 등장할 수도 있다. 이 경우의 장애물이란 아주 단순한 것이어서 쉽게 정의내릴 수 있다. 가령 〈터미네이터〉에서는 사라를 죽여야 한다는 프로그램이 입력된 채 미래로부터 날아온 살인기계가 바로 장애물이다.

〈북북서로 진로를 돌려라〉에서는 로저 손힐을 조지 캐플란이라는 가상의 스파이로 오인한 밴담 일파가 장애물이다. 〈뻐꾸기 둥지 위로 날아간 새〉에서는 맥머피의 영혼을 잠재우려는 수간호사 래취드가 장애물이다. 이런 식으로 명백히 적대적인 캐릭터가 등장할 때 우리는 그를 적대자(antagonist)라고 부른다.

한 가지 이상의 장애물이 등장하는 경우도 있다. 〈차이나타운〉에서 살인사건의 배후에 감춰진 비밀을 캐내려는 제이크의 투쟁을 방해하는 것은 노아 크로스만이 아니다. 경찰도 그를 방해하고 심지어 그를 가장 정직하게 대해야 할 중요한 동반자 에벌린 멀레이까지도 일종의 술책을 부림으로써 제이크를 곤경에 빠뜨린다. 〈이유없는 반항 Rebel Without a Cause〉의 짐은 자신의 정체성을 확립하고 세상 속에서 자신에게 걸맞은 위치를 찾아보려 투쟁한다. 그런 그에게 장애물로 작용하는 것은 부모, 학교생활, 마을의 정황, 그리고 무엇보다도 스스로에 대하여 회의를 품고 있는 짐 자신이다.

여러 가지 장애물들이 있어 하나를 극복하면 또 다른 것이 등장하는 경우도 있다. 로미오와 줄리엣은 양가의 오래된 적대관계 때문에 그들의 사랑을 만천하에 공표할 수가 없다. 그러나 그들이 극복해야 할 장애물들은 비단 이것뿐만이 아니다. 그것들은 마치 먹이사슬처럼 연결되어 계속 등장한다. 로미오는 티볼트를 살해한 대가로 추방된다. 그녀가 이미 로미오와 결혼했다는 사실을 모르고 있는 줄리엣의 부모는 그녀를 억지로 페어리스와 결혼시키려 한다. 가짜 독약을 마시겠노라던 줄리엣의 메시지는 로미오에게 전달되지 못한다. 로미오는 그녀가 죽은 줄 알고 주검 곁으로 다가가다가 페어리스와 결투를 벌이게 된다. 줄리엣이 깨어났을 때는 이미 로미오가 자살을 시도한 다음이다. 이제 이 두 연인이 함께 할 수 있는 일은 줄리엣의 자살뿐이다.

〈프렌지〉의 오프닝에서 리처드 블레이니는 그나마 급료도 얼마 되지 않은 직장에서 해고당한다. 그는 그 이후 가깝게 지내던 한 남자로부터 도움을 받게 되는데 알고 보니 그는 사악한 연쇄살인범이다. 연쇄살인범은 블레이니가 막 싸우고 헤어진 그의 전처를 살해한다. 경찰로부터 쫓기게 된 블레이니를 숨겨준 그의 여자친구마저 연쇄살인범에게 살해당한다. 경찰은 이제 블레이니가 살인범이라고 굳게 믿고 있다.

극히 미묘하고 복잡하게 얽혀 있는 장애물들이 등장하는 경우도 있다. 이런 예는 이 책의 제4부에서 다루는 〈섹스, 거짓말, 그리고 비디오테이프 Sex, Lies and Videotape〉나 〈델마와 루이스 Thelma and Louise〉의 경우를 참조하기 바란다.

주인공과 그가 맞부딪치게 되는 장애물은 대등한 역학관계를 가지고 있어야 한다. 장애물이 너무 약하다면, 목표의 성취가 너무 쉬워질 것이고, 그러면 스토리 자체가 죽어버린다. 반면 장애물이 너무 강하고 압도적이어서 주인공이 아무리 노력해도 그것을 극복할 가능성이 없는 것처럼 그려져서도 곤란하다. 간단히 말해서 목표의 달성은 '매우 어렵기는 하지만 가능한' 일이어야 한다.

이미 (과거에) 저질러진 어떤 행동 때문에 목표의 달성이 불가능하게 된 상황을 다룬 영화들도 있다. 가령 〈제3의 사나이〉나 〈세일즈맨의 죽음 Death of a Salesman〉과 같은 경우이다. 따라서 장애물에 대한 정의에는 다음과 같은 단서조항을 붙여야만 한다. 주인공은 실패의 불가피성을 인식하지 못하고 있어야 한다, 적어도 실패 상황에 직면하여 머리를 숙이기 전까지는. 주인공으로 하여금 성공의 가능성이 있다고 믿으면서 장애물과 싸우도록 해야 한다. 스토리를 생생하게 살아 있게 하는 것이 바로 이 주인공의 믿음이다. 관객도 바로 이 주인공의 믿음 때문에 혹시라도 성공할지 모른다는 실낱 같은 희망을 갖고 영화에 빨려들어가는 것이다.

갈등과 혼란은 반드시 구분해야 한다. 일상생활 속에서는 자동차의 타이어가 펑크났다든지, 지갑을 잃어버렸다든지, 자동응답전화기가 고장났다든지 하는 따위의 일들이 꽤 만만치 않은 갈등을 초래할 수도 있다. 그러나 드라마에 이런 일들이 등장한다면 그것이 갈등인지 그저 단순한 혼란인지를 분명히 해야 한다. 그 둘을 가르는 기준은 그로 인해 초래된 불편함이 이미 설정되어 있는 목표에 장애물로 작용하느냐 그렇지 않으냐에 달려 있다.

가령 약속시간 내에 교회에 도착해야만 하는 신랑의 자동차 타이어가 펑크났다면 그것은 분명한 장애물이 되고, 따라서 갈등을 초래하며, 그로 인해 일련의 새로운 사건들이 벌어질 수도 있을 것이다. 여기에는 펑크난 타이어 때문에 위태로워진 무엇인가가 있다. 그러나 만약 미리 설정되어 있는 목표가 없고 그것으로 인해 위태로워진 인물도 없다면 자동차 타이어가 펑크난 것쯤이야 그저 단순한 혼란에 불과한 것이 된다. 목표와 그것을 위태롭게 하는 그 무엇이 없다면, 제아무리 '갈등'처럼 묘사된 사건일지라도, 그 어떤 드라마틱한 임팩트를 줄 수 없는 것이다.

마지막으로 중요한 한마디. 장애물을 하나만 등장시키는 것이 스토리의 통일성을 유지하는 데 유리한 것은 사실이지만, 장애물을 여럿 등장시킨다고 해서 통일성 그 자체에 위협이 되는 것은 아니다.

4

전제와 오프닝

"만약 오프닝에서 너무 많은 액션과 흥분되는 장면들을 보여준다면 뒤이어 많은 설명이 필요하게 되고 캐릭터의 변화와 발전 또한 감당할 수 없게 된다. 그 결과 그토록 멋진 오프닝으로 시작된 지 겨우 20여 분 만에 영화는 주저앉아 버리고 만다. 내가 좀더 소프트(soft)한 오프닝을 선호하는 것은 그 때문이다. 나의 경험에 따르면 오프닝에서는 거의 모든 것을 다 용서해주지만 엔딩에 이르면 거의 아무것도 용서하려 들지 않는 것이 바로 관객이다. 만약 관객이 엔딩에 만족스러워하지 않는다면 거기에 이르기 전까지 아무리 잘해왔어도 소용이 없다." —로버트 타우니

드라마와 관련된 개념들 중에서 **전제**(premise)만큼 잘못 사용되고 있으며 오해의 소지가 많은 개념도 없다. 논리학에서 전제란 삼단논법의 일부이다. 모든 인간의 혈관에는 피가 흐른다(대전제). 나는 인간이다(소전제). 그러므로 나의 혈관에도 피가 흐른다(결론). 드라마도 이와 유사한 구조를 갖는다. 삼단논법의 구조를 스토리에 적용시켜보자. 주인공과 그가 하고자 하는 일(대전제)이 적대자와 장애물(소전제)에 부딪혀 드라마를 만들어내고 관객의 정서적 반응(결론)을 이끌어낸다.

어떤 스토리가 기본적으로 내면적인 갈등을 다루고 있다면, 주인공과 적대자는 대체로 동일한 캐릭터가 가지고 있는 인간성의 양면을 대표한다. 그와는 반대로 어떤 스토리가 기본적으로 외부와의 갈등을 다루고 있다면, 주인공과

적대자는 분명하게 구분되는 서로 다른 캐릭터들이다. 만일 그것이 인간과 자연의 투쟁을 다루는 스토리라면 여기에서의 적대자는 바로 자연환경 그 자체이다. 여기서 조심스러운 정의를 내려보자. 전제란 스토리가 발전해나가면서 확인하게 되는 그 무엇이다(좀더 진전된 논의는 제6장 〔주제〕에서 다룬다. 명제(thesis) 역시 전제만큼이나 오용되고 있는 개념이다).

전제란 간단히 말해서 주인공이 하고자 하는 일을 위하여 움직이기 시작할 때 그를 둘러싸고 있는 총체적인 상황을 뜻한다. 여기에는 스토리와 관련된 모든 배경들이 포함된다. 주인공과 그가 하고자 하는 일에 대한 잠재적인 욕망 그리고 그 일의 성취를 가로막는 잠재적인 장애물들(적대자도 포함된다)까지도. 반면 오프닝이란 앞으로 스토리의 전체를 들려주려는 시나리오작가가 그 스토리를 시작하기로 결정한 어떤 지점을 가리키는 용어이다.

여기에 다섯 가지 스토리의 전제와 오프닝이 있다.

전제: 릭은 제2차 세계대전이 막 시작될 무렵 카사블랑카에 있는 한 나이트클럽의 소유자이다. 과거가 있는 남자로서 한때 전쟁에 참여하기도 했던 릭은 이제 자신 속에만 웅크리고 앉아 누구를 위해서도 몸을 움직이려 하지 않는다.

오프닝: 〈카사블랑카〉의 시나리오작가는 위험에 빠진 세계정세를 간략하게 보여준 다음 곧바로 릭의 과거에서 중요한 인물이었던 일자가 나이트클럽의 문을 열고 들어오는 장면으로 스토리를 시작했다.

전제: 캐플렛집안과 몬태그집안은 오랜 세월 원수로 지내왔다. 몬태그집안의 아들인 충동적인 성격의 로미오는 캐플렛집안의 딸인 예민한 성격의 줄리엣과 사랑에 빠진다.

오프닝: 셰익스피어는 양가 사이의 원한을 잘 보여주는 거리에서의 싸움장면으로 스토리를 시작한 다음 곧바로 캐플렛집안에서 열린 무도회를 보여주는데 초대받지 않은 손님인 로미오는 이곳에서 처음 줄리엣과 마주치게 된다.

전제: 터프하고 시니컬한 성격을 가진 필라델피아의 강력계 형사 존 북은 동료형사가 잠복근무중에 기차역에서 피살된 사건을 수사하라는 명령을 받는다. 그 사건의 유일한 목격자는 젊은 홀어머니와 함께 여행중이었던 애미쉬 (Amish:일종의 폐쇄적인 공동체 사회 혹은 그 사회의 구성원. 도시문명을 거부하고 자연에의 순응을 주창하며 자급자족을 원칙으로 하고 있다.-역주) 소년이다.

오프닝: 〈위트니스 Witness〉의 시나리오작가는 우선 소년과 어머니가 속해 있는 애미쉬의 세계를 관객에게 소개한 다음 곧바로 도시적 삶의 공포가 집약된 살인사건을 보여준다.

전제: 브로디는 작은 해변마을의 보안관이다. 한때 도시에서 경찰생활을 하기도 했던 그는 내심 바다를 무서워하면서도 바다에 둘러싸인 목가적인 해변마을로 이사온 것이다. 한 젊은 여인을 습격한 거대한 백상어는 아직도 가까운 바다 어딘가를 배회하고 있는 듯하다.

오프닝: 〈죠스〉의 시나리오작가는 우선 상어의 흉포하고도 무시무시한 파워를 보여주는 것으로 스토리를 시작한 다음 곧바로 브로디가 속해 있는 세계를 보여주는데, 아직 그는 상어의 습격사실을 통고받지 못한 상태이다.

전제: 정육점주인 마티는 늙은 노총각인데 함께 살고 있는 어머니로부터 늘 빨리 결혼하라는 성화에 시달린다. 그러나 마티는 여자와 데이트를 해본 적이 거의 없을뿐더러 결혼에 대해서는 아예 생각해본 적도 없다. 어느 날 그는 데이트를 하려하지만 도무지 어떻게 해야 될지를 알 수 없다.

오프닝: 〈마티 Marty〉의 시나리오작가는 우선 정육점에서 보내는 그의 일상생활과 지겹도록 반복되는 어머니의 잔소리로 스토리를 시작한 다음 곧바로 친구들과 함께 어울려 여자들을 꼬셔보려고 밤거리로 나선 마티를 따고드는데 여기서 그가 하는 수작이란 영 기대에 못 미치는 것들뿐이다.

시나리오작가들이 어떤 작품을 구상할 때 우선 염두에 두는 상황이 바로 전제이다. 잠재된 갈등이 있고 주인공과 관련된 특별한 정보도 포함되어 있는 전제가 좋은 전제이다(두 명 이상의 주인공이 등장하는 스토리의 전제에 대해서는 제7장 〔통일성〕을 참조하라). 일단 오프닝이 결정됐으면 갈등의 요소 역시 빨리 개입시키는 것이 좋다.

주요긴장과 절정과 해결

"시나리오를 쓴다는 것은 목수일을 하는 것과 같다. 그것은 기본적으로 어떤 종류의 구조물을 세워놓고 그 위에서 부산을 떨어대는 것이다. 그 구조물이 유지되고 있는 한 무엇을 쓰든 상관없다. 대사야 어찌 되든 관계없이 그 장면은 버틸 수 있는 것이다." 　　　　　　　－윌리엄 골드먼

"드라마의 핵심은 캐릭터의 변화이다. 엔딩의 캐릭터가 오프닝의 캐릭터와 같은 인물이어서는 안 된다. 캐릭터는 변한다-정신적으로, 어쩌면 심지어 육체적으로까지." 　　　　　　　－로버트 타우니

"관객은 쉽게 동조하지 않는다. 그들은 나와 마찬가지로 인간의 행동을 진지하게 바라볼 수 있을 때에만 흥미를 느끼는 것이다. 그들은 놀라길 원하고, 기뻐할 수 있기를 원하고, 무언가에 의하여 충만해지기를 원한다. 그렇다고 해서 반드시 해피엔딩이어야 한다는 뜻은 아니다. 어찌됐건 그들은 어떤 종류의 매듭이 지어지기를 원하는 것이다." 　　　　　　　－톰 릭먼

웬만한 시나리오에는 장면마다 그리고 시퀀스마다 각기 작은 절정과 해결이 무수히 많이 들어 있다. 그러나 여기에서 다루려고 하는 것은 그런 것들이 아니다. 여기서는 제2장의 주요긴장과 그것의 절정 그리고 스토리 전체의 갈등이 해소되는 해결을 다루려 한다.

초보적인 시나리오작가들은 가끔씩 절정과 해결을 혼돈한다. 그래서 심지어 하나의 영화에는 오직 하나의 '클라이맥스'만이 존재할 뿐이라고 생각하기도 한다. 그러나 고전적인 3장구조를 자세히 들여다보면, 제2장이 전체 스토리의 거의 절반 이상을 차지하고 있는데, 여기에서 주요긴장이란 제2장의 갈등일 뿐이다.

절정에 이르러 일단 주요긴장이 풀리고 나면 또 다른 새로운 긴장이 창출된

다. 간단히 표현하자면 "그래서 그 다음엔 어떻게 되지?" 하는 의문이 생긴다는 것이다. 이 새로운 긴장이 곧 여러 가지 우여곡절을 거친 끝에 스토리 전체의 해결을 향하여 나아가는 것이다.

예를 들어보자. 〈차이나타운〉의 주요긴장은 "과연 제이크가 노아 크로스의 손아귀로부터 에벌린과 그녀의 딸을 구해낼 수 있을 것인가?"가 아니다. 제1장의 끝에서 일단 주요긴장이 형성되고 나면 관객은 그것에 대하여 희망을 가져야 할지 두려워해야 할지를 알 수 없다. 여기서의 주요긴장이란 "과연 제이크는 그를 함정에 빠뜨린 사람과 그 이유를 알아낼 수 있을까?"이다. 제이크는 제2장 내내 그 미스터리를 풀려고 노력한다. 그리고 그 노력을 방해하는 장애물들과의 투쟁이 스토리의 대부분을 차지한다.

제이크가 미스터리를 완전히 풀어 에벌린과 노아와 그의 딸에 대해서 모든 것을 다 알게 되자 이제 새로운 긴장이 창출된다. 바로 "과연 제이크가 노아 크로스의 손아귀로부터 에벌린과 그녀의 딸을 구해낼 수 있을 것인가?"이다. 이 제3장의 새로운 긴장은 제이크가 그렇게 할 수 없었다는 것으로 해결된다. 에벌린은 죽고 노아는 그의 딸을 데리고 사라지는 것이다.

〈카사블랑카〉에서의 주요긴장은 "과연 릭은 그를 둘러싼 채 벌어지고 있는 중요한 역사적 사건들에 개입하지 않고 남아 있을 수 있을 것인가?"이다. 관객이 그의 초연한 자세를 어떻게 받아들이든 상관없이 릭이 가장 열렬히 추구하는 것은 바로 이 개입하지 않겠다는 의지이다. 개입하지 않겠다는 그의 의지가 부딪치게 되는 장애물들은 여러 가지이다. 그의 옛사랑 일자가 돌아왔다는 것, 그녀의 현재 남편이 나치가 노리고 있는 요인이라는 것, 나치는 이미 그가 이 사건에 개입하고 있다고 생각한다는 것, 그리고 통행증을 쥐고 있는 사람은 바로 릭 자신이라는 것.

이 주요긴장의 절정은 그가 더 이상 개입하지 않고 남아 있기를 포기하고 루이에게 권총을 뽑아드는 장면이다. 여기에서 새로운 긴장이 창출된다. "과연 릭은 일자와 빅터의 생명을 구할 수 있을까? 그리고 과연 누가 통행증을 사용하게 될 것인가?" 스토리 전체의 해결은 일자와 빅터가 비행기를 타고 릭은 루이와 나란히 걸어간다는 것이다.

주요긴장이 스토리의 전체적인 갈등을 풀어나가는 데 연관되어 있다는 것은 사실이다. 그러나 그렇다고 해서 주요긴장이 곧 "해결은 어떻게 될 것인가?" 하는 질문을 직접 던지는 것은 아니다. 유능한 시나리오작가는 바로 이 '스토리의 해결'이라는 질문을 관객의 마음 저 깊숙한 곳에 묻어둘 줄 안다.

그러나 제2장에서 가장 절박하게 다루어야 할 것은 해결이 아니라 일련의 장애물들이다. 이 장애물들이 모여 주요긴장을 이룬다. "과연 주인공은 자립할 수 있을 것인가?" "과연 주인공은 미스터리를 풀 수 있을 것인가?" "과연 주인공은 그의 형을 용서할 수 있을 것인가?" "과연 주인공은 그녀가 진정 사랑하는 사람이 누구인지를 깨닫게 될 것인가?" 이런 모든 것들이 주요긴장이 될 수 있다. 일단 그 주요긴장이 절정에 이르러 해결되면 새로운 긴장이 형성된다. "캐릭터(의 감정, 지식, 의도)에게 그런 변화가 생긴 결과 무슨 일이 벌어질 것인가?"

변화된 상황과 변화된 캐릭터는 서로 충돌하여 새로운 긴장(제3장의 긴장)을 만들어낸다. 스토리 전체의 해결로 연결되어 있는 것이 바로 이 새로운 긴장이다. 해결의 특징은 투쟁의지가 소멸된다는 것이다. 주인공이 패배를 받아들여 투쟁을 포기할 수도 있고, 하고자 하는 일을 성취하여 더 이상 투쟁할 필요를 못 느낄 수도 있다. 어떤 경우이건 갈등은 잦아들고, 따라서 드라마도 끝이 난다. 유동적이었던 상황이 안정되는 것이다. 대개의 경우 해결이 엔딩에 바짝 붙어 있는 것은 갈등이 없어졌으므로 관객의 흥미와 참여가 오래 지속될 수 없기 때문이다. 주요긴장과 절정이 유동적인 상황이라면 해결은 안정된 상황이다. 작가가 등장인물과 그들의 미래에 대하여 계속 관심을 갖든 말든 상관없이 관객은 더 이상 기대나 걱정 따위를 품지 않게 된다.

해결 이후의 스토리를 마무리짓는 방법은 다양하다. 등장인물들이 앞으로 어떻게 될 것인지를 넌지시 암시할 수도 있다(마치 스토리의 오프닝에서 과거에 있었던 일을 설명해주듯). 때때로 등장인물들 중 한 사람의 입을 빌려 주인공과 스토리에 관한 작가의 시각을 표현하기도 한다.

절정이란 그 이전까지 벌어졌던 모든 사건들이 치달아 올라가 이르게 되는 시나리오상의 한 정점이다. 해결은 이제 관객에게 긴장을 풀어도 좋다는 것을 알리는 하나의 포인트이다. 이때 중요한 것은 기대하던 대로이든 두려워하던 대로이든 만족스럽게 해결되어야 한다는 것이다.

그러므로 절정과 해결이 어떻게 될 것인지를 미리 정하지 않고 시나리오를 쓴다는 것은 작가에게 시간과 에너지의 낭비일 뿐이다. 절정과 해결이 어떻게 될지 모르는 채 써내려가기 시작한 시나리오는 끝없이 고치게 될 뿐만 아니라 결국에는 끝을 내지도 못한 채 폐기처분되기 십상이다.

절정이란 등대와도 같다. 시나리오작가는 그 등대를 바라보며 배를 몰아가야 한다. 해결이란 안전한 항구이다. 그 항구로 인도하는 길을 비춰주는 것이 바로 등대이다.

주인공과 그가 하고자 하는 일과 장애물들을 명확히 해놓는다면 절정과 해결이 어떠해야 되는지를 결정하는 것은 그다지 어려운 일이 아니다. 작가는 주제에 대한 자신의 태도를 명확히 표현해낼 수 있는 것을 절정으로 선택해야 한다(다음의 제6장 〔주제〕를 보라).

주요긴장과 절정과 해결이 무엇인지를 명확히 알게 되면 각 장면의 적절성과 유효성 또한 쉽게 판단할 수 있다. 만약 어떤 한 장면을 없앴을 때 주요긴장이나 절정이나 해결이 손상을 입게 되거나 그것을 수정해야 한다면, 그 장면은 필수적인 장면이고 따라서 없애서는 안 되는 것이다. 반대로 그 장면을 없애도 주요긴장과 절정과 해결에 별다른 변화를 가져오지 않는다면, 시나리오작가는 의심에 가득 찬 눈으로 그 장면을 다시 한 번 뜯어보는 것이 좋을 것이다.

주제

　　주제란 '다루고 있는 대상을 바라보는 작가의 시각'이라고 정의내릴 수 있
다. 자신이 다루고 있는 인물과 상황에 대해서 어떠한 종류의 태도도 가지지
않은 채 시나리오를 쓴다는 것은 거의 불가능한 일이다. 따라서 모든 스토리
에는, 아무리 하찮은 것일지라도, 어떤 종류의 주제라는 것이 있게 마련이다.

　　시나리오에는 이 주제가 확실히 드러나는 지점이 있다. 바로 해결이다. 여
기에서 작가는, 의식적이건 무의식적이건, 자기가 다뤄온 대상에 대한 자신의
시각을 드러내게 된다.

　　이러한 원칙은 두 편의 뛰어난 현대코미디 〈해리가 샐리를 만났을 때
When Harry Met Sally〉와 〈애니 홀〉을 비교해보면 분명해진다. 이 두 작품
은 모두 현대 도시를 배경으로 영리하고 재능있는 캐릭터들을 등장시켜 그들

간의 사랑과 우정이 얼마나 이루어지기 힘든가를 다루고 있다. 둘 다 뛰어난 시나리오와 연출 그리고 훌륭한 연기가 돋보이는 작품이다.

해리와 샐리는 관객이 기대했던 그대로 두 사람 사이의 차별성을 극복하고 하나가 된다. 반면 애니와 앨비는 서로 다른 길을 가고, 애니와의 관계를 지속시키고 싶어하는 앨비의 노력은 수포로 끝난다. 하나는 해피엔딩이고 다른 하나는 씁쓸한(bittersweet) 엔딩이다. 같은 대상을 다루더라도 대상에 대한 작가의 태도가 다르면 전혀 다른 해결이 나올 수 있음을 보여주는 경우이다.

유능한 시나리오작가는 주제를 증명하거나 어떤 철학적 입장 곧 **명제**(thesis)를 논증해내기 위하여 스토리를 짜맞추지 않는다. 그렇게 하면 드라마에 나오는 인간의 실존적 측면들이 작가가 논증하려고 하는 명제에 종속됨으로써 시나리오가 온통 진부한 문구(cliché)나 프로파간다나 죽어버린 캐릭터들로 가득 차게 된다.

유능한 시나리오작가는 그저 캐릭터와 상황을 창조해낸다. 그리고 자기가 다루고 있는 대상에 대한 어떤 느낌을 만족시킬 수 있는 절정과 해결을 선택할 뿐이다. 간단히 말해서 유능한 시나리오작가는 주제로 하여금 스스로 알아서 제 할 일을 하도록 내버려두는 것이다. 주제란 증명되어야 할 그 무엇이 아니라 다루고 있는 대상 그 자체이며, 스토리가 탐구해내야 할 인간의 실존적 측면인 것이다.

유능한 시나리오작가는 캐릭터의 입을 빌려 주제를 발설하지 않는다. 그런 식의 대사는 캐릭터들이 마치 연단 위에 서서 떠들어대고 있는 것처럼 들려서 관객을 스토리의 정서적 핵심으로부터 떨어져나가게 할 뿐이다. 작가가 시나리오에서 무엇인가를 '의미' 하는 대사들을 모조리 지워버린다 해도 관객은 그것이 무엇을 의미했는가를 알 수 있어야 한다. 작가는 대상에 대한 자신의 태도를 숨길 수 없다. 그것은 이미 스토리 안에 구축되어 있는 것이고, 그것을 어떻게 다루었는가에 나타나 있는 것이고, 그것을 어떻게 해결하였는가에 따라 드러나는 것이다.

연극에서 주제가 드러나는 방식 역시 영화에서의 그것과 다르지 않다. 세계적인 극작가 입센의 말을 들어보자.

"사람들은 마치 캐릭터가 표현한 어떤 의견들에 대해서 극작가가 책임을
져야 하는 것처럼 이야기한다. 그러나 내가 쓴 모든 작품들을 통틀어서 (캐
릭터가 말한) 어떤 의견이나 어떤 언표도 나 자신의 것은 아니다. 나는 오
히려 그런 실수를 피하기 위하여 극도로 세심한 주의를 기울인다.

극본을 쓸 때 가장 중요한 테크닉 중의 하나는 캐릭터들이 내뱉는 대사
속에 작가의 존재가 드러나지 않도록 하는 것이다. 내가 원하는 것은 관객
이 자기가 지금 어떤 현실을 체험하고 있다고 느끼도록 하는 것이다. 그럴
때 대사 속에 극작가의 개인적인 의견이 억지로 담겨 있다는 인상을 주는
것만큼 나쁜 것은 없다."

-헨리크 입센

셰익스피어가 〈오델로 Othello〉에서 질투에 관한 어떤 명제를, 그리고 〈맥
베드 Macbeth〉에서는 야망에 관한 어떤 명제를 증명하려 애썼을 것 같지는
않다. 〈분노의 주먹〉이 관객에게 질투의 해악에 대한 교훈을 주려고 만들어진
것은 아닐 것이며, 〈문스트럭〉이 불륜의 사랑을 고발하기 위하여 만들어진 것
도 아닐 것이다.

주제란 작가가 탐구하고자 하는 '인간 딜레마(human dilemma)'의 영역
에 속한다. 작가는 그것을 다양한 관점에서 그리고 복잡하지만 리얼하고 그럴
듯한 방식으로 탐구하는 것이다.

하나의 스토리는 서로 다른 사람들에게 서로 다른 의미로 다가올 수 있다.
각 개인이 그 작품을 해석하는 데 서로 다른 태도와 경험을 적용시키기 때문
이다. 이때 해석의 실마리를 제공하는 것은 그 스토리가 어떤 방식으로 끝맺
느냐이다.

주제는 시나리오 전체에 적용되는 것이지 주인공 한 사람에게만 적용되는
것은 아니라는 사실을 명심할 필요가 있다. 서브플롯들은 모두 스토리의 주제

를 위한 변주들이며 나름대로의 갈등과 해결을 가진다. 하지만 비록 나름대로의 갈등과 해결을 가지고 있다 하더라도 그것이 다루는 주제(subject)가 메인플롯이 다루는 주제(theme)와 별개의 것이어서는 안 된다.

예를 들어보자. 〈문스트럭〉의 주제는 제목 그 자체('홀린 상태'를 뜻한다)이다. 그래서 이 영화에 등장하는 중요한 캐릭터들은, 진정한 로맨스를 나누건 그렇지 못하건 상관없이, 모두 다 홀린 사람들이다. 로니와 로레타는 말할 것도 없고 어머니와 아버지도 무엇인가에 홀려 있다. 조금 종류가 다르긴 하지만 조니 역시 누군가에게 헌신하고 그를 따른다기보다는 사랑이라는 개념 그 자체에 홀려 있는 인물로 묘사되고 있는 것이다.

〈록키〉에서 중요한 캐릭터들은 모두 좀더 나은 사람이 되기 위하여 노력한다. 〈록키〉의 메인플롯은 물론 록키가 세계헤비급챔피언과의 대결을 위하여 스스로를 단련해간다는 것이다. 동시에 서브플롯에 등장하는 그의 상대, 그의 코치, 여자친구, 심지어 여자친구의 오빠마저도 그렇게 한다. 그들 각자의 투쟁은 곧 메인플롯이 다루고 있는 주제에 대한 변주인 것이다.

각각의 서브플롯은 나름대로의 갈등과 해결을 가지고 있는데 그것은 곧 메인플롯에서 다루고 있는 주제의 변주이다. 서브플롯들이 이 역할을 충분히 해낼 때, 작품의 의미와 여운은 넓어지고 깊어지며, 그 드라마는 일반화될 수 있는 것이다.

7

통일성

"구조적인 통일성이란 이런 것이다. 어느 한 부분을 없애버리거나 옮길 때 전체가 어긋나거나 손상을 입어서는 안 된다. 어떤 부분이 있건 없건 별 상관이 없다면 그것은 전체의 유기적인 부분이 아니다."
　　－아리스토텔레스

"궁극적으로 당신이 신경써야 할 것은 당신의 스토리가 어떻게 될 것인가를 파악하는 일이다. 이때 가장 중요한 것은 구조이다. 구조야말로 당신이 모든 것을 걸 수 있는 궁극적이고 기본적인 실마리이기 때문이다. 일단 스토리의 구조를 확정하고 나면 모든 것은 그 구조에 얽매어 있게 마련이고 그것으로 충분하다. 작가가 그 구조를 충분히 활용할 수 있다면 결과는 멋지게 나온다. 만약 그렇게 하는 것이 불가능하게 되면, 아무리 좋은 소재를 다루고 있다 해도, 결과는 영 아니올시다가 되고 만다."　　－윌리엄 골드먼

　　고대그리스연극의 배경은 대개 단일한 장소로 국한된다. 이는 아마도 그들이 보유하고 있던 극장의 환경 탓일 것이다. 고대그리스인들은 또한 연극에 소요되는 시간을 하루에 국한시키고자 했다. 오늘날 통용되고 있는 '장소의 통일성' 혹은 '시간의 통일성' 이라는 개념은 이러한 역사적 맥락에서 형성된 것이다. 아리스토텔레스는 '행동의 통일성' 에 대하여, 위에서 인용한 바와 같이, 다음과 같은 규정을 내렸다. 플롯의 발전에 필수적인 것이 아닌 행동들은 없애도 된다.

　　시나리오작가가 스토리를 만들 때 이 세 가지 통일성 모두를 만족시키려 할 필요는 없다. 그는 하나의 통일성만을 충족시키면 된다. 영화의 위대한 점들 중 하나는 장소이동이 자유롭고, 반복해서 보여줄 수 있으며, 심지어 시간순

서를 뒤집을 수도 있다는 것이다. 그러므로 대부분의 영화에서 중시되는 것은 오직 행동의 통일성이다. 단순화시켜서 말하자면 대부분의 스토리가 한 명의 중심적인 캐릭터(주인공)를 필요로 하는 것도 그 때문이다. 주인공과 그가 하고자 하는 일이 곧 행동의 통일성을 만든다. 스토리는 목표에 대한 주인공의 추구를 따라갈 뿐이다.

그러므로 스토리텔링의 대상은 곧 목표에 대한 주인공의 추구가 빚어내는 일련의 사건들이 된다. 비록 시간의 통일성을 확보하지 못한다 하더라도-플래시백이나 플래시포워드 혹은 시간의 반복 혹은 추억 등 연대기적 발생순서에 따르지 않는 모든 종류의 기법들로 말미암아-목표에 대한 주인공의 추구라는 행동의 통일성만 확보된다면, 관객은 따라오게 마련이며 스토리는 '하나의 이야기(all of a piece)' 라는 통일성을 갖게 되는 것이다.

장소의 통일성에 대해서도 같은 이야기를 할 수 있다. 영화에서 보여지는 장소란 지구를 반 바퀴 돌 수도 있고, 바로 전 장면의 장소로 되돌아갈 수도 있으며, 두 군데 이상의 다른 장소에서 동시에 벌어지는 사건들을 따라갈 수도 있다. 그럼에도 행동의 통일성이 보장되기만 하면 관객은 하나의 근거를 확보한 채 스토리에 참여할 수 있게 된다.

극히 드물게 시도될뿐더러 실패할 확률도 많지만 시간과 장소의 통일성을 근거로 하여 스토리를 구축할 수도 있다(좀더 상세한 논의를 원한다면 제4부의 〈라쇼몽 羅生門〉을 참조하라). 이런 종류의 영화들은 한 명뿐인 중심적인 캐릭터를 필요로 하지 않는다. 행동의 통일성을 포기하는 대신 (캐릭터들의) 행동들이 집중되는 어떤 장소를 필요로 하는 것이다(〈내쉬빌 Nashville〉의 경우). 이 경우 관객은 특정한 사회적 · 지리적 맥락에 근거하여 복잡하게 얽혀 있는 스토리에 참여하게 된다.

시간의 통일성에 근거하여 만들어진 스토리(가령 〈라쇼몽〉이나 그것의 미국판 리메이크인 서부극 〈분노 The Outrage〉의 경우)에서는 어떤 극히 중요한 하나의 사건이 스토리의 핵심이 된다. 그리고 그 사건을 바라보는 다양한 캐릭터들의 서로 다른 관점들이 그 스토리를 '하나의 이야기' 로 만드는 것이다.

8

설명

"가장 흔히 쓰는 방법은 설명이 필요한 장면에서 갈등을 강조하는 것이다. 그러면 작가가 관객에게 알려줘야 될 설명이 캐릭터의 대사를 통해서 전달될 수 있다. 예를 들어 어떤 인물이 누군가의 공격에 대하여 자신을 방어해야만 된다면, 그가 내뱉는 대사들은 정당화될 수 있다. 비록 그 대사들이 지극히 설명적인 것이라 할지라도. 관객이 설명을 듣고 있다고 생각하는 대신 자신이 그 사건을 목격하고 있다(실제로 그렇다)고 믿게 하는 것이 중요하다. 설명적인 부분을 회석화시키는 또 하나의 방법은 유머를 적절하게 사용하는 것이다." ―어니스트 레먼

관객이 알고 있어야만 하는 사실을 분명하게 전달하고자 할 때 사용되는 일종의 기교가 설명(exposition)이다. 관객에게 알려야만 할 사실은 스토리가 시작되기 훨씬 이전에 발생한 과거의 일일 수도 있고, 캐릭터의 어떤 감정·욕망·결점·포부일 수도 있으며, 특정한 환경 혹은 전제가 되는 '스토리의 세계'일 수도 있다.

설명과 관련된 가장 커다란 문제는 그것을 알 필요가 있는 사람은 관객뿐이라는 사실이다. 캐릭터들은 그것을 알 필요가 없다. 대부분의 설명은 캐릭터들이 이미 알고 있는 것들(그들 자신의 과거이거나 성장배경)이다. 문제는 그들의 스토리와 행동을 온전히 공유하려면 관객 역시 그것을 알고 있어야 한다는 점이다.

설명은 극히 제한적으로만 사용되어야 한다. 그것은 내러티브를 위한 기교이지 드라마를 위한 기교는 아니기 때문이다. 설명의 남용은 관객을 지루하게 한다. 초보적인 작가는 하나의 시나리오에서 요구되는 설명의 양이 얼마나 적은지(특히 오프닝에서)를 알게 되면 크게 놀랄 것이다. 배경에 대한 충분한 사전설명이 없더라도 관객은 늘 재빨리 상황의 핵심을 파악하는 법이다.

그렇다고 해서 설명이란 아예 필요하지 않은 것이라고 주장하려는 것은 아니다. 그것은 좋은 스토리를 요리하는 데 반드시 필요한 요소이다. 단, 요리의 주재료로서가 아니라, 양념으로서. 대부분의 스토리들은 발전해나가기 위해서 일정량의 설명적 정보를 필요로 한다. 그래서 역사상의 모든 극작가들은 다양한 방법으로 그것을 제공해왔다.

고대그리스연극들은 때때로 어떤 정형화된 코러스와 함께 시작되는데, 그 코러스는 대개 해당연극에서 다루는 사건들 이전의 역사적 사건들을 되짚어보는 내용으로 되어 있다. 이러한 전통은 현대 연극에서 내레이터 혹은 관객에게 직접 이야기하는 특정 캐릭터의 존재로 이어진다(손턴 와일더의 〈우리 읍내 Our Town〉 혹은 테네시 윌리엄스의 〈유리동물원 The Glass Menagerie〉의 경우).

연극에서의 내레이터 혹은 코러스에 해당하는 것이 영화에서는 화면 밖에서 들려오는 내레이션(voice-over narration)인데 대체로 그 역할을 맡는 것은 주인공이다. 빌리 와일더가 〈선셋대로 Sunset Boulevard〉나 〈이중배상〉에서 그랬던 것처럼 매우 세심하게 사용된다면, 내레이션도 효과적인 도구가 될 수 있다. 그러나 대부분의 경우 그것은 우선적으로 선택될 수 있는 해결책이 아니다.

설명은 갈등과 결합된 채 전달되는 것이 가장 효과적이다. 실제로 이 방법이 가장 널리 사용된다. 그럴 때 설명적인 정보는 그 자체로서 드라마틱한 흥미를 자아내는 한 장면의 자연스러운 부산물처럼 보이게 되는 것이다.

예를 들어 〈아마데우스〉의 오프닝시퀀스를 보자. 살리에리는 한 젊은 신부에게 그 자신과 모차르트에 대한 방대한 양의 배경설명을 한다. 그러나 그 장면들은 살리에리의 참회를 듣고 그를 사면하고자 하는 신부의 욕망을 다루고 있기 때문에, 또한 살리에리가 자신이 작곡한 작품을 기억나게 하려는 시도가 그 신부를 짜증스럽게 하기 때문에, 그 장면들은 드라마적으로 풍성하고 관객에게 만족스러운 장면들로 받아들여지는 것이다. 이때 설명은 관객이 자각하지도 못하는 사이에 '살금살금 전달(snuck up)'된다. 그것은 그저 관객이 이 흥미로운 두 명의 캐릭터들 사이에서 벌어지는 갈등에 몰입하게 되면서 자연스럽게 알게 되는 그 무엇이다.

또 다른 방법은 관객을 무조건 스토리 속으로 와락 밀쳐넣고(thrust), 그들에게 보여준 장면의 배후에 있는 과거와 상관관계와 상황들을 미루어 짐작토록 하는 것이다. 예를 들어보자. 〈400번의 구타〉는 이미 곤경에 빠져 있는 앙트완느를 보여주는 것으로 시작한다. 그의 성격에 내재되어 있는 악행과 유머 그리고 르네와의 우정을 아무런 설명없이 제시하는 것이다. 관객은 처음에는 저 녀석이 왜 저렇게 못된 짓을 하고 있는지 그 이유에 대한 추측만을 할 수 있을 뿐이다. 일단 그가 집에 돌아와 어머니와 함께 지낼 때 목격하게 되는 매일 저녁의 일상을 보고나서야 관객은 앙트완느의 생활환경에 대한 설명을 얻게 된다. 이때는 이미 소년과 그가 처해 있는 나쁜 환경에 대하여 깊이 몰두하게 된 다음이다.

간단히 말해서 설명의 제시는 가능한 한 늦게 이루어지는 것이 좋다. 관객에게 앞으로 벌어질 일들에 대한 정보 혹은 그들이 알고 싶어하는 정보를 찔끔찔끔밖에 주지 않아 그들을 애타게 한다면, 그들은 영화 속의 캐릭터와 그들의 행동에 대해서 흥미를 갖지 않을 수 없게 되는 것이다. 캐릭터들의 행동을 통하여 관객이 스토리를 체험하게 하고 '누가 · 언제 · 어디서 · 무엇을 · 왜'에 대한 해답을 스스로 찾아나서도록 할 수만 있다면, 그것이야말로 설명이 목적하는 바를 성취하는 가장 효율적인 방법이 될 것이다.

또 다른 방법으로는 유머의 사용을 들 수 있다. 이것 역시 이상적으로는 갈등과 결합되어 있는 것이 가장 효율적이다. 예를 들어 〈차이나타운〉의 한 장면을 보자. 제이크는 미스터리의 핵심을 이루는 계곡의 땅이 누구 소유인지를 알아내야만 한다. 그래서 그는 등기소로 가서 방대한 양의 토지문서를 뒤져 자신이 필요로 하는 정보를 찾아내고자 하는데, 이러한 장면은 스토리를 풀어 나가는 데에는 필수적인 것일지 몰라도, 그 자체로는 따분하기 짝이 없는 장면이 되기 십상이다.

제이크가 한 거만하고 참을성 없는 등기소 직원에게 토지문서의 열람을 부탁할 때 이 두 캐릭터 사이에 갈등이 형성된다. 제이크(와 관객)를 귀찮아하는 직원과 정보를 얻으려 하는 제이크(와 관객) 사이의 갈등이다. 제이크가 자[尺]를 좀 빌려 달라고 부탁할 때까지만 해도 관객은 그가 도대체 무엇을 하려고 저러는지를 이해하지 못한다. 그러나 그가 재치있는 트릭을 써서 등기소 직원을 속여넘겼을 때 관객은 즐거워하고 재미있어하게 된다. 그리고 그러는 동안 관객은 필요로 하는 정보를 얻게 되는 것이다. (갈등과 결합된 유머의 사용 덕분에) 자료를 뒤져 정보를 얻는다는 따분한 장면이 즐길 수 있고 기억할 만한 장면으로 변하게 되었을 뿐만 아니라 제이크에 대한 관객의 애정과 호감이 더욱 커지는 부대효과까지도 얻게 된 것이다.

초보적인 시나리오작가는 대개 오프닝에서 방대한 양의 설명을 쏟아부으려고 노력한다. 그 결과 오프닝은 정적인 것이 되어 정작 스토리 자체가 시작되기도 전에 관객을 지루하게 만든다. 그것보다는 설명해야 될 대상에 대한 힌트, 부분적인 정보유출, 약간의 미스터리와 퍼즐, 캐릭터들간의 상충되는 의견들과 그것의 부정 따위를 이용하는 것이 훨씬 진보된 방법이다.

이 모든 것들은 관객으로 하여금 스크린 위에서 진행되고 있는 사건에 대한 배경지식을 갖도록 하고 그럼으로써 스토리에 참여하도록 하는 장치들이다. 설명의 대부분을 관객 스스로 발견하도록 하는 것이 관건이다. 그래야 캐릭터들은 나날의 삶 속에서 그들이 하고자 하는 것을 왕성하게 추구할 수 있고, 관객은 그들의 삶 뒤에 가려져 있는 미스터리를 풀어볼 수 있는 것이다.

시나리오작가가 설명의 필요를 느낄 때 반드시 염두에 두어야 할 몇 가지 원칙들이 있다.

1. 필수적이지 않은 설명 혹은 스토리가 진행되어감에 따라 자연스럽게 명확해지는 설명은 없애버려라.

2. 설명이 반드시 필요하다면 그것을 갈등이 있는(가능하다면 유머도 있는) 장면 속에 배치하라.

3. 설명의 제시는 가능한 한 뒤로 미뤄라. 드라마틱한 임팩트가 최고조에 달한 순간이 가장 좋다.

4. 설명이 필요한 순간마다 국자로 퍼주지 말고 한 방울씩 떨어뜨려줘라.

캐릭터의 성격묘사

"플롯상의 어떤 목적에 맞추어 캐릭터를 창조해내면 필시 평면적이고 스테레오타입이며 죽어 있는 캐릭터가 되고 만다."   -톰 릭먼

　　스토리와 캐릭터는 긴밀하게 연결되어 있는데 이때의 연결고리는 바로 그 캐릭터가 하고자 하는 일이다. 시나리오작가는 그가 하고자 하는 일에 기초하여 캐릭터를 만들어내고 그에게 피와 살을 부여한다. 사건의 진행을 결정짓는 것도 그리고 캐릭터와 그의 행동을 이해할 수 있도록 해주는 것도 바로 이 캐릭터가 하고자 하는 일이다. 더 나아가, 사건에 연루된 사람들이 다양한 방법으로 자신이 하고자 하는 바를 추구함에 따라, 스토리의 실제적인 플롯라인을 결정짓는 것도 캐릭터가 하고자 하는 일이다.

　　〈카사블랑카〉에서 릭이 하고자 하는 일은 "나는 남의 일에는 상관 안 해(I stick my neck out for no man)"라는 대사로 명료하게 표현된다. 그는 사건에 개입하기를 거부한다. 그러나 그를 둘러싼 주변상황들이 점차로 강도를 높

여가며 그를 압박해들어옴에 따라 '개인적인 고립(personal isolation)'에 대한 그의 추구는 숱한 사건들을 빚어내게 되는 것이다.

〈록키〉에서 록키가 하고자 하는 일은 세계헤비급챔피언과의 대결을 위해 자신을 단련시키는 것이다. 이 목표에 대한 그의 추구가 플롯은 어떻게 짜여져야 하며 록키라는 캐릭터의 성격은 어떻게 드러나야 하는가를 결정짓게 되는 것이다.

〈400번의 구타〉에서 앙트완느는 세상 속에 편입되어 유용하고 대우받는 인간이 되길 원한다. 이 목표에 대한 그의 추구가 앙트완느라는 캐릭터의 악동적 측면과 불행한 측면을 드러내고, 스토리를 만들어나가는 일련의 시퀀스들을 창조해내는 것이다.

캐릭터를 묘사하는 데 흔히 쓰이는 몇 가지 외면적 특성들이 있다. 가령 그의 어휘, 말하는 태도, 옷차림새, 제스처, 육체적 조건, 버릇 등등. 그러나 가장 중요한 요소는 역시 그가 하고자 하는 일이 무엇이며 그것을 어떻게 성취하려하는가에서 나온다. 캐릭터의 나머지 부차적인 측면들은 모두 이 핵심적 · 지배적 요소로부터 자연스럽게 흘러나오는 것이며, 어느 정도까지는, 배우가 그 역할을 어떻게 해석해내느냐에 따라 결정되는 것이기도 하다. 그러나 캐릭터의 중심축에 대하여 책임을 지는 사람은 역시 시나리오작가이며, 배우의 해석 역시 그것에 기초한 다음에라야 가능한 것이다. 그러므로 어떤 캐릭터를 창조해내려 할 때에는 그가 하고자 하는 일이 무엇인지를 명확히 하는 것이 가장 중요한 일이다.

초보적인 시나리오작가가 흔히 범하는 오류는 캐릭터의 특징(characteristic)과 캐릭터의 성격묘사(characterization)를 혼동하는 것이다. 즉 한 캐릭터에게 어떤 특징을 부여하고는 그것으로 캐릭터의 묘사가 완성된 것처럼 생각한다는 것이다. 키가 크다거나 작다거나, 뚱뚱하다거나 말랐다거나, 대머리라거나 헝클어진 머리라거나 하는 것들은 그저 한 캐릭터의 특징에 불과하다. 이런 것만으로 캐릭터의 내면세계가 드러날 수 있다고 생각하는 것은 자동차의 색깔만으로 그 안에 있는 엔진의 파워를 알 수 있다고 생각하는 것보다 더 어리석은 짓이다.

핵심적인 요소는 과연 그 캐릭터가 자신의 그런 특징을 어떻게 받아들이느냐 하는 태도이다. 어떤 캐릭터에 대하여 그의 코가 아주 크다고 묘사할 수 있다. 하지만 여기에서 그친다면 그 캐릭터의 내면세계에 대해서 아무것도 알 수 없게 된다.

반면 〈시라노 Cyrano de Bergerac〉에서 주인공의 커다란 코는 그의 성격묘사에 매우 중요한 대목이다. 그것은 주인공의 자신에 대한 태도에 결정적인 요인으로 작용하고 있기 때문이다. 시라노에게 자신의 큰 코는 열등감의 원천인 동시에 우월감의 원천이기도 하다. 그의 탁월함과 그가 가지고 있는 두려움 뒤에 숨어 있는 결정적인 힘은 바로 그의 코인 것이다. 시라노의 코는 그의 존재에서 가장 중심적인 요소로 작용하며 따라서 그의 내면세계를 들여다볼 수 있는 캐릭터의 특징이 된다. 그러므로 육체적인 특징과 그 영향에 관해서는 다음과 같은 기본적인 정의를 내릴 수 있다. 캐릭터의 성격묘사가 훌륭하게 이루어지려면 육체적 조건에 대한 그의 태도가 스토리의 전개과정을 통해 충분히 제공되어야 한다.

캐릭터의 성격묘사는 비단 주인공의 스토리에만 국한되는 것이 아니다. 다른 중요한 캐릭터들도 나름대로 하고자 하는 일이 있으며 그들간의 갈등이 드라마를 이룬다. 〈뻐꾸기 둥지 위로 날아간 새〉에서 수간호사 래취드가 하고자 하는 일은 자신의 책임하에 있는 모든 환자들을 지배하는 것이다. 그녀와 자유로운 영혼의 소유자 맥머피가 서로 일대일로 머리를 맞대고 빚어내는 갈등이야말로 스토리의 골간을 이루는 동시에 이 두 핵심적인 캐릭터들을 확실하게 묘사하는 것이다.

〈보디히트〉에서 네드가 원하는 것은 마티와 관계를 맺고 그것을 지속시키는 것이다. 그러나 마티는 속임수와 거짓말과 조종과 유혹으로 가득 찬 그녀의 각본을 가지고 있다. 그와 동시에 오스카와 로웬스틴은 마티의 남편 에드먼드의 죽음을 둘러싸고 있는 미스터리를 풀려고 한다. 이들 각자가 하고자 하는 일들이 서로 부딪치면서 스토리를 만들어내고 서로에게 압박을 가하면서 그들의 내면세계를 드러나게 하는 것이다.

성격묘사의 핵심은 캐릭터의 내면세계를 드러나게 하는 것이다. 관객은 목표의 추구를 위한 그들의 행동을 바라보면서 캐릭터의 내면세계를 이해하게 된다.

개성(personality)이라는 것도 그렇게 서로 부딪치는 열망들 위에 기초하여 묘사될 수 있다. 갈등이란 단순히 서로 성깔을 돋우는 기질상의 가벼운 마찰로 묘사될 수도 있고 각자의 권력의지가 충돌하는 것으로 묘사될 수도 있다. 그러나 정도야 어찌됐든 일정한 갈등이 형성되어야만 그 장면은 살아 있는 장면이 된다.

〈내면의 빛 Intimate Lighting〉(아주 훌륭한 체코영화이지만 안타깝게도 이 글을 쓰고 있는 현재까지는 비디오로 출시되지 않았다)에는 아주 작은 갈등에 기초하여 만들어진 멋진 장면이 있다. 다섯 명의 식구가 있는 시골농가에 도시에서 두 명의 손님이 찾아온다. 그들은 이들 손님을 아주 잘 대접하여 좋은 인상을 주려 한다. 그래서 닭요리를 준비했는데 문제는 그 요리가 여섯 조각밖에 되지 않는다는 것이다. 식사장면이 즐거운 분위기에서 보여지는 동안, 음식을 공평하게 나누려는 가족들의 시도에 따라, 닭요리는 이 접시에서 저 접시로 끊임없이 옮겨진다. 그 과정을 통해 손님과의 관계는 물론이거니와 가족들끼리의 내적인 관계까지 무척이나 시적이고도 영화적으로 드러나게 되는 것이다.

하고자 하는 일이 서로 다르다는 것 이외에도 개성의 차이로부터 갈등을 빚을 수도 있다. 그래서 시나리오작가는 자기가 만들어낸 캐릭터를 마치 오랫동안 사귀어온 친밀한 사람이나 되는 것처럼 속속들이 알고 있어야 한다. 시나리오작가는 스토리에서 보여지는 것 이상으로 캐릭터에 대한 많은 것들을 알고 있어야 한다. 캐릭터들의 내면 깊숙한 곳에 자리잡고 있는 은밀한 욕망까지도 완전히 이해하고 있어야만 그들을 움직이는 동인(動因)을 묘사할 수 있고, 그들을 있을 법한 인물로 만들 수 있으며, 그들의 행동을 자연스럽고도 일관되게 그릴 수 있는 것이다. 스토리에서 보여지는 것 이상으로 캐릭터들을 잘 알고 있어야만 시나리오를 풍성하고 생기 넘치고 짜임새 있고 그럴듯하게 쓸 수 있는 것이다.

이것을 항상 명심하라. 영화 속의 캐릭터들은 서로 누가 주인공인지 누가 적대자인지 누가 조연인지를 모른다. 모든 캐릭터들은 각자의 인생에서 주인공이며 그러한 생각에 기초하여 행동한다. 〈로젠크란츠와 길덴스턴은 죽었다 Rosencrantz and Guildenstern are dead〉는 바로 이러한 인식에 기초하여 만들어진 연극이며 훗날 영화로도 만들어졌다. 〈햄릿〉에서 따온 이 두 명의 하찮은 캐릭터들은 자기들이 주인공이라고 생각하며, 그러한 믿음에 기초한 행동들이 그들 나름대로의 스토리를 만들어낸다.

자기가 상대적으로 그다지 중요하지 않다는 것을 알고 있는 캐릭터(더 정확하게 표현하자면 그다지 중요하지 않다는 것을 알고 있는 것처럼 묘사되어 있는 캐릭터)가 있다면, 그는 시나리오에서건 실제 영화에서건 살아 있는 인물처럼 보일 리 없다. 그러나 자기가 부차적인 인물이라는 것을 알지 못하는 캐릭터가 등장하여 주인공의 스토리에서 한 부분이 되기를 '꺼려하며 (reluctant)' 그래서 플롯에서 요구하는 행동을 쉽게 그리고 기꺼이 하려 들지 않는다면 이야기는 달라진다. 이런 상황에서 발생하는 갈등은 때때로 놀라울 만큼 경제적이고도 간단하게 캐릭터의 성격을 드러내게 되는 것이다. 자기가 부차적인 인물이라는 것을 아는 캐릭터는, 자기자신이 하고자 하는 일을 추구하기보다는, 그저 순순히 주인공이 하려고 하는 일을 도우려 나설 뿐이다. 그럴 경우 갈등의 잠재력이 훼손되고 그 결과 드라마의 가능성 역시 현저하게 축소된다.

스토리의 발전

"영화는 배우에 의해서 연기되고, 감독에 의해서 연출되고, 촬영감독에 의해서 촬영되고, 편집기사에 의해서 편집되고, 영화음악가에 의해서 작곡되는 것 못지않게 시나리오작가에 의해서 쓰여지는 것이다. 어떤 장면을 넣을 것인가 뺄 것인가, 어떤 정보를 극화시킬 것인가 그저 단순히 언급할 것인가, 어떤 장면을 실제로 보여줄 것인가 보여주지 않을 것인가를 결정짓는 것은 시나리오작가이다. 영화를 만드는 과정에는 시나리오작가에 의해서 내려지는 수없이 많은 결정들이 있다." —어니스트 레먼

"잘라낼 수만 있다면, 아무리 짧은 장면이라도, 무조건 잘라내라." —윌리엄 골드먼

"때로는 자신이 명확하게 알고 있지 못한 것이라도 써보려 노력해야 한다. 그러면 (당신도 모르고 있던) 당신 내면의 무엇인가가 그것을 알고 있다는 사실을 발견하게 될 것이다. 그것은 당신이 모른다고 생각했던 것도 실제로는 알고 있었다는 사실을 당신에게 가르쳐줄 것이다. 시나리오를 쓴다는 것은 언제나 일종의 '발견'이다." —빌 위틀리프

　　목표에 대한 주인공의 추구는 스토리가 진행됨에 따라 그를 자신의 목표에 가깝게 접근시키거나 혹은 오히려 더욱 멀리 떨어지도록 만든다. 달리 표현하자면, 일단 주요긴장이 형성되고 나면, 모든 유의미한 장면들은 관객의 기대를 상승시키거나 두려움을 상승시킨다는 것이다. 때로는 기대에서 두려움으로 혹은 두려움에서 기대로 옮겨가도록 하기도 한다.

　　주요긴장이 풀리고 제3장의 새로운 긴장이 형성된다고 해도 관객의 기대와 두려움을 상승시키는 장면들은 계속 이어진다. 그 장면들은 매우 동적이어서 관객이 가지는 감정의 진폭은 더욱 커지고 집약적인 것이 된다. 이와 같이 점점 더 커다란 기대와 점점 더 커다란 두려움을 불러일으키는 것이야말로 스토리가 진행되는 내내 관객을 사로잡을 수 있는 핵심적 요소이다.

스토리의 발전(주요긴장이 형성되었을 때부터 그것이 풀리고 제3장의 새로운 긴장이 형성되기 전까지)과 관련된 또 다른 측면은 곤경에 빠진 주인공이 그것을 극복하기 위하여 시도해보는 다양한 노력들을 보여주는 것이다. 현실세계에서와 마찬가지로 드라마에서도 우선 시도해보는 것은 가장 쉬운 해결책이다. 극히 어렵거나 그다지 내키지 않는 해결책은 가능한 한 그것을 사용해야만 될 지경까지 이르지 않기를 바라면서 자꾸 뒤로 미루는 법이다.

첫 번째 단계는 대개 자신이 곤경에 빠져 있다는 사실 자체를 부인하려 드는 것이다. 두 번째 단계에 이르면 어떤 권위(예를 들면 부모, 경찰, 판사, 사장 따위)에 의지하여 해결하고자 한다. 이런 종류의 해결책들이 더 이상 먹혀들지 않는 단계에 이르러서야 사람들은 문제를 직시하고, 설득하려 들며(그것이 사람일 경우), 그것을 헤쳐나가려 한다. 영화에서도 다른 대안들이 모두 실패하고 오직 극히 어려운 단 하나의 해결책만이 남게 되었을 때, 관객은 주인공이 처해 있는 상황에 완전히 집중하게 되는 것이다.

곤경을 헤쳐나오기 위하여 주인공이 펼치는 다양한 시도들에 따라 스토리는 나선형적으로 발전할 수도 있다. 예를 들어 〈북북서로 진로를 돌려라〉에서 로저가 처한 최초의 곤경은 그가 가상의 비밀요원으로 오인되었다는 것이다. 그는 우선 그 사실을 부인한다. 그러나 상대가 그의 말을 믿지 않고 오히려 그를 죽이려 하자 로저는 경찰을 찾아간다. 경찰조차 그의 말을 믿지 않자 그는 실제의(그러나 가상의) 비밀요원을 직접 찾아나선다. 그래서 로저는 UN건물로 가서 레스터 타운젠드라는 인물을 만나보지만, 그곳에서 예기치 못했던 살인사건이 벌어지고, 그는 유력한 살인용의자로 지목된다. 이제 그는 경찰에 쫓기면서 실제의 비밀요원을 찾아내야 하는 신세가 된다. 비밀요원을 만나려는 절망적인 시도 끝에 죽음의 고비를 넘긴 로저는 상대를 찾아가 직접 얼굴을 맞대고 자신은 결코 위험인물이 아니라는 것을 설득하려 들지만 그것조차 통하지 않는다.

결국 문제의 비밀요원은 가상인물이었다는 진실을 알게 된 로저에게는 두 개의 갈림길이 남겨진다. 하나는 그냥 사라져버림으로써 허구를 무너뜨리는 것이다. 그러나 그렇게 하면 필시 사랑하는 여인이 죽게 된다. 다른 하나는 잠시 동안이나마 실제의 비밀요원인 척 행동하는 것이다. 그렇게 하면 여인의 생명을 구할 수 있을 뿐 아니라 상대도 물리칠 수 있다. 그가 이 양자택일의 결정에 직면한 순간, 다른 모든 대안들은 소용이 없어지고 오직 단 하나의 해결책만이 남게 된다. 그가 실제의 비밀요원인 척 행동하기로 결단을 내림으로써 제2장은 막을 내리고 제3장의 새로운 긴장이 형성되는 것이다.

그러나 시나리오가 그저 단순히 곤경에서 빠져나오려는 주인공의 시도들로만 이루어져 있다고 생각해서는 곤란하다. 주인공과 여타의 캐릭터들만을 위하여 쓰여진 것은 좋은 스토리가 될 수 없다. 스토리는 온전히 관객을 위해서 쓰여지는 것이다. 스크린 위의 캐릭터들만이 무언가를 원하고 있는 유일한 사람들이 아니라는 사실을 명심할 필요가 있다. 관객 역시 주인공 못지않게 무언가를 원하고 있는데 그것이 곧 주요긴장이다. 관객의 이러한 요구에 부응하는 모든 장면들(그것이 다루고 있는 것이 폭로이든 함정이든 장애물이든)은, 그 장면에 주인공이 등장하건 등장하지 않건 상관없이, 전체 스토리와 아귀가 꼭 맞아떨어지게 된다. 이러한 순간이야말로 관객을 몰두시켜 스토리에 대한 그들의 체험을 좀더 생생하고 의미있는 것으로 만든다.

아이러니

어떤 남자가 철로를 따라 천천히 걷고 있는 장면을 상상해보라. 거기에는 드라마틱한 것이 전혀 없다. 그가 어떤 이유에서 그 길을 걷고 있는지 상관없이. 그러나 만약 그 남자가 귀머거리라는 사실을 관객은 알고 있고 그 남자의 뒤쪽에서 기차가 달려오고 있다면? 상황은 즉시 드라마로 충만해지고 관객은 소리라도 지르고 싶어질 것이다. 물론 극장 안의 관객이 스크린 위의 배우를 향해 소리를 지르지는 않는다. 그러나 스크린 위의 배우들이 모르는 사실을 관객이 알게 되면 상황은 본질적으로 드라마틱하게 된다.

찰리 채플린이 서커스에서 자신만만하게 외줄타기를 하고 있는 장면을 상기해보라. 그가 착용한 안전벨트가 제대로 작동되지 않는다는 것을 관객은 알고 있지만 그 자신은 모른다. 그럴 때 관객은 코믹한 서스펜스에 사로잡히게 된다.

줄리엣은 가짜로 죽어 있는 것이라는 사실을 알고 있는 관객은 그것을 알지 못하는 로미오가 독약을 마시려 할 때 기대와 두려움 사이의 극도로 첨예한 감정상태에 빠지게 된다. 줄리엣이 정말 아직 살아 있는 것인지 또 금방 깨어 나게 될지 알지 못한다면 더욱 그렇다.

〈북북서로 진로를 돌려라〉에서 로저가 가상의 인물인 조지 캐플란을 만나 기 위하여 버스에서 내려 허허벌판으로 나아가는 장면을 상기해보라. 관객은 캐플란이라는 인물은 존재하지 않으며 그와의 약속 역시 꾸며낸 것이라는 사 실을 알고 있지만 로저가 아무것도 모르고 있다. 농약살포용 경비행기가 그를 공격해오기 훨씬 전, 그가 버스에서 내릴 때부터 관객의 긴장은 고조되게 마 련이다.

〈아마데우스〉의 끝부분에는 죽어가는 모차르트가 살리에리에게 진혼곡 (Requiem)의 악보를 불러주는 장면이 나온다. 이 장면이 강렬하게 느껴지는 것은 살리에리가 모차르트를 죽음에 이르게 하고 그의 마지막 작품을 훔치려 한다는 사실을 관객이 알고 있기 때문이다. 그러한 사실을 알지 못했다면 관 객 역시 살리에리에게 전혀 다른 감정을 느꼈을 수도 있다. 마치 모차르트가 그러했던 것처럼 그에게 고마워하는 마음을 가졌을 수도 있는 것이다.

왕이 된 오이디푸스가 자신의 어머니와 결혼한다는 사실을 관객이 알 수 없 었다면 그 스토리가 어떻게 되겠는가? 스토리가 진행되는 동안 그 안으로 빨 려드는 관객도 훨씬 적었을 것이다. 또한 최후의 순간에 그것이 밝혀졌을 때, 관객 역시 오이디푸스 못지않게 엄청난 충격을 받게 된다. 그렇게 되면 비극 성은 현저히 감소하게 될 것이다.

모든 시나리오작가(모든 극작가도 포함하여)는 이 극적 아이러니라는 도구 를 사용한다. 때로는 하나의 스토리에서 여러 번 사용하기도 하고 어떤 때는 스토리의 처음부터 끝까지 사용하기도 한다. 〈뜨거운 것이 좋아〉는 스토리 전 체가 이렇게 중첩된 아이러니 위에 기초해 있다. 관객은 조와 제리가 마피아 로부터 도망치기 위하여 여장을 했다는 사실로부터, 제리가 조와 슈거 사이에

싹트기 시작한 로맨스를 방해하기 위하여 노력하고 있다는 사실에 이르기까지 모든 것을 알고 있는 것이다.

시나리오이론에 대한 프랭크 대니얼의 공헌들 중 하나는 누설과 인식의 원칙을 확립한 것이다. 영화 속 등장인물들 중 적어도 한 명 이상이 모르고 있는 사실을 관객이 알게 될 때(이것이 아이러니를 만들어낸다) 그것을 누설(revelation)이라고 한다. 일단 누설이 형성되면 시나리오작가는 반드시 그에 대응되는 것을 만들어내야 할 의무가 있다. 그것이 인식(recognition)인데, 이는 관객이 이미 알고 있는 사실을 등장인물도 알게 되는 순간을 뜻한다.

누설은 관객에게 우월한 지위를 부여(영화 속 등장인물보다 많이 알고 있다)하여 스토리에 참여하는 느낌을 준다. 누설과 인식이야말로 드라마를 만들어내는 것의 핵심에 닿아 있다. 누설과 인식이 없으면 스토리는 드라마틱한 것이라기보다 서술적인 것이 되어버린다. 누설과 인식을 사용하지 않으면 관객은 그저 일련의 사건들을 지켜보는 방관자의 지위로 격하되고 만다. 참여자가 아닌 방관자는 앞으로 벌어질 일들에 기대를 하지 않는다. 그러나 드라마틱한 체험의 진수란 바로 앞으로 벌어질 일들을 예상하며 그것을 즐기는 것이다.

예를 들면 〈뜨거운 것이 좋아〉에서 관객은 조와 제리가 여장을 했다는 사실을 알게 된 순간(누설)부터 언제 그들이 그것을 벗어버릴까(인식)를 기대하게 된다. 만약 이 두 '아가씨'들이 실제로 남자였다는 사실에 대한 인식의 순간이 없다면 관객은 실망하거나 분개하게 될 것이며 그렇게 되면 스토리의 체험 자체가 훼손될 수도 있다. 그것은 마치 오이디푸스가 자신의 아내가 실제로는 자신의 어머니였다는 사실을 끝까지 모르게 되는 것이나 같다.

〈모던타임스〉에서 찰리 채플린이 롤러스케이트를 탈 때 자신이 저만치 앞에 숨어 있는 커다란 구멍에 얼마나 가까이 갔는지 끝까지 모르고 있다고 상상해보라. 로미오가 줄리엣이 죽었다고 생각할 때 관객 역시 줄리엣이 살아 있음을 모른다면 〈로미오와 줄리엣〉의 엔딩이 어떻게 될지 상상해보라. E.T.가 철제냉동함 안에 살아 있다는 것을 관객이 모른다면 〈E.T.〉의 엔딩이 어떻게 될지 상상해보라.

시나리오작가는 어떤 장면에서 아이러니를 사용할 것인가 아니면 서프라이즈(surprise)를 사용할 것인가를 결정해야 한다. 즉 관객에게 어떤 사실을 누설하는 방법과 그들을 놀라게 하는 방법 중에서 양자택일을 해야 하는 것이다. 서프라이즈 역시 극적으로 매우 효과적인 수단이다.

〈차이나타운〉에서 에벌린이 "그애는 내 여동생이기도 하고 내 딸이기도 해요. 여동생이자 딸인 셈이죠"라고 말할 때(서프라이즈) 관객은 커다란 충격을 받는다. 만약 관객이 이 사실을 미리 알고 있었더라면 이 순간의 충격은 그다지 크지 않았을 것이다. 하지만 이 영화에는 제이크가 에벌린이 뒤에 서 있는 줄 모르고 지저분한 농담을 늘어놓는 장면도 있다. 이때 관객은 에벌린의 존재를 안다. 그것을 모르고 있는 사람은 오직 제이크뿐이다. 이 장면을 힘있게 해주는 것은 바로 이러한 아이러니의 사용이다.

서프라이즈가 매우 강한 충격을 줄 수 있으며 그래서 거의 모든 영화에 사용된다는 것은 사실이다. 그러나 그것은 아이러니에 의하여 형성된 서스펜스에 비하면 훨씬 효율성이 떨어지는 방법이다. 테이블 밑에 숨겨져 있는 폭탄을 예로 들어 설명한 앨프리드 히치콕의 유명한 이야기를 들어보자.

등장인물들이 폭탄이 장치된 테이블 주위에 빙 둘러앉아 있다고 하자. 관객과 등장인물들 모두 그 사실을 모르고 있다면 이제 남은 것은 단 한 번의 서프라이즈, 즉 폭탄이 터지는 것뿐이다. 그러나 관객은 알고 있지만 등장인물들은 모르고 있다면, 관객은 기대와 두려움을 가지고 그 장면을 지켜보게 된다.

서프라이즈를 사용한다면 관객은 그 장면(실제로 폭발하기 전까지)에서 흥미를 느낄 수 없다. 그러나 서스펜스를 사용한다면 관객은 과연 등장인물들이 폭탄을 발견할 것인지 죽게 될 것인지를 숨죽인 채 지켜보게 돼 지루할 수도 있었을 디테일들에 이르기까지 흥미를 느끼게 될 것이다.

간단히 말해서 서스펜스가 좀더 강력한 도구이다. 그것은 한 명 혹은 그 이상의 등장인물들이 모르고 있는 사실을 관객은 알고 있는 상황에 기초해 있다.

준비와 여파

준비와 여파는 프랭크 대니얼의 정의에 따라 생겨난 개념이다. 이것들은 스토리의 플롯이 발전해나가는 과정에서 반드시 필요한 것들은 아니다. 그러나 스토리에 대한 관객의 체험을 고조시키는 데에 매우 효과적으로 쓰이는 것들이다.

준비(preparation)신이란 관객에게, 때로는 등장인물에게, 앞으로 펼쳐질 드라마틱한 장면을 준비하도록 만드는 장면이다. 전쟁영화와 스포츠영화는 이런 종류의 장면에 많이 의지하고 있다. 관객과 등장인물들로 하여금 앞으로 다가올 커다란 전투나 게임을 준비하도록 하는 것이다.

여파(aftermath)신이란 관객과 등장인물에게 방금 지나간 드라마틱한 장면을 '소화(digest)'할 수 있도록 하는 장면이다. 준비신이나 여파신 모두 관객의 정서에 직접적으로 호소하기 위하여 음악이나 분위기를 비주얼하고 귀에 들릴 듯한 시적 형태로 사용하는 경우가 많다.

〈아마데우스〉에서 젊은 신부가 살리에리가 갇혀 있는 요양원으로 들어설 때 보여지는 장면들이 준비신이다. 그 장면을 통해서 관객은 젊은 신부와 살리에리가 인터뷰를 할 때 맞닥뜨리게 될 광기에 대한 준비를 하게 된다. 〈사랑은 비를 타고 Singing in the Rain〉에서 저 유명한 주제가가 불리는 장면은 매우 긴 여파신이다. 그 장면을 통해서 주인공의 정서가 상세히 설명되고 관객 역시 그와 동일한 느낌을 갖게 되는 것이다. 〈록키〉에서 록키가 아폴로 크리드에게 패한 다음 링 위에서 애드리안의 이름을 절규하듯 불러대는 장면은 여파신이다. 관객은 그 장면을 통하여 그가 비록 시합에는 졌지만 진정한 승리를 이루었다는 사실을 소화하게 된다. 〈택시 드라이버 Taxi Driver〉나 〈레드 리버 Red River〉처럼 분위기에 많이 의존하는 영화들은 처음부터 끝까지 이루 헤아릴 수도 없을 만큼 많은 준비신과 여파신을 사용한다. 〈레드 리버〉의 저 유명한 '야호!' 신은 전형적인 준비신이다.

준비신의 또 다른 방식은 대비(contrast)에 의한 준비이다. 이런 종류의 신을 사용하면 관객은 곧 닥쳐올 드라마틱한 장면이 실제로 의미하는 것과는 정반대의 정서적 기대를 갖게 된다. 가령 나쁜 뉴스나 원치 않았던 사건이 터져 나오기 직전에, 대비에 의한 준비신을 집어넣어, 관객을 기분 좋게 혹은 희망에 부풀도록 혹은 긍정적인 사고를 하도록 하는 것이다. 그 반대의 경우 역시 매우 효과적으로 사용될 수 있다. 대비에 의한 준비신은 관객의 정서적 진폭을 크게 함으로써 곧 닥쳐올 드라마틱한 장면의 임팩트를 극대화시킨다.

예를 들어 〈크레이머 대 크레이머 Kramer vs. Kramer〉의 테드 크레이머가 귀가하는 장면을 보자. 그는 오늘이야말로 '내 인생에서 가장 멋진 날들 중 하나(one of the five best days of my life)'라고 여길 만큼 기분이 좋다. 그러나 곧 아내가 아무런 사전 경고도 없이 아들을 내팽개친 채 집을 나가버렸다는 사실을 알게 된다.

〈애니 홀〉에서 앨비는 애니와 헤어진 다음 〈롤링 스톤〉의 여기자와 데이트를 하고 나서 그 여자와 동침한다. 여자는 앨비와의 섹스가 "그야말로 카프카적인 경험(really a Kafkaesque experience)"이었다고 칭찬하지만 앨비는 한숨만 쉴 뿐이다. 차라리 혼자 있는 것보다 더 외로웠던 것이다. 그러나 앨비가 몹시 낙담해 있던 바로 그 순간 애니가 전화를 걸어와 도움을 청한다(알고 보니 화장실에 있는 거미를 좀 처치해 달라는 것이었다). 다음 순간 그들은 한 침대에 나란히 누워서 다시는 헤어지지 말자고 맹세하는 것이다.

초보적인 시나리오작가는 대개 준비신과 여파신의 잠재력을 과소평가한다. 그 결과 스토리의 전달과 관객의 체험에서 심각한 손실을 보는 것이다. 이러한 신들은 시나리오작가가 원하는 방식대로 관객의 흥미와 참여도를 높이는 데 대단히 효과적인 장치들이다. 시나리오나 영화가 오직 플롯만으로 이루어지는 것은 아니다.

어떤 스토리의 플롯은 전혀 새로울 것도 없고 특별히 혁신적인 것도 없을 수 있다. 그러나 그렇다고 해서 그 영화를 만들 필요가 없다고는 말할 수 없다. 정말 중요한 것은 그 스토리가 어떻게 전달되느냐이다. 스토리를 전달하는 데 준비신과 여파신은 대단히 요긴한 것이다. 그것이 비록 플롯이나 스토리라인을 앞으로 전진시키는 역할까지는 못한다 하더라도.

씨뿌리기와 거둬들이기

무엇인가의 '씨를 뿌린다(plant)'는 것은 시나리오라는 옷감을 잘 짜기 위해 그 재료들을 미리 준비해둔다는 뜻이다. 그것은 한 줄의 대사일 수도 있고 등장인물의 제스처일 수도 있으며 버릇, 소품, 의상 혹은 이런 것들이 결합된 어떤 것일 수도 있다.

스토리가 전개되어 나가면서 이것은 반복되어 나타나고 그 결과 관객의 마음속에 자리잡게 된다. 그리고는 대개 스토리의 해결부분에 이르러, 주변환경과 등장인물과 관객이 모두 어느 정도 변화를 겪고 난 다음, 이 씨를 '거둬들이게(payoff)' 된다. 이때 그 제스처, 소품, 혹은 그 무엇이건 간에 예전에 뿌려두었던 것은 새로운 의미를 갖게 된다. 뿌려두었던 것이 거둬들일 때에는 새로운 의미를 갖게 된다는 뜻에서 그것은 시적인 메타포와도 같다.

〈미스터 로버츠 Mister Roberts〉에 나오는 야자수화분은 씨뿌리기와 거둬들이기가 매우 효과적으로 사용된 예이다. 이 영화에 나오는 컨테이너에는 "선장의 재산이니 손대지 말것"이라는 경고가 붙어 있다. 관객의 관심은 당연히 그 속에 있는 야자수화분에 쏠린다. 선원들은 그것을 매우 못마땅하게 여기고 있다. 특히 로버츠는 야자수화분에 대한 증오를 노골적으로 표현한다. 다른 어떤 배들보다 더 많은 치약과 화장지를 날라야 하는 보급선인데 야자수화분 따위를 싣고 있다는 것은 그만큼 전쟁에 열중하지 않고 있다는 것을 의미하기 때문이다.

스토리가 진행되는 내내 관객은 야자수화분이 배에 실려 있다는 것과 폭군에 가까운 선장이 그것을 애지중지한다는 사실을 계속 상기하게 된다. 선장은 때때로 그 야자수화분에 물을 주고 선원들은 그런 행태를 역겨워하는 것이다. 결국 선상에서 작은 반란이 일어났을 때 로버츠는 그 야자수화분을 컨테이너에서 끌어내려 한쪽 구석에 처박아버린다. 그리고는 화가 잔뜩 난 선장이 누가 이런 짓을 했느냐고 묻자 그는 대답한다. "풀버가 한 짓은 아니에요. 그는 그럴 만한 배짱이 없거든요." 선장은 선원들의 뜻과는 반대로 오히려 자그마한 화분을 두 개 더 만든다.

스토리의 끝에 이르러 로버츠가 살해당하자 풀버는 두 개의 화분을 바다에 던져버리고는 선장과 정면으로 맞선다. 그것은 곧 풀버가 로버츠를 대신한다는 대단히 상징적인 제스처이다. 관객은 그 장면에서 기쁨을 느끼며 환호한다. 그것은 스토리 전체를 관통하여 대단히 세심하게 준비되어온 행동이다. 그 결과 풀버의 제스처는 커다란 반향을 자아내고 야자수화분이라는 것은 하나의 메타포가 되는 것이다.

씨뿌리기와 거둬들이기는 관객으로 하여금 스토리에 개입하고 있다는 느낌을 갖도록 하는 데 크게 도움이 된다. 이 기법이 잘 사용되었을 경우 관객은 어떤 특별하고 내밀한 정보를 알고 있다고 느끼게 되며, 스토리에 숨겨져 있는 어떤 새로운 의미를 발견하려 하기 때문이다. 씨뿌리기와 거둬들이기가 효과적으로 사용되면 전체 스토리는 좀더 통일성을 갖게 된다.

씨뿌리기와 거둬들이기는 스토리텔링에서 대단히 실용적으로 사용되는 기법이다. 그것은 우선 상대적으로 별 의미가 없는 것처럼 보이는 어떤 정보를 제공한 다음 한참 뒤에야 그것이 대단히 중요한 것이었음을 드러낸다. 예를 들어 씨뿌리기의 한 형태로 침대 머리맡의 스탠드 밑에 권총을 하나 설정-관객에게 그냥 슬쩍 보여주는 것이다-했다고 하자. 나중에 주인공이 탈출하려 하거나 자신을 죽이려고 하는 상대방을 제압해야만 할 때, 관객은 권총이 그곳에 있다는 사실을 기억해내는 동시에 주인공 역시 그것을 빨리 기억해내어 손아귀에 움켜쥐기를 열망하게 된다. 이 기법이 관객의 참여도를 높이고 기대와 두려움 사이를 오가는 정서적 반응을 극대화시키는 좋은 예이다.

씨뿌리기와 거둬들이기 사이에는 가능한 한 긴 시간적 격차를 두는 것이 상례이다. 가령 어떤 장면에서 주인공의 지갑에 100달러가 들어 있다는 사실을 알려준 다음 바로 다음 장면에서 그곳을 빠져나가기 위해서는 95달러짜리 기차표를 끊어야 한다는 사실을 보여준다고 하자. 그것은 너무도 간단한 것이어서 관객을 실망시킬 따름이다.

때로는 씨뿌리기와 거둬들이기 사이를 충분히 떼어놓을 수 없는 경우가 있는 것도 사실이다. 필요한 장소나 의상 혹은 소품 따위가 그전에 미리 소개되지 않았을 경우이다. 이런 경우에는 관객의 관심을 흐트러뜨리는 것이 상책이다. 드라마틱한 사건을 만들어 씨뿌리기가 잠시 전에 만들어졌다는 것을 잊도록 한 다음 곧바로 거둬들이기를 하는 것이다.

미리 알려주기와 예상하게 만들기

시나리오작가의 가장 중요한 임무는 관객으로 하여금 계속 앞으로 일어날 일들을 궁금해하도록 만들고, 다가올 일들에 대해서 걱정을 하게 하고, 어떤 일이 일어났으면 좋겠다고 기대하게 하고, 어떤 일이 일어나면 어쩌나 하고 두려워하게 만드는 일이다.

씨뿌리기와 거둬들이기도 이러한 영역에 속한다. 거둬들이기의 시점이 되면 관객은 자신이 (비록 명확하게 인식하고 있지는 못했어도) 바로 이러한 순간을 기다리고 있었음을 깨닫게 된다. 만약 관객이 씨뿌리기의 시점에서부터 일찌감치 거둬들이기가 어떻게 될지를 예상할 수 있다면, 그 씨뿌리기는 너무 도드라진 것이거나 지나치게 강조된 것이다.

미리 알려주기(advertising)와 예상하게 만들기는 이와는 다른 방식을 취한다.

이것들은 노골적으로 관객의 등을 떠밀며 앞으로 일어날 일들에 대하여 생각하게 한다. 이 기법을 잘 사용하면 관객은 '실제로 어떤 일이 일어날지(what will happen)'는 알 수 없지만 '어떤 일이 일어날지도 모른다(what might happen)'는 사실을 계속 생각하게 된다.

미리 알려주기란 관객에게 앞으로 어떤 인물이 하게 될지도 모를 체험을 미리 알려주는 것이다. 가령 어떤 스토리의 도입부에서 웨딩드레스를 손질하고 있는 어머니와 딸을 보여줬다고 하자. 그 딸이 중요한 등장인물이라면 관객은 당연히 앞으로 결혼식 장면을 보겠구나 하고 생각하게 된다.

중요한 등장인물이 누군가와 만나기로 하거나 시한을 정하거나 약속을 할 때, 누군가가 죽어가거나 출산을 하려 하거나 시험을 보려고 할 때, 그 모든 것이 다 미리 알려주기에 해당한다. 어떤 사람 혹은 성배(the Holy Grail)를 찾으려 할 때, 무언가를 얻거나 만들려 할 때, 누군가를 만나려 하거나 어딘가로 가려고 할 때도 마찬가지이다.

미리 알려주기의 핵심은 등장인물이 어떤 순간을 기대하고 있고 그 순간이 스토리상에서 매우 중요한 것일 때, 관객 역시 그 순간이 도래하기를 기대하게 된다는 것이다.

때때로 세상사는 알 수 없다. 위에서 언급했던 딸이 그녀의 약혼자와 헤어져서 결혼식이 무산될 수도 있는 것이다. 그러나 앞으로 일어날 일들은 결혼을 하려 했다는 사실의 연장선상에 놓이게 된다.

등장인물에게 앞으로 어떤 일이 일어나리라는 것을 관객에게 알려주는 것이 미리 알려주기이다. 그것의 효과는 관객으로 하여금 앞으로 일어날 일들에 대하여 생각하도록 함으로써 그들의 참여를 이끌어내는 것이다.

예상하게 만들기의 핵심이 되는 미래의 요소(elements of the future)는 프랭크 대니얼이 처음으로 정립해낸 개념이다. 관객으로 하여금 스토리가 앞으로 어떻게 전개될지를 예상하도록 만드는 것은 등장인물이 품고 있는 기대와 두려움이다. 그것은 현실적인 것일 수도 있고 때로는 그저 단순히 공상적인 것일 수도 있다. 예언, 전조, 백일몽, 확신 같은 것들은 모두 미래의 요소에 해당한다.

가령 점쟁이가 어떤 여자에게 조만간 큰 키에 어두운 색깔의 옷을 입은 핸섬한 남자를 만나게 될 것이라고 말했다고 하자. 그러면 관객은 그런 일이 벌어질 가능성에 대하여 촉각을 곤두세우게 된다. 실제로 그 여자가 만나게 된 남자는 점쟁이의 예언과는 전혀 상반된 외모를 하고 있을 수도 있다. 그래도 상관없다. 중요한 것은 관객이 캐릭터가 기대하는 바대로 혹은 두려워하는 바대로 어떤 일이 일어날지도 모른다는 것에 대하여 예상을 하게 된다는 사실이다. 기대, 예감, 약속, 의심, 계획, 경고, 육감, 신의, 포부 등이 모두 이러한 기능을 갖는 미래의 요소이다.

〈시에라 마드르의 보물〉에서 프레드 돕스가 그의 동료에게 자신은 최선을 다하겠지만 황금에는 결코 손을 대지 않겠노라고 확언했을 때 그것은 곧 예상하게 만들기에 해당한다. 그는 앞으로의 행동에 대한 예언을 한 것이고 그래서 관객은 과연 그렇게 될 것인지에 대하여 예상해보게 되는 것이다.

〈우리에게 내일은 없다〉에는 보니와 클라이드가 유진과 벨마라는 두 연인의 차를 빼앗아타고 가는 장면이 있다. 이때까지만 해도 관객은 예언의 어떤 전조도 느낄 수 없다. 그러나 유진이 장의사라는 사실을 알게 된 보니가 그들 커플을 길가에 내동댕이쳤을 때, 죽음에 대한 그의 강렬한 공포가 확연히 드러나게 된다. 그것은 스토리가 앞으로 어떻게 전개될지에 대한 대단히 미묘하면서도 효과적인 표현이다.

〈레드 리버〉에서 발렌스와 던슨이 서로의 총솜씨를 뽐내자 그루트는 "언젠가는 자네 둘이서 결투를 해야 될 날이 올지도 모르겠군"이라고 말한다. 훗날 그들이 실제로 결투를 하게 되었을 때 발렌스가 던슨의 손을 쏘아 그를 무장해제시키자 던슨은 "언젠가는 네놈을 죽이겠다"고 말한다. 영화의 엔딩에서 그들은 결국 다시 결투를 하게 되어 서로에게 큰 부상을 입히게 된다.

이 모든 것들이 예상하게 만들기에 해당한다. 위에서 언급한 미래의 요소가 관객에게 실제로 어떤 일이 일어날지는 명확하게 알 수 없지만 그래도 어떤 일이 일어나지 않을까 하고 예상하도록 만드는 것이다.

〈애니 홀〉에는 자막을 적절히 사용한 유명한 장면이 있다. 앨비와 애니가 서로의 속마음을 숨긴 채 피상적인 대화만을 주고받는 장면인데 이때 그들이 실제로 염두에 두고 있는 생각들을 자막으로 병치하여 보여주는 것이다. 이 장면은 미리 알려주기와 예상하게 만들기가 동시에 사용된 경우이다. 애니가 자기의 할아버지는 유대인을 증오한다고 말할 때 관객은 그 할아버지와 앨비가 실제로 만나면 어떻게 될까를 예상하게 된다. 그 장면의 끝에 이르면 앨비가 애니에게 데이트를 신청하고 관객은 곧 그들의 실제 데이트장면을 보게 된다.

〈셰인〉에는 조이가 그의 아버지에게 셰인을 채찍으로 때릴 수도 있느냐고 묻는 장면이 있다. 그것은 예상하게 만들기에 해당한다. 얼마 후 조이의 아버지와 셰인이 실제로 싸움을 하게 되지 않을까 하는 예감을 만들어낸 것이다.

유능한 시나리오작가는 관객의 정서를 자유자재로 조정한다. 관객으로 하여금 스토리가 앞으로 어떻게 될 것인가에 대하여 걱정하도록 할 수도 있고 기대하도록 할 수도 있다. 두려움이 필요한 순간에는 두려움을 갖도록 하고 기대가 필요한 순간에는 기대를 하게 해야 한다.

미리 알려주기는 등장인물의 의도를 드러냄으로써 관객으로 하여금 앞으로 벌어질 일을 내다보게 만든다. 예상하게 만들기는 등장인물의 기대와 두려움을 드러냄으로써 관객으로 하여금 그 일들이 실제로 현실화될 것인가 그렇지 못한가를 예상하도록 만든다. 이 두 요소는 모두 관객을 객석에 붙잡아매고 그들의 참여를 이끌어내는 데 대단히 효과적인 도구이다.

아웃라인

"나는 아웃라인을 정해놓고 쓴다. 무엇보다도 먼저 지금 내가 어디로 가고 있는 중인지를 알아야 하니까. 내가 말하려고 하는 것은 무엇인가? 그것은 누구를 통해서 말해야 하나? 이 스토리는 무엇에 관한 것인가? 이 스토리의 갈등은 무엇인가? 해결은 어떻게 될 것인가?"   —월터 번스틴

"나는 신의 리스트를 만든다. 마흔 개일 수도 있고 쉰 개일 수도 있으며 여든 개일 수도 있다. 실제의 신은 아니다. 그저 단순히 어떤 키워드로만 이루어져 있는 리스트이다. 가령 쉰 개의 단어만으로 되어 있을 수도 있다. 그 각각의 단어들을 보며 나는 현재 쓰고 있는 스토리를 앞으로 발전시켜나갈 신들에 대하여 끊임없이 상기한다. 이러한 작업방식은 대단히 중요하다. 시나리오작가가 다루고 있는 것은 구조이기 때문이다."   —윌리엄 골드먼

"대체로 나는 어떤 작은 충동으로부터 스토리를 만들어나가기 시작한다. 그것을 계속 붙들고 늘어지면 무언가 좀더 재미있는 것이 나오게 마련이다. 그때쯤 되면 최초의 작은 충동은 이미 어딘론가 사라져 버리고 없다."   —빌 위틀리프

    초보적인 시나리오작가들은 가끔 이런 소리를 한다. "나는 아웃라인(outline)을 정해놓고 쓰는 짓은 못하겠어요. 어떤 순발력 같은 것을 발휘할 수가 없으니까요." 그러나 유능한 시나리오작가들은, 문서화해놓았든 그저 머릿속에서만 정리해놓았든, 어떤 아웃라인을 정해놓고 그것을 따라갈 때라야만 제대로 된 스토리가 구축될 수 있다는 것을 잘 알고 있다.

    어디로 가야 할지도 모르는 채 글쓰기를 시작한다는 것은 무작정 황야를 헤매는 것과도 같다. 그런 상황에서라면 길을 찾아 빠져나갈 가능성은 무척 희박하다. 그런 식으로 쓰여지기 시작한 시나리오는 탈고조차 제대로 이루어지지 않은 채 버려지기 십상이다. 그 결과는 엄청난 양의 버려진 신들. 물론 그 중의 몇몇 신은 그 자체로 훌륭한 것일 수 있다. 그러나 전체의 스토리와 조응

하지 못하는 신은 무의미한 것이다.

매우 드문 경우이긴 하겠지만 문서화해놓지 않고 그저 머릿속에만 아웃라인을 간직한 채 시나리오를 써나갈 수도 있다. 그러나 대부분의 시나리오작가들은 미리 아웃라인을 작성해둔다.

아웃라인이란 뼈대와도 같은 것이다. 시나리오작가는 그 뼈대를 매우 비판적인 시각으로 정밀하게 조사해볼 수가 있다. 그리고 나서는 행동과 대사라는 살을 갖다붙이는 것이다.

좀더 실용적인 이유도 있다. 일단 초고가 나온 다음에 수정하는 것보다는 아웃라인 상태에서 수정하는 것이 훨씬 더 수월한 일이다. 초고를 쓴 다음에 계획을 바꾸어야만 한다면 엄청난 양의 신들을 버려야만 할 것이다.

아웃라인이란 스토리가 펼쳐질 기반이다. 시나리오작가가 일단 그 기반이 든든하게 구축되었다고 만족스러워하게 되면, 캐릭터의 성격묘사나 행동이나 대사 등을 집필하는 데 자신의 창조적인 역량을 자유롭게 구사할 수 있다. 다른 말로 표현하자면 아웃라인이야말로 시나리오작가의 순발력을 최대한 보장해준다는 뜻이다.

아웃라인이 든든하면 더 이상 지금 쓰고 있는 신이 스토리에 걸맞은 것인지 아닌지를 가지고 걱정할 필요가 없다. 이 스토리가 어디로 가고 있는지 혹은 이 신이 제대로 된 방향으로 쓰여지고 있는지를 몰라서 마음을 졸일 필요도 없다. 이런 모든 것들은 최소한 초고를 쓰기 전의 아웃라인을 만드는 단계에서 해결되었어야 할 걱정이다.

일단 아웃라인이 정해지고 나면 남은 것은 실제의 신을 쓰는 것뿐이다. 캐릭터에 생동감을 불어넣고, 그들의 특정한 행동과 동기를 결정하고, 특정한 주변환경과 분위기를 만들어내고, 대사를 쓰는 것이다. 이때 중요한 것은 한 신씩 써간다는 원칙이다. 스토리의 전체 혹은 한 장(act) 혹은 한 시퀀스를 이런 식으로 써서는 안 된다. 일단 스토리의 대우주(macrocosm) 즉 아웃라인을 결정했으면 시나리오작가는 자신의 모든 에너지와 창조적 능력을 스토리의 소우주(microcosm) 즉 한 신에 집중해야 된다는 뜻이다.

한 편의 시나리오를 집필하기 위한 기초적인 계획 안에는 다음과 같은 요소들이 포함되어 있어야 한다. 주인공은 누구이고 그가 하려는 일은 무엇인가. 주인공 이외의 중요한 인물은 누구이고 그들은 각각 무엇을 하려고 하는가. 장과 시퀀스를 나누는 실제적인 아웃라인은 어떤 것인가. 주요긴장과 절정과 해결은 어떻게 되는가.

대부분의 시나리오작가들은 이 아웃라인을 잡는 데 많은 시간을 할애한다. 처음부터 완벽한 아웃라인을 잡는 것은 아니다. 일단 스토리의 큰 뼈대만으로 된 아웃라인을 만든 다음 실제로 신을 써나가기에 앞서 조금씩 조금씩 디테일을 갖다붙이는 것이다. 이렇게 하는 것이 전체 스토리에 대한 시점을 유지하는 데 있어서 상대적으로 쉬운 방법이다.

대강의 아웃라인에다가 실제로 써나갈 신의 리스트를 덧붙여 놓은 것을 스텝 아웃라인(step outline)이라고 한다. 이 스텝 아웃라인에는 각 신마다 구체적으로 누가 등장하고 어떤 일이 벌어지며 언제 어디서 이루어지는지가 포함되어 있다. 이런 식으로 스토리를 발전시켜 나가는 것이 작품을 유기적으로 파악하게 하고 균형감각과 통일성을 유지하는 데 도움을 준다.

일단 스텝 아웃라인이 완성되고 나면 시나리오작가는 자신의 스토리가 어느 쪽으로 나아가는지를 분명히 알게 된다. 실제로 신을 써나가는 것은 이때부터 시작된다. 신을 써나가는 것은 때때로 놀랄 만한 속도로 이루어질 수도 있다. 초고는 이런 식으로 빨리 써내려가는 것이 좋다. 그래야 작품의 질과 통일성이 유지된다. 초고를 쓰는 시간이 너무 길어지면 갈팡질팡하게 되고 다른 방식을 찾게 되고 결국엔 애초의 계획에 대대적인 수정을 가하게 된다.

그렇다고 해서 스텝 아웃라인을 무슨 금과옥조처럼 받아들여서는 곤란하다. 그것은 초고를 쓰기 위한 하나의 계획일 뿐이지 그 이상도 그 이하도 아니다. 초고를 쓰다 보면 시나리오작가는 어쩔 수 없이 등장인물에 대하여 점점 더 많은 것들을 배우게 될 수밖에 없다. 그들이 '스스로 땅에 발을 딛고 일어서기(get up on their feet)' 때문이다. 이는 쓰여진 신 속에서 그들이 서로 작용과 반작용을 나누는 동안 생겨나는 필연적인 과정이다.

등장인물에 대한 시나리오작가의 이해가 넓어지고 깊어짐에 따라 스텝 아
웃라인은 바뀌거나 수정될 수밖에 없다. 그럼에도 그것은 여전히 시나리오작
가를 스토리의 해결로 이끌어가는 하나의 가이드로 남는다. 아웃라인이 확고
해야 시나리오작가가 길을 잃지 않는다. 각각의 신들을 좀더 자유롭게 쓸 수
있도록 해주고 작은 범위의 다양한 궤도수정도 가능하게 해주는 것이 바로 아
웃라인이다.

개연성

"극적 효과란 개연성으로부터 나오는 것이지 가능성으로부터 나오는 것은 아니다."
-아리스토텔레스

라틴어로 Deus ex machina란 '기계를 타고 내려온 신(the god from the machine)' 이라는 뜻인데 고대그리스사람들이 만들어낸 개념이다. 고대그리스의 연극에서는 때때로 엔딩에서 크레인 같은 것을 탄 신이 무대 위로 내려오는 경우가 있다. 스토리의 얽히고 설킨 실타래들을 모두 풀어주는 것은 바로 이 신이다.

그러나 현대 연극이나 영화에서는 이런 신의 존재를 용납하지 않는다. 어떤 초자연적인 존재가 인간사에 개입한다는 개념을 관객이 받아들이려 하지 않기 때문이다. 고대그리스의 극작가들은 행동하는 신을 등장시킴으로써 그의 플롯에서 얽혀 있는 매듭을 풀어버릴 수 있었다. 현대의 극작가와 시나리오작가가 자신이 만들어낸 플롯의 문제를 해결하기 위해서는 적어도 그들보다는 좀더 수완이 좋아야 한다.

물론 기계를 타고 내려온 신의 현대적 변용도 가능하다. 강력한 인물의 예기치 못했던 도착, 편리하게도 때맞춰 일어나준 심장마비, 갑작스러운 유산상속 등 시나리오작가가 플롯을 해결하기 위하여 스토리의 경계 밖으로부터 끌어들여온 모든 것들이 이에 해당한다. 그러나 이런 것들은 극구 피해야 될 방법이다. 스토리의 내부에서 자연스럽게 나온 것이 아니라면 싸구려 기교에 불과한 것이다. 관객은 그런 식의 해결을 받아들이지 않는다.

〈우리에게 내일은 없다〉의 보니와 클라이드가 영화의 엔딩에서 총탄세례를 받고 벌집투성이가 되는 것은 결코 '기계를 타고 내려온 신'이 아니다. 그들로부터 모욕을 받은 경찰관이 추적해오고 있다는 것 자체가 스토리의 중요한 내용이었기 때문이다.

〈멋진 인생 It's a Wonderful Life〉의 조지 베일리가 영화의 엔딩에서 결국 마음을 고쳐먹고 기쁜 마음으로 가정으로 돌아가는 것도 '기계를 타고 내려온 신'이 아니다. 이 영화에는 천사가 나온다. 그러나 그 천사는 엔딩 직전에 모든 것을 정리하기 위하여 급조해낸 것이 아니라 스토리 전체를 통해서 대단히 중요한 역할을 하고 있다. 뿐만 아니라 조지가 마음을 고쳐먹은 것도 그의 내부로부터 우러나온 것이다.

〈차이나타운〉의 엔딩에서 에벌린이 총에 맞아 죽는 것도 전체 스토리가 발전되어온 결과에서 나온 피할 수 없는 결말이다. 노아 크로스라는 캐릭터의 본성과 에벌린의 운명을 변화시킬 수 없는 제이크의 무력함이 그러한 결말을 낳은 것이다.

〈아프리카의 여왕〉에서는 이른바 '신의 손길'이 영화의 내용에 매우 가까이 다가와 있는 것처럼 보이지만, 늪에 갇힌 배가 폭우 덕분에 풀려났을 때나 한번 가라앉았던 배가 다시 떠오를 때, 그 장면을 지배한 것은 '기계를 타고 내려온 신'이 아니다. 그 시점까지 스토리를 발전시켜 왔던 것은 신심과 기도, '신은 스스로 돕는 자를 돕는다'는 생각, 그리고 찰리와 배의 성능에 대한 로지의 믿음이었다. 엔딩의 결말은 이 모든 요소들이 모여서 만들어낸 것이다.

얼핏 보기에는 그다지 있을 법하지 않은 전제나 상황에 기초해 있는 스토리들도 많다. 귀신들, 하늘을 나는 차, 텔레파시, 불멸의 존재나 다른 행성으로부터 온 존재, 이런 리스트는 끝없이 이어진다. 이런 것들은 우리가 살고 있는 세상에 실제로 존재하는 것은 아니지만 숱한 스토리들 속에 자주 등장한다.

다른 모든 상황들은 대단히 현실적임에도 불구하고 어떤 있을 법하지 않은 요소가 하나쯤 등장하는 스토리를 쓸 때에는 시나리오작가가 창조해내야 하는 결정적인 순간이 존재한다. 그 순간에 다다르면 관객은 불신으로 뻗대게 마련이다. 관객이 지금 진행되고 있는 스토리를 즐기기 위해서 어떤 있을 법하지 않은 부분을 '기꺼이 받아들일 것인가(buy into)' 받아들이지 않을 것인가를 결정하는 순간이다. 그 순간에 시나리오작가가 관객을 설득시키지 못하면 남는 것은 실패뿐이다. 관객은 그 이후에 벌어지는 모든 것들을 엉터리 수작이라고 폄하하게 된다.

〈킹콩 King Kong〉, 〈스타워즈〉, 〈백 투 더 퓨처 Back to the Future〉, 〈프랑켄슈타인 Frankenstein〉 등 이런 종류의 영화들 중 성공적인 작품을 들여다보면 관객으로 하여금 있을 법하지 않은 일을 기꺼이 받아들이게 하기 위해서 시나리오작가는 매우 세심한 배려를 하고 있다. 가장 간단한 방법은 왜 그렇게 되었는지를 얼버무리기보다는 차라리 불신의 상태를 직시하는 것이다. 이를테면 중요한 등장인물-대체로 주인공이지만 반드시 그런 것은 아니다-의 입을 빌려 불신을 표현함으로써 관객의 참여를 이끌어내는 것이다. 그 인물이 있을 법하지 않은 일이 실제로 일어났다는 것을 인정하게 되면 관객 역시 그렇게 된다.

〈백 투 더 퓨처〉의 주인공은 처음에는 타임머신의 존재를 믿지 않았다. 그러나 일단 그가 그것을 타고 시간여행을 한 다음 그 사실을 믿게 되었을 때 관객 역시 자연스럽게 불신의 벽을 허물고 나머지 스토리에 참여하게 되는 것이다.

〈킹콩〉의 거대한 고릴라는 이미 존재하고 있다. 다만 발견되지 않았을 뿐이다. 이 영화는 킹콩이 실제로 화면에 등장하기 전까지 상당히 세심한 준비를 했다. 이 괴물을 자신의 눈으로 직접 보기 전까지 등장인물들이 품게 되는 불신을 상세하게 표현하고 있는 것이다.

관객에게는 믿을 수 없는 일이 영화 속의 주인공에게는 그저 일상사의 한 부분인 것처럼 표현되는 경우도 있다. 바로 〈스타워즈〉와 같은 경우인데, 이 경우에는 주인공의 불신을 이용할 수 없다. 이때에는 관객의 실제 체험에 의거하여 스토리를 구축하게 된다.

관객은 우주선이 존재한다는 사실을 알고 있다. 비록 영화에서 보이는 것처럼 그렇게 거대하고 복잡한 것은 아닐지라도. 관객은 또한 컴퓨터로 작동되는 로봇이 존재한다는 사실도 알고 있고 홀로그램이 어떤 것인지도 알고 있다. 이렇게 조금씩 나아가다 보면 결국 스토리의 세계를 받아들이게 되어 루크가 날아다니는 차를 타고 다닌다는 사실에 대하여 어떠한 저항감도 가지지 않게 된다.

영화의 오프닝에서는 관객이 그럴 수 있겠다고 생각하는 어떤 것들만 보여준다. 현재 가능한 것들로부터 조금만 더 발전된 사례들만을 보여주는 것이다. 관객에게 우주에 존재하는 생명체에 대한 개념을 소화할 수 있는 시간을 주어야 한다. 관객이 처음 마주치게 되는 대상은 그저 두건을 뒤집어쓴 자그마한 생명체 이상이어서는 안 된다. 군이 이상한 것을 찾자면 그들의 눈이 빨갛다는 사실 정도여야 한다. 그런 식으로 조금씩 확장해 나가다가 결국 우주의 다양한 생명체들이 모두 한자리에 모여 있는 장면까지 이르게 하는 것이다. 그래야 관객은 불신으로 뻗대지 않으면서 스토리의 세계를 기꺼이 받아들이게 된다.

이때 중요한 것은 그러한 과정-관객이 있을 법하지 않은 일을 기꺼이 받아들이려 하는 과정-이 스토리상에서 단 한 번만 일어나야 한다는 것이다. 관객이 어떤 있을 법하지 않은 일을 기꺼이 받아들이기로 했다면 그것은 곧 시나리오작가와 관객 사이에 어떤 게임의 법칙이 정해졌다는 것을 뜻한다. 이 법칙은 꼼꼼하게 지켜져야 한다. 그렇지 않으면 관객이 스토리를 받아들이지 않으려 한다.

가령, 영화의 오프닝에서 승용차는 날 수 있지만 버스는 날 수 없다고 정했다면, 나중에라도 버스가 날아다니는 장면이 나와서는 안 된다. 그런 장면이 나오면 관객은 시나리오작가를 불신하게 되고 더 이상 스토리에 참여하기를 거부하게 된다. 이런 경우 관객은 시나리오작가가 '사기를 쳤다(cheating)'고 느끼게 되는 것이다.

예를 들어 〈백 투 더 퓨처〉를 보면 그 차가 얼마나 빨리 달리느냐가 시간여행을 좌우한다는 사실을 관객에게 받아들이게 하는 데 많은 장면을 할애하고 있다. 그것은 관객이 기꺼이 받아들이기로 한 새로운 세계의 '법칙(rules)'이다. 그런데 만약 엔딩에서 그 차가 멈추어 선 채로 시간여행을 한다거나 그 동안 이야기되어온 것보다 느린 속도로 시간여행을 한다면? 관객은 사기를 당했다고 느끼게 되고 영화와 스토리와 시나리오작가 모두에게 격렬하게 저항할 것이다.

잘 쓰여진 시나리오의 특징은 '결국 그럴 수밖에 없었다는 느낌(the effect of inevitability)'을 준다는 것이다. 시나리오작가가 만들어낸 사건들이 개연성 있는 방식으로 보여졌다는 것만으로는 부족하다. 관객으로 하여금 시나리오의 결말 이외의 다른 결말은 불가능하다는 느낌을 갖도록 만드는 것이 중요하다. 이 그럴 수밖에 없었다는 느낌이야말로 시나리오작가가 이룩할 수 있는 최고의 성취이다.

그럴 수밖에 없었다는 느낌과 '빤하다는 느낌(predictability)'은 구별되어야 한다. 그럴 수밖에 없었다는 느낌은 사건이 전개되어 나감에 따라 다른 방식의 전개는 불가능했다는 것을 확인하는 데에서 나온다. 반면 빤하다는 느낌은 실제로 어떤 일이 벌어질지를 관객이 능히 추측할 수 있다는 데에서 나온다.

기대하는 대로 될 수도 있고 두려워하는 대로 될 수도 있다는 식으로 두 가지 개연성이 동등하게 공존할 때, 그래서 다음 장면 혹은 다음 시퀀스 혹은 해결에 이르러 실제로 어떤 일이 일어날지를 관객이 결코 추측할 수 없을 때, 그 스토리는 빤하다는 느낌으로부터 자유로워질 수 있다. 다시 말해서 스토리의

전개과정이 개연성을 획득할 때, 그래서 신의 손이건 시나리오작가의 손이건
그 어떤 인위적인 개입도 드러나지 않을 때, 그 스토리는 그럴 수밖에 없었다
는 느낌을 가지게 되는 것이다.

행동과 활동

"행동과 활동의 차이: 많은 일들이 벌어짐에도 불구하고 캐릭터들 사이에 어떤 갈등도 드러나지 않는다면, 그것은 곧 드라마틱한 행동이 전혀 없었다는 것을 의미한다. 여기에는 활동만 있을 뿐이다."
    -프랭크 대니얼

초보적인 시나리오작가는 시나리오란 곧 대사들로 이루어져 있다고 생각한다. 그러나 실제의 시나리오는 행동으로 가득 차 있다. 대사를 쓰는 것이 자신의 일의 전부라고 생각하는 사람은 시나리오가 무엇인지를 충분히 이해하지 못하고 있는 사람이다. 물론 등장인물들은 그들이 하고자 하는 일을 이루기 위한 시도의 일환으로 대사를 사용하기도 한다. 그러나 대사보다는 행동이 훨씬 더 중요하다.

시나리오란 곧 등장인물들의 행동과 활동을 묘사해 놓은 것이다. 물론 이에 덧붙여 상황의 묘사와 스토리의 전제가 들어 있다. 유능한 극작가는 무대 위에서 어떤 일이 벌어질 것인지를 생각하고, 유능한 시나리오작가는 스크린 위에서 보여질 등장인물의 행동에 대해서 생각한다. 드라마를 쓴다는 것의 핵심은 바로 그것이다.

그런 맥락에서 행동(action)과 활동(activity)은 마땅히 구별되어야 한다. 활동이란 등장인물이 어떤 장면 안에서 할 수 있는 모든 것들을 포괄한다. 가령 뜨개질일 수도 있고 생선의 살을 발라 내는 것일 수도 있으며 타이핑일 수도 있고 큰소리로 노래가사를 외우는 일일 수도 있다. 간단히 말해서 어떤 '일(business)'이다.

반면 행동이란 어떤 목적을 가진 활동, 구체적으로 목표에 대한 주인공의 추구를 밀고 나가는 활동을 지칭한다. 때로는 정확히 똑같은 어떤 일이 어떤 상황에서는 행동이 되는 반면 다른 상황에서는 활동이 되는 경우도 있다.

가령 어떤 인물이 양파를 썰고 있다고 하자. 그것은 그저 활동일 뿐이다. 그러나 그가 다른 인물의 동정심을 자극하려는 목적에서 거짓눈물을 흘리기 위하여 양파를 썰고 있다면? 그것은 명백한 행동이다. 어떤 목적을 그 뒤에 숨기고 있기 때문이다.

노래가사를 외우는 일도 마찬가지이다. 어떤 인물이 그저 단순히 그 노래가 좋아서 가사를 흥얼거리고 있다면 그것은 활동이다. 그러나 다른 인물에게 넌지시 경고해 주려고, 혹은 그를 유혹하기 위하여, 혹은 힘든 상황에 맞서야만 하는 자신에게 용기를 주려고 그 노래가사를 읊조린다면 그것은 행동이 된다.

어떤 목적을 뒤에 숨기고 있을 경우 대사는 그 자체만으로는 가지지 못했던 새로운 의미를 띠게 된다. 사실 이런 종류의 장면에서 대사 그 자체는 완전히 무의미한 것일 수도 있다. 그러나 그 뒤에 어떤 목적을 숨기고 있는 까닭에 그 대사는 요긴하고 효과적인 기능을 발휘한다.

유능한 시나리오작가는 등장인물이 어떤 의미에서 그 대사를 하는가에 따라 똑같은 대사를 행동으로 만들 수도 있고 활동으로 만들 수도 있다. 가장 효과적인 장면들은 활동 및 행동만으로 이루어져 있는 경우가 많다. 대사는 최소한으로 사용되었거나 아예 사용되지 않는 것이다. 이럴 경우 그 장면의 핵심이 되는 의미심장한 행동은 대사가 쓰여지기 이전에 이미 결정되어 있어야 한다.

유능한 시나리오작가라면 무엇보다도 먼저 등장인물이 하고자 하는 일이 무엇인가와 그가 그것을 성취하기 위하여 어떤 행동을 취하는가를 파악하고 있어야 한다. 그가 하고자 하는 일이 단기적인 것이든 스토리 전체를 관통하는 장기적인 것이든 마찬가지이다. 먼저 캐릭터를 드러내고 스토리를 앞으로 발전시켜나갈 행동을 찾아낸 다음, 그러한 행동을 떠받칠 활동과 대사들을 만들어내는 것이다.

효과적인 행동과 활동은 비주얼한 것이어야 한다. 관객이 눈으로 볼 수 있는(see) 것 말이다. 기억이나 체험은 들어서 알게 되었을 때보다 보아서 알게 되었을 때 더 강렬한 것이 되기 때문이다.

캐플렛집안과 몬태그집안의 적대감은 결투나 거리에서의 패싸움으로 보여진다. 〈보디히트〉에서 마티를 향한 라신의 열정은 그가 의자를 집어던져 유리창을 깨고 들어가서 그녀와 격렬한 정사를 나누는 것으로 보여진다. 〈니노치카〉에서 주인공인 니노치카의 변모를 가장 명확하게 보여주는 장면은 그녀가 영화 초반부에서 소개된 '데카당트'한 모자를 사는 장면이다. 만약 이들이 자신의 증오나 열정이나 변화를 그저 대사로 들려줬다면 그 효과는 크게 반감되었을 것이다.

이런 종류의 예는 끝없다. 이때 중요한 것은 그 장면의 대사가 행동이 결정된 다음에 쓰여져야 한다는 것이다. 적어도 작가는 그러한 순서로 결정해야 한다. 초보적인 시나리오작가는 때때로 등장인물이 아무것도 원하지 않은 것처럼 혹은 자신이 뭘 하고자 하는지 모르고 있는 것처럼 느껴진다고 투덜댄다. 실제로 어떤 특정한 순간이라면 등장인물이 그런 상황에 빠질 수도 있을 것이다. 그러나 시나리오작가는 그래선 안 된다. 시나리오작가는 등장인물이 지금 무엇을 원하는지를 언제나 알고 있어야 한다. 심지어 그 등장인물이 자기가 지금 무엇을 하고 있는지조차 모르는 상황일지라도.

활동들에 행동이 추가되어야 스토리가 앞으로 나아간다. 가장 이상적인 과정은 먼저 행동을 찾아내고 그 다음 활동을 찾는 것이다. 스토리를 앞으로 전진시키거나 하고자 하는 일의 한 부분을 이루는 행동을 찾아낸 다음, 주어진 상황에서 자연스럽게 도출되는 활동 혹은 등장인물의 천성을 드러내는 활동을 찾아내는 것이다. 일단 이런 요소들이 확정된다면 그에 걸맞고 필요한 대사를 만드는 것은 쉬운 일이다. 대사만으로 드라마의 모든 하중을 짊어지려고 할 때 가장 빈약한 장면이 나온다.

등장인물을 드러내기는 하나 그가 하고자 하는 일의 한 부분이 아닌 활동들이야말로 스토리에 대한 관객의 체험을 풍부하게 만드는 중요한 도구이다. 가령 〈차이나타운〉에서 에벌린이 제이크의 다친 코를 치료해주는 장면을 보자. 이 장면에서 그녀는 다만 상처를 돌봐주었을 뿐이다. 그러나 그런 과정에서 자연스럽게 드러난 그녀의 따스한 품성은 그 이전까지는 보여지지 않았던 요소이다.

〈애니 홀〉에서 앨비와 애니가 랍스터를 요리할 때 그것은 다만 활동이었을 뿐이다. 랍스터를 요리하는 것 뒤에 숨겨진 어떤 다른 목적도 없는 것이다. 그러나 그들이 랍스터를 깆고 소동을 피우는 과정을 통해서 그들간의 친밀감이 보여지고, 그들 각자의 성격이 드러나고, 그 두 사람을 한데 묶는 어떤 끈 같은 것을 느끼게 된다.

활동은 스토리를 앞으로 전진시키지 않는다. 그러나 그것은 등장인물의 삶에 대한 관객의 이해와 참여를 확장시킴으로써 스토리텔링을 풍요롭게 만든다.

대사

"장면을 상상한다. 캐릭터들을 등장시킨다. 그리고는 그들이 무엇을 어떻게 말하는지를 계속 따라간다. 대사는 그런 과정에서 나온다. 아마도 나뿐만 아니라 전세계 모든 작가들이 그렇게 할 것이다. 그 다음에는? 그 대사를 고쳐쓰고, 잘라내고, 다듬는다. 그 장면에 가장 정확하게 들어맞을 때까지."
　　－패디 차예프스키

"시나리오는 대사만으로 이루어져 있을 것이라고 생각하는 사람들이 있다. 심지어 배우의 입을 통해서 나온 대사는 모두 시나리오작가가 썼으리라고 생각하는 사람들도 있다. 그러나 시나리오작가에게 부여된 가장 중요한 임무는 대사를 쓰는 것이 아니라 구조를 만드는 것이다."　　*－윌리엄 골드먼*

"현재 영화 속에서 벌어지고 있는 일들에 대하여 떠들어대는 대사야말로 최악의 대사이다."　　*－톰 릭먼*

"시나리오작가는 자기가 쓴 대사가 어떻게 들릴지를 결코 알 수 없다. 기막힌 노릇이다. 그것이 제대로 쓰여졌는지의 여부를 알게 되는 것은 항상 너무 늦은 시간이다."　　*－어니스트 레먼*

　　시대에 따라 그리고 작가에 따라 저마다 다른 목소리가 있다. 프레스턴 스터지스(Preston Sturges)나 빌리 와일더-다이아몬드(Billy Wilder with I.A.L.Diamond)처럼 유머가 풍부하고 매혹이 넘치는 대사를 구사하는 작가도 있고, 레이먼드 챈들러(Raymond Chandler)와 그의 추종자들처럼 하드보일드하면서도 걸걸한 목소리를 내는 작가도 있다. 고뇌를 자조적인 유머로 표현하는 우디 앨런의 세계가 있는가 하면 같은 고뇌일지라도 그것을 풍부한 이미지와 감정으로 표현하는 잉마르 베리만의 세계가 있다. 데이비드 마멧(David Mamet) 혹은 마틴 스콜세지(Martin Scorcese)와 그의 시나리오작가처럼 도회적이고 '현실적인' 목소리를 내는 작가도 있고, 마리오 푸조(Mario Puzo)와 프랜시스 포드 코폴라(Francis Ford Coppola)가 〈대부〉

삼부작에서 그랬던 것처럼 문학에서의 리얼리즘을 영화에서 구현한 작가도 있다. 프랭크 카프라(Frank Capra)와 그의 시나리오작가처럼 가슴 저미는 진지함을 대사에 담아내는 작가도 있다.

비록 위에서 언급한 작가들 사이의 차이만큼은 아닐지라도 모든 작가들의 대사는 저마다 다르다. 그러나 어떤 작가가 쓴 것이든지 상관없이 좋은 대사들에는 어떤 공통된 특징이 있다. 바로 좋은 대사는 캐릭터, 상황, 갈등으로부터 나온다는 것이다. 그것은 캐릭터를 드러내면서 스토리를 앞으로 전진시킨다.

영화 속의 인물은 현실 속의 인물보다 명료하게 표현된다. 선천적으로 불명료한 인물이 그려질 때에조차 그러하다. 영화 속의 대사는 현실에서 실제로 행해지는 대화를 고도로 농축해 놓은 것이기 때문이다. 이른바 '리얼하게 들리는 대사'라는 것도 가만히 들여다보면 전혀 '리얼'하지 않다. 너무나 잘 쓰여져서 그런 환상을 불러일으킬지도 모르지만, 실제로는 일상적인 대화에서 드러나는 혼란·과잉·불명료함·반복 따위를 정교하게 쳐낸 것이어서, 어떤 방향과 패턴을 가지고 있는 대사인 것이다. 해당 장면에서 어떤 특정한 목적이 있지 않은 한, 대부분의 대사가 가지고 있는 일상적인 뉘앙스는 불필요하다.

대사가 책임져야할 몫은 막중하다. 대사는 다음과 같은 역할을 수행해야 한다.

1. 대사는 화자의 성격을 드러나게 해야 한다. 더 나아가 그 대사 속에서 거론되는 인물의 성격까지도.
2. 대사는 화자의 개성을 보여주는 관용적인 것이어야 하는 동시에 시나리오의 전체적인 스타일에도 융합될 수 있어야 한다.
3. 대사는 화자의 기분을 반영하고, 정서를 옮겨주며, 그의 내면세계를 들여다볼 수 있는 창(window)을 제공해야 한다.
4. 대사는 때때로 화자의 모티브를 드러내야 한다. 혹은 그가 자신의 모티브를 숨기려고 하는 시도를 드러내야 한다.

5. 대사는 화자와 여타 인물들간의 관계를 반영해야 한다.

6. 대사는 연결적이어야 한다. 즉, 선행된 대사 혹은 행동으로부터 나와서 다른 대사 혹은 행동으로 인도되어야 한다.

7. 대사는 행동을 진전시켜야 한다.

8. 대사는 때때로 정보나 설명을 제공하여야 한다.

9. 대사는 때때로 닥쳐올 사건들을 예고하여야 한다.

10. 대사는 명료하고 관객이 이해할 수 있는 것이어야 한다.

이러한 기능들을 충족시킨다는 전제하에 좋은 대사에는 다음과 같은 또 다른 특성이 있다(영어로 된 대사의 경우다.-역주).

1. 배우들이 대사를 씹지 않고 발음할 수 있어야 한다. 일부러 어떤 목적을 위해서 그런 것이 아니라면, 혀를 꼬이게 하거나 특정한 운율의 사용에 과도하게 집착해선 안 된다.

2. 긴 대사의 구사가 불가피할 때에는 가장 강한 아이디어나 이미지를 대사의 맨끝에 위치시켜야 한다. 대사에서 가장 강조되는 위치는 맨끝이고, 그 다음으로 강조되는 위치는 맨처음이다. 수식어나 사람의 이름으로 대사를 맺는 것은 그 대사의 효과를 결정적으로 약화시킨다.

3. 추상적인 이미지보다는 배우나 관객 모두가 눈앞에 그려볼 수 있는 구체적인 이미지가 효과적이다. 가령 웅장함(grandeur)보다는 산(mountain)이 좀더 생생한 단어이고, 소용돌이(turmoil)보다는 허리케인(hurricane)이 좀더 직접적이며, 범피(bumpy)보다는 롤러코스터(roller-coaster)가 느낌이 온다. 배우들에게 대사의 '비전(vision)'을 제공할 수 있어야 시나리오작가가 의도한 만족스러운 연기를 끌어낼 수 있는 것이다.

초보적인 시나리오작가들이 드러내는 가장 커다란 문제들 중 하나는 많이 대사를 쓴다는 것이다. 그들이 쓴 시나리오는 대사가 너무 많아 필연적으로 길어질 수밖에 없다. 그렇게 되면 관객은 '스토리보다 앞서 나가게(get ahead of the story)' 된다. 관객으로 하여금 스토리가 대사를 따라잡을 때까지 기다리도록 만드는 것은 현명하지 않다.

초보적인 시나리오작가들이 길고 지루한 작품을 쓰게 되는 가장 핵심적인 이유는 그들이 대사를 압축시키는 요령, 즉 하나의 대사로 동시에 여러 가지 기능들을 충족시키는 요령을 깨우치지 못했기 때문이다. 그들은 하나의 대사에 하나의 기능만을 부여한다. 가령 하나의 대사는 화자의 성격을 드러내는 데에만 사용하고, 그와 별도로 필요한 설명을 하기 위해서는 또 다른 대사를 쓰는 식이다. 이 두 가지 기능을 동시에 충족시키려 노력해야 한다.

초보적인 시나리오작가에게는 또한 대사와 지문을 중복시키는 경향이 있다. 지문과 대사가 중복될 경우에는 대사를 잘라내는 대신 행동과 비주얼한 이미지가 그 장면을 지탱하도록 하는 것이 일반적이다.

시나리오작가는 대사를 쓸 때 곧 어떤 행동이 뒤따르리라는 것을 기억해둘 필요가 있다. 더 나아가 배우들이 그들의 몸짓과 목소리로 그 장면을 훌륭하게 연기해낼 것이라는 사실도 염두에 두어야 한다. 대사 전체이건 단 한 줄의 대사이건 그것들이 전달되는 방식은 참으로 다양할 수 있다. 무신하게 전달될 수도 있고 열정적으로 전달될 수도 있으며, 경의에 가득 찬 채로 혹은 의심에 가득 찬 채로 전달될 수도 있고, 희망에 들뜨거나 분노에 떨며 전달될 수도 있고, 우스꽝스럽게 혹은 극도로 진지하게 전달될 수도 있는 것이다.

유능한 배우는 감독의 연기지도에 따라 시나리오작가의 의도를 분명하게 전달하면서, 자신이 맡은 배역의 내면세계에 대한 나름대로의 해석으로 대사들을 빛낼 수 있다. 훌륭한 대사란 배우들에게 그럴 수 있는 여지를 충분히 남겨두는 것이어야 한다. 달리 표현하자면, 배우에게 마치 구속복(straight-jacket)이라도 입힌 듯 전혀 해석의 여지를 허용치 않은 대사는 좋은 대사가 아니라는 뜻이다.

대사는 시나리오작가가 관객과 직접적으로 의사소통을 할 수 있는 거의 유일한 영역이다. 소설가는 '독자와의 직접적 의사소통' 이라는 즐거움을 언제나 누리고 있지만 시나리오작가는 그렇지 못한 것이다. 배우가 제대로 전달한 잘 쓰여진 대사 한 줄이 관객에게 줄 수 있는 효과는 실로 엄청날 수 있다.

위대한 대사는 배우의 입에서 나온다는 속설이 있지만 이는 그다지 정확한 진단이 못 된다. 그보다는 그토록 수없이 고쳐썼는데도 살아남았고, 촬영과정과 편집과정에서도 살아남아, 결국엔 시나리오작가와 관객을 직접적으로 연결시켜주는 훌륭한 대사들이 따로 있다고 보아야 옳다. "솔직히 말해서 나는 신경도 안 써(Frankly, my dear, I don't give a damn)"부터 "그 친구한테 거절 못할 제안을 했지(I made him an offer he couldn't refuse)"에 이르기까지, 극히 효과적이고 기억에 남는 그 모든 대사들에는 두 가지의 공통점이 있다. 짧고 세련됐다(short and sweet)는 것이다. 그런 대사들은 위에서 열거한 모든 조건들을 충족시키면서도, 핵심을 곧장 파고들며, 그 자체를 하나의 영감이라고도 볼 수 있는 단순함을 가지고 있는 것이다.

대사야말로, 그것이 시나리오에서 관객과의 직접적인 의사소통을 가능하게 하는 유일한 통로이므로, 시나리오작가가 자신의 내면에서 우러나오는 시(poetry)를 최대한 표현할 수 있는 영역이다. 지문(등장인물의 행동까지 포함해서)은 영화를 만드는 사람들―배우 · 감독 · 촬영감독 · 의상담당 등등―을 위해서 존재한다. 그러므로 분명하고 간결하며 실용적으로 쓰여져야 한다. 물론 지문을 쓸 때에도 시적인 표현을 사용할 수 있다. 그러나 그것이 관객에게 어떻게 전달될 것인가를 최종적으로 결정하는 사람은 시나리오작가가 아니라 감독이다. 오직 대사만이 시나리오작가의 고유영역에 속한다. 시나리오작가는 위에서 언급한 모든 기능들을 수행하는 대사를 쓰면서 동시에 미묘한 위트 · 운율 · 단어의 선택 · 리듬 그리고 '비전' 등 시의 모든 특성들을 최대한 활용할 수 있는 것이다.

이것은 아무리 강조해도 지나치지 않다. **대사만으로는 한 편의 영화나 시나리오를 오랫동안 지탱할 수 없다.** 그 결과 '내레이터(talking heads)'를 등장시키거나 연기에 지나치게 의존하는 경우가 생긴다. 그러나 연기가 아무리 훌륭하다 해도, 배우를 그저 지껄이게 하는 것보다는, 그에게 행동을 부여하는 것이 훨씬 좋은 방법이다. 인간의 행동에서 대화가 차지하는 비중은 크지 않다. 그러므로 시나리오작가가 관객한테 스토리를 들려줄 때에도 대사가 차지하는 비중이 너무 커서는 안 된다. 배우에게 효과적이고 분명한 행동을 제시할 수

있다면 대사의 필요성을 극소화시킬 수 있고 심지어는 아예 없애버릴 수도 있
는 것이다.

비주얼

"시나리오를 쓸 때 몇 줄의 대사로 시작한 다음 방 안의 풍경을 묘사할 수도 있다. 그리고는 다시 대사를 몇 줄 쓰고, 의상들을 언급하고, 또 대사를 써나가고…그러나 카메라는 이 모든 것을 단 한순간에 처리해버린다. 차르르르…! 그러면 이미 시작된 거고 계속 앞으로 나아간다. 카메라는 자비가 없다. 시나리오작가는 쉬지말고 뛰어야 한다." ─윌리암 골드먼

"내가 처음 시나리오를 쓰기 시작했을 때에는 장면 안에 나오는 모든 것들을 다 써넣으려고 했다. 감독들이란 그런 것에 눈곱만큼의 관심도 기울이지 않는다는 것을 깨닫게 된 것은 한참 후의 일이다. 이제 나는, 특별히 어떤 것을 지목해야 할 경우가 아니라면, 결코 그런 식으로 쓰지 않는다." ─월터 번스틴

"중요한 것은 마스터 신을 쓰는 것이다. 나는 마치 희곡작가들이 그러는 것처럼 간단하게 무대 위의 상황을 지시할 뿐이다. 그는 재빨리 방을 가로질러 가서 창문을 열더니 뛰어내린다. 그런 행동을 잡기 위해 카메라를 어떻게 배치해야 하는지 따위는 쓸 필요가 없다." ─패디 차예프스키

"나는 모든 것을 본다. 머리 속에서 그 장면을 미리 그려보는 것이다. 나는 결코 대사만을 써내려가지는 않는다. 나는 언제나 머리 속에서 그 장면에서 벌어지는 행동들을 실연해본다." ─어니스트 레먼

지금까지 우리는 캐릭터를 행동하게 하는 것과 간결하면서도 생동감 넘치는 대사를 구사하는 것의 중요성에 대하여 이야기해왔다. 그러나 시나리오에는 이것들 이외에도 반드시 짚고 넘어가야 할 또 다른 측면이 있다. 바로 관객이 무엇을 보는가 그리고 그들은 그것을 어떻게 보는가에 대한 것이다. 한마디로 표현하여 비주얼(visual)이다.

한 영화의 비주얼은 시나리오에서─더 정확하게 표현하자면 시나리오작가의 머리 속에서─시작된다. 대부분의 감독들 그리고 몇몇 비평가들은 이러한 견해에 대하여 격분할지도 모르겠다. 그러나 만약 시나리오작가가 어떤 시발점을 제시하지 않는다면, 감독 스스로가 시나리오를 쓰지 않는 한, 감독은 아무것도 할 수 없게 된다.

프랭크 카프라에 얽힌 유명한 일화가 있다. 그는 자신만의 독특한 색깔 (Capra touch)로 1930년대와 1940년대를 풍미한 저명한 감독이다. 하루는 어떤 시나리오작가가 백지 120페이지를 시나리오처럼 묶어가지고 그에게 던져주며 이렇게 말했다. "자, 어디 그 유명한 당신만의 색깔을 입혀보라구요 (Go ahead, give it that old Capra touch)."

감독은 비주얼을 만드는 데 아무런 역할도 하지 못한다거나 비주얼을 새로이 만들어낼 수 없다고 말한다면 그것은 잘못이다. 그러나 영화가 관객에게 어떻게 보여지는가에 대한 시발점을 제공하는 것은 어디까지나 시나리오다. 현명한 감독은 시나리오를 보면서 맨 먼저 숏을 어떻게 나눌지 전체적인 비주얼 디자인은 어떻게 잡을 것인가에 대한 힌트를 얻게 마련이다. 감독이 영화를 어떻게 해석하는가와 더불어 비주얼에 대한 책임을 떠맡게 되는 것은 바로 이 시점이다. 하지만 이 시점에서조차 감독은 종이 위에 써 있는 시나리오작가의 제안으로부터 자유로워질 수 없다.

시나리오작가의 제안은 신중하게 제시되어야 한다. 감독이 가장 혐오하는 일이 있다면 시나리오작가가 숏의 사이즈를 지정하고, 언제 카메라를 옮겨야 하며, 어떻게 이미지를 구성해나가야 하는지를 구구절절이 써놓는 일일 것이다. 유능한 시나리오작가라면 그렇게 하는 대신 자신이 의도하는 바를 문장과 단어들의 선택과 디테일한 묘사를 통해서 전달하려 할 것이다.

예를 들어 어떤 시나리오작가가 '매기는 신경질적으로 결혼반지를 만지작거리더니, 손가락에서 뽑아 주머니에 넣는다' 라는 지문을 썼다고 하자. 이 지문에서 결혼반지가 중요하다는 것은 명백하다. 따라서 제대로 된 감독이라면 이것을 롱숏으로-혹은 더 나아가 미디엄숏으로도-잡는 일 따위는 하지 않을 것이다. 그러나 같은 클로즈업으로 보여준다 해도 카메라를 인물(과 반지)쪽으로 옮겨갈 것인지, 아니면 인물로 하여금 카메라쪽으로 다가오게 만들어 그 중요한 이미지(반지)를 관객에게 각인시킬 것인지를 결정하는 것은 감독이다.

마찬가지로 '매기는 문을 열러 가면서 돈을 벨트 아래에 감춘다' 는 지문을 보자. 이 경우에도 시나리오작가가 분명한 행동을 제시했지만 감독이 이것을 표현하기 위하여 선택할 수 있는 여지는 무수히 많다. 달리(dolly)를 이용하여 쫓아갈 수도 있고, 카메라를 패닝시킬 수도 있으며, 매기를 카메라로부터 멀어지게 만들어 그녀의 모습을 작아지게 할 수도 있고, 카메라로 다가오게 만듦으로써 그녀의 모습을 커지게 할 수도 있다.

비주얼의 묘사는 각 등장인물들의 행동을 어떻게 해야 가장 효과적으로 잡아낼 수 있는가를 지시할 뿐 아니라 스토리의 스타일—가령 리얼리즘인가 판타지인가 로맨스인가—을 정립하는 데에도 커다란 영향을 끼친다. 더 나아가 스토리의 세계를 확립하고, 장면과 장면 사이의 대비는 물론 한 장면 내에서의 변화(가령 거의 흑백에 가까운 화면에서 컬러로 바뀐다든가, 시끄럽다가 조용해진다든가, 느리다가 빨라진다든가, 수다스럽다가 침묵에 빠진다든가, 운문적이었다가 산문적으로 바뀐다든가)까지도 보여줄 수 있다. 비주얼의 묘사는 무엇보다도 스토리 전체를 관통하는 페이스와 리듬의 변화를 지적해주어야 한다.

정리하자면, 비주얼과 관련된 지문은 적어도 다음 항목들 중의 하나 혹은 그 이상에 대한 디테일한 정보를 담고 있어야 한다.

1. 해당 장면이 벌어지고 있는 장소.
2. 스토리의 세계에 대한 지적.
3. 해당 장면 안에는 어떤 인물이 있는가? 그의 신체적 상태와 외모는?
4. 다양한 인물들의 특정한 행동들.
5. 이미지의 사이즈, 카메라나 인물의 움직임, 그 비주얼을 프레임 안에 어떻게 잡을 것인가에 대한 약간의 힌트. 그러나 최종 결정권을 갖고 있는 사람은 감독이므로 그 세부사항들을 강요해서는 안 된다.
6. 스토리의 스타일에 대한 언급 혹은 개별 장면들에서 변화가 있을 때 그것에 대한 언급 (가령 현재에서 과거로, 현실에서 환상으로, 비정상에서 정상으로).
7. 장면들 사이의 대비 혹은 장면 내에서의 변화.

8. 페이스와 리듬의 변화에 대한 지적.

9. 조명 · 질감 · 컬러 등에 대한 지적.

10. 객관적 사운드(화면 위에 보여지는 것으로부터 나온 것)와 주관적 사운드(드라마의
    효과를 위해서 사용된 것: 가령 위급한 순간에 들려오는 등장인물의 심장 고동소리)
    에 대한 지적.

11. 의상디자이너 · 프로덕션 디자이너 · 헤어드레서 등 관객이 실제로 화면 위에서 보거
    나 들을 수 있는 모든 것들에 관계하는 여타 스태프들이 알아두어야 할 사항에 대한
    언급.

드라마틱한 장면

"시나리오작가는 매 장면마다 가능한 한 가장 늦게 들어가야 한다." —윌리엄 골드먼

"대부분의 사람들은 닥친 문제를 직면하려 하지 않는다. 그렇게 하기가 두려운 것이다. 대부분의 사람들은 그저 편하게 살고 싶어한다. 하지만 그들이 누리는 편안함의 이면에는 대개 공포나 분노 혹은 그 두 가지가 동시에 도사리고 있다. 드라마틱한 상황이라는 것은 바로 이런 것들이 표면화되는 시점을 뜻한다. 그러나 너무 쉽게 표면화되면 현실성이 없어 보인다." —로버트 타우니

"캐릭터들을 억지로 플롯에 뜯어맞추려 들면 신이 제대로 작동하지 않는다." —톰 릭먼

"전체를 드러내되 그 끝은 보이지 않는 것…그러나 피할 수 없는 어떤 것…그런 것이 좋은 장면을 만든다." —빌 위틀리프

하나의 신은, 어떤 의미에서, 그 자체로 하나의 단막극(a one-act play)과도 같다. 하지만 그것은 앞신과 뒷신 사이에 꼭 맞게 끼워져 있어서 전체적인 시나리오의 한 부분을 형성한다. 각 신들은, 전체 스토리가 그러하듯, 주인공을 가지고 있다. 더 나아가, 그것이 훌륭한 신이라면, 하고자 하는 일과 장애물과 절정과 해결까지도 가지고 있게 된다. 이때 그 신의 주인공이 반드시 스토리 전체의 주인공과 일치할 필요가 없다는 사실을 특별히 강조해야겠다.

각 신마다 주인공이 있다는 사실에 대해서 복잡하게 생각할 필요가 없다. 시나리오작가는 매 신을 쓸 때마다 그저 간단히 다음과 같은 질문을 스스로에게 던지면 된다. "이것은 누구의 신인가(Whose scene is it)?" 이것 역시 프랭크 대니얼이 정립한 개념이다. 질문을 이런 식으로 바꿀 수도 있다. "이 신

은 누구의 요구(혹은 목표의 추구)에 따라 생겨난 것인가?" 심지어 스토리 전체의 주인공이 등장하는 신이라고 해도 그 신이 반드시 그의 요구에 따라 생겨난 것일 필요는 없다.

〈북북서로 진로를 돌려라〉에서 주인공인 로저 손힐과 적대자인 필립 밴덤이 처음 만나는 장면을 상기해보라. 그 만남은 밴덤의 부하들이 로저를 납치해서 이루어진 것이다. 따라서 그 신은 밴덤에게 '속한다(belong)'. 그 신에서 밴덤은 광고회사 중역인 척하면서 마구 화를 내고 있는 로저가 실은 비밀요원일 것이라는 자신의 믿음을 증명하려 한다

드라마틱한 장면은 좀더 커다란 갈등의 한 면을 드러낸다. 그러나 그 신의 마지막에서 그 갈등이 완전히 해결되는 것은 아니다. 만약 어떤 신이 완전한 해결에 다다른다면 스토리는 더 이상 앞으로 나아가지 못한다. 스토리 전체의 주인공은 자신의 목표에 더 가까이 다가가거나 더 멀리 떨어져나갈 뿐이다. 만약 그가 자신의 목표에 다가가는 것으로 그 신이 시작되었다면 신의 끝은 오히려 멀어져버린 것으로 끝나게 마련이다(반대의 경우도 가능하다). 이어지는 신에서 전체 스토리의 발전은 또다시 주인공이 하고자 하는 일에 대한 주인공의 위치를 바꾸어놓을 것이다. 일반적으로 스토리가 발전해나감에 따라 기대와 두려움 사이를 오가는 이러한 진자운동은 점점 더 첨예화되고 강해지고 분명해진다.

〈셰인〉의 경우를 보자. 셰인과 스타렛이 시내에서 라이커의 부하들과 싸움을 벌이게 되었을 때 그들을 뜯어말린 것은 스타렛 부인이었다. 스토리는 여기에서 잠시 곁가지로 빠져나간다. 관객은 농장에서 이주자들을 내쫓는 라이커의 못된 짓을 목격하게 되고, 그런 라이커에게 복수를 다짐하는 토리의 존재를 알게 된다. 이러한 신들은 비록 주인공인 셰인에게 속하는 것은 아니지만, 평화로운 이주자들과 운명을 함께하려는 셰인에게 다시 총을 잡도록 압력을 가해 셰인이 하고자 하는 일('다시는 총을 잡지 않겠다')에 장애물이 된다. 이러한 신들은 관객을 기대와 두려움 사이에서 오가게 하는데, 이 경우, 셰인의 입장에 선 관객에게는 두려움을 유발시키는 것이다. 훗날 토리가 라이커의

부하들에게 살해되자 셰인에 대한 압력은 더욱 강해지고 그래서 기대와 두려움 사이를 오가는 관객의 감정도 더욱 격화된다.

때때로 신들 사이의 구분이 모호할 때가 있다. 신들을 명확하게 분리하는 대신 관객의 기대와 두려움을 증폭시키는 작은 정보들을 은근슬쩍 끼워넣는 경우이다. 때때로 다른 등장인물들은 의심조차 하고 있지 않은데 주인공은 어떤 소리를 듣던가 무엇을 보게 되는 장면이 나올 때도 있다. 가령 코트 안섶에 총을 숨기고 있는데 다른 등장인물들은 그것을 모르고 있는 경우이다. 유능한 시나리오작가는 이런 순간들을 부드럽게 이어붙여 '꿰맨 자국(stitches)'이 보이지 않도록 할 줄 안다. 그 결과 실제로 그것은 병행되고 있는 두 개의 스토리라인임에도 하나의 연속체처럼 느껴지며 관객 역시 그런 식으로 체험하게 된다.

드라마틱한 장면(코미디까지 포함하여)은 시나리오의 기본적인 주춧돌이다. 드라마틱한 장면을 효과적이고 설득력 있게 만들어낼 줄 모르는 작가는 결코 관객의 시선을 붙잡아둘 수 없다. 전체 스토리가 그러하듯 각각의 장면들도 우리가 줄곧 거론해온 이 기본적인 명제를 만족시켜야 한다. **누군가가 어떤 일을 하려고 대단히 노력하는데 그것을 성취하기는 매우 어렵다.** 여기서의 누군가란 그 신을 소유하고 있는 자이고, 원하는 것은 하고자 하는 일이며, 그것을 어렵게 하는 것은 장애물(대체로 하나 이상이다)이다.

각각의 신들은 최소한 '누가·언제·어디서·무엇을'이라는 질문에 답해야 한다. 때로는 여기에 덧붙여 '왜(why)'라는 질문에도 답해야 한다. 그러기 위해서는 어떤 의미심장한 인물이 처음으로 등장하여 무엇인가를 새롭게 소개할 수도 있다. 아이러니를 만들어내고 인식의 순간을 제공할 수도 있다. 신들 사이에(드물기는 하지만 때로는 하나의 신 안에서도) 축약을 사용할 수도 있다. 관객에게 스토리의 전진을 내다보도록 미리 알려주기와 예상하게 만들기를 사용할 수도 있다. 하나의 행동이 해결됨과 동시에 또 다른 문제를 불러일으킬 수도 있다.

이제 초고를 쓰기 위해 자리에 앉았다고 하자. 가장 중요한 것은 다음과 같은 질문들을 항상 염두에 두는 것이다. 이것은 누구의 신인가? 이 신에서 그가 하고자 하는 일(스토리 전체에서 하고자 하는 일이 아니라)은 무엇인가? 그 일을 가로막는 장애물은 무엇인가? 이 신은 언제 어디서 벌어지는가? 주요 등장인물들 중에서 이 신에 등장하는 사람은 누구인가?

초고를 쓸 때 이러한 질문들 이상의 압력을 스스로에게 부과하는 것은 현명한 짓이 못 된다. 우선은 그냥 써라. 이러한 질문들을 염두에 둔 채 최대한 자신이 의도한 바를 표현하도록 노력하는 것이다. 일단 초고를 끝내고 다시 고쳐쓰게 될 때가 되면 다음과 같은 질문들에 의거하여 자신이 쓴 것을 냉철하게 분석하라(다음의 질문들을 모든 신들에 다 적용할 수 있는 것은 아니다).

1. 이것이 누구의 신인지는 분명한가? 그가 원하는 것은 무엇인가?

2. 이 신의 갈등은 무엇인가? 한 명 혹은 그 이상의 등장인물들과의 갈등인가? 조건 혹은 주변환경과의 갈등인가? 캐릭터의 내면에 잠재되어 있는 갈등인가?

3. 언제 어디에서 벌어지는 신인가? 혹시 다른 시간 혹은 다른 공간에서 벌어질 때 효과가 극대화될 수도 있지 않을까?

4. 신의 처음에 등장해 있는 인물은 누구인가? 신의 중간에 들어오는 인물은 누구인가? 신의 끝에 남아 있는 인물은 누구인가?

5. 새로운 인물이 소개되었는가? 만약 그렇다면 그에 대한 소개가 관객에게 충분한 인상을 남겼는가?

6. 이 신이 시작되기 전에 인물들은 어디에 있었는가? 이 신이 끝난 다음 인물들은 어디로 갈 것인가?

7. 앞신과의 사이에 시간이 축약되었는가? 만약 그렇다면 시간이 흘렀다는 사실과 얼마나 긴 시간이 흘렀는가가 관객에게 명확하게 전달되었는가? 그 신 안에서 구사한 짧은 축약들은 분명하고 미더운가?

8. 앞신과의 사이에 비약적인 장면전환이 있는가? 뒷신과의 사이에는?

9. 준비신 혹은 여파신이 있는가? 그것은 반드시 필요한가? 모든 신들이 준비와 여파를 필요로 하는 것은 아니다.

10. 앞신과의 대비가 있는가? 뒷신과는? 모든 신들이 대비를 이루어야 하는 것은 아니다.

11. 인물들의 행동이 그들의 성격과 조응하는가? 즉 그들의 본성과 하고자 하는 일에 어울리는가?

12. 인물들의 행동에 동기가 있는가? 그 행동이 성격을 드러내고 스토리를 앞으로 전진시키는가?

13. 아이러니가 사용되었는가?

14. 행동의 통일성이 있는가?

15. 이 신은 주제의 측면에서 스토리의 나머지 전체와 연결되어 있는가?

16. 장애물의 극복은 충분히 어려운가? 너무 어려운 것은 아닌가?

17. 사건들은 개연성이 있는가? 관객이 불신으로 뻗대진 않겠는가? 불신의 벽을 깨기 위해 나름대로 정해놓은 게임의 법칙을 어기지는 않았는가?

18. 이 신에서 일이 잘 풀릴지 그렇게 되지 않을지를 관객은 언제쯤 알게 되는가? 관객이 아닌 다른 등장인물들은 언제 알게 되는가?

19. 대사가 캐릭터를 반영하고 있는가?

20. 캐릭터의 내면세계가 행동과 대사와 반응을 통해 드러나고 있는가?

21. 미래의 요소가 사용되었는가? 사용하는 것이 옳은가? 이 신은 스토리를 제자리에 묶어두는가 아니면 앞으로 전진시키는가?

22. 실제로 영화를 만들어갈 사람들을 위해서 비주얼에 대한 언급과 제안과 계획 따위를 충분히 표현했는가?

23. 이 신은 전체 스토리에 분명히 귀속되는가?

고쳐쓰기

"나는 진정으로 고쳐쓰기를 신봉한다. 고쳐쓰기는 단순히 고쳐쓰기가 아니다. 그것은 달리 생각해보는 것이며, 컨셉 자체를 달리 잡아보는 것이며, 새롭게 접근해보는 것이다." —톰 릭먼

"쓴다는 것은 곧 고쳐쓴다는 뜻이다. 때로는 영화가 완성된 다음에조차 이런 소리가 나온다. 한 번만 더 손을 댈 수 있다면 얼마나 좋을까!" —월터 번스틴

시나리오 작법을 논하면서 고쳐쓰기에 대하여 언급하지 않고 끝맺을 수는 없다. 고쳐쓰기는 극장에 영화가 걸릴 때까지 끝낼 수 없는 작업이다. 심지어 는 일단 개봉한 다음에도 다시 거둬들여 새롭게 편집하는 경우도 있다. 그러 나 시나리오의 수정작업은 촬영기간과 편집기간까지가 그 한계이며 최초의 관객이 보게 되는 프린트를 내보낼 때에는 끝맺는 것이 상례이다.

대체로 시나리오작가의 고쳐쓰기는 첫 번째 촬영이 시작되면서 끝난다. 때 로는 오늘 분량을 찍는 동안 내일 분량의 시나리오를 고쳐쓰게 되는 경우도 물론 있지만 바람직한 것은 아니다. 더 나아가 편집단계에서 불려나와 보이 스-오버 대사(혹은 내레이션)를 쓰게 되는 경우도 있고, 제작여건만 허락한다 면, 재촬영을 위한 새로운 시나리오 몇 페이지를 쓸 수도 있다. 어찌됐건 시나

리오작가의 임무가 끝나게 되었을 때 아주 분명한 것 한 가지는 그 동안 엄청나게 많은 양의 고쳐쓰기를 되풀이하였다는 사실이다. 만약 누군가가 초고만을 가지고 촬영에 임한다면 그는 바보이거나 천재이거나 둘 중 하나일 것이다.

저명한 소설가인 팻 콘로이(Pat Conroy)의 작품들 중에는 영화로 옮겨진 것들이 많다(〈위대한 산티니 The Great Santini〉, 〈정의의 사관 The Lords of Discipline〉, 〈콘랙 Conrack〉). 그는 자신의 작품 〈사랑과 추억 The Prince of Tides〉을 직접 각색하여 시나리오로 집필하기도 했는데 그때의 체험을 다음과 같이 회고했다.

"시나리오를 쓴다는 것은 간단히 말해서 인간이 체험할 수 있는 가장 어려운 일들 중의 하나를 하는 것이다. 시나리오를 쓰는 과정은 발가벗겨지는 것과도 같다. 소설에서라면 나는 단 한 문단의 문장으로도 독자를 간단히 따돌릴 수 있다. 조금 빈약한 장면을 그럴듯하게 보이도록 하기 위해서 만연체를 구사할 수도 있고 이야기를 더 풀어갈 수도 있는 것이다. 그러나 시나리오를 쓸 때에는 이런 것이 불가능하다. 그것은 반드시 비주얼해야만 하는 것이다."

-팻 콘로이

초고에서 어떠한 실수도 없이 시나리오를 완성시킨다는 것은 도저히 불가능하다. 조금밖에 고쳐쓰지 않거나 아예 고치려 들지 않으려 하는 시나리오작가가 있다면 그의 실패는 확정적이다. 차라리 기존의 프로젝트를 좀더 나은 것으로 만들기 위한 하나의 기회로 고쳐쓰기를 기꺼이 받아들이는 태도가 훨씬 바람직한 것이다.

초고를 써내려가다 보면, 미리 스텝 아웃라인을 아무리 상세하게 짜놓았다고 하더라도, 무언가 새로운 것을 발견하게 마련이다. 시나리오작가는 초고를 쓰는 동안 캐릭터에 대하여, 스토리에 대하여, 그리고 그가 하고자 하는 일에 대하여 엄청나게 많은 새로운 사실들을 발견하게 된다.

시나리오작가 역시 캐릭터들과 마찬가지로 자신이 무엇을 원하는지를 언제나 명확하게 인식하고 있는 것은 아니다. 그러나 그렇다고 해서 아무것도 추구하고 있지 않은 것은 아니다. 그가 추구하는 것은, 초고가 끝나기 전에, 모든 것이 좀더 명확해지도록 만드는 것이다. 적어도 그래야만 초고를 끝내기 전에 시나리오의 앞부분을 결말에 맞도록 고쳐쓸 수가 있다(씨뿌리기와 거둬들이기 등). 그래도 끝끝내 풀리지 않는 신이 있을 것이다. 별 수 없이 고쳐써야 한다(제20장의 말미에 붙어 있는 질문의 리스트들은 하나의 신이 얼마나 다양한 방식으로 잘못 쓰여질 수 있는지를 보여준다).

하지만 지금껏 언급한 것은 고쳐쓰기에서 빙산의 일각에 지나지 않는다. 일단 초고를 매만져서 앞뒤를 맞게 만들고 씨뿌리기나 예상하게 만들기 따위로 스토리를 연결시켜 놓은 다음에는 시나리오작가가 겪어야 하는 가장 끔찍한 순간이 기다리고 있다. 바로 다른 사람에게 읽혀보는 것이다. 위에서 콘로이가 언급한 '발가벗겨지는 느낌'이 가장 확실하게 다가오는 것은 바로 이 순간이다.

뼈빠지게 고생한 작품을 누군가에게 읽히고 평가를 받아야만 하는 이 곤혹스러운 순간들을 몇 차례에 걸쳐 경험해본 사람이라면 "나는 더 잘할 수 있어. 돌려줘봐, 조금만 더 손을 보면 될 거야" 하는 식의 긍정적 사고를 익히게 될 것이다. 누군가에게 읽히고 평가를 받는다는 것(feedback)은 피할 수 없는 과정이다. 그 과정을 자꾸만 연기하고 싶어하는 유혹에 굴복하지 말라. 그런다고 나아지는 것은 없다. 차라리 당신의 첫 번째 독자가 보여준 반응을 겸허히 받아들이고 다시 고쳐쓰기 작업에 임하는 것이 좋다.

반응을 받아들인다고 해서 다른 사람이 반대하거나, 이해하지 못하거나, 기꺼이 동의하지 않는 모든 것들을 다 고쳐야만 한다는 뜻은 아니다. 피드백은 잠재적인 문제를 확인하는 과정일 뿐이다. 그것이 정말 반드시 고쳐야만 할 문제인지를 판단하는 것은 온전히 시나리오작가의 몫이다. 그러나 만약 최초의 독자 모두가 혹은 그들의 대부분이 동일한 문제점을 지적했다면 대답은 너무나 명확하다. 고쳐써야 하는 것이다.

때때로 고쳐쓰기가 마치 벽에 난 구멍을 메우는 것처럼 그저 깁고 꿰매는 것으로 끝날 수도 있다. 그렇지 않고 스토리 전체나 그 대부분을 처음부터 다시 생각해봐야만 하는 경우도 있다. 이 경우야말로 고쳐쓰기가 진실로 요구되는 때이지만 그 사실을 직면하고 인정한다는 것은 대단히 어려운 일이다. 그러나 여기서 두 손을 들어서는 안 된다. 지금껏 지어온 집은 대대적인 보수가 요구되니 이제 새로운 집을 짓기 시작해야 한다. 초고를 써오면서 해온 모든 작업과 생각과 두통을 다시 한 번 해내야 하는 것이다.

이럴 때에는 처음으로 돌아가서 이제껏 지어온 집의 구조를 찬찬히 뜯어보는 것이 좋다. 기반 중에서 튼튼한 곳은 어디이고 허약한 곳은 어디인가? 기본이 되는 틀은 견고한가? 불명료한 부분이나 빠져 있는 부분은 어디인가? 그것이 파악됐으면 지금껏 우리가 공부해온 시나리오 작법의 도구들이 가득 쌓여 있는 도구함으로 돌아가라. 빠져 있거나 불완전하거나 불명료한 요소들을 찾아내어 맨처음 초고를 구상하면서 스토리를 발전시킬 때 그랬던 것처럼 다시 작업에 임하라. 일단 커다란 구조가 보강되고 고정되었으면, 기존의 어떤 신이 더 이상 맞지 않은지와 새로운 어떤 신이 필요한지를 면밀히 검토하라. 때때로 이 과정은 수없이 되풀이된다. 그리고 이렇게 고쳐쓰기를 거듭하면서 시나리오는 점점 나아지는 것이다.

하지만 동시에 끝없는 고쳐쓰기가 도리어 스토리를 망쳐버릴 수도 있다는 사실 역시 염두에 두어야 한다. 스토리 자체의 자발성과 생동감을 부지불식간에 해칠 수도 있다는 것이다. 그러므로 중요한 것은 균형감각을 유지하는 일이다. 시나리오가 요구하는 한 고쳐쓰기를 계속하되 그 이상은 필요없다.

시나리오가 임자를 만나서 제작자·감독·배우들이 돈을 투자하고 의견을 개진하고 마음을 쏟게 되면, 지금까지 해왔던 고쳐쓰기와는 전혀 다른 차원의 새로운 고쳐쓰기가 비로소 시작된다. 그러나 그 과정에 대한 언급은 이 책의 관심사가 아니다. 이 책의 목적은 당신의 제3고 혹은 제4고 혹은 제5고가 당신이 맨처음 관객에게 전달하고자 했던 어떤 완성된 느낌을 가질 수 있도록 당신이 길을 찾아나서는 데 도움을 주는 것이다.

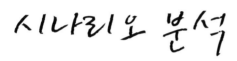

시나리오 분석

시민 케인

Citizen Kane 1941 |||||||||||||||||||||||||||||||||||||||

시나리오 허먼 J. 멘케비츠,
　　　　　오슨 웰스
감독 오슨 웰스

흔히 영화역사상 최고의 걸작 혹은 시대를 초월한 작품으로 손꼽히는 〈시민 케인〉은 26살의 오슨 웰스가 직접 시나리오를 쓰고 주연과 감독까지 도맡아한 놀라운 데뷔작이다. 〈시민 케인〉은 정서적으로 충만한 작품은 아니다. 그러나 이 영화에서 처음으로 수줍게 구사된 다양한 영화적 표현방식들은 이후 미국은 물론 세계 전역의 영화인들에게 심오한 영향을 끼쳤다.

시놉시스

엄청난 부와 권력을 쥐고 있으며 신문사를 여러 개 소유하고 있는 찰스 포스터 케인은 눈송이가 안에서 흩날리는 작은 유리공을 쥐고서 "로즈버드 (Rosebud)"라고 중얼거리며 죽는다. 1940년대의 단편뉴스영화는 그의 생애를 간추려보지만 케인이라는 인물의 정수를 포착하는 데는 실패한다. 이 단편뉴스영화 제작사의 톰슨이라는 기자는 이 수수께끼를 풀기 위하여 케인이 남긴 마지막 한마디의 뜻이 무엇인지 알아내라는 지시를 받고 파견된다. 톰슨은 케인을 알았던 사람들을 만나 이야기를 나누면서 그의 과거를 탐색해들어간다.

톰슨은 현재 싸구려 나이트클럽에서 일하고 있는 케인의 미망인 수잔 알렉산더 케인과 이야기를 나눠보려 하지만 거절당한다. 톰슨은 곧 도서관으로 찾아가 은행가인 대처가 남긴 그의 비망록을 읽는다. 케인의 어머니는 금광을 상속받게 되자 곧 은행가인 대처에게 재산을 관리하도록 하고 그를 케인의 후견인으로 지목했다. 어린 케인은 부모로부터 떨어지는 것이 싫어 몸부림쳤지만 이런 조치는 '그를 위해서(for his own good)' 취해진 것이었다고 술회된다.

톰슨은 케인의 사업 동료였던 번스틴과 이야기를 나눈 후 좀더 많은 사실을 알게 된다. 케인은 유산의 실소유자가 되자 자신이 소유하게 된 신문사에 모든 시간을 투자하기로 결정한다. 친구인 제드 및 동료 번스틴과 더불어 케인은 마치 부자에 맞서는 가난한 자의 십자군-즉 계속 적자를 보면서도 대처식 사고방식에 맞서 싸우는 십자군-처럼 신문사를 운영한다. 그러나 일단 신문사가 성공적으로 번창하자 케인은 곧 흥미를 잃고 여행을 떠나서 미국 대통령의 조카인 에밀리를 아내로 맞아 돌아온다.

제드 릴랜드 역시 '로즈버드'의 의미를 모른다. 그러나 그는 케인의 사적인 생활을 얼마간 알려준다. 에밀리와 함께한 9년 동안의 결혼생활은 아침 식탁 앞에 마주앉아 있는 부부의 모습을 빠르게 보여주면서 지나간다. 그 후 케인은 초라한 가수지망생 수잔과 만나면서 주지사 선거에 출마하지만 결국 수잔과의 스캔들 때문에 고배를 마신다. 케인은 에밀리와 이혼하고 수잔과 결혼하지만 이 과정을 겪으면서 '이 나라 국민들에 대한 사랑(love of the people of this state)'을 잃어버린다. 케인은 오페라 하우스를 짓고 수잔이 반대함에도 불구하고 그녀에게 가수 경력을 만들어주기 시작한다. 제드가 수잔의 데뷔 공연을 신랄하게 꼬집는 논평을 쓰다가 술에 취해 잠들자, 케인은 제드를 해고하고 그가 써놓은 논평의 서두를 그대로 이어 혹평을 마무리한다.

수잔은 마침내 톰슨에게 그녀와 케인의 이야기를 들려주기로 한다. 공연이 회를 거듭할수록 더 많은 혹평이 쏟아지자 수잔은 더 이상 노래를 부르지 않으려 하지만 케인은 계속할 것을 고집한다. 결국 그녀가 수면제를 과다복용하여 자살까지 시도하자 케인은 포기한다. 케인과 수잔은 플로리다로 이주하여 그곳에 재너두라는 이름의 거대한 성을 짓고 세계 각지로부터 값비싼 미술품들을 사들인다. 그러나 외로움과 욕구불만에 지친 수잔은 케인에게 반항한다. 그녀가 짐을 싸 떠날 채비를 하자 케인은 머물러 달라고 애걸하기도 한다. 결국 그녀가 떠나자 케인은 분노에 가득 차 수잔의 방을 엉망으로 때려부순다.

재너두를 찾아간 톰슨은 집사인 레이먼드와 이야기를 나눈다. 레이먼드에 의하면 케인은 수잔의 방을 때려부순 직후에도 한번 "로즈버드"라고 말했다는 것이다. 케인은 집 안의 모든 사람들 앞에서 '작은 오두막 위로 눈송이가 흩날리고 있는 유리공'을 주머니에 집어넣고는 혼자 있겠노라며 방을 나설 때 그렇게 말했다.

성에 쌓여 있는 엄청난 양의 미술품과 물건들–케인은 '아무것도 버리지 않았다(never threw anything away)'–이 하나하나 기록되는 동안 톰슨은 자신이 그 인물에 대해 알아낸 것이 별로 없다는 결론을 내린다. 마치 퍼즐의 여러 조각들을 손에 쥐었으나 그것이 무엇을 의미하는지 알아차리지 못한 꼴이다. 톰슨이 떠나고나자 성을 청소하던 잡역부는 썰매 하나를 화로에 던져 넣는다. 그 썰매는 케인이 소년 시절 그의 부모와 헤어지기 전에 타고 놀던 것이다. 썰매가 불타는 동안 오직 관객만이 그 썰매의 상표가 바로 로즈버드였다는 것을 알게 된다.

주인공과 그가 하고자 하는 일

케인의 삶을 다루고 있는 스토리는 액자소설 형식에 담겨진다. 그 액자소설에는 나름대로의 구조가 있다. 액자소설의 주인공은 톰슨이고, 그가 하고자 하는 일은 '로즈버드'의 의미를 찾아내는 것이다. 그러나 이 영화의 진정한 주인공이 누구인지에 대해서는 이론의 여지가 없다. 톰슨은 주인공은커녕 하나의 캐릭터로서도 불완전한 인물이다. 그는 거의 언제나 화면 바깥에 있거나 아주 어두운 그림자 속에서만 나타난다. 관객은 톰슨에 대해 호기심을 품지 않는다. 그는 관객이 케인에 대해 품는 호기심을 의인화시킨 인물일 뿐이다.

진정한 주인공 케인은 중앙무대를 확고하게 장악하고 있다. 그가 하고자 하는 일은 남들로부터 사랑받는 것이다. 그는 그것을 위하여 자신의 부와 권력을 사용하지만, 그의 접근방식은 지극히 전제적이고 완고하기만 하다.

장애물

사랑받고 싶어했던 케인에게 첫 번째 장애물은 부모와의 헤어짐이다. 그는 대처를 따라가 도시에서 살면 더 나은 인생을 살게 될 것이라는 어머니의 결정에 따라 자신의 가족과 집을 떠나게 된다. 케인의 어머니는 물론 아들이 잘 되라고 한 일이었지만, 어린 케인에게 이것-즉 자신이 세상에서 알고 있는 모든 것 그리고 사랑하는 모든 것의 이별-은 끔찍한 사건이었다. 대처는 애정이 없는 인물이어서 케인은 성장하여 어른이 될 때까지 가족생활 같은 것은 조금도 경험해보지 못한다. 한동안 그는 신문사 사람들을 자신의 가족처럼 여긴다. 그리고는 주지사에 출마함으로써 대중의 사랑을 얻으려 하나 스캔들 때문에 처참한 패배를 당하자 이내 무자비하고 냉소적인 인물로 변한다. 수잔에 대한 혹평을 계기로 가장 친한 친구였던 제드마저 멀어지자 그는 오직 수잔에 대한 맹목적인 사랑에만 전심전력을 다한다. 결국 수잔마저 케인을 거부하자 그는 이제 기억말고는 의지할 곳이 아무데도 없는 신세가 된다.

전제와 오프닝

부와 권력을 다 갖춘 인물이 그가 사들인 값비싼 미술품들로 가득 찬 성에서 홀로 죽음을 맞는데, 그의 마지막 순간은 그의 외로운 생애만큼이나 헤아리기가 어렵다. 맨케비츠와 웰스는 그 성의 불길하고 으스스한 모습을 오프닝으로 선택했다. 카메라가 그 성의 어느 창문 안으로 들어가면 작은 오두막 위로 눈송이들이 나부끼는 유리공이 보인 다음 "로즈버드"라고 읊조리는 어떤 남자의 입술이 보인다. 미스터리의 시작이다.

주요긴장과 절정과 해결

주요긴장은 "과연 케인은 세상을 강요하거나 유혹하여 자신을 사랑하도록 만들 수 있을까?"이다.

절정은 케인에게 남은 마지막 사람인 수잔이 더 이상 끌려다니거나 괴로워하기보다는 차라리 자살하기를 선택했을 때이다. 두 사람은 이후에도 한동안 함께 살기는 하지만 이 순간을 지나면서부터 이미 사랑의 가능성은 사라진 것이다.

해결은 이제 사랑받기를 포기한 케인이 홀로 남아 여생을 보내는 것이다. 그는, 그가 집착했던 썰매나 유리공─그가 어린 시절에 살았던 집과 아주 비슷한 작은 오두막이 들어 있는─에서 확인할 수 있는 것처럼, 자신이 사랑받았던 유년 시절의 기억 속으로 빠져들며 삶을 마감한다.

주제

이 영화는 사랑을 주제로 다루고 있다. 사랑은 케인이 희구하는 것이기에 이 스토리의 중심을 차지한다. 영화에 등장해서 이야기를 들려주는 다섯 사람 가운데 네 사람-대처, 번스틴, 제드, 수잔-은 나름대로 케인을 사랑했던 사람들이다. 그들은 그 사랑이 어떻게 발전했고 어떻게 끝났는지를 들려준다.

통일성

이 영화는 다섯 명의 등장인물들이 이야기하는 다섯 개의 액자소설 형식을 띠고 있지만, 각각의 액자소설 형식 안에는 주인공인 케인이 등장하며, 그의 행동에는 통일성-세상사람들로부터 사랑받고 싶다-이 있다. 동일한 사건에 대해 서로 엇갈리는 견해를 제시하는 〈라쇼몽〉과 달리 이 영화 속에서 스토리를 전달하는 다섯 명의 등장인물들은 서로 뒤섞이면서도 보완적인 스토리들을 들려준다.

설명

영화의 도입부에 등장하는 뉴스영화는 케인의 생애와 업적을 객관적인 사실로서 다룬다. 이 뉴스영화는 앞으로 전개될 스토리텔링이 시간대를 마음대로 오갈 수 있도록 하는 하나의 기초로서 작용한다. 사실 이런 식으로 설명하는 것은 지나친 정보과잉으로 그다지 세련된 방법이 못 된다. 그럼에도 그것이 받아들여지는 것은 로버트 타우니의 말대로 "관객이 오프닝에서는 거의 모든 것을 용서"하기 때문이다.

전체적인 설명이 아닌 개별적인 설명들은 훨씬 더 영화적인 방식을 사용한다. 가령 케인이 방금 인수한 신문사의 편집실로 아예 이사를 오는 장면을 보라.

캐릭터의 성격묘사

케인은 매우 복잡한 인물로서 단순한 심리분석으로는 파헤칠 수 없다. 이 영화가 가지고 있는 독특한 스토리텔링 방식 자체가 다양한 면모들을 지니고 있는 세련되고 복잡한 인물의 내면세계를 관객에게 보여주고자 채택된 것이다. 그의 성격묘사에서 핵심을 이루고 있는 것은 역시 그가 하고자 하는 일이다. 수잔은 부부싸움 끝에 내뱉는 저주스러운 대사들로 케인의 성격을 정확하게 짚어낸다. "당신은 나를 사랑하지 않아, 내가 당신을 사랑하기만을 원하는 거지! 당신은 늘 이런 식이야. '난 찰스 포스터 케인이야. 뭐든지 말만 해, 다 들어줄 테니까. 하지만 조건은 나를 사랑해야 된다는 거야' (You don't love me. You want me to love you. Sure! 'I'm Charles Foster Kane. Whatever you want, just name it and it's yours, but you gotta love me')."

다른 등장인물들은 케인만큼 복잡하게 그려지지 않는다. 대처는 거만하지만 양심적인 사람으로 묘사된다. 그는 어린 케인에 대한 후견인으로서 자신의 임무를 고지식하게 수행하는 인물이다. 제드는 영리하고 매력적인 동시에 강직한 인물이어서 케인이 부정직한 인간이 되자 우정을 끊어버린다. 수잔이라는 캐릭터는 대단히 인상적이다. 그녀는 매력적이긴 하지만 그저 평범한 젊은 여성일 뿐이다. 그녀는 자신이 결코 이해할 수 없었던 예술적·사회적 환경 속에서 천천히 무너져간다.

스토리의 발전

이 스토리의 발전은 대단히 흥미로운 방식을 택하고 있다. 이 스토리는 각자 자신의 인생에서 케인을 알고 지냈던 어떤 시점에 대하여 이야기하는 다섯 명의 인물들에 의하여 진행되는데, 각각의 스토리들은 나름대로 완결된 3장 구조를 갖추고 있다. 그들의 이야기가 모두 회상인 까닭에 관객은 케인의 유년 시절에서 노년 시절로 갔다가 다시 청년 시절로 거슬러오르는 등 시간대의 편차를 심하게 겪는다. 각 스토리들은 사실적 정확성을 기하는 것보다는 이중적인 감정과 모순 그리고 역설적인 행동들을 보여줌으로써 케인이라는 인간의 복합적인 심리를 드러내는 데 치중한다.

아이러니

대처가 어린 케인과 처음 만나는 장면에서 효과적인 아이러니가 사용되었다. 그 장면에서 이제 곧 부모를 떠나 대처와 함께 살아야 한다는 사실을 모르고 있는 사람은 케인뿐이다. 음악선생이 수잔을 가르치면서 다그치는 장면에서도 뛰어난 아이러니가 사용된다. 관객은 다른 등장인물들이 눈치채기 훨씬 이전부터 케인이 그 방에 들어와 있다는 사실을 알게 된다.

준비와 여파

케인과 제드가 정식으로 인수하기도 전에 신문사 건물로 들이닥치는 장면에서 효과적인 준비신이 사용되었다. 제드가 신문사를 떠나버린 다음에는 물론 여파신이 따른다. 케인이 수잔, 에밀리, 정적과 함께 있는 장면은 훌륭한 여파신으로 마무리된다. 에밀리는 정적과 함께 떠나고 케인을 그들의 뒤통수에 대고 고함을 지르는 것이다.

씨뿌리기와 거둬들이기

영화역사상 가장 유명한 씨뿌리기와 거둬들이기의 예가 바로 이 영화 속에 나오는 '로즈버드'일 것이다. 관객은 오프닝에서부터 그것에 대해 궁금증을 품게 되며 그 말을 계속 상기하게 되지만 결국 포기할 지경에 이르른 영화의 마지막 숏에 가서야 그것이 거둬들여지는 것을 보게 된다. 이것은 메타포의 수준에 도달한 씨뿌리기와 거둬들이기이다.

씨뿌리기와 거둬들이기의 또 다른 좋은 예는 케인이 직접 손으로 쓴 '원칙 선언(declaration of principles)'이다. 제드는 이것을 간직했다가 훗날 케인이 비열하고 부정직한 인간이 되자 그에게 되돌려보낸다. 이것 역시 하나의 메타포이다.

미리 알려주기와 예상하게 만들기

'원칙 선언'은 동시에 예상하게 만들기에 해당한다. 케인은 자신이 앞으로 할 행동에 대하여 공적인 선언을 한 셈이고, 관객은 과연 그가 자신의 선언을 끝까지 지킬 수 있을 것인지를 궁금해하게 되는 것이다.

신문사 사무실로 전달된 결혼발표는 미리 알려주기의 단순한 형태에 해당한다. 그러나 그것이 알려준 것은 결혼식 자체가 아니라 결혼생활인데, 관객은 케인과 에밀리의 9년간에 걸친 결혼생활을 아침 식탁에서의 태도변화를 통하여 압축적으로 목격하게 된다.

수잔이 가수가 되고 싶다고 말했을 때 그것은 예상하게 만들기에 해당한다.

개연성

이 영화는 고도로 논쟁의 여지가 있는 한 인물에 대한 탐구이다. 그러나 그의 삶에서 벌어진 사건들과 행동들은 지극히 논리적이어서 불가피해 보이기까지 한다. 문제는 '로즈버드'가 그의 삶에서 가장 중요한 무엇인가를 의미할 것이라는 '이론(theory)'을 관객이 받아들이느냐에 달려 있다. 일단 이것만 받아들이면 관객은 스토리 속으로 빨려들어간다.

행동과 활동

소년 케인이 자신의 썰매로 대처를 공격하는 것은 행동이다. 그것은 대처를 거부한다는 것을 보여줌과 동시에 썰매를 돋보이게 해준다. 케인이 신문사 직원들을 처음으로 만나는 바로 그날 신문사 사무실로 자신의 침실 가구들을 실어나른 것은 행동이다. 그것은 그가 신문사를 자신의 가정으로, 그리고 동료들을 '가족(family)'으로 삼으려 한다는 것을 보여준다. 수잔이 떠나버리자 격분한 케인이 그녀의 방을 때려부수는 것은 행동이 한 캐릭터의 내면세계를 들여다보게 해주는 창문이 될 수 있음을 보여주는 멋진 사례이다.

반면 소년 케인이 썰매를 타다가 자신의 오두막집에 눈덩이를 던지는 것은 활동이다. 또한 수잔이 글자맞히기 퍼즐을 하는 것도 활동이다. 그것은 케인에게 어떤 영향을 끼치려는 의도로 행해진 것이 아니기 때문이다.

대사

이 영화는 주로 인터뷰와 회상으로 이루어져 있지만 대사가 많은 작품은 아니다. 대사는 가끔씩 그리고 적재적소에 사용되었을 뿐이다. 훌륭하고 간결한 대사가 쓰여진 예로는 케인이 수잔의 첫 공연에 대하여 쓴 제드의 논평을 직접 마무리하고 나오는 장면을 들 수 있다. 제드가 "우리는 대화가 너무 적었어(I thought we weren't talking)"라고 말하자 케인은 "지금 말하지, 넌 해고야(We are. You're fired)"라고 답한다. 케인이 신문사의 경영권을 넘길 때도 마찬가지이다. "내가 그렇게 부자가 아니었더라면 진정 위대한 인물이 됐을 수도 있었을 텐데(If I hadn't been very rich, I might have been a really great man)."

〈시민 케인〉에서 보여준 대사의 수준은 당시로서는 대단한 놀라울 만큼 사실적인 것이었다. 에밀리와 수잔의 대사들을 비교해보면 알 수 있듯이 캐릭터를 드러내는 언어들을 신중하게 고르고 사용한 솜씨는 일품이다.

비주얼

〈시민 케인〉은 영화가 구사할 수 있는 비주얼의 레퍼토리들을 크게 확장시켰다는 측면에서 영화사에 한 획을 긋는 작품이다. 이 영화에서 사용된 비주얼들은 이후의 영화들-특히 할리우드 주류영화들-에 커다란 영향을 끼쳤다. 가령 케인과 에밀리 사이의 거리가 점점 멀어지는 것을 보여주는 아침 식탁에서의 짤막한 장면들을 보라. 또한 수잔의 오페라공연 장면을 보면, 카메라가 무대 꼭대기의 좁은 난간 위에 서 있는 두 일꾼을 비추는데, 그들의 표정을 통하여 오페라에 대한 반응을 알 수 있다. 나이트클럽의 외경을 훑어가다가 채광창을 통하여 그 안에 있는 수잔에게 다가가는 카메라의 움직임도 당시로서는 획기적인 것이었다.

드라마틱한 장면

이 영화에는 드라마틱한 장면들이 대단히 많다. 케인의 어머니가 아들에 대한 계약을 하려고 할 때 케인의 아버지는 그것을 못마땅하게 여기지만 자신의 아내에게 대적할 수 없다. 케인이 새로 인수한 신문사 사무실로 이사하는 장면이나 그가 수잔과의 연애 때문에 아내 및 정적과 대면하게 되는 장면 등도 대단히 드라마틱하다.

수잔이 재너두를 떠나는 장면을 자세히 살펴보자. 케인이 이상한 낌새를 눈치채고 수잔의 방으로 다가갈 때에는 짧은 준비신이 사용된다. 케인과 수잔이 서로 주고받는 행동과 대사들도 훌륭하다. 그녀가 결국 떠나간다는 것은 수잔의 옷가방과 하인의 개입으로 강조된다. 케인이 무릎을 꿇을 때-그렇게 잘난 사람이 그녀에게 애걸하는 것이다-카메라는 그를 정면으로 잡고 있어서, 그가 이곳에 홀로 고립된 채 갇혀 있다는 느낌을 분명하게 전달한다. 이후 그가 광포하게 방을 때려부수는 것은 정교한 여파신이다.

특기할 만한 사항

〈시민 케인〉이 이룩한 위대한 성취에 대해서는 다른 책들을 참고하기 바란다. 이 책에서는 특별히 이 영화에서 시간을 다루는 방식에 대하여 주목하고자 한다. 〈시민 케인〉은 다른 사람들의 회상을 통하여 스토리를 전개시키는 방식을 택한 덕분에 시간의 구속으로부터 자유로울 수 있었다. 그들 각자의 회상이 시간 속을 자유롭게 오가는 것이기에 관객 역시 다양한 시간대를 종횡무진 누비며 스토리를 체험하게 된다. 이것은 대단히 긴 시간대-이 영화의 경우라면 아마도 약 60여년 가량-를 포괄하는 스토리에서 특히 효과를 발휘하는 방법이 될 수 있다.

이 영화에서 선택한 미스터리(로즈버드)가 어떤 특정한 사건을 가리키는 것이 아니라 그것이 의미하는 바를 가리킨다는 것도 주목할 필요가 있다. 덕분에 시나리오작가는 어느 시간대이건 어느 장소이건 마음대로 오가면서 그런 과정에서 보여지는 다양한 사건들이 케인에게 가졌던 의미는 어떤 것일까? 하는 질문을 관객에게 던질 수 있었던 것이다. 가령 수잔이 출연했던 오페라의 경우, 관객은 한 인물로부터 어떤 말을 듣고 궁금해하다가도, 곧 다른 인물로부터 그것을 보완하는 말을 듣게 된다. 또한 케인의 사업관과 신문사 경영문제에 대해서도 마찬가지이다. 관객은 대처의 견해를 듣게 되지만 곧 이와는 전혀 다른 번스틴의 견해도 듣게 되는 것이다. 시나리오작가는 이러한 대조 · 비교 · 병치 등을 이용하여 관객의 관심을 케인이라는 인간의 내면세계에 속해 있던 이유 · 동기 · 두려움 · 강박관념 등에 집중시키는 것이다.

라쇼몽

羅生門 1951 ||||||||||||||||||||||||||||||||||||||||||||||||||

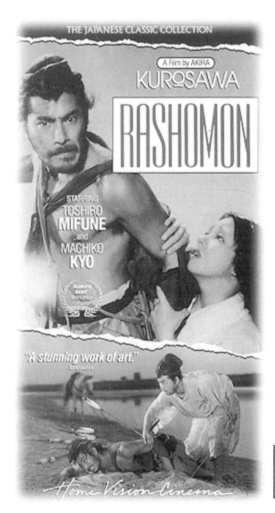

시나리오 구로사와 아키라.
하시모토 시노부
원작 아쿠다가와 류노스케
감독 구로사와 아키라

〈라쇼몽〉은 1951년 베니스영화제 대상과 아카데미 외국어영화상을 동시에 수상함으로써 일본영화를 세계에 알리고 구로사와 아키라라는 거장의 출현을 예고했다. 이 영화를 유명하게 만든 것은 심리학적 리얼리즘, 달인의 경지에 이른 카메라기법, 독특한 비주얼 스타일, 각각의 이야기마다 음악을 달리 사용하여 드라마적 효과를 높였다는 점 등이다. 그러나 〈라쇼몽〉에서 무엇보다도 주목해야 할 것은 스토리텔링의 방식이다. 욕정과 배반과 살인에 얽힌 이 단순한 스토리의 영화가 영화사적 가치와 대중성을 동시에 갖게 된 것은 서로 모순되는 이야기들을 병치시켜 놓음으로써 과연 '진실(truth)' 이란 무엇인가 하는 질문을 던지게 하는 독특한 스토리텔링 방식 때문이다.

시놉시스

폭우가 쏟아지자 승려와 나무꾼과 걸인이 쇠락한 절터의 라쇼몽(羅生門) 아래로 모여든다. 승려와 나무꾼은 오늘 그들이 목격한 사건에 대하여 탄식한다. 걸인은 그저 비를 피할 동안 심심풀이나 할 요량으로 도대체 무슨 사건을 목격했기에 그러느냐면서 이야기를 해달라고 조른다.

나무꾼은 이야기한다. 숲 속을 걷다가 이상한 것들을 발견했다. 처음에는 여인의 모자, 다음에는 남자의 모자, 그리고는 밧줄과 부적이 땅에 떨어져 있었던 것이다. 이것들을 따라가다 보니 시체가 나왔다. 그래서 숲을 가로질러 뛰어가 관청에 신고했다.

승려는 회상한다. 관청에 불려간 승려는 증언한다. 살해된 남자와 그의 아내가 길을 가는 모습을 본 적이 있다. 여인은 말 위에 올라타고 있었으며 베일이 달린 모자를 쓰고 있었다.

악명 높은 산적인 다조마루가 관청에서 심문을 받고 있다. 그는 자기가 남자를 죽였다고 시인한다.

[**다조마루의 이야기**] 만약 그때 산들바람이 불어오지만 않았어도 그 남자를 죽이지는 않았을 것이다. 다케히로라는 남자와 그의 아내인 마사코가 길을 가

고 있는 것을 바라보고 있는데 어디선가 산들바람이 불어와 여인의 베일을 들췄다. 여인은 천사처럼 보였다. 나는 반드시 저 여자를 갖고야 말겠다고 결심했다. 그래서 길을 가로막고 서서 조선검을 보여주며 내게는 이런 것들이 많이 있는데 싸게 팔겠노라고 말을 건넸다. 일단 남자를 숲 속으로 끌어들인 다음 덮쳐서 밧줄로 꽁꽁 묶어버렸다. 나는 여인에게 그의 남편이 치욕스러운 꼴을 하고 있는 모습을 보여주고 싶어서 그녀를 숲 속으로 데려갔다. 그녀는 남편이 처한 꼴을 보자 단도를 꺼내들고 내게 대들었다. 나는 간단히 그녀를 제압한 뒤 키스를 퍼부었는데, 그녀는 놀랍게도 결국 나의 키스를 받아들였다. 그리고 나서 떠나려고 하자 여인이 내 갈 길을 막아섰다. 두 남자를 섬길 수 없으니 나와 그녀의 남편 중 한 사람은 죽어야 한다는 것이다. 나는 남자를 풀어주고 칼까지 쥐어준 다음 정식으로 칼싸움을 벌였다. 격렬한 싸움 끝에 남자를 죽이고 나서 돌아보니 여인은 도망쳐버렸다.

이야기를 다 듣고 난 걸인은 아마 그 여인도 다조마루의 손에 죽었을 것이라고 넘겨짚는다. 그러나 승려는 여인은 아직 살아 있으며 직접 관청에 출두하여 증언을 하였는데, 그녀의 이야기는 영 딴판이라고 말한다.

[마사코의 이야기] 그 산적은 나를 범한 다음 남편에게 조롱을 퍼붓고는 숲 속으로 사라져 버렸다. 나는 남편에게 다가갔으나 그의 눈에서는 이해나 동정의 빛은 전혀 없이 차가운 증오의 빛만 번뜩이고 있었다. 나는 밧줄을 풀어준 다음 차라리 나를 죽여도 좋으니 제발 그런 식으로 노려보지 말라고 애원했다. 나는 단도를 꺼내들고 남편에게로 다가가다가 그만 정신을 잃어버렸다. 깨어나 보니 남편은 이미 죽어 있었다. 나는 정신없이 강가로 달려가 몸을 던졌다. 그러나 자살시도는 실패했다.

걸인은 들으면 들을수록 헷갈리기만 한다면서 투덜댄다. 승려는 다시 살해당한 남자의 이야기를 들려준다. 무당의 입을 빌려 들려준 이야기이다.

[다케히로의 이야기] 산적이 아내를 범하려 할 때 나는 질투를 느꼈다. 내 아내가 그때처럼 아름다워 보인 적은 없었기 때문이다. 그러나 아내는 산적에게 나를 죽이고 자기와 함께 달아나자고 유혹했다. 그 말에 산적조차도 너무 놀

라고 불쾌해져서 아내를 땅바닥으로 밀쳐버렸다. 산적과 내가 도대체 이런 여자를 어떻게 혼내줄까 궁리하고 있는 동안 아내는 도망쳐버렸다. 산적은 나를 풀어주고는 숲 속으로 사라졌다. 나는 회한과 치욕에 떨다가 아내의 단도로 내 가슴을 찔러 스스로 목숨을 끊었다.

나무꾼은 모두 다 거짓말이라고 부인한다. 그가 본 시체에는 단도가 아니라 긴 칼이 꽂혀 있었다는 것이다. 걸인은 나무꾼의 말꼬리를 붙잡고 늘어져 그가 관청에서 증언한 것 이외에도 더 많은 사실을 알고 있지 않으냐고 다그친다.

[나무꾼의 이야기] 땅바닥에 떨어져 있는 여인의 모자를 줍고 나서 숲 사이로 훔쳐 보니, 산적은 여인에게 사랑을 맹세하며 결혼해달라고 애원하고 있었다. 여인은 두 남자가 결투로 결정하라면서 남편의 밧줄을 끊어주었다. 그러나 남편은 너 같은 년 때문에 목숨을 걸고 결투할 마음은 전혀 없다면서 오히려 여인의 자결을 독촉했다. 그러자 여인은 두 남자 모두 남자답지 못하다면서 그들을 비웃었다. 결국 두 남자는 마지못해 결투를 벌였는데, 둘 다 잔뜩 겁에 질려 벌벌 떨면서 싸움을 하는 꼴이 측은할 지경이었다. 엎치락뒤치락하던 끝에 산적이 남편을 죽이게 되자 여인은 도망쳤다.

걸인은 나무꾼에게 아직도 진실을 다 털어놓지 않는다고 다그친다. 그때 어디선가 아기가 우는 소리가 들린다. 라쇼몽의 뒤편에 버려진 아기가 있었던 것이다. 걸인이 그 아기의 옷을 벗겨가려 하자 나무꾼은 부끄러운 줄 알라면서 소리를 지른다. 그러자 걸인은 나무꾼에게 결국 그 여인의 단도를 훔쳐간 것은 네가 아니냐고 대든다. 걸인이 기어코 아기의 옷을 훔쳐 떠나자 승려는 인간이라는 존재 자체에 대하여 환멸을 느낀다. 나무꾼이 아기를 데려가려 하자 승려는 아직도 더 훔칠 것이 남아 있느냐며 화를 낸다. 나무꾼은 그러나 자기가 이 아기를 데려다 키우겠다고 말한다. 승려는 나무꾼의 그런 모습을 보며 어쩌면 인간에 대한 믿음을 되찾을 수도 있을 것 같다고 느낀다.

주인공과 그가 하고자 하는 일

이 스토리는 네 개의 서로 모순되는 버전들로 이루어져 있기 때문에 스토리 전체를 관통하는 단일한 주인공을 적시할 수는 없다(주인공이 없음에도 불구하고 이 스토리를 하나로 묶어세우는 것이 무엇인지에 대해서는 〔통일성〕을 보라). 그러나 각각의 버전은 나름대로의 주인공이 있고 그에게는 하고자 하는 일이 명백하다.

다조마루의 이야기에서는 그가 주인공이며 그는 여인을 갖고자 한다-남편은 죽일 수도 있고 안 죽일 수도 있는 존재이다. 마사코의 이야기에서는 그녀가 주인공이며 그녀는 잃은 것을 되찾으려 한다-남편의 존경과 사랑이다. 다케히로의 이야기에서는 그가 주인공이며 그는 실추된 명예와 치욕을 보상받으려 한다-그 방법은 자결이다.

나무꾼의 이야기에서만은 주인공을 찾을 수 없다. 그의 이야기가 가장 진실에 가까우며 정직한 것처럼 보이는 것은 그 때문이다. 나무꾼의 이야기 속에는 그 자신이 끼어들어 있지 않다. 즉 누구의 관점이라고 할 만한 것이 없으며 그래서 관객은 이야기 속의 등장인물 그 누구와도 동일시되지 않는 것이다.

만약 스토리 전체가 이런 식으로 되어 있거나, 나무꾼의 이야기가 다른 사람들의 이야기보다 먼저 소개되었더라면, 이런 종류의 스토리텔링은 실패했을지도 모른다. 그러나 나무꾼의 이야기는 맨나중에 소개되었고, 그때는 이미 관객이 산적과 여인과 남편의 입장에 번갈아가며 한번씩 서본 다음이다. 관객은 그들의 입장에 깊게 개입되어버린 다음이고 그래서 나무꾼의 이야기 속에서 벌어지는 마지막 반전을 즐길 수 있게 되는 것이다. 앞에서 이미 인물들에 대한 동일시와 동정을 체험하였기 때문에 나무꾼의 이야기에는 별도의 주인공이 필요없는 것이다.

장애물

각각의 주인공을 가지고 있는 세 가지 버전의 이야기에는 나름대로 명백한 장애물들이 있다. 다조마루가 부딪친 최초의 장애물은 남편이 그를 믿지 않으려 한다는 것이다. 그 다음에는 여인의 반항에 부딪치고, 그것을 극복하자, 이번에는 둘 중 하나는 죽어야만 한다는 여인의 간청에 부딪친다. 그 남자가 검술에 뛰어난 사무라이라는 것이 마지막 장애물이다. 마사코의 가장 큰 장애물은 남편의 증오이다. 일단 사건이 저질러진 다음 그녀가 구하려 했던 것은 남편의 이해와 동정이었다. 그러나 남편은 완강하다. 그녀는 남편을 설득해보려 하지만 실패한다. 다케히로의 장애물은 산적이 아니라 그의 아내이다. 자신의 아내가 산적에게 그를 죽여달라고 부탁하자 다케히로의 치욕은 배가된다. 그는 결국 아내의 배신 때문에 비극적인 최후를 선택한다.

전제와 오프닝

한 남자와 그의 아내 그리고 산적이 숲 속에서 마주친다. 여인은 산적에게 강간당했거나 유혹당한다. 남자는 칼에 찔려 죽는다. 남자의 말과 칼은 도둑질당했는데, 그것들은 산적과 함께 발견된다. 여인은 다른 곳에서 발견된다.

구로사와 아키라와 하시모토 시노부는 중심이 되는 스토리에서는 기껏해야 주변적인 인물에 불과한 승려, 나무꾼, 걸인의 만남을 오프닝으로 선택했다. 이렇듯 스토리의 중심적인 인물들로부터 한 발자국 떨어져서 영화를 시작한 것은 불가피한 선택이었다. 이 영화는 기억이라는 것이 가지고 있는 못믿을 측면 혹은 과거사건에 대한 '정직한(honest)' 기억이란 도대체 어떤 것인가 하는 문제를 다루고 있기 때문이다. 그래서 이 영화는 중심이 되는 사건들을 모두 과거에 일어난 것으로 해놓고 그것에 대하여 이야기를 나누는 구조를 선택한 것이다.

어떻게 보면 라쇼몽 아래 모여앉은 세 사람이 바로 관객을 의미한다고도 볼 수 있다. 승려는 관객의 도덕적인 측면을, 걸인은 관객의 이기적인 측면을, 그리고 나무꾼은 관객의 혼란스럽고 비겁한 측면을 각각 표상하고 있는 것이다. 관객은 이들을 가이드로 삼아 이 영화가 다루고 있는 암울한 도덕적 문제를 탐구하게 된다.

주요긴장과 절정과 해결

이 영화에는, 그것이 채택하고 있는 독특한 스토리텔링 기법으로 말미암아, 스토리 전체에 적용되는 주요긴장과 절정과 해결이 없다. 그러나 각각의 이야기들을 살펴볼 경우, 그 안에는 비록 대단히 짧은 것일지라도 이러한 설정들을 찾아볼 수 있다. 그중에서 사건의 전모가 가장 상세하게 묘사되어 있는 다조마루의 이야기를 살펴보자.

다조마루의 이야기에서 주요긴장은 "과연 그는 여인을 가질 수 있을 것인가, 어떤 대가를 치르고?"이다. 절정은 그가 여인을 겁탈한 다음 떠나려 할 때이다. 여인은 그에게 두 남자 중 한 사람은 죽어야 한다고 말한다. 해결은 그가 남편에게 칼을 건네주고 정정당당하게 싸워서 그를 죽이는 것이다.

주제

각각의 이야기에서 모든 화자들은 자기야말로 '진실'을 말하고 있다고 천명한다. 걸인 역시 승려와 나무꾼으로부터 이야기를 들으면서 과연 무엇이 진실이고 무엇이 거짓인지에 대하여 끊임없이 질문을 던진다. 이렇듯 라쇼몽 아래 모여 있는 세 사람은 진실과 거짓, 그리고 왜 인간은 거짓말을 하는가에 대하여 탐구하고 있는 것이다. 이 영화가 탐구하고 있는 핵심적 주제는 진실에 대한 상대적 시각-즉 각자의 필요에 따라 진실은 어떻게 곡해되는가-이다.

통일성

〈라쇼몽〉에는 단일한 주인공이 없다. 따라서 주인공이 하고자 하는 일을 할 때 생겨나는 행동의 통일성이라는 것도 없다. 대신 여기에는 시간의 통일성이 있다. 그 사건이 일어난 '어떤 오후'라는 시간만이 스토리 전체를 하나로 묶어주고 있는 것이다. 이 영화에서 모든 것은 그 결정적인 사건이 벌어졌던 몇 시간 안으로 끝없이 회귀한다. 다조마루의 이야기에서 시작하여 마사코의 이야기, 그리고 다케히로의 이야기까지를 하나로 묶어주는 것은 그 모든 이야기들이 특정한 시간과 장소에 집중되어 있다는 사실뿐이다. 그 이야기들은 때로는 서로 일치하고 때로는 서로 모순된다. 관객은 그것들을 꿰어맞춰 실제로 어떤 일이 벌어졌는가를 숙고해보는 과정에서 그것들이 하나의 스토리를 이루고 있다는 것을 받아들이게 되는 것이다.

시간의 통일성(《라쇼몽》의 경우 시간과 공간의 통일성이라고 할 수도 있다)을 확보하는 일은 행동의 통일성을 확보하는 일보다 훨씬 더 어렵고 그래서 자주 시도되는 방법이 아니다. 단일한 주인공을 내세울 수 없다는 것도 관객의 정서적 반응을 이끌어내는 데 장애가 된다. 그러나 성공적으로만 사용된다면 좀더 응집력 있고 강렬한 드라마를 만들어내며, 관객으로 하여금 스스로 생각해보도록 만들어 그 정서적 반응을 극대화시킬 수도 있다.

설명

기본적인 설명은 나무꾼과 승려에 의하여 제시된다. 나무꾼은 회상을 통하여 사건이 벌어진 장소가 어디인지를 밝히고, 모자들과 밧줄 그리고 시체가 있었음을 알려준다. 승려는 관객에게 남자와 여인을 소개하는 이외에도 죽은 사람은 남자였다는 결정적인 정보를 제공한다. 나머지 설명들은 다조마루의 이야기에서 나온다.

갈등과 결합된 설명의 흥미로운 변주가 돋보이는 것은 나무꾼이 숲 속을 걷고 있는 장면이다. 그 장면 자체에는 아무런 갈등도 없다. 그러나 그 장면이 보여지기 이전에 이미 나무꾼과 승려의 이야기를 통해 끔찍한 일이 벌어졌노라는 정보가 수 차례 걸쳐 제공되었기 때문에 관객은 잔뜩 긴장하게 된다. 덕분에 화면 위에 보이는 장면들은 지극히 평화로움에도 불구하고 어떤 불길한 예감을 떨칠 수 없게 되는 것이다.

캐릭터의 성격묘사

〈라쇼몽〉은 동일한 시간과 장소에서 세 명의 중심적인 등장인물에게 일어난 일을 네 가지의 다른 버전으로 다룬 영화이다. 각 등장인물들의 성격묘사는 버전을 달리하면서 변화를 겪는다. 때로는 일치하고 때로는 모순되는 버전들이 거듭되면서, 등장인물은 대단히 복잡한 성격 혹은 전혀 일관성을 찾아볼 수 없는 성격처럼 묘사된다. 그러나 각각의 이야기 안에서는 극히 단순한 성격만을 보인다.

예를 들어보자. 다조마루는 자신의 이야기에서 처음부터 끝까지 피부병이라도 앓고 있는지 벌레나 곤충 따위 때문에 대단히 성가셔하는 모습을 보인다. 그러나 다른 사람의 이야기 속에서 묘사된 그는 전혀 그렇지 않다. 다른 사람의 입장에서는 그가 피부병을 앓고 있든 말든 아무런 관심도 없는 것이다.

버전마다 성격묘사가 달리 되어 있다는 것보다도 더욱 흥미로운 것은 각자 자신의 이야기를 할 때 스스로의 성격을 어떻게 묘사하고 있는가이다. 그들은 모두 자신을 주인공으로 내세우며 주어진 상황에서 가장 명예롭게 행동한 척한다.

다조마루의 이야기에 따르면 그는 여인을 강간한 것이 아니다. 여인이 스스로 자신을 받아들였다는 것이다. 그에게는 남자를 죽일 생각도 없었다. 결국 여인의 간청에 의하여 결투를 하게 되었을 때에도 정정당당하고 용감하게 싸워 이겼다.

마사코의 이야기에 따르면 그녀는 강간을 당한 것만도 억울하고 치욕스러운데 남편의 증오 때문에 더욱 고통스러웠다는 것이다. 그녀는 그런 증오를 받느니 차라리 죽는 것이 낫다고 판단하여 남편에게 자신을 죽여달라고 애원하기까지 했다. 그녀의 입장에서 보면 그렇게 하는 것이 가장 명예로운 선택이었던 것이다.

다케히로의 이야기에 따르면 그를 고통스럽게 한 것은 산적의 강간보다도 아내의 배반이다. 그런 상황에서 그가 자신의 명예를 지킬 수 있는 방법은 오직 하나 자결뿐이었다.

스토리의 발전

모든 버전들은 서로 화해할 수 없는 두 개의 욕망이 충돌하면서 발전한다. 하나는 어떤 수단을 써서라도 여자를 갖겠다는 다조마루의 욕망이고, 다른 하나는 명예를 지키려 하는 다케히로와 마사코의 욕망이다. 그럼에도 불구하고 버전마다 스토리의 발전이 달라진 것은 거의 전적으로 누가 그 이야기를 하느냐에 달려 있다. 심지어 당사자가 아니었던 나무꾼의 이야기조차 그렇다-관객은 나무꾼의 관점에 따라 그 이야기를 받아들이게 되는 것이다. 나무꾼의 이야기에 따르면 그들 중 그 누구도 명예로운 인간이 아니었다. 심지어 악명 높은 산적인 다조마루조차도 칼싸움이 무서워 벌벌 떠는 겁쟁이였다는 것이다.

아이러니

〈라쇼몽〉의 전체적인 스토리는 아이러니에 크게 기대지 않고 있는데, 그것은 이 영화가 탐구하고자 하는 내용과 관련이 있다. 이 영화는 절대적 진실이란 존재하지 않는다는 것을 보여준다. 따라서 관객조차 모든 것을 알 수 없으므로 아이러니의 사용이 자제되고 있는 것이다. 그러나 개별적인 이야기 속에서는 아이러니가 효과적으로 사용된 예를 찾을 수 있다.

다조마루의 이야기를 살펴보자. 다조마루가 그들을 불러세웠을 때 관객은 이미 그가 마사코를 탐하고 있음을 알고 있다. 그는 그러한 의도를 숨기는 대신 속임수를 쓴다. 자신의 칼을 기꺼이 내어주며 이런 물건들을 싸게 줄 테니 자신을 따라오라고 하는 것이다. 이런 식으로 남자를 여자로부터 떼어놓은 다음, 그는 안심하고 있는 남자를 갑자기 공격한다. 그런 다음 마사코에게 돌아왔을 때에도 그는 동일한 수법을 쓴다. 남편이 뱀에게 물렸으니 어서 가보자고 거짓말을 하는 것이다. 마사코는 그를 따라갔다가 밧줄에 꽁꽁 묶여 있는 남편을 발견한다. 두 가지 경우 모두 다조마루의 계략을 관객에게 미리 알려줌으로써 드라마틱한 임팩트를 높인 아이러니의 예이다.

준비와 여파

대부분의 여파신들은 라쇼몽 아래 모여 있는 세 사람 혹은 관청에 끌려와 증언하고 있는 당사자들(죽은 남편의 경우에는 무당으로 대체된다)의 반응으로 표현된다. 관객은 그러한 여파신을 통해 방금 전의 이야기 속에 나오는 새로운 반전을 소화하고, 그것의 의미를 되짚으며, 다음에 나올 이야기에 대한 준비를 하게 된다. 여파신이 곧 준비신의 역할까지 하고 있는 셈이다.

물론 개별적인 이야기들 속에도 준비신이 있다. 다시 한 번 사건의 전모가 가장 상세하게 묘사된 다조마루의 이야기를 살펴보자. 다조마루는 나무 밑에 누워 낮잠을 자면서 가끔씩 몸의 이곳 저곳을 긁는다. 이것은 그의 게으른 생활을 보여주는 장면에 불과하지만 바로 다음에 나올 장면을 위해 마련된 '대비에 의한 준비'이기도 하다. 산들바람이 불어와 베일이 들춰진 마사코의 얼굴을 본 순간, 그는 벌떡 일어나 그들의 앞길을 가로막는다. 남편이 뱀에게 물렸다고 거짓말을 하여 마사코와 함께 숲 속을 달려가는 장면 역시 준비신이다. 다음 순간, 남편이 묶여 있음을 발견한 마사코는 단도를 꺼내들고 다조마루와 격한 싸움을 벌인다.

씨뿌리기와 거둬들이기

여인의 모자, 남편의 모자, 밧줄, 단도 따위는 나무꾼에 의하여 일찌감치 소개된다. 이것들은 모두 씨뿌리기에 해당하는데 나중에 보게 되는 다양한 이야기 버전 속에서 모두 거둬들여진다. 이중에서도 특히 단도는 모든 이야기 속에 등장하는데 심지어 라쇼몽 아래 모여 있는 세 사람에게도 논쟁의 대상이 된다.

걸인이 나무꾼에게 바로 네가 그것을 훔치지 않았느냐고 다그치는 것이다.

미리 알려주기와 예상하게 만들기

관객은 영화가 시작되고 얼마 되지 않았을 즈음 이것은 같은 사건에 대한 서로 다른 이야기들로 구성된 스토리임을 알게 된다. 승려와 나무꾼이 탄식하면서 그 세 사람에 대한 이야기를 늘어놓기 시작했을 때 그것은 미리 알려주기에 해당한다. 관객은 앞으로 적어도 그 세 사람의 이야기가 펼쳐지리라는 것을 기대하게 된다. 물론 죽은 남자가 무당을 통해 이야기를 들려줄 때에는 하나의 서프라이즈를 경험하기도 하지만. 나무꾼의 이야기가 따로 존재하리라는 것은 미리 알려주지 않는다.

반면 관청에서 행해지는 세 사람의 증언에는 모두 예상하게 만들기가 포함된다. 맨처음 관객이 알게 되는 것은 살인사건이 있었다는 것뿐이다. 처음에는 누가 죽었는지도 모른다. 죽은 사람이 남편이었다는 사실을 알게 된 다음에도 그 사건이 어떤 식으로 발생했는지, 그리고 누구의 손에 의해서 죽었는지에 대해서는 확신을 가질 수 없다. 다조마루는 바로 자기가 그를 죽였노라며 말문을 연다. 이것은 예상하게 만들기로, 관객으로 하여금 앞으로 벌어질 일에 대하여 잔뜩 호기심을 품게 만든다. 어떤 상황에서 왜, 그리고 어떻게 살인이 이루어졌을까? 마사코의 증언도 마찬가지이다. 그녀는 다조마루가 남편을 조롱하고는 가버렸다고 말문을 연다. 이제 관객은 도대체 무슨 일이 벌어졌을까를 예상해보게 된다. 다케히로는 무당을 통하여 증언할 때 산적이 아내를 위로했다는 말부터 한다. 관객은 이제 혼란에 빠지고 이 이야기가 도대체 어떤 방향으로 전개될지에 대하여 궁금해하게 된다.

개연성

이 스토리에는 충분한 개연성이 있다. 비록 각각의 이야기들이 서로 모순되기는 하지만, 그 자체 내에서는 개연성을 획득하고 있는 것이다. 단 하나 쉽사리 믿지 못할 이야기가 있다면 무당을 통해서 진술된 다케히로의 증언뿐이다. 물론 라쇼몽 아래 모여 있는 세 사람은 그 이야기조차 의심없이 받아들인다. 그들의 세계에서는 충분히 가능한 이야기인 것이다. 그러나 20세기의 관객에게 의심없이 받아들여지기에는 충분치 않을지도 모른다.

〈라쇼몽〉은 독특한 스토리텔링의 구조로 이 개연성의 문제를 극복하고 있다. 라쇼몽 아래 모여 있는 세 사람의 존재와 다케히로의 증언을 세 번째에 위치시켰다는 것을 주목하라. 〈라쇼몽〉은 진실과 거짓, 진술의 불일치를 다루고 있는 영화이다. 관객은 〈라쇼몽〉이 이러한 방식으로 진행되리라는 것을 알고 있고, 이미 두 개의 서로 모순되는 진술을 목격하면서 그 문제와 씨름해왔기 때문에, 거기서 한 발자국 더 나아가 무당을 통해 진술되는 다케히로의 증언마저도 기꺼이 받아들일 준비가 되어 있는 것이다. 관객은 그 증언을 믿기 때문에 받아들이는 것이 아니라 그 증언자가 그렇게 주장하고 있다는 것을 받아들이는 것뿐이다. 그들의 이야기는 어차피 서로 모순된다. 그런데 무엇 때문에 무당을 통해서 진술되는 다케히로의 증언만은 믿을 수 없다고 뻗댈 것인가?

행동과 활동

이런 식의 스토리텔링에서는 대사보다 행동이 훨씬 중요하다. 행동의 훌륭한 예는 다조마루가 다케히로에게 자신의 칼을 건네주는 것이다. 그에게는 물론 그런 물건들을 팔 생각이 없다. 그는 다만 자신을 경계하고 있는 다케히로에게 신뢰감을 심어주고 싶었을 뿐이다. 그러기 위해서는 스스로 무장해제를 하는 것보다 더 좋은 방법은 없다. 마사코가 진정한 남자란 어떠해야 되는지에 대해서 떠들어대며 두 남자 모두를 모욕하는 것도 행동이다. 그녀는 두 남자로 하여금 자신을 놓고 싸우게 하기 위하여 교묘하게 그들의 속을 긁는 것이다.

반면 걸인이 불을 지피기 위하여 나무들을 쪼개거나 자신의 젖은 옷을 그 불에 말리는 것 따위는 모두 활동일 뿐이다. 거기에는 표면에 드러난 의도 이외의 다른 의도가 없다.

대사

각각의 이야기 속에서는 그다지 중요한 대사가 나오지 않는다. 대신 '관객'을 표상하고 있는 라쇼몽 아래의 세 사람이 그 이야기에 대하여 반응을 보이고 그것을 이해하려 애쓰는 장면에서는 훌륭한 대사들이 많이 나온다. 그들은 그 사건의 의미를 캐보고 그것을 자기식으로 해석하려 한다. 이를테면 주제를 탐구하고 있는 셈이다. 승려가 그것에서 어떤 교훈을 찾아내어 설교를 하려할 때마다 걸인은 이를 방해한다.

이 영화에는 주제를 반영하는 훌륭한 대사들이 많다. "인간은 인간일 뿐이야. 인간이기 때문에 거짓말을 하지. 인간은 심지어 자기자신에게도 진실을 말하지 않아(Men are only men. That's why they lie. They can't tell the truth, even to themselves)", "인간은 스스로를 속이기 위하여 거짓말을 하지(Men lie to deceive themselves)", "인간은 무언가를 잊기 위하여 스토리를 꾸며내지(We all want forget something, so we create stories)."

사실 이런 식으로 명제의 형태를 띠면서 주제를 직설적으로 표현하는 대사를 사용하는 것은 그다지 좋은 방법이 아니다. 그러나 〈라쇼몽〉의 경우 서로 갈등을 빚고 있는 세 사람-그들 중 누구도 나머지 두 사람을 제압하지 못한다-사이의 대사로 처리함으로써, 관객에게 직접 설교하는 듯한 느낌을 피해갈 수 있었다.

비주얼

〈라쇼몽〉의 비주얼은 한마디로 놀랍다. 모든 숏들과 카메라기법들이 등장인물의 행동 혹은 관객-실제의 관객과 라쇼몽 아래의 세 사람-의 반응을 가장 정확하게 표현해낼 수 있는 방식으로 짜여져 있는 것이다. 관청에서의 심문장면에서부터 숲 속을 달리는 모습을 잡은 카메라기법에 이르기까지 예외가 없을 정도이다.

〈라쇼몽〉은 각 이야기마다 다른 구성의 비주얼을 구사한다. 다조마루의 이야기에서는 주로 투-숏(한 프레임에 두 사람만을 잡는 숏으로 대체로 바짝 붙어 있다)이 사용되었다. 그가 남자와 함께 잡히거나 여자와 함께 잡혀 있는 숏들이 주종을 이루고 있는 것이다. 이는 그들을 따로따로 상대하려는 다조마루의 의지를 반영한 것이다.

다케히로의 이야기에서는 다조마루와 아내가 함께 잡혀 있는 투-숏이 그를 혼자 잡은 싱글-숏(한 프레임에 한 사람만 잡는 숏)과 대비된다. 이는 그가 두 사람이 자신과 맞서고 있는 것처럼 느끼고 있다는 사실을 반영한 것이다.

마사코의 이야기에서는 다조마루가 거의 보이지 않는다. 그녀와 남편이 함께 잡혀 있는 투-숏이 몇번 나오는 것 이외에는 거의 그녀 혼자 잡힌 싱글-숏뿐이다. 이는 남편과의 갈등 때문에 고통받고 있는 그녀의 처지를 반영한 것이다.

나무꾼의 이야기에서는 스리-숏(한 프레임에 세 사람이 나오는 숏)이 주종을 이루는데, 대체로 마사코가 두 남자 사이에 끼어 있는 구도이다. 이는 삼각형을 이루고 있는 이 스토리의 갈등구조와 역관계를 비주얼하게 표현한 것이다.

〈라쇼몽〉에는 이러한 숏의 패턴들 이외에도 놀라운 경지에 이른 비주얼이 많이 등장한다. 다조마루의 이야기에서 그가 마사코에게 키스를 하여 그녀를 굴복시키는 장면을 보라. 갑자기 숲 사이로 빛이 떨어지는 '하늘(ceiling)' 숏이 끼어드는데, 이는 실제로 진행되고 있는 추악한 사건에도 불구하고, 어떤 서정성과 로맨틱한 분위기를 표현하고 있다. 나무꾼의 이야기에서 두 남자가 마지못해 결투를 하는 장면을 보라. 여자가 가운데 있고 두 남자는 프레임의 양쪽 밖에 있는데, 그들이 겨누고 있는 칼끝은 그녀를 향해 있다. 싸우고 있는 것은 남자들이지만 그것은 동시에 그녀의 전쟁이기도 한 것이다. 그녀가 산적의 양 다리 사이에 엎드려 있고 그 배경의 저 뒤쪽에 남편이 잡혀 있는 숏도 대단히 비주얼하다. 그 장면에서 내연해 있는 갈등의 본질이 무엇인지 명확하게 보여주고 있는 것이다.

드라마틱한 장면

다조마루가 숲 속에서 맨처음 그들과 마주치는 장면은 대단히 드라마틱하다. 관객은 그가 여인을 노리고 있다는 것을 아는 상태에서 그것이 어떻게 이루어지는가를 흥미롭게 바라보게 된다. 그는 게으르고 무기력한 사내처럼 보이는 반면 정장을 한 사무라이는 훨씬 더 강해보인다. 그는 첫눈에도 산적처럼 보이기 때문에 산적이 아닌 척하면 오히려 더 경계를 받을 것이다. 그래서 그는 산적처럼 행동한다. 단 그다지 영리해보이지 않는 산적처럼. 그래서 그는 자신의 칼을 기꺼이 사무라이에게 건네준다. 그러나 사무라이가 일단 그 칼을 받아들고 살펴보는 순간, 다조마루의 승리는 확정적이다. 그는 자신의 의도를 철저히 감춘 채 사무라이의 신뢰를 얻어낸 것이다. 몇 줄 안 되는 대사만으로 이 장면을 이토록 드라마틱하게 만든 것은 대단히 인상적이다.

특기할 만한 사항

이 영화는 절대적 진실을 찾아가는 과정에서 겪게 되는 진실의 상대성이라는 문제를 다루고 있다. 그것은 진실이라는 것이 보는 이의 관점에 따라 얼마나 곡해될 수 있는지 명확하게 보여준다. 다른 말로 표현하자면 당사자의 눈이라는 것도 믿을 수가 없다는 것이다. 진실이란 누가 바라보느냐에 따라 그리고 그가 자신의 입장에서 그것을 어떻게 곡해하느냐에 따라 달라지게 마련이다. 관객은 〈라쇼몽〉을 보는 내내 이러한 문제들과 씨름하게 된다. 〈라쇼몽〉은 또한 관객에게 '해답(answers)'을 제시하지 않고도 그들을 흥미진진하게 만들어 영화 속으로 끌어들일 수 있는 또 다른 창작기법의 가능성과 효율성을 보여준다.

〈라쇼몽〉에 등장하는 각 이야기들은 동일한 사건임에도 그것을 말하는 사람의 입장에 따라 크게 다르다. 다조마루는 자기가 용감하고 정정당당하게 싸워 여인의 사랑을 얻었노라고 말한다. 마사코는 자기가 강간당했을 뿐 아니라 남편의 증오 때문에 고통을 겪었다고 말한다. 다케히로는 자기가 아내를 버린 것이 아니라 아내가 자기를 배신했다고 말한다. 나무꾼은 모두가 다 비열했고 서로를 배신했다고 말한다. 이들 모두의 이야기는 나름대로 '옳다(right).' 그리고 모든 이는 다 자신의 이야기 속에서 명예를 지켰다. 그래서 걸인은 이렇게 이야기하는 것이다. "인간은 무언가를 잊기 위하여 스토리를 꾸며내지."

〈라쇼몽〉의 드라마투르기에서 또 하나 특기할 만한 것은 오직 '프레이밍 스토리(framing story: 이 경우 라쇼몽 아래 모여 있는 세 사람의 이야기)'에만 해결이 존재한다는 사실이다. 관객이 메인 스토리로부터 얻을 수 있는 것은 오직 엄청난 의문과 다양한 주장들뿐인데, 그 주장들은 서로 상충된다. 그래서 지적 혹은 철학적 호기심과 반추를 자아낼 수는 있지만 해결되지는 않는 것이다. 반면 프레이밍 스토리는 이와 다르다. 여기에서는 마지막에 버려진 아기가 발견되는데, 그 아기에 대한 세 사람의 반응은 제각각이다. 물론 그 버려진 아기가 메인 스토리에서 탐구해온 진실의 문제에 대한 '해결(solution)'이 될 수는 없다. 그저 적어도 인간에 대한 믿음을 완전히 포기할 수 없다는 일종의 희망 같은 것을 느끼게 해줄 뿐이다. 의사소통의 문제가 아무리 어렵다고 해도, 절대적 진실을 알아낸다는 것이 불가능하다 해도, 적어도 인간의 내면에는 어떤 휴머니즘이 살아 있다는 믿음 말이다. 그것이 12세기이건 20세기이건. 이러한 희망은 1990년대에도 여전히 절실한 것이다. 이렇게 절실한 메시지를 담고 있는 영화가 2차 세계대전이 끝난 지 겨우 6년 만에, 그것도 세계영화의 변방이랄 수 있었던 일본에서, 당시로서는 무명의 감독에 의해 만들어졌다는 것은 실로 경이롭다.

북북서로 진로를 돌려라

North by Northwest 1959 |||||||||||||||||||||||||

시나리오 어니스트 레먼
감독 앨프리드 히치콕

절정기 히치콕 감독의 정수를 보여주는 영화로서 아카데미 각본상에 노미네이트되었던 〈북북서로 진로를 돌려라〉에는 히치콕의 작품 전편을 통틀어 가장 유명하고 기억에 남는 두 개의 시퀀스가 들어 있다. 농약살포용 경비행기시퀀스와 러쉬모어산의 암벽에서 펼쳐지는 추적시퀀스.

시놉시스

매사에 자신감이 넘치는 로저 손힐은 뉴욕에서 상당히 성공한 광고업자인데 어느 날 갑자기 조지 캐플란이라는 이름의 인물로 오인되어 납치를 당한다. 그를 납치한 인물은 세련된 매너를 가졌으나 위압적으로 보이는 레스터 타운젠드인데 그는 로저가 비밀요원이라고 믿고 있다. 로저는 사실이 아니라고 부인하지만 타운젠드 일파는 그의 말을 믿지 않으며 로저를 죽이려 한다. 로저는 가까스로 도망쳐 나오지만 경찰도, 심지어는 그의 어머니조차도 이 어이없는 이야기를 믿어주지 않는다. 로저는 캐플란이 묶고 있는 호텔로 가서 그를 찾아내 이 오해를 풀어야겠다고 결심한다. 그러나 다시 타운젠드 일파가 나타나 부리나케 빠져나온다.

로저는 레스터 타운젠드를 만나 해결을 보려고 UN빌딩으로 가지만 정작 그 사람은 로저를 납치한 인물이 아니다. 타운젠드는 그 자리에서 살해되고 로저는 칼을 든 채로 사진에 찍힌다. 이제 그는 경찰로부터 쫓기는 신세가 된다. 로저는 캐플란을 찾아내겠다는 희망을 품고 시카고행 기차를 탄다.

한편 관객은 미국 정부 산하에서 모종의 비밀기관을 운영하고 있는 교수와 그의 요원들의 존재를 알게 된다. 그들에 의해서 밝혀진 바에 따르면 조지 캐플란은 가상의 비밀요원이며, 실제의 비밀요원은 따로 있다.

기차에서 로저는 이브 켄달을 만나고 이브가 그를 자신의 전용실에 숨겨줌으로써 경찰의 추격을 피한다. 밤을 지내면서 로저와 이브는 사랑에 빠진다. 그러나 그녀는 실상 타운젠드로 위장했던 인물인 밴덤과 관계를 맺고 있는 여인이다. 이브는 로저가 자신과 함께 있다는 쪽지를 기차의 다른 칸에 있는 밴담에게 전한다.

시카고에 도착하자 이브는 '캐플란'에게 전화를 걸어 로저와 만날 약속을 정해준다. 로저가 허허벌판 한가운데 약속 장소로 나가자 기관총을 단 농약살포용 경비행기가 그를 공격해온다. 그는 가까스로 위기를 모면하고 시카고로 돌아온다.

로저는 이브가 밴담과 연관되어 있다는 사실을 눈치채고 그녀를 미행해 경매장으로 따라가는데 그곳에서 밴담은 어떤 원시조각상을 사들이고 있다. 밴담의 부하들은 경매장에서 로저를 납치하려 하지만 그는 일부러 소동을 일으켜 스스로 경찰에 체포된다. 그러나 경찰은 그를 경찰서가 아니라 공항으로 끌고 간다. 공항에서 그는 처음으로 교수와 대면하여 그 동안의 사건들 뒤에 숨겨진 비밀을 알게 된다. 로저 캐플란은 존재하지 않는 가상의 비밀요원이고 진짜 비밀요원은 이브인데, 이제 그러한 사실이 발각되면 그녀가 죽게 되리라는 것이다.

로저와 교수는 이브를 위해 연극을 벌이기로 한다. 로저가 스스로 캐플란인 척하다가 이브가 쏜 총에 맞아 죽은 것처럼 꾸며서 밴담을 안심시키는 것이다. 이 연극은 성공하지만 밴담이 이브를 데리고 떠나려 하자 로저는 다시그녀를 구하기 위해 그들의 저택으로 침입한다. 그곳에서 로저는 밴담의 부하가 이브의 정체를 파악했다는 사실을 염탐하게 되어 그녀에게 경고의 메시지를 보낸다.

로저와 이브는 밴담이 경매장에서 사온 원시조각상을 훔쳐 도망친다. 그들을 쫓는 밴담 일파의 추격전이 러쉬모어산의 암벽 위에서 절박하게 펼쳐진다. 결국 밴담 일파는 죽고, 원시조각상은 부서져 그 안에 든 마이크로필름이 드러나고, 로저는 암벽에 매달린 이브를 끌어올려 구출한다. 두 사람은 결혼하게 된다.

주인공과 그가 하고자 하는 일

주인공은 물론 로저 손힐이다. 그는 아무런 죄도 없이 오인당하는 바람에 궁지에 몰려 있는 인물로서 관객의 동정을 불러일으킨다. 로저가 하고자 하는 일은 자기는 조지 캐플란이 아니라는 사실을 증명하는 것이다. 그에게는 밴담이라는 명백한 적대자가 있다. 그래서 이 영화의 주요갈등은 외적인 것이 된다.

장애물

로저의 1차적 장애물은 가상의 비밀요원으로 오인받고 있다는 사실이다. 게다가 그 가상의 비밀요원은 가명도 여러 개이고 변장술마저 능한 인물로 상정된 까닭에 로저가 아무리 자신의 결백을 주장해도 믿어주지 않는다. 또한 그가 하는 행동은 얄궂게도 예측된 행동-밴담이 예측하건대 조지 캐플란이라면 마땅히 그렇게 했을 법한 행동-과 꼭 맞아떨어져서 그가 바로 조지 캐플란이라는 믿음을 더욱 굳건히 만들 뿐이다.

로저에게는 밴담 일파뿐만이 아니라 자기 편이라고 여겨지는 교수 일파마저도 장애물이 된다. 교수는 로저의 난처한 상황을 알고 있지만 그를 구해주기보다는 오히려 로저를 이용해 주의를 흐트러뜨림으로써 진짜 비밀요원의 정체가 탄로나지 않게 하려는 것이다. 진짜 비밀요원인 이브는 처음에는 자신을 보호하기 위하여 로저에 맞서 행동하지만 나중에는 진정한 그의 편으로 변신한다.

전제와 오프닝

이 영화의 전제는 로저가 스토리 안으로 들어오기 훨씬 이전에 이미 설정되어 있다. 밴담 일파는 국가기밀을 팔아넘기는 일을 하고 있다. 교수 일파는 밴담 일파를 저지하려 하고 여러 명의 요원들을 파견하지만 그들은 모두 발각되어 살해당한다. 마침내 그들은 가상의 비밀요원을 만들어 진짜 비밀요원을 보호하려는 계획을 세운다.

어니스트 레먼이 선택한 오프닝은 로저의 성격과 이름을 관객에게 분명히 각인시키는 것이다. 그는 자신감에 넘치는 사업가이며 남에게 빚지는 것을 싫어한다. 그렇게 삶에 대한 그의 태도가 확실히 드러나고 그의 이름이 반복되어 불리는 순간, 그는 갑자기 다른 사람으로 오인되어 납치당하는 것이다.

주요긴장과 절정과 해결

주요긴장은 "로저가 실제의 조지 캐플란을 찾아내어 오해를 풀고 그가 다른 사람으로 오인된 결과 겪어야 했던 상황으로부터 빠져나올 수 있을까?"이다.

절정은 미스터리가 해명되는 순간-다시 말해 로저가 캐플란과 이브에 관한 진실을 알게 되는 순간-이다. 그러나 이것은 곧 제3장에서 다루어질 새로운 긴장을 만들어내는데, 그것은 "로저가 이브를 구해낼 수 있을까?"이다.

해결은 러쉬모어산의 암벽 위에서 벌어진 추적신이 말해준다. 밴덤 일파가 죽고 로저는 이브를 구해내는 것이다. 제3장에는 작은 반전이 있다. 로저는 교수와 짜고서 연극을 벌여 이브의 안전을 도모한다. 그러나 그 결과 이브가 밴덤과 함께 떠나게 되자 로저는, 교수 일파의 의지와 상관없이, 혈혈단신으로 이브를 구하러 가는 것이다.

주제

〈북북서로 진로를 돌려라〉가 다루고 있는 주제는 거짓말과 기만이다. 마치 그것을 예고하듯 오프닝에서 로저는 "거짓말이라는 건 없어, 다만 편리한 과장이라는 게 있을 뿐이지(There is no such thing as a lie, just the expedient exaggeration)"라고 말한다. 그리고는 스토리가 진행되는 내내 그가 진실을 말하면 거짓말이라고 오인되고, 거짓말을 하면 진실로 받아들여지는 것이다. 그가 찾고자 했던 조지 캐플란이라는 존재 자체가 거짓말의 산물이다.

이 영화의 서브플롯들도 모두 이 거짓말과 기만이라는 주제를 다루고 있다. 밴덤의 전 생애와 경력은 모두 기만 위에 구축된 것이다. 이브는 처음에는 로저에게, 그리고 다음에는 밴덤에게 거짓말을 하고, 로저에 관련된 진실을 믿지 않지만, 나중에는 그것을 믿게 된다. 이 영화에 등장하는 교수야말로 '편리한 과장'의 대가이다. 그는 결국 거짓말의 효용성을 스스로 입증해 보인다. 밴덤과 그의 부하인 레너드 사이에는 완전한 신뢰가 있는 것처럼 보이지만 그들 사이의 관계 역시 거짓말과 기만에 의하여 시험받는다.

통일성

이 영화를 지배하고 있는 것은 행동의 통일성이다. 로저가 하고자 하는 일을 추구하는 것이 이 스토리의 중심을 이룬다. 그가 등장하지 않는 신도 가끔 나오지만, 그런 신에서조차 그것을 가동시키는 것은 여전히 로저가 하고자 하는 일이며, 그것은 다양한 방식으로 추구된다.

설명

오프닝에서의 설명은 로저와 그의 여비서가 주고받는 대화에 의하여 이루어진다. 로저가 누구이며, 어떤 일을 하고 있고, 앞으로의 스케줄이 어떠한지가 상세히 알려진다. 납치된 다음에는 갈등과 결합된 설명이 제시된다. 그의 항변이 곧 로저에 대한 설명이 되는 것이다. 경매장에서 끌려나온 다음 교수와 처음 대면한 상태에서 이루어지는 설명은 너무 직설적이다. 캐플란이 가상의 인물이며 이브가 위험에 처해 있다는 사실이 그저 대사로만 전달되고 있기 때문이다.

캐릭터의 성격묘사

오프닝에서부터 로저는 자신이 원하는 것을 자신의 방식대로 하는 것에 익숙해져 있는 사람으로 묘사된다. 그는 자신이 하고자 하는 일이 어떤 대가를 요구하든 상관하지 않는 인물이다. 이러한 성격은 상황이 절박해질수록 그 진가를 발휘한다. 로저가 여비서나 사업관계자들을 대할 때 보여주는 확고부동한 태도와 자신감은 이 스토리 내에서 시종일관 유지되며 심지어는 그가 위험에 빠져 있을 때조차도 그러하다.

밴담은 그의 적대자인 로저를 거울에 반영한 것 같은 이미지의 인물이다. 그 역시 말쑥하고 자신에 차 있으며 부드럽고 명석하다. 그러나 로저가 화를 낼 때 밴담은 즐거워한다. 그는 스스로 다른 사람들보다 우월한 위치에 있다고 느끼며 현재 벌어지고 있는 이 기만의 게임을 즐기고 있는 것 같다. 그러나 엔딩에 이르면 그 역시 그가 차지하고 있던 우월한 위치에서부터 끌려내려올 수밖에 없는 지경에 이른다.

이브는 이 두 남자와 확실하게 대비되는 인물이다. 겉으로는 두 남자에게 있는 자신감을 공유하는 것 같지만, 그녀의 자신감은 쉽사리 흔들리며 때때로 자신이 차지하고 있는 위치가 흔들리고 있다는 느낌에 사로잡힌다. 이브가 두 남자와 확연하게 갈라서는 대목은 진실성이다. 가령 이브와 로저가 기차에서 처음 만나 함께 식사를 하는 장면을 보라. 그녀의 유혹은 진심 어린 행동처럼 보이는 반면, 로저의 입에서는 거짓말만 쏟아져 나온다. 어쩔 수 없이 캐플란과의 거짓약속을 정해 로저를 속였을 때도 그녀는 그 거짓말의 결과를 상상하며 크게 낙담한다. 이브도 거짓말을 한다. 그러나 그녀의 정서는 일관되게 정직하다.

스토리의 발전

애초에는 단순한 신분오인에 불과했던 것이 눈덩이처럼 불어나 로저에게는 점점 더 끔찍한 상황으로 커진다. 이 진퇴양난에서 빠져나오려는 로저의 노력은 모두 그의 적대자에게 로저가 바로 캐플란임을 확신시켜줄 뿐이다. 밴담이 하고자 하는 일, 즉 자신을 저지하려는 비밀요원을 제거하는 것은 로저가 계속해서 살아남는 데 점점 더 힘든 장애물을 만들어낸다. 이브가 하고자 하는 일은 처음에는 그녀 자신을 보호하려는 것이지만, 로저와 사랑에 빠진 후에는 그를 보호하려는 것으로 바뀐다. 세 사람은 그들이 각자 하고자 하는 일을 추구한 결과 장애물들과 부딪치게 되는 것이다.

아이러니

이 스토리는 처음부터 로저가 가상의 비밀요원으로 오인되었다는 아이러니 위에 기초하고 있다. 관객이 이 사실을 깨닫는 순간-로저가 그 사실을 깨닫는 데에는 한참의 시간이 더 걸린다-부터 영화는 더욱 흥미로워진다. 관객은 점점 더 절박하게 행동하는 로저를 아이러니라는 안경을 통하여 바라보게 되는데 이것은 유머와 긴장을 증폭시키는 것이다.

로저가 캐플란을 찾으러 시카고로 향하고 있을 때 이미 관객은 그런 사람은 존재하지 않는다는 사실을 알고 있다. 이브가 정해준 약속장소로 로저가 가는 것도 마찬가지이다. 관객은 그 장소에 밴담 일파가 나타나리라는 것을 알고 있기 때문에 길가에 홀로 서서 기다리고 있는 로저를 보는 동안 아이러니가 형성되며 긴장이 고조되는 것이다.

로저는 자신을 함정에 빠뜨린 자가 캐플란이 아니라 이브라는 사실을 알아차리고는 그녀의 호텔방으로 찾아간다. 이 장면에는 이중의 아이러니가 중첩된다. 이브는 그가 그 사실을 알아냈다는 것을 모르고, 로저는 그녀가 자신을 정말로 사랑하며 그래서 그가 살아돌아온 것을 진심으로 기뻐한다는 것을 모른다. 오직 관객만이 진실의 전모를 알고 있는 상태에서 이 얽히고 설킨 이중의 아이러니를 즐기는 것이다.

준비와 여파

저 유명한 농약살포용 경비행기시퀀스에서 사용된 준비와 여파는 이미 교과서적인 사례로 꼽히고 있다. 히치콕은 곧 다가올 충격이나 드라마틱한 반전을 위하여 관객을 준비시키는 데에 최고의 대가였다. 여기에서 그는 흔히 음악을 사용하는 준비신의 상례를 뒤집고 대신 기분 나쁜 정적을 설정함으로써 관객이 이미 예상하고 있는 곧 닥쳐올 공격, 그러나 어느 방향에서 올지 모르는 공격에 대해 정서적인 준비를 하도록 한다. 그는 광활한 공간, 정적, 드문드문 지나갈 뿐인 차량 등을 이용해 피할 수 없는 공격의 위력을 강화시킨다. 이 시퀀스의 마지막은 경비행기와 유조차가 충돌하는 것이다. 그제서야 모여든 구경꾼들은 그것을 하나의 비극으로만 인식하지 어떤 승리라고는 생각하지 않는다. 아이러니의 특성을 최대한 보여준 탁월한 여파신이다.

씨뿌리기와 거둬들이기

씨뿌리기와 거둬들이기의 훌륭한 예로는 로저 손힐의 이니셜인 R.O.T가 인쇄되어 있는 성냥갑을 들 수 있다. 이 성냥갑은 이브가 기차의 식당칸에서 식사를 하면서 O는 무엇의 약자냐고 물을 때 강조된다. 후에 밴담의 집에서 로저는 이브의 코앞에 닥쳐온 위험을 그녀에게 알려야 할 때 이 성냥갑을 사용하고 이브는 로저가 근방에 있다는 것을 즉시 알아차린다.

또 하나의 씨뿌리기와 거둬들이기는 로저가 술마시는 것에 대해 그의 어머니가 보여주는 태도이다. 오프닝에서 로저는 그의 여비서에게 자신의 어머니는 자신의 숨결만으로도 술냄새를 맡아내는 분이니까 조금만 마시겠다고 말한다. 얼마 후 음주운전으로 체포되어 판사 앞에 섰을 때 로저는 사람들이 자기에게 억지로 술을 퍼먹였다고 주장한다. 사실이기는 해도 의심을 살 수밖에 없는 이 주장은 결국 그의 어머니조차 믿어주지 않자 근거없는 것이 되고 만다.

미리 알려주기와 예상하게 만들기

밴담은 로저와 처음 만나는 자리에서 자신이 파악하고 있는 조지 캐플란의 호텔 스케줄을 줄줄이 꿴다. 그가 전에는 어디에 묵었고, 지금 뉴욕에서는 어디에 머물고 있으며, 앞으로 시카고에 가서는 어느 호텔에 묵을 것이고, 그 다음에는 사우스 다코타의 래피드 시티에 예약이 되어 있다는 것이다. 이것은 물론 로저가 부인하자 그를 꼼짝못하게 만들려고 하는 밴담의 의지를 확고하게 보여주는 장면이다. 관객은 이 장면의 갈등이 너무나 강렬하기 때문에 밴담이 줄줄이 꿰고 있는 호텔 스케줄을 하나의 정보로 받아들일 여유가 없다. 그러나 이것은 앞으로 이 스토리가 어떤 장소에서 펼쳐질 것인지를 교묘하게 전달한 예상하게 만들기였다.

이 영화에는 예상하게 만들기의 예가 무수히 많다. 가령 밴담이 부하들에게 "캐플란씨를 잘 대접(entertain Mr.Kaplan)하라"는 명령을 내릴 때, 관객은 도대체 저 녀석들이 어떤 짓을 할 것인가를 예상해보게 된다. 로저가 어머니에게 기차를 타고 시카고로 가겠노라고 말할 때, 관객은 다시 한 번 스토리 속으로 끌려들어간다. 그의 계획이 성공할 수 있을까? 그가 기대하는 대로 일이 풀려나갈 것인가? 경매장에서 보여준 로저의 행동 때문에 밴담이 이브를 의심하게 될 때, 관객은 어쩔 수 없이 기대와 두려움 사이를 오가게 된다. 로저가 교수와 짜고서 러쉬모어산의 관광지에서 연극을 벌이기로 했을 때에도 관객은 기대와 두려움을 갖게 된다.

개연성

이것은 그다지 현실적인 스토리가 아니다. 그러나 이것은 이 영화의 고유한 창작품이라고 할 수 있는 스토리의 세계 속에서는 나름대로의 규칙을 준수함으로써 개연성을 획득한다. 오프닝에서 뉴욕과 로저가 속해 있는 세계를 그려낼 때의 스토리는 상당히 현실적이다. 그러나 밴담 일파가 음주운전사고를 가장해 로지를 죽이려 했던 순간을 지나면서부터, 스토리는 현실세계와는 다른 세계를 구축하고, 관객을 그 속으로 끌어들인다. 시나리오작가는 충격적인 사건을 보여줌으로써 관객의 불신을 잠재우고 스토리의 세계로 유인해내는 것이다.

일단 불신을 거둬들인 다음에는 스토리의 전개에서 눈을 뗄 수가 없다. 모든 사건들이 바로 직전의 사건으로부터 자연스럽게 도출되어 나온 불가피한 결과로 연결되어 있기 때문이다. 로저는 영리하게도 위험이 닥칠 때마다 명석함과 위트를 발휘해 위기를 모면하지만 그 결과로 부딪치게 되는 것은 또 다른 위험이다. 관객은 그의 명석함과 위트에 찬탄을 보내는 만큼 그에게 닥쳐오는 위험에 대해서도 그 불가피성을 인정할 수밖에 없다.

행동과 활동

동일한 장면에서 행동과 활동이 결합되는 예는 경매장 신이다. 로저가 밴담과 이브에게 다가가 그녀에게 가시돋친 말을 퍼붓는 것은 행동이다. 그는 그녀가 어떻게 반응하는가를 확인해보려 한 것이다. 이때 한창 진행중인 경매는 단순히 활동이다. 그러나 그 장면의 말미에 로저가 경매에 끼어들면서 말도 안 되는 가격들을 불러대는 것은 행동이다. 그는 밴담 일파로부터 빠져나가기 위하여 경찰을 부른 것이다.

기차에서 식사를 하는 것, 망원경으로 러쉬모어산을 쳐다보는 것, 밴담이 비행기가 오기를 기다리면서 샴페인을 마시고 싶어하는 것 등은 모두 활동이다. 그러나 뉴욕에서 캐플란의 호텔방을 뒤지는 것, 밴담 일파로부터 도망치려고 엘리베이터에서 숙녀들을 먼저 내리도록 하는 것, 시카고의 호텔방에서 이브가 살며시 도망쳐 밴담을 만나러 가기 위해 로저에게 샤워를 하라고 권하는 것 등은 모두 행동이다.

대사

　이 영화에서 사용되고 있는 대사들―특히 로저와 이브의 대사들―은 너무도 기지에 넘치고 예리한 것이어서 실제의 현실에서 사용되는 일상적인 말이라고 보기는 어렵다. 이런 대사들은 이 영화가 가지고 있는 특별한 분위기를 위한 것이다. 이 영화에서 보여지는 스토리의 세계는 현실세계와는 약간의 거리가 있다. 그 세계가 어느 정도 현실에 가까운 것은 사실이다. 그러나 관객이 그 세계에 대하여 전율을 느낄 수 있을 만큼의 거리는 떨어뜨려 놓고 있다. 즉 관객에게 일정한 '미적 거리(aesthetic distance)'를 제공하고 있는 것이다.

　밴담의 대사는 언제나 조금 익살스러우며 오만한 우월감을 드러낸다. 그의 부하 가운데 한 명인 발레리언은 이 영화에 나오는 모든 등장인물들 중에서도 가장 멋진 어법을 사용한다. 이렇게 약간은 비현실적인 대사들을 구사하는 이유는 관객이 영화 속에 등장하는 죽음과 폭력을 너무 리얼하게 받아들일 때 갖게 될 공포를 조금 누그러뜨리려는 배려에서이다.

비주얼

　기차 안에서 밀실공포증을 자아내는 장면에서부터 농약살포용 경비행기시퀀스가 펼쳐지는 광활한 풍경에 이르기까지 이 영화는 대단히 다양한 비주얼을 관객에게 선사한다. 히치콕 영화에는 언제나 풍부한 상상력을 불러일으키는 숏들이 대거 등장하는데 〈북북서로 진로를 돌려라〉 역시 예외는 아니다. UN빌딩을 높은 곳에서 내려찍은 부감숏, 레너드가 이브에게 로저를 거짓 약속장소로 보내라는 지시를 전해줄 때 줄 지어 서 있는 전화박스들을 따라가는 달리숏, 그리고 농약살포용 경비행기시퀀스 전체를 다채롭게 장식하는 수많은 숏들까지.

　이 영화에서 사용된 작은 이미지들도 대단히 아름답고 효율적이다. 가령 기차의 식당칸에서 담배에 불을 붙여주는 로저의 손을 슬쩍 어루만지는 이브의 손놀림을 보라. 그것은 경비행기의 공격을 받은 다음 시카고의 호텔방에서 두 사람이 포용할 때 이브의 손을 슬쩍 놓아버리는 로저의 손놀림과 대비된다. 또한 경매장에서 이브의 목덜미를 어루만지는 밴담의 손놀림은 그의 독점적인 지위를 분명하게 말해준다. 그러다가 갑자기 손을 떼었을 때, 그 동작은 다른 어떤 대사가 전하는 것보다 더욱 분명하게 그의 내면세계를 묘사해내는 것이다.

드라마틱한 장면

이 영화에는 넘쳐나는 액션과 스릴을 제쳐두고라도 대단히 효과적으로 사용된 드라마틱한 장면들이 꽤 있다. 가령 로저와 그의 어머니가 캐플란의 호텔방을 뒤지는 장면을 보자. 이 장면에서 두 인물이 하고자 하는 일은 서로 상치된다. 로저는 캐플란에 관한 사실을 알아내려 하고, 어머니는 아들을 설득해서 이 말도 안 되는 짓을 그만두게 하려는 것이다. 로저가 열심히 뒤지고 스스로 질문을 던지고 심지어는 캐플란의 양복까지 꺼내 입는 동안 그의 어머니는 계속 아들을 문쪽으로 끌고가려 한다.

로저는 경비행기의 공격으로부터 살아돌아온 다음 호텔방에서 이브를 만나 "어떻게 당신 같은 여자가 당신 같은 여자가 되었지(How does a girl like you get to be a girl like you)?"라고 묻는다. 이 대사에는 그가 겪은 상처와 분노가 그대로 묻어 있다. 한편 이브는 그녀대로 안도감과 불안감을 동시에 느낀다. 그들이 각자의 내면에서 느끼고 있는 복잡한 감정들은 이들이 주고받는 행동을 통하여 여실히 드러난다. 이 장면은 그 자체로서 대단히 드라마틱하다. 대사도 상당히 날카롭고 절묘하지만 그것의 기여는 부분적일 뿐이다.

밴담이 글렌 코브의 서재에서 처음으로 로저를 만날 때, 그 두 사람의 대면은 마치 고양이와 쥐가 마주친 것 같은 드라마틱한 양상을 띤다. 밴담이 커튼을 닫고 조명들을 슬슬 밝히면서 무대를 만드는 동안, 로저는 그에게 눈을 맞춘 채 빙빙 돌면서 상대를 어림해보는 것이다. 두 사람은 각자가 지금 어떤 위치에 있는지—고양이인가 쥐인가—를 분명하게 알고 있기 때문에 그들 사이의 갈등은 더욱 강하게 맞부딪치는 것이다.

특기할 만한 사항

〈북북서로 진로를 돌려라〉는 미스터리와 서스펜스가 절묘하게 결합되어 있
는 영화이다. 미스터리란 형사 혹은 그와 비슷한 일을 하는 인물이 나와서 현
재 벌어지고 있는 일이나 과거에 벌어진 일의 진상을 밝혀내려 애쓰는 스토리
이다. 따라서 미스터리는 과거 및 현재에 결부되게 마련이다. 미스터리는, 그
것이 스토리의 전체 구조를 지탱하고 있든 아니면 그저 다른 스토리의 도입부
만을 커버하고 있든, 관객을 스토리 안으로 끌어들이는 데에는 대단히 효과적
인 도구이다. 그것은 호기심에 호소하여 관객을 매료시킨다.

그러나 미스터리만으로는 스토리가 진행되는 내내 관객의 흥미와 참여를
지속시킬 수 없다. 그것은 과거와 현재에 국한된 영역에서만 위력을 발하기
때문이다. 관객을 정서적으로 끌어들이고, 기대하거나 두려워하도록 만들고,
스토리에 참여하도록 만들려면, 미래를 내다보도록 만들어야 한다. 서스펜스
야말로 순수한 미래이다. '무슨 일이 벌어질까?(What will happen?)' 야말
로 관객의 머리에 떠오르는 최초의 질문인 것이다.

그런 뜻에서 서스펜스의 요소는 미스터리 영화에만 필요한 것은 아니다. 서
스펜스는 모든 종류의 영화에 필요하다. 관객을 기대와 두려움 사이에서 오가
게 하고 앞을 내다보도록 만들려면-이것이 곧 관객을 스토리 안으로 끌어들이
는 일의 핵심이다-서스펜스가 반드시 필요한 것이다.

이상적인 경우는 미스터리와 서스펜스가 제대로 결합되어 있는 것이다. 바
로 〈북북서로 진로를 돌려라〉가 그 두 가지 요소들이 공존하면서 서로를 뒷받
침하고 강화해주는 것을 기가 막히게 보여주는 사례이다.

로저가 납치될 때 그와 관객은 모두 미스터리에 빠지게 되고 이게 도대체
어찌된 일인지 알고 싶어한다. 밴댐과 나눈 대화가 미스터리의 일부-로저를
다른 사람으로 오인했다-를 드러내주지만 이는 곧 로저를 죽이라는 명령과

함께 끝난다. 이제 관객의 관심은 곧장 서스펜스로 옮겨간다. 무슨 일이 벌어질 것인가? 그리고 그는 어떻게 도망칠 것인가? 관객은 앞으로 벌어질 미래의 일들을 내다보게 되는 것이다.

로저는 캐플란의 호텔방으로 숨어들어가 이 사람은 도대체 누구이며 왜 이런 오해가 생겨났는지 그 미스터리를 풀려 한다. 그러나 밴담의 부하가 그 방으로 접근할 때 관객은 다시 서스펜스에 빠져들면서, 과거나 현재는 더 이상 생각하지 않고, 이제 곧 무슨 일이 벌어질지에 대해서만 생각하게 된다. 로저는 어떻게 도망칠 것인가?

훌륭한 미스터리라면 스토리가 진행되는 동안 미스터리와 서스펜스 사이를 오가야 한다. 그러나 제2장의 말미에 이르러서는 주요 미스터리를 해결하고 거의 순수한 서스펜스로 넘어가는 것이 좋다. 〈북북서로 진로를 돌려라〉에서도 제2장의 말미에 다다르면 주요 미스터리의 마지막 문제-진짜 비밀요원은 이브였다-가 풀린다. 그리고는 로저가 이브를 보호하기 위해 교수에게 협력하기로 한 순간부터 영화의 모드는 서스펜스로 바뀌는 것이다. 물론 주요 미스터리가 아닌 작은 미스터리-가령 그들이 꾸민 연극의 내막-는 남아 있을 수도 있다. 그러나 관객의 관심은 이미 서스펜스로 집중되어 버리는 것이다.

초보적인 시나리오작가는 마치 살인사건의 미스터리를 다루는 추리소설처럼 영화의 마지막 순간까지 미스터리를 연장시키려 한다. 그러나 이것은 드라마를 충분히 이해하지 못한 소치이다. 드라마의 핵심은 관객을 참여시키고, 앞을 내다보도록 만들고, 기대와 두려움 사이를 오가게 하는 것, 즉 서스펜스를 느끼도록 하는 것이다. 그렇게 하지 않으면 관객은 방관자가 되어 스토리 밖에 남아 있게 되고 드라마는 현저히 약화된다. 과도하게 연장시킨 미스터리는 기껏해야 관객의 호기심만 애타게 할 뿐이지 관객의 정서를 움직이지 못하는 것이다.

400번의 구타

Les Quatre cents Coups 1959 ||||||||||||||||||||||

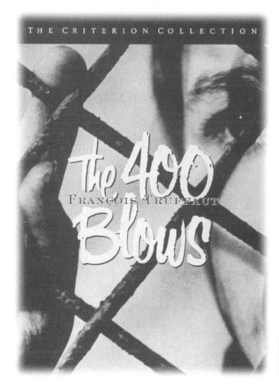

시나리오 프랑수아 트뤼포,
마르셀 무시
감독 프랑수아 트뤼포

〈400번의 구타〉는 누벨 바그(Nouvelle Vague)의 첫 번째 작품은 아니다. 그
러나 클로드 샤브롤(Claude Chabrol), 장 뤽 고다르(Jean-Luc Godard),
에릭 로메르(Eric Rohmer), 자크 리베트(Jacques Rivette)의 작품들과 더
불어 누벨 바그의 탄생을 세상에 알린 초창기 작품들 중 하나이다. 자전적인
요소가 강하며 상투적인 해피엔딩을 거부하고 있는 이 영화로 트뤼포는 진정
한 작가(auteur), 강렬한 감정과 심리학적 깊이를 표현하는 작가의 반열에 올
랐다. 〈400번의 구타〉는 칸에서 그랑프리를 수상했고, 트뤼포와 무시가 함께
쓴 시나리오는 아카데미 각본상에 노미네이트되기도 하였다.

시놉시스

13살짜리 소년들이 시험을 보고 있는 교실 안에 달력의 여자사진이 돌아다
닌다. 그 사진이 앙트완느 드와넬에게 전해진 순간 앙트완느는 담임에게 붙잡
혀 교실 구석에 자리한 칠판 뒤에 서 있는 벌을 받는다. 쉬는 시간에도 벌이
계속되자 앙트완느는 불만에 가득 차 벽에 낙서를 끼적거리고 이 때문에 벌을
더 받게 된다. 자신을 약올린 모리세에게 복수하려 했다는 이유로 숙제까지
떠맡은 것이다. 학교가 파하자 앙트완느는 가장 친한 친구 르네와 투덜거리며
집으로 돌아온다.

그의 가족들이 살고 있는 아파트에는 아직 아무도 귀가하지 않았다. 그는
돈을 조금 훔친 다음 그에게 맡겨진 집안일들을 한다. 잠시 후 귀가한 신경질
적인 엄마 질베르트는 앙트완느가 밀가루를 사다놓지 않았다고 화를 낸다. 심
부름에서 돌아오는 길에 그는 다정한 아빠 줄리앙을 만난다. 그는 자동차에
달 새 안개등을 사들고 오는 길이다. 질베르트는 앙트완느에게 거스름돈을 내
놓으라고 윽박지르고, 앙트완느는 줄리앙에게 용돈을 뜯어낸다. 식사 후 앙
트완느는 부모들이 자신을 여름캠프에 보내는 문제를 두고 벌이는 말다툼을
듣는다. 줄리앙은 아내에게 일요일에 열리는 자동차 클럽의 여행을 함께 가자
고 제안하지만, 그녀는 줄리앙이 회사에서 출세하지 못하는 것에 대하여 잔소

리만 늘어놓는다.

앙트완느는 숙제를 다하지 못했기 때문에 담임을 어떻게 대해야 할지 걱정하면서 학교로 뛰어가다가 르네를 만나 땡땡이를 친다. 두 소년은 가방을 숨겨놓고 나서 영화를 보고, 핀볼게임을 하고, 놀이동산에도 가는 등 즐거운 하루를 보낸다. 집으로 가는 길에 두 소년은 질베르트가 다른 남자와 키스하고 있는 것을 본다. 그들은 질베르트가 자신의 처지 때문에 앙트완느의 무단결석을 문제삼지 않으리라는 결론을 내린다. 그러나 두 소년은 숨겨둔 가방을 찾아나오다가 모범생 모리세에게 들킨다. 르네는 자신이 곧잘 쓰는 결석사유서를 앙트완느에게 주면서 엄마의 필적으로 베끼라고 한다.

앙트완느가 결석사유서를 다 베끼기도 전에 아버지가 귀가한다. 줄리앙은 질베르트가 야근을 해야 하기 때문에 오늘 저녁에는 우리 둘이 홀아비신세로 지내야 한다고 말한다. 함께 달걀요리를 하면서 줄리앙은 앙트완느의 학교생활에 대하여 물어본다. 밤늦게 엄마가 집에 왔을 때 앙트완느는 아파트의 출입구에 놓인 비좁은 침대에 누워 자는 척한다. 그는 부모가 질베르트의 늦은 귀가, 앙트완느가 버릇처럼 해대는 거짓말, 그리고 그가 실은 줄리앙의 아들이 아니라는 사실을 놓고 부부싸움을 하는 소리를 듣는다.

앙트완느가 아침에 서둘러 학교를 가고 있는 동안, 모리세는 앙트완느의 집으로 가서 어제 그가 학교를 빼먹었다는 사실을 고자질한다. 르네와 앙트완느는 담임에게 둘러댈 핑곗거리를 의논하다가 핑계란 '크면 클수록 더 좋다(the bigger the better)'는 결론을 내린다. 앙트완느는 엄마가 죽었다고 말해 담임의 동정을 얻는다. 그러나 다음 순간, 앙트완느의 부모가 교실로 들이닥친다. 그들은 앙트완느의 따귀를 올려붙이고는 저녁에 집에 오면 더욱 혼을 내주겠다고 으름장을 놓는다. 앙트완느는 거리에서 밤을 보내기로 작정하지만, 르네가 더 좋은 장소, 즉 르네의 아저씨가 경영하는 인쇄소로 그를 데려간다. 줄리앙이 가출하겠다는 뜻을 밝힌 앙트완느의 편지를 읽는 동안, 질베르트는 왜 하필 자기를 죽었다고 했는지에 대하여 분개하면서도 그 편지에 혹시 다른 뜻이 내포되어 있지 않나 하여 불안해한다.

인쇄소에서 밤을 보내려고 했지만 그곳에도 사람들이 들이닥치자 앙트완느는 허겁지겁 도망친다. 그는 밤거리를 헤매다가 너무도 배가 고파 남의 집에 배달된 우유를 한 병 훔쳐 허겁지겁 마시기도 한다. 아침이 되어 학교에 간 앙트완느는 교장실로 불려간다. 그곳에 와 있던 엄마는 뜻밖에도 앙트완느를 다정하게 끌어안으며 어디에서 밤을 새웠느냐고 묻는다. 질베르트는 앙트완느를 목욕시킨 다음 편안한 엄마 침대에서 한잠 자라고 하면서 그의 마음을 열어보려 한다. 그녀는 앙트완느가 쓴 편지에서 "모든 것을 설명하겠다"는 구절이 혹시 자신의 불륜행위를 고자질하겠다는 것일까봐 걱정스러웠던 것이다. 앙트완느에게 그럴 의도가 없었다는 것을 확인하자 그녀는 안도의 한숨을 내쉰다. 그리고는 비밀을 지킨다는 조건으로, 다음 국어시험에서 좋은 성적을 받으면 상으로 돈까지 주겠다고 구슬린다.

체육선생의 인솔 아래 소년들은 거리를 구보한다. 그러나 한 명 두 명 점점 대오를 이탈해서 나중에는 두 명의 아이들만이 선생 뒤를 따라갈 뿐이다. 앙트완느는 집에서 혼자 발자크를 읽고 그의 사진을 자신의 벽 선반 위에 올려놓는다. 학교에서 선생이 각자의 인생에서 중요했던 사건을 하나씩 써오라는 숙제를 내자 앙트완느는 할아버지의 죽음에 관해 쓰기로 한다. 앙트완느는 그가 만든 작은 발자크 사당에 촛불을 켜놓았다가 그만 불을 내는 소동을 일으킨다. 줄리앙은 화를 내지만 질베르트가 나서서 앙트완느를 두둔하고 기분전환 삼아 영화라도 보러가자고 한다. 세 식구는 모처럼 함께 단란한 시간을 보내고 즐거운 마음으로 집에 돌아온다.

다음날 학교에서 앙트완느는 발자크를 베껴서 숙제를 냈다고 심하게 야단을 맞고 르네와 함께 쫓겨난다. 앙트완느는 이제 부모들이 자기를 군사학교에 넣을 것이라고 확신한다. 그러나 해군학교라면 그다지 나쁠 것도 없다. 그는 언제나 바다를 보고 싶어했기 때문이다. 르네는 앙트완느를 자신의 집으로 데려간다. 기괴할 만큼 커다란 아파트에서 살고 있는 르네는 돈을 훔쳐가지고 나와 앙트완느와 함께 신나게 논다. 르네는 시계바늘을 앞으로 돌려놓는 트릭을 써서 아버지를 외출시킨 다음 앙트완느에게 음식을 갖다준다. 그들은 또 영화구경을 하러 갔다가 스틸과 잔돈 그리고 시계까지 훔친다.

다음날 두 소년은 여자아이들을 데리고 인형극을 보러 간다. 여자아이들이 넋을 놓고 인형극을 바라보는 동안 두 소년은 앙트완느가 숨어 사는 데 필요한 돈을 구할 방법을 궁리한다. 그들은 줄리앙의 사무실에서 타자기를 훔쳐내 전당포에 팔기로 한다. 앙트완느는 줄리앙의 사무실로 들어가 감쪽같이 타자기를 들고 나오지만 그 무거운 타자기를 들고 거리와 지하철을 오가는 일은 힘들기만 하다. 마침내 두 소년은 타자기를 팔아주겠다는 수상쩍은 남자와 만나지만 그는 그것을 가지고 내빼려한다. 경찰이 다가오는 것을 이용해 간신히 타자기를 되찾은 두 소년은 그것을 팔아넘기기란 불가능하다는 결론을 내린다. 앙트완느는 타자기를 사무실에 도로 갖다놓기로 하고 아는 사람 눈에 띄지 않게 모자를 깊이 눌러쓴다.

그러나 앙트완느는 타자기를 돌려놓으러 갔다가 야간경비에게 붙잡힌다. 줄리앙은 앙트완느를 경찰서로 끌고가 부모로서 최선을 다했지만 이제는 포기할 수밖에 없다고 말한다. 앙트완느는 체포되어 사진을 찍고 지문까지 남긴 다음 유치장에 갇힌다. 앙트완느는 어른범죄자들과 함께 호송차에 실려가면서 창살 사이로 멀어지는 파리를 바라본다. 질베르트는 판사에게 앙트완느의 가정생활에 대하여 진술한다. 결국 법원은 앙트완느를 소년원에 수감하기로 결정한다.

소년원에서도 앙트완느는 허락없이 빵에 먼저 손을 댔다고 심한 체벌을 받는다. 그는 한 여성심리학자와의 면담에서 자신이 어떻게 돈을 훔쳤고 왜 타자기를 다시 갖다놓으려 했는지를 설명한다. 면회일이 되자 앙트완느는 르네를 만나게 되리라고 들떠 있지만 르네에게는 면회가 허락되지 않는다. 대신 질베르트가 찾아오는데, 그녀는 앙트완느가 줄리앙에게 보낸 '개인적인(personal)' 편지를 두고 야단친 다음, 이제 누구도 너에게 관심을 두지 않을 것이라고 선언한다.

앙트완느는 소년원에서 축구시합을 하는 동안 철조망을 빠져나와 탈출한다. 간수들이 그를 뒤쫓지만 그는 탈출에 성공한다. 그는 달리고 달려 마침내 바닷가에 도달한다. 앙트완느는 파도가 밀려오는 바다를 향해 달려가다가 육지쪽으로 슬핏 방향을 돌린다. 이때 그의 얼굴에는 공허한 표정만이 떠오를 뿐이다.

주인공과 그가 하고자 하는 일

주인공은 물론 앙트완느이다. 그는 언제나 붙잡히고, 부모로부터 무시와 오해를 받고, 계속해서 무엇엔가 대가를 치러야만 하는 인물이다. 앙트완느는 자신이 하고자 하는 일이 무엇인지를 명확히 인식하지 못하고 있는 주인공이다. 그는 다만 어딘가에 소속되고 싶어하고, 누구에게든 환영받고 인정받게 되기를 바란다. 이 약간은 모호한 욕망이 그가 하고 있는 일에 대한 동기를 유발시킨다.

장애물

앙트완느의 장애물은 한마디로 요약될 수 있다. 어른들이다. 앙트완느의 엄마는 이기적이고 거짓말쟁이이며 화를 잘 내는 여자로 아들에게 언제나 이랬다저랬다 하는 모습을 보인다. 그의 아버지는 약하고 비겁한 남자로 앙트완느를 사랑하지만 아내를 견뎌내지 못한다. 앙트완느의 선생은 이미 그를 문제아라고 낙인찍은 지 오래이다. 그 밖의 다른 모든 어른들도 앙트완느를 믿어주지 않고 이해해주지 않는다.

또 다른 장애물은 앙트완느의 내부에서 나온다. 자기자신이야말로 앙트완느에게서는 가장 악질적인 적대자이다. 그는 스스로 사려 깊지 못한 탓에 자기가 만들어놓은 발자크 사당에 불을 내고 아버지의 회사에서 도둑질을 하는 것이다. 앙트완느는 마치 최악의 패를 들고 형편없는 게임을 하는 한심한 카드놀이꾼과도 같다.

전제와 오프닝

누구에게도 사랑받지 못하는 13살짜리 파리 소년이 세상 속에서 자신이 할 바를 찾아내려 하지만 언제나 실패할 뿐이다.

트뤼포와 무시는 앙트완느의 불운을 보여주는 작은 사건으로 깔끔한 오프닝을 만들어냈다. 달력의 여자사진을 봤다는 '죄(sin)'는 사실 다른 소년들도 저지른 것으로 그다지 대수로울 것 없는 일이다. 그러나 벌을 받는 것은 앙트완느 혼자뿐이다. 그는 억울한 심정에 또 다른 문제를 만들어내고 그 결과 더욱 큰 벌을 받게 된다.

주요긴장과 절정과 해결

이 영화의 스토리텔링은 어떤 중요한 사건들로 이루어지는 것이 아니다. 오히려 다양한 에피소드들이 뒤죽박죽 마구 뒤섞여 있는 것처럼 보인다. 그럼에도 이 영화의 스토리를 하나로 묶어주는 것은 분명히 존재한다. 앙트완느가 어떻게든 별 문제 없이 자신의 삶을 살아나갈 수 있을 것인가 하는 문제이다. 이 문제에 관한 한 관객이 앙트완느 자신보다도 훨씬 더 잘 알고 있다. 그는 그럴 수가 없다.

이 영화의 주요긴장은 "과연 앙트완느는 그의 부모와 함께 잘 살아갈 수 있을까?"이다. 그는 과연 '나쁜(bad)' 행실을 고치고, 자기자신을 유지하면서도 그의 진가를 인정받고, 세상 속에서 자신의 자리를 찾아낼 수 있을 것인가? 이 주요긴장은 확연하게 식별할 수 있는 성질의 것이 아니다. 관객에게 기대와 두려움을 갖게 하는 것은 그가 어떤 식으로 살아가느냐 하는 태도와 선택의 문제이기 때문이다.

절정은 타자기를 돌려놓으러 갔다가 붙잡히게 되자 아버지인 줄리앙마저 그를 포기해버리는 것이다. 경찰서로 끌려가 '체제(system)' 안에 갇히게 됨으로써 그는 이제 더 이상 가족과 함께 사는 생활을 계속할 수 없게 된다.

해결은 그가 소년원을 탈출하여 그야말로 혈혈단신의 혼자가 되는 것이다.

이로써 앙트완느가 품고 있는 문제가 다 해결된 것은 물론 아니다. 그러나 어찌됐건 그는 자유를 얻었고 이제부터 자신의 삶을 스스로 꾸려나갈 기회를 갖게 된 것이다.

주제

이 영화는 소속과 자유를 두고 벌이는 인간의 기본적인 투쟁을 다루고 있다. 이 영화에 나오는 4명의 등장인물은 나름대로 무엇엔가 소속되고 싶어하는 욕망과 그로부터 자유롭고자 하는 욕망 사이에서 싸움을 벌인다.

앙트완느는 만약 받아들여지기만 했다면 자신의 가족에게 기꺼이 소속되려 했을 것이다. 르네 역시 비슷한 상황인데 그는 그저 명색으로만 가족에 '소속(belongs)' 되어 있을 뿐이다. 줄리앙은 질베르트의 아들에게 성(姓)을 줌으로써 한 가정에 소속되었지만, 그 대가로 자신의 자유를 포기해야만 했다. 기껏해야 자동차 여행을 즐기는 것말고는. 질베르트 역시 자신의 아이를 사생아로 만들지 않기 위하여 자유를 포기했다. 대신 그녀는 바람을 피우고 남편을 속이는 등 금지된 자유를 누림으로써 그 구속에 반항한다.

이들은 모두 소속과 자유 사이에서 그 존재가 찢겨져 있는 듯 보인다. 이들 중 무엇엔가 소속되고자 하는 욕망을 완전히 버리고 외로운 자유를 선택한 것은 결국 앙트완느뿐이다. 비록 그 선택이 스스로 원한 것이었다기보다는 상황에 떠밀려 어쩔 수 없이 그렇게 된 것이긴 하지만.

통일성

앙트완느가 자신의 행동 혹은 그 밑에 깔려 있는 심층적인 동기를 언제나 완전히 의식하고 있는 것은 아니다. 그럼에도 그의 행동에는 통일성이 있다. 그는 대체로 자기가 그럭저럭 해나가고 있다거나, 실수를 은폐하려 한다거나, 최악의 상황이 벌어지는 것을 막으려 애쓰고 있다고 생각한다. 그가 진정으로 바라는 것은 다른 사람들에게 인정받고, 사랑받고, 잘 살아가는 것이다. 그러나 그는 얄팍한 거짓말을 하고, 속임수를 쓰고, 도둑질을 할 뿐만 아니라, 제 멋대로 하고야 마는 성격을 타고났다. 어른들은 그의 이러한 면을 이해하려 들지 않고 용서하지도 않는다. 그래서 그가 하려고 하는 일은 언제나 실패를 맞게 된다.

설명

이 영화에서의 설명은 갈등과 결합된 채 일상생활을 통하여 제시된다. 관객은 앙트완느가 집안의 잡일들을 습관적인 듯 자연스럽게 하는 것을 보면서 그가 가족 안에서 차지하고 있는 위상을 이해하게 된다. 밀가루를 안 사왔다고 화를 내고, 거스름돈을 내놓으라고 윽박지르는 엄마를 보며 그들간의 불편한 관계를 알게 된다. 줄리앙이 서로 다투고 있는 아내와 아들을 살펴보다가 결국 돈을 쥐어주는 것 역시 그들 사이의 관계가 어떤 성격의 것인지를 잘 드러낸다.

갈등과 결합된 설명은 영화 도처에서 발견된다. 관객은 부모의 언쟁으로 앙트완느가 사생아였으며 줄리앙의 아들이 아님을 알게 된다. 앙트완느가 학교에서 문제를 일으키는 것을 보면 그가 왜 집에 가기를 두려워하는지 알 수 있다. 관객은 줄리앙의 농담을 통해 그가 실은 아내의 불륜사실에 대하여 생각보다 많은 것을 알고 있다는 것을 눈치챌 수 있다. 질베르트가 남편을 우습게 안다는 것은 그녀가 농담조차 못 참아한다는 사실에서 잘 드러난다. 그들의 재정상태가 좋지 않다는 것은 작은 사건을 통해 깔끔하게 설명된다. 갑자기 노크소리가 나자 혹시나 가스검침원인가 해 당황하는 장면이다.

캐릭터의 성격묘사

앙트완느는 극히 전형적인 13살 소년, 즉 시시한 반항을 일삼고 찔끔찔끔

권위에 저항하며 제멋대로 구는 소년-달리 표현하자면 스스로 애를 써서 더 많은 문제를 자초하는 소년-으로 묘사된다. 그에게는 불행하게도 무단결석을 거짓말로 숨기려 하거나 발자크 사당을 만드는 것 같은 단순한 일조차도 재앙으로 변한다.

질베르트의 성격은 허영심이 많고 이기적이며 아주 쉽게 화를 내는 것이다. 질베르트는 가스검침원을 피해다니면서도 모피 외투를 입고 다니며, 앙트완느의 시트 살 돈이 아까워 아들에게 화를 내는 여자이다. 자신의 주름살에는 신경을 쓰지만 입구의 비좁은 통로에 놓여진 앙트완느의 침대에는 무신경하다. 그저 그녀가 오가는 데 거치적거리는 성가신 물건이라고만 생각하지 아들이 겪고 있는 불편함에 대해서는 아랑곳하지 않는 것이다. 줄리앙은 다정한 성격으로 늘 농담을 던지며 좋은 얼굴로 지내려 하지만 실은 비겁한 남자로 묘사된다. 그는 계속해서 앙트완느에게 엄마와 사이좋게 지내는 길은 그녀에게 지는 것뿐이라고 말한다. 르네는 매력적으로 살아가는 것처럼 보이지만 그저 부잣집 망나니 소년일 뿐이어서, 앙트완느가 붙잡혀도 그만은 항상 빠져나간다. 학교를 쫓겨나는 것조차도 르네가 자청한 일이다. 그런 이유로 르네의 행동은 어떠한 반향도 불러일으키지 않는다.

스토리의 발전

앙트완느가 저지른 문제들은 언제나 어김없이 나중에 대가를 치르게 만든다. 그는 달력의 여자사진 때문에 벌을 받는다. 그것이 억울해서 다시 문제를 일으키자 더 큰 벌을 받게 된다. 앙트완느는 숙제를 못했기 때문에 땡땡이를 치자는 르네의 꼬임에 쉽게 넘어간다. 그러나 르네와 달리 그는 핑계를 댈 수가 없고 그래서 거짓말이 불가피하다. 모리세가 앙트완느의 부모에게 고자질하는 것조차도 앙트완느가 그에게 혼내주겠다고 협박한 결과이다. 모리세는 그저 앙트완느에게 한 방 먹인 것뿐이다.

애써 만든 발자크 사당은 그의 치밀하지 못한 성격 탓에 불이 나 버리고,

훗날 그는 발자크를 베껴 숙제를 제출했다고 크게 야단을 맞는다. 학교에서 쫓겨난 그는 돈이 절박하게 필요하다. 그래서 아버지의 사무실에서 도둑질을 하지만, 훔친 타자기를 돌려놓으려 했을 때 결국 붙잡히고 만다. 이런 식으로 자잘한 사건들이 차근차근 논리적으로 쌓여져나간 끝에 앙트완느는 가족으로 부터 떨어져나와 소년원이라는 형벌체제에 갇히게 되는 것이다.

아이러니

앙트완느와 르네가 땡땡이를 칠 때 모리세가 그들을 몰래 지켜봤다는 것은 아이러니를 만들어내어 그들의 곤경을 심화시킨다. 앙트완느가 선생에게 거짓말을 하는 바로 그 순간 그의 부모가 찾아오게 되는 것이다. 엄마가 다른 남자와 키스하는 모습을 보는 장면도 아이러니를 자아낸다. 그날 밤 줄리앙은 질베르트가 야근을 한다면서 회사에서는 여직원들을 너무 부려먹는다고 동정을 표하는 것이다.

르네가 시계바늘을 앞으로 돌려 아버지를 속이는 장면에서도 아이러니는 효과적으로 사용되었다. 앙트완느가 도둑질을 하다가 끝내 붙잡히는 장면은 참으로 아이로니컬하다. 정작 훔치는 데에는 성공했는데 막상 그것을 되돌려 놓을 때 잡히는 것이다. 이 장면은 나중에 앙트완느가 심리학자와 면담할 때 한 이야기-사실대로 말해도 어른들은 믿어주지 않으리라고 생각했다-를 정당화시켜준다.

준비와 여파

아버지가 귀가하기 직전, 앙트완느가 르네의 결석사유서를 베끼는 장면은 준비신이다. 그는 무단결석을 은폐하려하고, 그러한 행동이 부모에게 알려질 것을 두려워하고 있는 것이다. 그 장면의 끝에 이르러 아버지는 앙트완느가 학교생활에 대해서 슬쩍 물어본다.

그날 밤 늦은 시각 앙트완느가 침대에 누워 자고 있는 척하는 것도 준비신이다. 그것 자체가 부모와의 관계가 편치 않다는 것을 보여주며, 곧 이어 벌어지는 부부싸움을 엿들을 수 있게 해주는 것이다. 그는 자는 척하면서 부모가 자기를 어떻게 생각하는지, 엄마가 어떻게 거짓말을 하는지를 듣게 되고 그가 실은 사생아라는 것도 알게 된다.

대비에 의한 준비가 잘 사용된 예로는 앙트완느의 식구들이 모처럼 함께 외출해 즐거운 시간ㅡ차를 타고 영화구경을 가는 것ㅡ을 보내는 장면을 들 수 있다. 바로 다음 순간, 앙트완느는 발자크를 베꼈다는 이유로 학교에서 쫓겨난다. 그 장면을 더욱 비참하게 만드는 것은 바로 앞에 행복했던 장면을 넣어 대비를 시켰기 때문이다. 이 장면의 여파신도 훌륭하다. 그는 이제 부모가 자신을 군사학교로 보내겠지만, 만약 그곳이 해군학교라면 그런대로 괜찮으리라 자위한다. 그는 언제나 바다를 보고 싶어했던 것이다.

씨뿌리기와 거둬들이기

앙트완느가 바다를 보고 싶어하는 것은 엔딩을 위한 씨뿌리기이다. 여기에서의 바다란 하나의 메타포로서 앙트완느에게는 궁극적인 자유 혹은 탈출을 의미한다. 이것은 질베르트가 판사에게 그 아이는 바다를 좋아한다고 말할 때 다시 한 번 강조된다.

발자크 또한 씨뿌리기와 거둬들이기의 훌륭한 예이다. 앙트완느는 발자크의 책을 읽은 다음 그의 사진을 벽장 속에 세워놓고 커튼을 내린다. 그러나 그 안에 밝혀놓은 작은 초 때문에 아파트를 거의 태워먹을 뻔하는 것이 첫 번째 거둬들이기이다. 그리고 발자크의 소설을 베꼈다고 학교에서 쫓겨나는 것이 두 번째 거둬들이기이다.

미리 알려주기와 예상하게 만들기

앙트완느가 더 이상 가족과 함께 살 수 없을지 모른다는 이야기는 영화 속에서 여러 번 반복된다. 질베르트가, 줄리앙이, 혹은 그들 두 사람이 함께, 심지어는 앙트완느 자신조차 그렇게 이야기하는 것이다. 이것들은 모두 예상하게 만들기이다. 반드시 그렇게 되리라는 보장은 없지만 그렇게 될 수도 있으리라는 예측을 하게 만든다. 앙트완느는 은근히 해군학교에 가고 싶어하고, 줄리앙은 캠프에 보내려고, 질베르트는 기숙사에 보낼 것처럼 이야기하지만, 결국 그가 가게 되는 곳은 소년원이다. 어찌됐건 관객은 그가 계속 가족과 함께 생활하기는 어렵겠다는 사실을 주기적으로 상기하게 된다. 타자기 절도 사건으로 잡힌 다음, 줄리앙은 르네에게 앞으로는 앙트완느를 보기 힘들 거라고 말하는데, 이것 역시 예상하게 만들기에 해당한다.

반면 르네가 앙트완느에게 무단결석에 대한 핑계가 필요하리라고 말하는 것은 미리 알려주기에 해당한다. 첫 번째 해결책은 르네의 결석사유서를 베끼는 것이다. 그것이 여의치 않자 두 번째 해결책으로 거짓말을 한다. 거짓말은 클수록 좋다고 생각하면서. 그러나 관객은 그가 어떤 핑계를 둘러대든 결국엔 탄로날 수밖에 없다는 사실을 이미 알고 있다.

개연성

이 스토리에서 묘사되고 있는 모든 사건들은 대단히 그럴 법하고 현실적이어서 개연성의 문제는 전혀 없다. 관객은 대부분 비슷한 처지에 있는 아이들을 본 적이 있을 것이며 심지어 자신이 직접 앙트완느처럼 부당한 대우를 받아본 경험도 있을 것이다. 앙트완느가 하는 짓 가운데 개연성이 없는 것은 하나도 없으며, 모든 사건들은 앞서 일어난 사건들의 논리적 귀결이기 때문에, 〈400번의 구타〉는 고통스러울 만큼 사실적이다.

행동과 활동

앙트완느가 집에서 해야 하는 일-식사 준비, 쓰레기 내다버리는 일, 엄마의 심부름으로 밀가루를 사오는 일-은 대부분 활동이다. 그러나 질베르트가 줄리앙과 다투다가 앙트완느에게 쓰레기를 버리고 오라고 하는 것은 행동이다. 그녀는 아들에게 남편과 싸우는 모습을 보이고 싶지 않았던 것이다. 줄리앙이 달걀요리를 하거나, 앙트완느가 발자크 사당을 만드는 것은 모두 활동일 뿐이다.

그러나 앙트완느가 나중에 "모든 것을 설명하겠다"는 편지를 남기고 가출하자 질베르트가 그를 다정하게 대하는 것은 행동이다. 그녀는 앙트완느가 혹시라도 자신의 불륜행위를 줄리앙에게 고자질할까봐 걱정하고 있는 것이다. 앙트완느에게 그럴 뜻이 없었다는 것을 확인한 질베르트는 갑자기 분위기를 바꿔 국어시험에서 좋은 성적을 받아오면 상금을 주겠다고 제안한다. 엔딩에서 앙트완느가 축구를 하다가 라인 밖으로 나간 공을 가지러 가는 것은 물론 행동이다. 그는 공을 안으로 던져넣은 다음 그대로 철조망을 빠져나와 도망쳐버린다.

대사

〈400번의 구타〉는 대단히 비주얼한 영화이기 때문에 대사에의 의존도가 낮다. 이 영화에 나오는 대사들도 물론 훌륭하지만-대사가 제구실을 다하며 스토리텔링을 돕는다-스토리텔링의 하중을 떠받들고 있는 것은 대체로 비주얼이다.

〈400번의 구타〉에서 사용된 대사들은 캐릭터의 성격을 잘 드러낸다. 줄리앙이 '아프로포(apropos)'라는 단어를 사용하는 것은 일종의 허장성세로, 지적인 체하며 잘난 척하는 그의 성격을 드러낸다. 담임선생이 시 구절 중에 꽃과 관련된 단어들을 좋아하고 그것들을 계속 사용하는 것 역시 마찬가지의 맥락이다. 질베르트가 단어 사용에 신중을 기하는 것은 그녀에게 숨겨야할 비밀들이 많기 때문이다. 질베르트와 줄리앙이 기관의 담당자 앞에서 극히 방어적인 어법으로만 이야기하는 것은 자신들을 합리화하기 위한 것인 동시에 그들이 안고 있는 불안을 시사한다.

비주얼

개별적인 숏들에서부터 영화 전체에 이르기까지 〈400번의 구타〉를 인상적인 영화로 만들어주는 것은 바로 그것의 비주얼이다. 영화의 시작에서부터 앙트완느는 대개 비좁고 답답한 공간에 갇혀 있다. 칠판 뒤에 서 있거나, 아파트 통로에 놓인 작은 침대에 웅크리고 있거나, 찬장에 바짝 붙어 있는 식탁 앞에 쪼그려 앉는 식이다. 그러나 그가 르네와 함께 놀러다닐 때에는 활짝 열린 공간이 주어진다. 빙빙 도는 원통 속에 들어가 즐거워하는 장면은 특히나 인상적이다. 경찰에 체포된 앙트완느는 비좁은 복도를 끝없이 걸어가다가 미로를 통과해 좁은 감방에 갇힌다. 그러나 소년원에서 도망칠 때, 그의 앞에는 끝없이 펼쳐진 광활한 벌판뿐이다. 하염없이 달려 마침내 바닷가에 도착한 엔딩에서는 탁 트인 공간만이 그를 맞아준다.

앙트완느가 밤거리를 배회하는 장면의 비주얼은 그의 절망과 외로움을 강조한다. 그는 인쇄소에 숨어 웅크리고 있다가 위험이 닥치자 곧바로 밤거리로 뛰쳐나온다. 그가 카페 안을 뚫어지게 들여다보는 숏—카페 안에서 밖을 향하여 촬영되었다—은 그의 배고픔을 절실하게 표현한다. 훔친 우유 한 병을 단번에 꿀꺽 꿀꺽 마셔버리는 숏은 롱테이크로 촬영되었는데 어떠한 대사도 그보다 더 절실할 수는 없을 것이다. 이윽고 날이 새자 그는 분수대로 가서 얼음을 깨고 그 밑의 물로 세수를 한다. 너무도 강력하고 효과적인 비주얼이다.

호송차로 압송되는 앙트완느가 눈물을 글썽이며 창살 너머로 멀어져가는 도시를 바라보는 장면도 잊을 수 없는 이미지이다. 관객은 그 장면을 보면서 아마도 앙트완느가 느끼고 있을 도시에의 갈망과 이별의 슬픔을 절절이 느끼게 된다.

저 유명한 엔딩숏은 오랫동안 논란이 되어왔다. 마침내 그토록 그리던 바다에 도착한 것은 작은 승리일 수도 있지만 그것 자체로는 아무것도 의미하는 바가 없다. 그의 몸짓은 행복해하지만 그의 표정은 그저 망연할 따름이다. 카메라가 그의 망연한 표정으로 줌인(zoom in)되어 들어가다가 문득 멈추어설 때, 관객은 그의 탈출을 기뻐하기보다는 그의 장래에 대하여 불길한 느낌을 갖게 되는 것이다.

이 엔딩숏으로 〈400번의 구타〉는 씁쓸한 엔딩으로 끝난다. 관객은 그가 마침내 자유를 얻었다는 사실에 기뻐하는 동시에 그의 미래에 대해서 불안과 두려움을 느끼면서 이 복잡한 감정이 스쳐가는 앙트완느의 표정을 바라보게 되는 것이다(이와 유사한 엔딩숏이 사용된 영화로는 〈졸업 The Graduate〉을 들 수 있다. 벤자민은 웨딩드레스를 입고 있는 일레인과 함께 결혼식장에서 탈출하여 버스에 올라탄다. 그것도 하나의 작은 승리임에는 틀림없다. 그러나 이 영화는 앞으로 어떻게 될지 몰라 불안감이 스쳐가는 그들의 표정을 담아낸 숏으로 끝을 맺는다).

드라마틱한 장면

거리에서 밤을 보낸 앙트완느가 학교에 갔다가 엄마와 마주치는 장면은 대단히 드라마틱하다. 질베르트는 마치 자신의 잘못을 깨닫고 앙트완느를 다정하게 대해주려는 것처럼 보인다. 아들을 씻겨주고 자신의 침대에서 자라고 하는 것이다. 그러나 관객은 결국 그 모든 행동이 "모든 것을 설명하겠다"는 앙트완느의 편지 때문이었음을 눈치챈다. 그녀는 앙트완느가 자신의 불륜사실을 줄리앙에게 고자질할까봐 다정한 척하는 것뿐이다. 그녀는 앙트완느의 의중을 떠보려고 자신도 소녀 시절에는 여러 가지 잘못을 저질러봤다는 등의 말을 건넨다. 이윽고 앙트완느에게 그럴 의도가 없었음을 확인하자 곧바로 태도를 바꾸어 성적이 좋아지면 상금을 주겠노라는 거래를 내세운다. 이 장면에 흐르고 있는 서브텍스트를 정작 앙트완느는 눈치채지 못했을 수 있지만 관객은 분명히 느낄 수 있다. 앙투안이 자신의 편지가 무엇을 의미하고 있는지 설명하지 못해 우물거리는 모습도 대단히 효과적으로 표현되었다.

특기할 만한 사항

누벨 바그 영화의 특징들 중 하나는 복잡한 딜레마를 안고 있는 현실적 문제에 대하여 단순한 해결책을 들이밀지 않는다는 것이다. 만약 앙트완느의 부모가 자신들의 잘못을 깨닫고 앙트완느를 집-틀림없이 새로 장만한 좀더 널찍한 아파트-으로 데려와 새로운 삶과 관계를 추구한다면 이것은 전적으로 다른 드라마가 될 것이다. 그러나 이 영화는 초창기의 다른 누벨 바그 영화들이 대체로 그랬던 것처럼 애매하게 '열려진(open)' 상태로 끝을 맺는다. 어찌됐건 삶은 계속될 것이고, 문제는 쉽사리 해결되지 않으리라는 것이다. 주인공은 기껏해야 자신의 삶이 처해 있는 현실의 복잡함을 조금 더 이해하게 되는 정도이다(심지어 어떤 영화들은 오히려 그 반대의 경우를 그리기도 한다).

이런 종류의 영화는, 잘 만들어질 경우, 생각해볼 거리를 던져준다. 관객으로 하여금 그 의미를 생각해보도록 만들고, 토론과 논쟁을 거쳐, 마침내 스스로 결론을 내리게 만든다는 뜻이다. 그러나 그저 누벨 바그를 겉핥기 정도로만 받아들인 영화가 이런 식의 스토리텔링을 시도할 경우 책임을 회피한다-'예술성(artsiness)'을 핑계로 해결되지 않은 스토리를 제시한다는 느낌을 남길 수도 있다. 실제로는 결코 단순한 해결이 있을 수 없는 삶의 딜레마를 제대로 표현해내지 못한 것이다.

트뤼포는 〈카이에 뒤 시네마〉 평론가 시절, 그의 스승인 앙드레 바쟁(André Bazin)과 더불어 최초로 작가(auteur) 이론을 주창한 인물이다. 따라서 〈400번의 구타〉를 보며 도대체 영화의 진정한 '작가'는 누구인가라는 문제를 숙고해볼 수도 있을 것이다. 트뤼포는 이 영화의 시나리오를 집필-함께 쓴 시나리오작가가 있기는 하지만-했는데, 그 내용은 상당히 자전적이며, 직접 그것을 연출한 감독이기도 하다. 이 경우에는 물론 그를 이 영화의 작가로 꼽는 데 다른 이견이 있을 수 없다. 그러나 모든 영화들이 이런 식으로 단일하고 분명한 작가를 갖는 것은 아니다.

그렇다면 작가주의 이론에 잠복해 있는 위험은 분명해 보인다. 그것은 극소수의 영화에만 적용될 수 있는 특수한 이론을 무리하게 일반화시키려 한다는 것이다. 모든 감독이 다 작가일 수는 없다. 모든 영화가 다 어느 특정한 일개인의 정신적 산고로부터 탄생하는 것은 아니다. 창작의 산고는 시나리오작가로부터 시작되어, 감독에 의해 확대되고, 배우들 및 여타의 스태프들에 의하여 완성된다. 어떤 사람이 자신이 만든 몇몇 영화들의 작가가 될 수 있을지는 몰라도 그가 만든 모든 영화들의 작가가 되는 경우란 없다.

예술가의 본분은 스스로를 예술가라고 천명하는 데 있는 것이 아니라 그것이 회화이든 조각이든 무용이든 자신이 속해 있는 예술분야에서 최선을 다하는 데 있다. 그가 진정 예술가인지, 장인인지, 지망생인지, 아니면 그저 딜레탕트인지를 판단하는 것은 향유자의 몫이다. 진정한 작가라면 그 판단을 기꺼이 관객에게 맡겨둔 채 그저 묵묵히 자기에게 맡겨진 일에 최선을 다할 것이다.

대부

The Godfather 1972 ||||||||||||||||||||||||||||||||||||

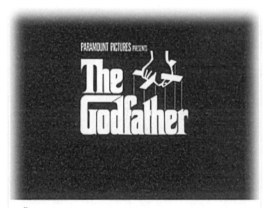

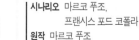

시나리오 마르코 푸조,
　　　　　프랜시스 포드 코폴라
원작 마르코 푸조
감독 프랜시스 포드 코폴라

미국의 범죄조직 세계를 배경으로 한 패밀리의 흥망성쇠를 다룬 서사극 〈대부〉는 흥행과 비평 양면에서 전세계적인 성공을 거두었을 뿐 아니라 1930년대 이후로 면면히 이어져온 갱스터영화의 역사에 새로운 시대를 열었다. 프랜시스 포드 코폴라는 1972년의 〈대부〉와 1974년의 〈대부2〉로 자신의 이름을 영화사에 확고하게 그리고 영원히 아로새겼다.

이 영화는 1972년의 아카데미 시상식에서 작품상 · 각색상 · 남우주연상(말론 브랜도) 등을 수상했다. 또한 코폴라는 감독상 부문에, 알 파치노 · 로버트 듀발 · 제임스 칸은 동시에 남우조연상 부문에 노미네이트되기도 하였다. 1974년에 만들어진 〈대부2〉 역시 아카데미 작품상 · 감독상 · 각색상 등을 수상했고 그 이외에도 5개 부문에 노미네이트되었다.

시놉시스

제2차 세계대전이 막 종전되었을 즈음, 비토 콜레오네는 롱 아일랜드에 있는 호화스러운 자택에서 딸의 결혼식 피로연을 열면서 주변사람들에게 호의를 베풀기도 하고 거래를 하기도 한다. 그의 최측근 조언자는 '소니'라는 애칭으로 불리는 맏아들 산티노와 변호사가 된 양자 톰 하겐이다. 비토의 딸 코니와 카를로 리치를 위하여 성대하게 거행되고 있는 결혼식 피로연장에는 FBI가 출몰하기도 하고 상원의원과 판사들로부터의 선물들이 답지하기도 한다. 비토의 막내아들이자 전쟁영웅인 마이클은 연인인 케이 아담스와 함께 도착하여 따뜻한 환대를 받는다. 둘째아들인 프레도는 약간 술에 취하여 난감한 상황을 연출한다. 비토의 대자(代子)인 조니 폰테인은 유명한 가수인데 곧 촬영에 들어갈 새로운 영화에 캐스팅되게 해달라고 비토에게 부탁한다. 비토는 이 문제의 해결을 위하여 톰을 할리우드로 파견한다.

할리우드로 간 톰은 스튜디오를 방문하여 그곳의 대표 볼츠에게 조니의 캐스팅을 부탁하지만 거절당한다. 톰의 배후에 누가 있는지를 확인한 볼츠는 다소 호의적으로 변하여 톰을 자택으로 초청하여 자신의 애마를 자랑한다. 그러나 볼츠는 여전히 조니가 자신의 정부를 꾀어내 달아나는 바람에 체면을 구겼다면서 그의 캐스팅을 완강히 거절한다. 그날 밤 볼츠는 자신의 침대 안에서 애마의 잘려진 머리로부터 흘러나온 피를 발견하며 깨어난다. 그것은 '거절할 수 없는 제안'이었던 것이다.

비토는 솔로조라는 신흥 갱스터로부터 그가 벌이고 있는 마약사업에 참여해달라는 부탁을 받지만 이를 거절한다. 대신 그는 자신의 부하인 루카 브라시를 솔로조에게 보내어 그가 무엇을 하려는지 알아보도록 지시한다. 그러나 브라시는 그들을 만나자마자 잔인하게 살해된다. 톰 역시 솔로조에게 납치되고 동시에 비토는 거리에서 총을 맞고 쓰러진다. 케이와 쇼핑을 즐기던 마이클은 아버지가 피격되었다는 소식을 접하자 곧바로 소니에게 연락을 취하지만 빨리 집으로 돌아오라는 이야기만 들을 뿐이다.

솔로조는 톰을 통하여 패밀리의 새로운 계승자인 소니에게 함께 사업을 하자는 전갈을 보내지만 바로 그 순간 비토가 아직 살아 있다는 소식을 듣게 된다. 마이클은 소니와 합류한다. 아버지 대신 지휘권을 갖게 된 소니는 복수할 계획을 짠다. 소니의 부하들은 전쟁을 준비하면서 우선 첫 번째로 패밀리 내의 배반자 폴리를 처단한다. 마이클은 케이를 만나 집으로 돌아가라고 말한 다음 병원으로 비토를 문병간다. 그러나 병원에는 경호원들이 아무도 없다. 마이클은 경찰의 부재마저도 음모의 일부라는 사실을 알아차린다. 그는 병상의 아버지를 안전한 장소로 옮겨놓은 다음 병원 문 앞에 나와 서서 경호한다. 마이클은 부패한 뉴욕경찰청장 매클루스키에게 폭행을 당하지만 결국 아버지에 대한 살해계획을 좌절시킨다.

흥분한 소니는 계속 복수를 주장하지만 톰은 냉정하게 '비즈니스가 우선'이며 '매클루스키가 뒤를 봐주는 한 솔로조를 건드릴 수 없다'며 만류한다. 이때 마이클은 자신이 두 사람을 동시에 살해할 계획을 내세운다. 마이클은 계획대로 실천하고 은둔생활에 들어간다. 그 결과 5대 마피아 패밀리간에 전면전이 벌어진다. 그러나 그 동안 비토는 병원에서 퇴원하여 집으로 돌아온다.

비토·톰·소니의 집단지도체제로 패밀리가 어렵사리 운영되는 동안, 시실리에 숨어 있던 마이클은 선조들의 고향인 콜레오네 마을에서 아폴로니아라는 이름의 아름다운 아가씨와 사랑에 빠진다. 마이클은 아폴로니아의 아버지에게 '거절 못할 제안'을 한 끝에 그녀에게 공개적으로 구애한다. 한편 뉴욕에서는 소니가 폭력남편이 된 매제 카를로를 개패듯이 두들겨팬다. 마이클이 아폴로니아와 결혼식을 올릴 즈음, 케이가 톰을 찾아와 마이클의 행방을 묻지만 톰은 이야기해주지 않는다.

카를로가 또다시 코니에게 폭력을 썼다는 소식을 들은 소니는, 톰이 말리는 데도 불구하고, 홀로 차를 몰고 달려나갔다가 매복중이던 기관총 사수들에게 살해당한다. 소니의 죽음을 알게 된 비토는 이 전쟁이 종식되어야 한다고 말한다. 시실리의 마이클도 이 소식을 듣고는 미국으로 돌아가려 한다. 그는 신부를 친정으로 돌려보내려 하지만 그녀는 마이클의 차에 먼저 올라탔다가 폭사한다. 비토는 패밀리들간 회의를 소집하여 평화조약을 맺지만 그 과정을 통하여 마약사업과 소니살해의 진정한 배후가 누구였는지를 눈치챈다.

미국으로 돌아온 마이클은 아버지 일을 도우면서 케이에게 청혼한다. 망설이던 케이도 "5년 안에 패밀리를 합법화시키겠다"는 마이클의 약속을 듣고는 허락한다. 이제 패밀리의 새로운 계승자로 떠오른 마이클은 카를로와 톰을 네바다로 보내어 그곳에서 새로운 사업을 시작하라고 지시한다. 라스베이거스에 머물러 있던 프레도는 마이클이 그곳을 방문하여 자신을 야단치자 난감해한다. 코니와 카를로는 마이클에게 자신들의 아이의 대부가 되어줄 것을 부탁한다. 늙은 비토는 마이클에게 패밀리 내부의 반역자가 그를 죽이려 할 것이라는 경고를 한다. 비토는 죽고 그의 장례식에는 여러 패밀리의 대표들이 참석하여 애도를 표한다.

마이클은 아버지가 경고한 반역자가 누구인지를 알아낸 다음, 성당에서 코니 아이의 세례식에 대부의 자격으로 참가하고 있는 동안, 그의 모든 적들을 동시에 처단한다. 세례식이 끝나자 마이클은 카를로를 불러 그가 소니를 죽음의 함정에 빠뜨렸다는 사실을 실토하게 한 다음 그를 처단한다. 코니는 마이클을 살인자라고 부르며 절규하다가 끌려나간다. 케이가 집요하게 캐묻자 마이클은 그런 일 없다고 거짓말을 하고 두 사람은 포옹한다. 그러나 케이는 다음 순간 마이클이 '돈 콜레오네' 라고 불리는 것을 목격하게 된다.

주인공과 그가 하고자 하는 일

가끔씩은 아주 단순한 질문에 대해서도 쉽게 대답할 수 없을 때가 있다. 이 영화의 제목 〈대부〉는 오프닝에서는 비토 콜레오네를 가리키지만 엔딩에 이르러서는 마이클 콜레오네를 가리킨다. 그리고 그것은 그들 두 사람 모두의 스토리이다.

하지만 문제는 그다지 단순하지 않다. 그들 두 사람이 같은 스토리에 등장하는 두 명의 주인공은 아니기 때문이다. 그들은 각자의 스토리에서 주인공이다. 거의 세 시간에 육박하는 이 대서사시 안에는 두 개의 완벽한(각각 정확하게 3장으로 분할된) 스토리들이 공존한다.

이와 유사한 스토리 구조는 또 다른 대서사시 〈콰이강의 다리 The Bridge on the River Kwai〉에서도 확인할 수 있다. 이 영화 속에서도 두 개의 뒤엉킨 스토리들이 공존하고 있는데, 각 스토리 안에는 독자적인 주인공이 있다. 동시에 그 주인공은 나란히 진행되고 있는 다른 주인공의 스토리 내에서도 매우 중요한 역할을 맡고 있다.

이것은 '권력이동' 에 관한 스토리이다. 관객은 먼저 비토의 스토리를 통하여 권력이란 무엇이고 어떻게 운영되며 그것이 무엇을 포함하는지를 배우게 된다. 그런 다음 스토리가 진행됨에 따라 관객은 마이클이 그 자신만의 방식으로 권력을 획득하려고 노력하고 있다는 것을 서서히 깨닫게 된다. 그 과정을 통해 관객은 그가 권력을 획득하기 위하여 겪어야만 하는 것들을 함께 경험하게 된다.

두 개의 스토리들 속에서 주인공들이 하고자 하는 일은 비슷한 것 같기도 하고 연관되어 있는 것 같기도 하지만 동일한 것은 아니다. 비토는 자신의 권력을 유지하고 그것을 매우 의식화된(ritualized) 전통에 따라 행사하기를 원한다. 그러나 마이클이 직면한 것은 탄탄하고 안정된 권력기반이 아니라 무너져가고 있는 권력기반이다. 그가 하고자 하는 일은 그 취약한 권력기반을 새롭게 장악하고 강화하는 것이다.

장애물

비토의 장애물들은 심지어 조직범죄의 세계에서조차 '세상은 변하고 있다'는 사실이다. 그는 그 변화의 미래상 속에 끼어들고 싶어하지 않는다. 그래서 그는 마약사업에 협조하기를 거부한다. 이 결정은 결국 다른 장애물들을 속속 이끌어온다. 조직범죄의 세계와 다른 패밀리들로부터 새로운 적을 만들고 심지어 자신의 패밀리 내에서조차 탈퇴자와 배신자들을 만들어내게 되는 것이다.

마이클의 장애물에는 내적인 것도 있고 외적인 것도 있다. 우선 내적으로 그는 대부의 역할을 떠맡는 것에 대해서 자기자신과 타협해야만 한다. 원래의 그는 가업에 끼어들기를 원하지 않았기 때문이다. 그 다음 외적으로는 패밀리의 다른 구성원들로부터 지지를 얻어야만 하고 끝내는 지하세계의 전면전을 통하여 권력을 획득해야만 한다.

전제와 오프닝

엄격한 규율과 예의에 따라 엄청난 권력을 휘두르고 있는 한 미국 범죄조직의 보스가 결코 가업에 끌어들이고 싶지 않았던 한 아들에게 권력을 계승해준다.

오프닝에서 푸조와 코폴라는 '대부'라는 존재가 어떻게 움직이는지 그 비밀스러운 행동방식과 거의 전능함에 이르는 지위를 보여준다. 패밀리의 운영방식 및 존경심의 표현과 태도가 얼마나 중요한 것인지 모르는 채 무작정 청부살인을 부탁하러온 남자를 보면서 관객은 이 세계에서 요구되는 것은 무엇이고 그것이 어떻게 움직여지는지를 배우게 된다. 어두운 집무실에서 비즈니스를 하고 있는 비토의 모습과 밝은 야외에서 벌어지는 흥겨운 결혼피로연 장면들을 병행시킴으로써 작가는 이 스토리가 벌어지고 있는 세계의 정황(text)을 분명히 보여준다.

오프닝의 결혼피로연 장면을 통하여 작가는 이 영화에서 '패밀리'라는 것이 단순히 범죄조직의 한 특수한 형태를 뜻하는 것만이 아니라 실제의 친척과 가족들(변호사가 된 양자 톰까지를 포함하여)을 의미하기도 한다는 것을 충실하게 설명하고 있다.

주요긴장과 절정과 해결

비토의 스토리에서 주요긴장은 과연 그가 이미 다져져 있는 자신의 권력기반을 계속 유지할 수 있을 것인가 하는 문제와 관련되어 있다. 얼핏 전지전능한 것처럼 보이지만(그에게 무언가를 부탁하러 온 사람들은 모두 그렇게 믿고 있는 듯하다) 비토가 이룩한 제국의 한 귀퉁이에서는 여전히 FBI가 어슬렁거리고 있고 그와 친분이 있는 정치인들과 판사들은 결혼피로연에 오기를 꺼려한다. 권력기반이 약해지고 있다는 느낌은 비토가 솔로조의 제안을 거절한 다음 브라시를 시켜 상대의 뒤를 캐보게 하는 장면에서 아주 분명해진다. 결국 주요긴장은 "과연 비토가 (예전처럼) 무소불위의 권력을 되찾을 수 있을까?"로 요약된다.

비토의 스토리에서 절정은 그가 암살기도에서 살아나 회복된 다음 다른 마피아패밀리 보스들과의 회동을 소집하는 장면이다. 마이클도 소니처럼 죽게 할 수 없다는 생각에서 비토는 마이클이 다쳐서는 안 된다는 조건을 내거는 대신 마약사업에 협조하기로 하는 한편 평화조약을 맺는 데 동의한다. 그는 여전히 상당한 권력을 가지고 있다. 그러나 예전만큼은 아니다. 그는 분명히 후퇴했고 그것은 어떤 뜻에서 매우 치욕적인 경험이기도 하다.

비토의 스토리에서 해결은 그가 마이클에게 권력을 이양하고 더 이상 그것을 휘두르지 않는다는 것이다. 가끔씩 주변인물들의 음모 따위를 분석하기도 하지만 그는 결국 권력을 모두 놓아버리고는 평화롭게 죽어간다.

마이클의 스토리에서 주요긴장은 그가 가업에 얼마나 개입하느냐 하는 문제와 관련되어 있다. 처음 케이에게 '거절 못할 제안'에 대한 이야기를 할 때 마이클은 자기자신과 패밀리 사이에 분명한 선을 긋는다. 매클루스키와 솔로조를 살해하기로 결심할 때에는 패밀리의 방식을 따라 하는 것처럼 보이지만 이때까지만 해도 아버지처럼 되지 않으리라는 희망이 조금은 남아 있다. 실제로 그는 시실리에 있을 때 권력보다는 사랑에 열중한다. 소니가 죽기 전까지는. 그러므로 마이클의 주요긴장은 이런 질문으로 치환될 수 있다. "과연 마이클은 패밀리의 범죄행각에 걷잡을 수 없이 빠져들게 될 것인가?"

마이클의 스토리에서 절정은 그가 늙은 아버지와 단둘이 마주앉아 그의 탄식을 들을 때이다. 비토는 마이클에게 너에게만은 이런 삶을 물려주고 싶지 않았으며 대신 네가 상원의원이나 주지사 같은 인물이 되기를 바랐노라고 말한다. 바로 그 직전 마이클은 코니로부터 아이의 대부가 되어달라는 부탁을 받았는데 이제 아버지로부터 패밀리의 보스가 되었음을 간접적으로 인정받은 것이다. 그의 삶은 결국 패밀리와 조직범죄의 세계에 꼼짝없이 묶이게 된다.

마이클의 스토리에서 해결은 그가 어떤 문제를 '비즈니스'로 파악하면 눈곱만큼의 자비심도 없이 냉혹해진다는 것이다. 누이의 아이의 대부로서 성당 세례식에 참석하고 있는 동안 모든 적들을 살해한 그는 곧바로 큰형 소니의 죽음에 대한 죄값을 물어 매제 카를로마저 처단한다. 결국 마이클은 패밀리 전체를 이끄는 명실상부한 대부로 등극하게 된다.

주제

이것이 누구의 스토리인가는 매우 복잡한 질문이 되겠지만 이것이 무엇에 관한 스토리인가는 더없이 단순한 질문이다. 이것은 권력에 관한 스토리이다. 권력의 행사, 권력의 획득, 권력을 향한 욕망, 권력의 남용, 권력의 한계 등.

모든 중요한 고비마다 권력은 이 스토리 전체를 관통하여 가장 궁극적인 질문이 된다.

비토는 권력을 유지하고 싶어하고, 마이클은 자신이 권력을 원치 않는다고 생각하며, 소니는 권력을 컨트롤할 능력이 없고, 톰은 권력을 가지는 것과 권력을 잃는 것 사이의 면도날 같은 경계 위에서 시소를 탄다. 모든 전쟁은 권력을 둘러싸고 벌어지고, 모든 음모 역시 권력과 관계된 것이며, 모든 핑계와 합리화 역시 권력과 연관되어 있다. "그건 비즈니스일 뿐이야, 나는 언제나 그를 좋아했어."(테시오가 처형되기 직전 마이클에게 전해달라며 톰에게 남긴 말이다.-역주)

통일성

〈대부〉는 방대한 화폭 위에 그려진 서사극이며 동시에 두 개의 스토리가 서로 얽혀 있는 작품이기 때문에 전체를 관통하는 통일성이 무엇인지를 파악하기란 쉽지 않다. 물론 비토와 마이클 두 사람에게는 행동의 통일성이 있다. 그럼에도 불구하고 두 사람을 감싸고 있는 좀더 큰 의미의 통일성이 존재하는데 그것은 바로 패밀리의 통일성이다. 글자 그대로 콜레오네 가문의 통일성이며 그들이 대표하고 있는 범죄조직의 통일성이다. 이것은 한 패밀리의 '대부'(처음에는 탁월한 한 개인에서 과도기적으로 집단지도체제를 거쳐 마지막에는 새로운 개인이 된다)에 관한 영화이기 때문에 스토리의 전체를 하나로 묶는 것은 바로 그 패밀리인 것이다.

비토의 행동에서 보여지는 통일성이 곧 패밀리의 행동방식이다. 반면 마이클은 패밀리의 행동방식 내부로 진입해 들어가야만 한다. 마이클이 매클루스키와 솔로조를 동시에 살해하겠다고 결심했을 때 그는 패밀리의 행동방식 내부로 진입해 들어온 것이다. 하지만 그의 행동이 진정으로 패밀리의 행동방식과 일체가 되는 것은 소니가 죽은 다음 미국으로 돌아왔을 때부터이다.

이 영화의 내러티브가 '한 패밀리의 권력과 이익'이라는 통일성에 기초하고 있다는 것이 가장 극명하게 나타나는 시기가 바로 비토 · 소니 · 톰이 어렵게 패밀리를 이끌어가던 과도기적 상황이다. 〈대부〉의 전반부는 늙은 보스(the old Don)의 권력과 행동을 다룬다. 반면 〈대부〉의 후반부는 새로운 보스(the new Don)의 권력과 행동을 다룬다. 그러나 영화 전체를 관통하여 스토리에 통일성을 부여하는 것은 바로 패밀리 그 자체이다.

설명

집무실에서의 비즈니스와 결혼피로연 장면을 교차하여 보여준 오프닝시퀀스는 이 영화의 스토리가 펼쳐질 세계가 어떤 곳인가를 지극히 효과적으로 설명해냈다. 대부분의 경우 설명적인 부분들을 감추기 위하여 각 신 내에 갈등을 부과하였다.

예를 들면 퍼스트신에서는 이런 세계에서 요구되는 규율과 격식과 보스에 대한 예의 따위에 대하여 오해하고 있는 청탁자가 등장한다. 또한 주차장에서 빚어지는 FBI와의 갈등이나 계속 혼자 중얼거리는 루카 브라시의 존재 그리고 유약한 모습을 보이는 조니 폰테인 등이 모두 효율적인 설명을 위하여 쓰였다. 자신이 소개받게 된 이 거대한 패밀리를 이해하려고 애쓰는 케이의 존재야말로 훌륭한 설명의 도구이다.

설명을 위한 가장 커다란 갈등은 마이클 내부에 존재한다. 그는 자신의 패밀리와 그들의 행동방식에 대하여 반감을 가지고 있으면서도 그와 동시에 자신의 연인 케이를 패밀리의 멤버로 끌어들이길 원하고 있는 것이다.

캐릭터의 성격묘사

비토의 성격은 그가 집착하고 있는 엄격한 규율에 의하여 가장 생생하게 묘사되고 있다. 그는 언제나 자기자신을 잘 다스리지만 그것 역시 그가 집착하고 있는 규율의 또 다른 표현일 뿐이다. 그의 성격에 일관성을 부여하고 있는 것은 바로 모든 일을 규율에 따라 적절히 처리하겠다는 그의 태도, 어찌 보면 고답적이고 양식화된 관례에 집착하고 있다고도 말할 수 있는 그의 행동방식이다.

소니는 충동적이고 쉬이 흥분하는 성격이다. 여동생의 결혼피로연에서 충동적인 밀회를 즐길 때나 매제를 두들겨패기 위해서 달려나갈 때나 소니를 지배하고 있는 것은 언제나 그의 감정이다. 그가 가끔씩 톰과 격렬한 언쟁을 벌이는 것도 그 때문이다.

톰은 비토의 냉정한 측면을 보고 배운 사람으로 묘사된다. 그는 비토와 마찬가지로 냉정하고 합리적인 면을 가지고 있다. 모든 일은 그에게 언제나 '비즈니스일 뿐'이다. 그러나 톰에게는 비토의 또 다른 측면, 즉 그가 견지하는 냉정하고 합리적인 행동방식의 진정한 원천이 결여되어 있다.

프레도는 약간 취한 상태로 등장한 그의 첫 장면에서부터 모 그린과 마이클이라는 두 명의 주인을 섬기려 드는 라스베이거스에서의 마지막 장면에 이르기까지 일관되게 유약한 성격으로 그려져 있다.

마이클의 성격을 규정짓는 것은 규율이나 비즈니스가 아니라 사랑이다. 그는 여인을 만나 사랑에 빠진다. 실제로 그는 그가 사랑한 두 여인 모두와 결혼한다. 하지만 무엇보다도 그를 지배하고 있는 것은 바로 아버지에 대한 사랑이다. 비토가 피격되자 소니는 복수할 계획을 세우지만 마이클은 아버지의 곁으로 간다. 그래서 그를 보호하고 결국에는 생명을 구해낸다. 소니와 마이클의 성격을 확연히 보여주는 날카로운 대비이다. 같은 사건이 다른 두 형제에게는 어떤 반응을 불러일으켰는지를 보자. 프레도는 주저앉아서 울음을 터뜨린다. 톰은 다른 패밀리들과의 정치적 이해득실을 셈한다.

스토리의 발전

전체의 스토리는 두 개의 강한 세력이 서로 충돌하는 것을 기화로 논리적이면서도 냉혹하게 발전해나간다. 범죄 패밀리의 행동방식에 대한 비토의 고답적인 집착과 마약사업으로의 진출로 특징지워지는 전후 세계의 변화.

비토가 자신의 고답적인 생각 때문에 이 새로운 조류를 거부하자마자 일련의 사건들이 매우 논리적인 순서에 따라 연달아 터져나온다. 솔로조는 다른 권력으로 이동하여 비토를 쏜다. 복수를 하여 패밀리를 지킬 수 있는 인물은 마이클뿐이다. 마이클의 복수는 그러나 패밀리들간의 전면전을 불러온다. 그 결과 소니가 살해된다. 소니의 죽음을 계기로 미국으로 돌아오게 된 마이클은 늙은 비토로부터 패밀리를 넘겨받는다.

아이러니

특정한 장면에서의 긴장을 고조시키기 위하여 아이러니가 매우 적절히 쓰인 놀라운 예로 들 수 있는 것이 바로 마이클의 병원방문시퀀스이다.

비토가 입원해 있는 병원에 문병하러 온 마이클은 경호원들이 아무도 없음을 확인한다. 그는 곧바로 비토를 다른 장소로 옮겨놓지만 그것이 잠정적인 조치일 뿐임을 안다. 이때 엔조가 나타난다. 그는 빵집 사위로서 비토가 강제출국을 막아준 것에 대하여 신세를 졌다고 생각하고 있는 사람이다. 엔조가 꽃을 들고 나타나자 마이클은 묘안을 짜낸다. 관객은 이 두 사람이 무장을 하고 있지 않으며 경호원처럼 보이지도 않는다는 사실을 알고 있다. 그럼에도 그들은 병원 입구의 계단 위에 서서 잔뜩 폼을 잡는데 그런 제스처만으로도 중무장을 한 채 차 안에 타고 있는 암살자들을 쫓아보내는 데에 성공한다.

만약 관객이 암살자들이 추측하고 있는 것처럼만 알고 있었다면 그 장면에서의 긴장은 그리 높지 않았을 것이다. 그러나 관객은 마이클이 맞서고 있는 상황이 어떤 것인지를 알고 있고, 자신이 얼마나 위험한 상황에 빠져 있었는지 뒤늦게야 눈치채게 되는 엔조의 상황을 알게 됨으로써, 그 장면에서의 흥미와 긴장은 최고조에 달하게 되는 것이다.

아이러니가 매우 유효적절하게 사용된 또 다른 예는 마이클이 매클루스키와 솔로조를 살해하려는 계획을 세우고 그것을 실행에 옮기는 시퀀스이다. 그는 마피아들의 범죄세계에서는 '민간인(civilian)' 즉 범죄에는 관여하지 않는 사람으로 알려져 있다. 그는 매클루스키에게 얻어맞아 턱뼈가 부러지기도 하였다. 그러나 동시에 관객은 그가 용감하다는 사실-그는 '전쟁영웅'이다-과 그들을 죽이려는 계획의 매우 상세한 디테일까지 알고 있다.

일단 이렇게 아이러니가 구축되면 멋진 긴장감이 형성된다. 매클루스키는 젊은 마이클에 비하면 거칠고 자신감에 차 있으며 잘난 체하기까지 한다. 관객은 그를 전적으로 미워하도록 되어 있다. 관객은 또한 솔로조가 대단한 음모가라는 사실도 알고 있다. 시간이 흐름에 따라 관객은 조바심을 태우게 된다. 총은 과연 약속된 장소에 있을 것인가? 마이클이 정말 그들을 쏠 수 있을 것인가? 매클루스키와 솔로조가 눈치채지나 않을까?

그래서 그 시퀀스가 진행되는 내내 관객은 조바심을 태우며, 기대하며, 엄청난 긴장감을 경험하게 되는 것이다. 그 긴장을 창조해낸 것이 바로 적절히 사용된 아이러니이다.

준비와 여파

〈대부〉에서는 준비와 여파가 매우 광범위하게 쓰이고 있다. 때로는 분위기를 조성하기 위해서, 때로는 극적인 대비를 위해서, 때로는 시퀀스의 전후관계를 분명히 하기 위해서. 톰이 할리우드에 도착하는 장면에서는 스튜디오에 대한 매우 서정적인 인트로덕션이 보여지는데, 이는 바로 다음에 그 스튜디오의 보스인 볼츠가 톰을 박대하는 것과 대비시키기 위한 것이다. 또한 볼츠가 자신의 침대에서 애마의 머리를 발견하기 전에 매우 길고 느린 장면들이 보여지는데, 이는 물론 쇼킹한 장면을 위하여 치밀하게 계산된 준비다.

마이클이 케이와 함께 크리스마스 쇼핑을 하는 장면과 루카 브라시가 타타글리아 형제를 만나러 가기 위하여 중무장을 하는 장면이 나란히 붙어 대비를 이루고 있는 것도 하나의 준비이다. 루카 브라시는 결국 잔인하게 살해당하고

(이 영화에서 최초로 보여지는 폭력신이다) 그것은 곧 나머지의 스토리 전체를 추동해가는 전쟁의 시작이 된다.

프레도가 무심하게 차에 남아 있는 것과 비토가 홀로 과일을 사러가는 것도 하나의 준비이다. 이 장면은 또한 브라시의 죽음과 톰의 피납 바로 다음에 바짝 붙어 있는 관계로 어떤 불길한 예감을 느낄 수 있도록 배려되어 있다.

씨뿌리기와 거둬들이기

영화의 오프닝에서 소개된 두 명의 인물은 스토리가 한참 진행된 뒤에 다시 등장하여 씨뿌리기와 거둬들이기의 역할을 톡톡히 해낸다. 영화의 도입부에서 비토는 엔조가 종전과 더불어 본국으로 송환되는 것을 막아준다. 엔조는 훗날 이 호의에 대한 감사의 표시로 병문안을 왔다가 얼떨결에 비토의 생명을 구하는 데 크게 기여한다.

퍼스트신에서 폭행당한 딸의 복수를 청탁하던 보나세라는 언젠가 당신의 도움을 청할지도 모르겠다는 말을 듣게 된다. 훗날 그는 소니가 벌집이 되어 살해되었을 때 어머니가 그 모습을 보지 않도록 몸에 난 총알구멍들을 손질해 달라는 부탁을 받게 된다.

씨뿌리기와 거둬들이기는 반복되면서 점차 새로운 의미를 띠게 되는 대사의 형태로도 사용될 수 있다. 이 영화에서 여러 번 반복되는 대사는 '거절 못할 제안을 한다'인데 이는 맨처음 마이클에 의해서 그 뜻이 설명된다. 그리고 스토리가 진행되면서 여러 등장인물들에 의하여 행동으로 보여진다.

애초에 마이클이 이 대사를 할 때에는 그것을 자기 자신과 자신의 패밀리를 구획짓기 위하여 사용했다. 그는 케이에게 그것은 패밀리의 행동방식이지 자기자신의 행동방식은 아니라고 말하는 것이다. 그러나 영화의 엔딩에 이르면 어느새 마이클은 이 대사에 의지하여 살아가는 인물로 변해버리고 만다.

미리 알려주기와 예상하게 만들기

매클루스키와 솔로조를 살해하겠다는 마이클의 계획은 미리 알려주기의 형태를 취한다. 그는 자기가 하려고 하는 일과 세부적인 계획을 미리 알려주고 총기사용연습까지 한다. 이제 문제가 되는 것은 그가 과연 방아쇠를 당길 수 있을 것인가의 여부이다. 관객은 적어도 그의 이 살해계획이 앞으로 펼쳐질 스토리 안에서 보여질 것이라는 사실을 미리 알게 된다. 마이클은 이 일을 해치우면 적어도 일 년 이상은 숨어지내야 하리라는 사실도 통고받는다. 관객은 그래서 그가 방아쇠를 당긴다는 것은 곧 도피생활까지도 감내해야 한다는 사실도 미리 알게 된다.

비토가 마이클에게 네가 가장 신뢰하는 자들 중에서 배신자가 나타나리라고 이야기할 때, 그것은 일종의 예언이었고, 그래서 예상하게 만들기에 해당한다. 비토가 저격당한 뒤 소니가 클레멘차에게 비토의 운전수이자 경호원이었던 폴리를 없애버리라고 명령을 내리는 것은 미리 알려주기이다.

그러나 소니가 카를로에게 또다시 내 동생에게 손을 대면 죽여버리겠다고 위협하는 것은 일종의 경고이고 따라서 예상하게 만들기이다. 관객은 패밀리의 행동방식으로 미루어 폴리는 죽게 되리라는 것을 미리 알게 되지만, 소니의 경고에 대해서는 그것이 어떻게 실현될지를 궁금해하게 된다.

개연성

이 영화에서 개연성의 문제를 극복해가는 과정은 대단히 흥미롭다. 관객은 물론 미국 내에 실제로 마피아와 같은 범죄조직이 존재하며 그들은 극히 냉혹한 방식으로 잔인한 폭력을 행사한다는 사실을 알고 있다. 그러나 그러한 일들을 저지르는 사람들이 바로 우리가 주변에서 흔히 볼 수 있고 잘 '아는(know)' 사람들이라는 것은 받아들이기 힘든 진실이다. 그러므로 극복해내야 할 개연성의 문제는 '누군가 그런 일들을 하고 있다는 것을 못 믿겠다'가 아니라 '우리 주변에서 흔히 볼 수 있는 사람들이 그런 일들을 하고 있다는 것을 믿고 싶지 않다' 가 된다.

그들의 범죄행각에 대한 관객의 반발은 극히 교묘하게 무마되고 있다. 비토는 우선 폭력적인 것과는 거리가 먼 사람처럼 묘사된다. 심지어 영화의 오프닝에서 장의사가 복수를 부탁했을 때에도 그는 "우리는 살인자가 아니다 (we are not murderers)"라고 하기까지 한다. 영화에서 최초로 보여지는 폭력의 구체적인 표현은 잘려진 말의 목인데, 물론 비열한 행동이긴 하지만, 목을 자르는 장면은 보여주지 않는다.

실제로 폭력이 행사되는 장면이 보여질 때, 관객이 보게 되는 것은, 가해자로서의 패밀리가 아니라 피해자로서의 패밀리이다. 루카 브라시는 잔혹한 방법으로 살해되고 비토는 총에 맞는다. 이 사건들은 관객의 동정심을 자극한다. 그리고 죽음에 임박한 아버지를 지켜보아야 하는 마이클의 고통은 대단히 절실하게 묘사되어 관객의 마음을 흔든다. 결국 관객은 아버지를 지키려 하는 마이클의 결단에 서서히 동화되어 가는 것이다.

마이클이 반격에 나서겠다고 결심했을 때 관객은 그가 본래부터 살인자의 근성을 지니고 있기는커녕 오히려 아버지에 대한 존경과 사랑으로 가득 차 있으며 곤경에 빠진 패밀리를 구하려 할 뿐이라는 느낌을 갖게 된다. 그는 결코 일반 관객과는 전혀 다른 어떤 괴물과도 같은 존재가 아닌 것이다. 결국 마이클의 총에 죽게 되는 매클루스키와 솔로조 역시 경멸해야 할 인물들로 그려진다. 물론 그렇다고 해서 살인이라는 야만적인 범죄가 면죄되는 것은 아니지만 어찌됐건 이 대목 즈음에 이르러서는 범죄행각에 대한 관객의 반발은 이미 상당히 무마되어 어쩔 수 없이 스토리에 동참하게 되는 것이다.

마이클이 결국 가업을 물려받는 과정을 바라보면 흥미로운 패러독스를 발견할 수 있다. 도대체 어떻게 그런 집안에서 마이클 같은 사람이 나올 수 있었을까? 그는 대학에서 공부했고, 자원입대하여 군복무를 치렀으며, 전쟁영웅이 된 사람이다. 어떤 면에서는 콜레오네 집안과는 전혀 어울리지 않는 인물인 것이다. 이 문제에 대한 힌트는 비토와 마이클이 마지막으로 대화를 나누는 장면에서 제시된다. 비토는 마이클에게 나는 네가 상원의원이나 주지사 같은 인물이 되기를 바랐노라고 토로하는 것이다. 비토에게는 상원의원이나 주지사야말로 자신이 갖지 못했던 권력의 최고형태와도 같은 것이다. 아마도 그는 막내아들인 마이클을 그렇게 키우고 싶었을 것이다. 그래서 아주 어렸을 때부터 마이클을 패밀리의 사업들로부터 멀찌감치 떼어놓았을 것이다.

마이클의 유년기와 소년기는 영화에 나오지 않는다. 그러나 관객은 넘겨 짐작할 수 있다. 영화의 오프닝에서 마이클이 보여준 어떤 무구한 청년 같은 이미지도 결국엔 비토의 배려에 의해 만들어진 것이다. 비토는 자신의 다른 아들들에게는 그런 배려를 보이지 않는다. 그것은 곧 비토와 마이클만이 나누고 있는 각별한 사랑의 표현이다.

행동과 활동

존경의 표현으로 대부의 손에 키스를 하는 것은 대부분의 경우 활동에 해당된다. 그러나 영화의 오프닝에서 절망과 실의에 빠진 장의사가 비토의 손에 최초로 키스를 하는 것은 아주 강한 행동이 된다. 그것은 절망에서 빠져나오려는 그의 안간힘이며 정의로운 복수로 그를 구원해달라는 청탁의 표시이기 때문이다.

프레도가 라스베이거스로 오는 마이클을 위하여 파티를 벌이고 아가씨들을 불러모은 것은 행동이다. 그는 마이클을 즐겁게 해주는 동시에 자신이 그 세계에서 꽤 힘있는 존재라는 사실을 과시하고 싶었던 것이다. 오프닝에 나오는 결혼피로연시퀀스는 그 대부분이 활동에 속한다. 아폴로니아의 집안이 마이클을 위해 파티를 열어줄 때 그것 역시 그들에게는 하나의 활동이다. 하지만 마이클이 그 집안에서 요구하는 격식과 예의를 기꺼이 따라주었을 때 그것은 행동이다. 아폴로니아의 사랑을 얻겠다는 목적으로 시실리 지방의 격식을 그대로 따른 것이기 때문이다.

마이클이 코니가 낳은 아이의 세례식에 대부의 자격으로 참석한 것은 행동이다. 동시다발적으로 이루어진 살인에 대한 완벽한 알리바이를 구축한다는 의미 이외에도, 모든 사람들이 지켜보는 앞에서 대부가 됨으로써 패밀리의 권좌에 오르는 의식을 거행한 것이다.

대사

이 영화는 지난 20여년 동안 미국사회에서 유행하였고 앞으로도 영원히 남을 만한 명대사를 만들어냈다. "그 친구한테 거절 못할 제안을 했지(I made him an offer he couldn't refuse)."

〈대부〉의 대사들은 캐릭터의 성격묘사는 물론이고 권력의 역학관계를 정교하게 드러내는 데에 매우 효율적인 도구로 사용되었다. 비토의 성격에는 어떤 엄격함이 서려 있는데 이는 대사에서도 마찬가지이다. 소니의 대사는 그의 급한 성격을 그대로 빼박아 마구 쏟아붓는 형태를 취하는 데 반해 톰의 대사는 모든 것을 비즈니스에 연결시킨다. 마이클의 대사는 상당히 통제되어 있는데 이는 심지어 패밀리의 일원이라는 자신의 정체성을 부인할 때조차 그렇다.

〈대부〉에서는 같은 방에 있는 사람들 중에서도 누구의 권력이 더욱 강한가에 따라 대사들을 세심하게 구사했다. 톰과 소니는 마치 친형제처럼 서로 툭탁거리며 말싸움을 하기도 하고 금세 화해하기도 한다. 이럴 때 그들이 사용하는 대사에는 아무런 격식도 없다. 그러나 톰이 콘시글리오레(consigliore) 즉 변호사로서 '바깥 사람들(outsiders)'에게 말할 때에는 대단히 엄격한 격식을 따른다.

비주얼

루카 브라시가 잔혹하게 살해되는 장면을 잡을 때 카메라는 컷을 나누지 않음으로써 죽어가는 자의 고통을 있는 그대로 극한까지 보여준다. 소니가 죽는 장면에서도 마찬가지이다. 하지만 아이로니컬하게도 코니와 카를로가 부부싸움을 하는 장면을 보여줄 때는 이와는 정반대의 기법을 사용한다. 부부싸움의 초반기에 폭력을 행사하는 사람은 코니이다. 그녀는 접시를 집어던지고 식탁을 뒤엎는다. 하지만 일단 카를로가 손찌검을 하기 시작하자 부부싸움의 현장은 욕실로 옮겨지고 관객은 그가 임신한 아내를 때리는 소리만을 들으면서 공포를 느끼게 된다. 관객에게 폭력의 디테일을 보여주지 않는 대신 그것을 상상하도록 함으로써 매우 커다란 효과를 얻어내는 장면이다.

〈대부〉에는 서로 상반되는 비주얼이 인상적으로 병치된다. 권력을 가진 자들이 밀담을 나누는 어두운 방은 마이클이 아폴로니아를 만나 사랑에 빠지게 되는 시실리의 탁 트인 야외공간과 절묘한 대비를 이룬다. 영화의 오프닝에서 비토의 성격을 확실하게 묘사하는 데 사용된 것은 바로 그 집무실을 뒤덮고 있는 어두움이었다. 마이클이 성당의 세례식에 참석했을 때 그리고 그가 전권을 이양받고 처음으로 '돈 콜레오네'라고 불릴 때 그의 얼굴을 뒤덮고 있는 것역시 동일한 어두움이다. 그는 이제 더 이상 햇빛이 쏟아지는 바깥세상으로 나오지 않을 것이다. 그는 세례식 도중 스스로 부인했던 악마와 손을 잡은 것이고, 그의 아버지가 그러했듯 권력의 어두운 그림자 아래서 여생을 보내게 될 것이다.

콜레오네 패밀리가 축적한 부와 권력은 시종일관 웅장한 비주얼로 화면을 압도한다. 집안의 가구에서부터 결혼피로연이 열린 거대한 정원과 대저택까지도 엄청난 부를 축적한 콜레오네 패밀리의 권력을 한눈에 보여주는 것이다.

드라마틱한 장면

대단히 효과적인 준비와 여파는 솔로조가 마약사업을 함께 하자고 제안하러 올 때 사용되었다. 준비신은 솔로조가 제안을 하러 오는 동안 톰, 소니, 클레멘차 등과 함께 있는 비토를 보여주는 것이다. 비토는 그들로부터 솔로조에 대한 정보를 듣는다. 솔로조는 비토를 만나자 비토가 가지고 있는 지위와 권력에 대하여 대단한 경의를 표한다. 소니는 두 사람의 대화 도중 솔로조에게 버럭 화를 내면서 이러한 권력관계를 더욱 명확하게 보여준다. 그러나 비토는 즉각 격식을 차린 말투로 솔로조에게 사과한다. 여파신은 비토가 솔로조의 면전에서 소니를 야단치는 것이다.

마이클이 이탈리아 레스토랑에서 매클루스키와 솔로조를 살해하려할 때의 장면은 그 장면의 저류에 흐르는 아이러니 때문에 대단히 드라마틱하다. 그 아이러니는 관객이 마이클의 계획을 알고 있다는 점에서 기인한 것이다.

비토가 퇴원하여 집으로 돌아오는 장면에서도 준비와 여파를 완벽히 갖춘 아이러니가 사용된다. 그가 집으로 돌아와 가족들의 환대를 받는 장면은 이례적으로 길게 확장되어 있는데 이것은 비토가 인식하게 될 진실에 대한 준비신이다. 손자, 손녀, 며느리, 사위들이 모두 다 그에게 인사를 하고 나서야 톰과 소니는 비토에게 진실-두 사람을 죽인 것은 마이클이었고, 그래서 그는 현재 피신중이며, 5대 패밀리간에 전면전이 벌어졌다-을 알린다. 진실을 알게 된 비토는 고통스럽다. 여파신은 그 방을 나온 톰과 소니가 마무리한다. 계단을 내려오면서 툭탁거리다가 결국 소니가 톰에게 너는 전시(戰時)의 콘시글리오레는 아니지 않느냐고 소리지르는 것이다.

톰이 비토에게 소니의 사망소식을 전하는 장면도 대단히 드라마틱하다. 톰과 관객은 알고 있지만 비토는 아직 모르고 있으므로 이 장면의 저류에 흐르는 것도 아이러니이다. 관객은 톰이 그런 소식을 전할 수밖에 없다는 사실에 대하여 대단히 고통스러워하고 있다는 것까지도 안다. 비토는 자신의 방식대로 톰에게 묻고 톰 역시 자신의 방식대로 그에게 대답한다. 비토의 캐릭터가 크게 변하게 되는 것은 바로 이 순간이다. 그는 오직 마이클만이라도 보호해야 된다는 일념으로 다른 패밀리들의 요구 앞에 고개를 숙이게 된다.

특기할 만한 사항

〈대부〉에서 거의 달인의 수준으로 보여준 숱한 기법들 중에서도 가장 영화적이면서도 효과적인 기법을 꼽으라면 단연코 '코폴라식 몽타주'를 꼽아야 할 것이다. 코폴라식 몽타주는 동시다발적으로 진행되는 사건들의 교차편집으로 특징된다. 코폴라식 몽타주는 영화의 오프닝인 결혼피로연시퀀스에서부터 나타난다. 비토의 집무실을 보여주고, 피로연이 진행되는 야외공간을 보여주고, 다시 비토의 집무실로 돌아오는 식이다. 〈대부〉의 오프닝시퀀스는 앞으로 스토리가 어떻게 전개되어 나갈지를 이 코폴라식 몽타주로 보여준다. 여기에서 밝고 즐거운 야외의 풍경과 어둡고 음산한 집무실의 진실이 강한 대비를 이룬다.

코폴라식 몽타주에 의한 강한 대비는 시실리에 피신해 있는 마이클과 뉴욕에서 벌어지고 있는 마피아들간의 전쟁에서도 발견할 수 있다. 시실리의 마이클을 보면서 관객은 그가 진정 어떠한 사람인지를 알 수 있다. 그는 권력보다는 사랑에 더욱 많이 끌리고 있는 청년인 것이다. 그러나 동시에 뉴욕에서 벌어지고 있는 전쟁이 마이클의 행동에 의해서 촉발된 것도 사실이다. 시실리와 뉴욕에서 동시에 벌어지고 있는 사건들의 교차편집은 마이클의 신부 아폴로니아가 살해당하는 시점에서 끝나고 이를 기점으로 그는 뉴욕으로 돌아와 패밀리의 일원이 된다.

코폴라식 몽타주는 저 유명한 세례식시퀀스에서 그 스타일의 정점에 도달한다. 여기서도 관객은 겉으로 보이는 것과 숨겨진 진실 사이의 강렬한 대비를 목격하게 된다. 악마를 멀리하겠노라고 신 앞에 맹세하는 바로 그 순간 살인을 자행하는 것이다. 이 순간의 대비는 오프닝에서 보여줬던 대비보다도 훨씬 더 강렬하다. 마이클의 양면성이 적나라하게 드러나고, 성당에서 들리는 대사와 음악들이 살인현장의 비주얼 위로 오버랩되면서, 마이클이 선택한 새로운 삶이 어떤 것인지가 명확해지는 것이다. 이 세례식시퀀스를 통하여 마이클은 명실상부한 대부의 권좌에 오른다.

차이나타운

Chinatown 1974 ||||||||||||||||||||||||||||||||||||||

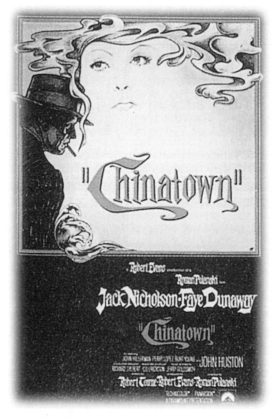

시나리오 로버트 타우니
감독 로만 폴란스키

전세계의 영화팬들로부터 사랑을 받은 〈차이나타운〉은 시나리오작가 로버트 타우니에게 아카데미 각본상을 안겨준 것 이외에도 작품상·감독상·남우주연상을 포함한 6개 부문에 노미네이트된 작품이다. 복잡한 플롯에도 불구하고 관객을 스토리의 세계 안으로 끌어들이는 힘이 대단한 시나리오이다. 로버트 타우니는 스토리에 종속되지 않으면서도 스토리의 정수를 보여준다. 〈차이나타운〉은 시나리오작가나 감독 두 사람 모두에게 그들이 각자 쌓아온 경력들 중 최고의 성취를 이룩한 걸작(tour de force)이다.

시놉시스

사설탐정 제이크 기츠는 컬리에게 그의 아내가 다른 남자와 정사를 벌이고 있는 현장사진을 보여준다. 컬리를 다독거려 돌려보낸 제이크에게 찾아온 다음 고객은 멀레이 부인인데, 그녀 역시 남편의 불륜현장을 잡아달라고 한다. 제이크와 그의 조수 듀피, 월시는 그녀의 남편이 바로 LA 전체에 물과 전기를 공급하는 유력인사라는 사실에 약간 긴장한다. 제이크가 멀레이를 염탐하는 과정을 통해 관객은 1939년의 LA가 겪고 있는 가뭄과 물을 둘러싼 정치경제학적 지식들을 얻게 된다. 결국 제이크는 멀레이가 어린 연인과 함께 있는 장면을 카메라에 담는 데 성공한다.

그러나 어찌된 일인지 제이크가 찍은 사진은 곧 일간신문에 크게 실리고 멀레이는 스캔들에 휩싸이게 된다. 사무실로 돌아오니 제이크를 기다리고 있는 여인이 있는데, 그녀는 자신이 바로 멀레이의 아내인 에벌린이라고 하면서, 제이크를 고소하겠다고 으름장을 놓는다. 당혹스러워진 제이크는 멀레이의 사무실을 찾아가지만 그의 비서 옐버튼의 방해로 만나지 못한다. 건물을 나오던 제이크는 역시 전직 경찰이었으며 지금은 사설탐정으로 일하고 있는 멀빌과 마주친다.

제이크는 멀레이 부인의 자택으로 간다. 그녀의 자택은 넓은 정원과 연못이 있는 호화스러운 대저택이다. 에벌린은 의외로 소송을 걸지는 않겠으니 누가 자기로 가장하여 그런 부탁을 했는지 그 배후를 알아봐달라면서 제이크를 고용한다. 그녀는 또한 저수지로 가서 남편을 찾아봐달라고 한다.

저수지에 가봤더니 오래 전부터 알고 지내던 에스코바 경위의 지휘 아래 경찰조사가 진행중이다. 경찰은 저수지에서 멀레이의 시체를 건져내고 있다. 제이크는 에벌린을 데리고 경찰서로 가서 시신을 확인시킨다. 에벌린은 자신이 공식적으로 제이크를 고용했음을 밝히고 수표를 써준다. 검시관은 제이크에게 강바닥이 말라붙어 있는데도 익사한 것으로 판명된다고 말한다.

매일밤 물이 방출되고 있음을 확인한 제이크는 다시 저수지로 간다. 철조망을 넘어 안으로 들어간 그는 갑자기 방출되는 물살에 휘말려 거의 익사할 뻔한다. 겨우 위기를 모면하자 이번에는 멀빌이 똘마니를 데리고 나타나 그를 위협한다. 똘마니는 제이크에게 아무데나 코를 들이밀지 말라면서 칼로 그의 콧등을 따버린다.

사무실로 돌아온 제이크는 누가 배후인물인지를 알아내어 대가를 치르게 하겠노라며 분개한다. 이때 이다 세션스라는 여인이 전화를 걸어와, 처음 에벌린으로 가장하여 청탁을 한 것은 자신이었지만 살인사건과는 아무런 관련이 없다면서, 신문의 부고란들을 유심히 보라는 힌트를 준다. 제이크는 에벌린이 뭔가를 속이고 있다고 다그쳐 일말의 진실들을 알아낸다. 에벌린의 처녀시절 이름은 크로스였고, 노아 크로스는 바로 LA에 수도물공급시스템을 만들어낸 사람이며, 멀레이는 그의 동업자였다. 제이크는 옐버튼을 찾아가 살인사건 및 물방출사건에 관련이 있다는 것을 알고 있노라고 위협한다. 옐버튼은 부인하지만 제이크는 물이 북서계곡의 오렌지농장쪽으로 방출되고 있다는 사실을 확인한다.

에벌린은 이제 누가 자신의 남편을 죽였는지 파헤쳐달라고 부탁한다. 줄곧 동업자로 일해온 아버지와 남편이 최근에는 댐붕괴사건 때문에 크게 싸웠다는 사실도 털어놓는다. 제이크는 노아 크로스를 찾아간다. 그러나 크로스는 오히려 에벌린이 숨겨놓은 여자를 찾아준다면 에벌린이 제시한 금액의 두 배를 지불하겠노라고 제안한다.

제이크는 등기소에서 북서계곡의 토지소유자가 최근에 많이 바뀌었음을 확인한다. 현장조사에 나선 제이크는 오렌지농장 사람들에게 붙잡힌다. 그들은 누군가가 수로를 파괴시켜 놓았기 때문에 이곳에는 물이 들어오지 않는다고 화를 내며 제이크를 때려눕힌다. 에벌린이 제이크를 구하러 온다.

집으로 돌아가던 중 그들은 최근에 부고란에 실린 사람들의 이름들과 등기소에서 확인한 이름들이 같다는 사실을 확인하고 노인요양소로 방향을 돌린다. 그곳에서 확인해본 결과 새로운 '토지소유자(land barons)'들은 이제 죽을 날만 기다리고 있는 노인들이며 정작 그들은 그렇게 되어 있다는 사실조차 모르고 있다. 노인요양소를 나오던 그들은 다시 멀빌과 마주친다. 제이크는 멀빌과 똘마니를 때려눕히고 에벌린이 모는 차에 올라타 그곳을 빠져나온다.

제이크의 상처를 치료해주던 에벌린은 자연스럽게 그에게 안겨 두 사람은 정사를 나눈다. 제이크는 과거 자신이 경찰이었던 시절 차이나타운에서 벌어진 사건에 대하여 이야기한다. 이때 갑자기 급한 전화가 와서 에벌린은 제이크를 남겨둔 채 달려나간다. 그녀를 미행한 제이크는 뜻밖의 사실을 확인한다. 예전에 멀레이와 함께 있다가 사진에 찍힌 어린 연인이 그곳에 감금된 채 있었던 것이다! 제이크는 에벌린 앞으로 나아가 사실을 추궁한다. 그러나 에벌린은 부인한다. 이 아이는 자신의 여동생이며 자신은 결코 남편을 죽이지 않았다는 것이다.

집으로 돌아온 제이크는 다시 이다 세션스라는 여자로부터 전화를 받는다. 그러나 그가 이다의 집을 찾아가자 그녀는 이미 죽어 있다. 당황한 제이크가 집을 나서려는데 에스코바가 등장하여 살인죄로 기소할 수도 있을 것이라며 위협한다. 제이크는 저수지의 물이 불법으로 버려지고 있다고 이야기하지만 에스코바는 믿지 않는다.

에벌린의 집으로 간 제이크는 연못에서 일하는 정원사를 바라보다가 그 연못의 밑바닥에서 깨어진 안경을 발견한다. 그는 젊은 여자와 함께 막 어디론가 떠나려 하는 에벌린을 붙잡아서, 멀레이의 깨어진 안경(사실은 그의 것이 아니다)이 이 집 연못에서 발견되었으니 당신을 기소하겠다고 말한다. 그는 경찰에 연락하여 에스코바에게 당장 이리로 오라고 한다. 그제서야 에벌린은 진실을 털어놓는다. 이 아이는 나의 여동생이자 딸이기도 하다. 나는 지금 사악한 노아 크로스로부터 이 아이를 보호하려 하는 것이다.

제이크는 에벌린과 여자를 차이나타운에 숨도록 하고는 에스코바를 기다린다. 경찰들이 닥치자 그는 에벌린이 있는 곳으로 안내하겠다고 한다. 그러나 실제로 그가 경찰들을 데리고 간 곳은 컬리의 집이다. 그는 컬리를 이용하여 경찰들을 따돌린다.

제이크는 컬리에게 에벌린과 그녀의 여동생-딸의 탈출을 돕도록 부탁하고, 크로스에게 연락하여 멀레이의 집에서 만나자고 한다. 노아 크로스는 제이크에게서 결정적인 증거가 될 자신의 깨어진 안경을 빼앗고는 물의 공급과 계곡에 관련된 자신의 계획을 밝힌다. 멀빌이 머리에 총을 들이대자 제이크는 결국 그들을 안내해줄 수밖에 없다.

차이나타운에서는 이미 에스코바와 그의 동료들이 제이크를 기다리고 있다. 제이크는 그들에게 노아 크로스가 이 모든 일의 배후에 있는 인물이며 멀레이를 살해한 장본인이라고 이야기하지만 아무도 그를 믿지 않는다. 그러는 동안 부와 권력을 모두 갖춘 노아는 에벌린과 그녀의 여동생-딸에게 접근한다. 그때 에벌린은 갑자기 총을 꺼내 노아의 팔을 쏘고는 자동차를 몰고 도망친다. 경찰들은 제이크의 방해에도 불구하고 달아나는 자동차를 향하여 총을 쏜다. 가까이 다가가 보니 에벌린은 이미 총에 맞아 즉사한 상태이고 그녀의 여동생-딸은 비명을 지르고 있다.

노아는 결국 그녀를 데리고 어둠 속으로 사라진다. 에스코바는 제이크를 풀어주며 이렇게 말한다. "잊어버려 제이크, 여긴 차이나타운이잖아(Forget it, Jake, it's Chinatown)."

주인공과 그가 하고자 하는 일

이것은 명백히 제이크의 스토리이다. 영화의 도입부에서 함정에 빠진 그는 의혹을 밝혀내려 애쓴다. 그는 이 사건의 배후에 숨겨져 있는 미스터리를 파헤치려 한다. 그가 하고자 하는 일은 자신을 함정에 빠트린 최초의 사건 뒤에 숨겨져 있으면서 점점 더 증폭되어만 가는 미스터리를 파헤치는 것이다.

장애물

제이크가 미스터리를 파헤치려 하는 데 장애물이 되는 것은 에벌린, 옐버튼, 이다 세션스, 크로스, 그리고 그에게 거짓말을 하는 모든 인물들이다. 여기에 덧붙여 한편에는 멀빌과 그의 똘마니(바로 감독을 맡은 로만 폴란스키이다)가 버티고 있고 다른 한편에는 에스코바와 경찰들이 그를 옭죄어온다. 그는 또한 멀레이와 함께 그의 카메라에 잡혔던 여자가 누구인지, 그리고 다른 사람들과는 어떤 관계에 있는지도 밝혀야 한다. 이 모든 사건들의 배후에는 크로스와 멀레이의 관계와 개인사가 깔려 있고, 북서계곡과 관련된 새로운 계획이 숨겨져 있다.

전제와 오프닝

전제는 오프닝에서 보여지는 사건들이 발생하기 훨씬 이전부터 형성되어 있다. LA가 극심한 가뭄으로 고통받고 있을 때, 도시의 수도공급을 책임지고 있던 멀레이는 물의 방출을 막으려 애쓰고 있었던 반면, 그의 전 동업자이자 장인인 노아 크로스는 사막지역의 개발과 관련된 야심찬 계획을 준비중이었다. 한편 제이크는 특히 가정문제에서 독자적인 능력을 발휘하고 있는 사설탐정인데, 그는 자신의 직업과 프로정신 그리고 정직함에 대하여 어떤 자부심을 갖고 있는 인물이다.

오프닝에서 로버트 타우니는 제이크의 일상적인 활동을 보여준다. 그는 대단히 일을 잘할 뿐만 아니라 비탄에 빠진 고객에게 동정심도 베풀 줄 아는 인물이다. 그를 돌려보내자마자 곧바로 등장하는 것이 바로 가짜 멀레이 부인이다. 멀레이가 관계된 사건이므로 물과 전력에 대한 문제가 자연스럽게 소개된다. 제이크는 그 사건을 맡음으로써 음모에 빠져드는 것인데 음모의 배후에는 그가 상상조차 할 수 없을 만큼 커다란 문제에 얽혀 있다.

주요긴장과 절정과 해결

미스터리 영화의 경우 그 미스터리가 기초해 있는 모든 정황들이 충분히 드러났을 때에야 주요긴장이 형성되는 법이다. 제이크는 자신과 멀레이가 어떤 음모에 빠져들었다는 것을 깨달은 다음 그것의 배후를 밝히겠다고 결심한다. 에벌린은 소송을 걸지 않는 대신 가짜 멀레이 부인을 만들어낸 배후를 밝혀달라고 그를 고용한다. 이 두 가지의 요구가 합쳐져서 주요긴장을 만들어낸다. "과연 제이크는 그와 멀레이를 함정에 빠트린 배후를 알아낼 수 있을까?"

스토리가 진행됨에 따라 많은 변화가 일어난다. 멀레이는 살해되고, 제이크는 공격을 받으며, 이다 세션스마저 살해되는 것이다. 위험의 수위는 점점 높아지지만 그래도 기본적인 질문은 계속 유지된다. 제이크는 여전히 이 모든 사건의 배후에 얽힌 미스터리를 파헤치지 못하는 것이다.

절정은 미스터리의 대부분이 풀리는 순간에 나온다. 즉 에벌린이 노아 크로스에 얽힌 진실—그는 나의 아버지이자 내 딸의 아버지이기도 하다—을 밝히고, 자기가 해온 여지껏의 모든 노력은 그 사악한 노아 크로스로부터 자신의 여동생-딸을 보호하기 위해서였다고 고백하는 순간이다. 이로써 모든 미스터리가 다 풀린 것은 아니지만 가장 중요한 진실이 무엇인지는 명백해진다. 가짜 에벌린을 보내 제이크를 고용하고 결국에는 멀레이를 살해한 배후인물은 바로 노아 크로스라는 것이다.

그런 이유로 이 영화에서는 제2장이 특별히 긴 데 비해 제3장은 상대적으로 짧다. 어떤 탐정 혹은 형사가 과거의 일을 파고들어가는 미스터리 영화에서 반드시 필요한 설명을 가능한 한 제2장의 끝에 이르기까지 자꾸 뒤로 미루는 것은 지극히 자연스러울 뿐 아니라 필요한 일이다. 미스터리 영화에서의 설명은 대개 힌트의 형태를 띠고 있거나 비비 꼬아진 채 왜곡되어 있거나 반전을 통해 제시된다.

〈차이나타운〉의 제2장이 길어진 것은 찬찬히 진행되는 서브플롯에서 기인한 바이기도 하다. 이 영화의 서브플롯은 제이크와 에벌린의 러브스토리이다. 그런데 에벌린이 자신의 캐릭터를 어느 정도 드러내기 전까지는 러브스토리 자체가 시작될 수 없었던 까닭에 제2장이 그렇게 길어진 것이다.

그래도 관객은 미스터리의 끝에까지 다다르는 데 그렇게 많은 시간이 흘렀다는 것을 느끼지 못한다. 제이크가 빠져들었고 그 속에서 헤매야만 하는 미로가 대단히 복잡한 까닭이다. 그 미로에는 무수히 많은 갈림길이 있고, 잠겨진 문이 있으며, 막다른 골목이 있다. 〈차이나타운〉에서 보이는 미로는 이 영화의 주제와도 관련이 있다. 관객은 주인공과 함께 그 미로 속을 헤매면서 주인공과 동일한 느낌을 받게 된다. 어떤 일이 벌어지고 있는지를 알고 있다고 생각하지만 실제로는 전혀 모르고 있는 것 같은 느낌. 그 느낌은 로버트 타우니와 로만 폴란스키가 대단히 정교한 노력을 기울여 만들어낸 것이다.

이 영화의 해결은 제이크가 사건의 흐름을 뒤바꾸어 놓을 수 없었다는 것이다. 에벌린은 죽고, 노아 크로스는 딸을 데리고 사라진다. 크로스는 멀레이의 살인범으로 기소되지도 않을 것이며, 결국엔 자신의 계획을 끝끝내 관철시켜, 더욱 강한 권력과 부를 움켜쥘 것이다.

주제

주제의 측면에서 볼 때 이 스토리는 대단히 흥미롭다. 이상하게 들릴지 모르지만 〈차이나타운〉의 주제는 '차이나타운'이다. 여기서 차이나타운이란 '어떤 일이 벌어지고 있는지를 알고 있다고 생각하지만 실제로는 전혀 모르고 있는 것 같은 느낌'을 의미한다. 실제로 누구라도 때때로 그런 느낌에 빠져본 경험이 있을 것이다. 그러나 누구도 그런 느낌에 어떤 이름을 부여해본 적은 없고, 그런 느낌을 만들어내는 세계 속으로 파고들어가 본 적도 없다. 영화

〈차이나타운〉은 바로 이 일을 해냈다.

어떤 문제를 깊이 파고들면 들수록, 무언가를 더 알게 된 것 같지만 실제로는 더 모르는 것이 되고, 결국은 어떤 일이 벌어지고 있는지를 전혀 알아차리지 못할 것 같은 느낌. 〈차이나타운〉은 이 독특한 느낌을 대단히 강력하고 효율적으로 표현해냈다. 이 영화가 오랜 세월 폭넓은 대중적 지지를 받아온 것을 보면 관객 역시 이 느낌의 표현에 압도당한 것 같다.

'차이나타운'은 하나의 메타포이다(〔씨뿌리기와 거둬들이기〕를 보라). 그것은 이 스토리의 주제를 위하여 정교하게 만들어졌다. 제이크는 과거의 경험 때문에 이 '차이나타운'이라는 느낌을 익히 알고 있는 인물이다. 그래서 그는 결국 또 모든 것이 '차이나타운'으로 되돌아가게 된 것에 대하여 깊이 절망한다.

에벌린 역시 크게 다르지 않다. 비록 그녀가 제이크에게 거짓말을 하고, 오래된 거짓말을 새로운 거짓말로 바꿔가기도 하지만, 그녀 역시 실제로 어떤 일이 벌어지고 있는지는 알지 못한다. 노아 크로스가 추구하는 것이 무엇인지, 멀레이가 추구하는 것은 무엇인지, 무엇이 그를 죽게 만들었는지.

정도는 다르지만 노아 크로스도 때때로 이런 느낌에서 자유로울 수 없다. 그는 물론 살인의 전말과 북서계곡에 물을 대는 일에 대해서는 모든 것을 알고 있다. 하지만 그 역시 에벌린과 멀레이가 자신의 딸을 데리고 무슨 짓을 하려 하는지, 그녀가 지금 어디에 있는지는 모르고 있다.

에스코바에 이르면 대책이 없을 정도이다. 그는 이 '차이나타운'이라는 느낌의 망망대해에 떠 있는 꼴이다. 그는 언제나 헛다리를 짚는다. 제이크에 대해서 정확한 판단을 내리고 있다고 생각하는 순간에도 실제로 제이크가 왜 그러는지에 대해서는 전혀 모른다. 심지어 그는 잘못된 판단을 하고 있을 때에만 자신이 이번에야 제대로 감을 잡았노라고 생각하는 인물이다.

통일성

한 사람의 주인공이 등장하는 대부분의 영화들이 그러하듯 〈차이나타운〉

에서 견지되는 것은 행동의 통일성이다. 미스터리를 풀려는 제이크의 추구가 스토리 전체에 통일성을 부여한다. 미스터리의 본질에 접근하려는 그의 다양한 노력들과 그것을 가로막는 장애물들이 결합하여 전체 스토리를 구성하고 있다.

설명

〈차이나타운〉은 관객에게 필요한 정보를 교묘하게 설명해낸다. 제이크가 멀레이를 미행하고, 그의 자동차 바퀴 밑에 시계를 놓아두고, 그가 누군가(나중에 노아 크로스로 밝혀진다)와 함께 있는 사진을 찍을 때, 관객은 그저 사설 탐정들은 저런 식으로 일하는 것이려니 하고 받아들일 뿐이다. 그러나 그러는 동안 관객은 스토리에 필요한 정보들—LA의 가뭄, 곤경에 빠진 농부들, 물을 관리하는 것과 관련된 정치적 문제들과 과거의 사건들 등—을 자연스럽게 얻게 된다. 또한 이 과정을 통해서 바닥이 말라버린 강과 저수지 등을 돌아보게 되는데 이러한 장소는 이후 스토리 전개에 대단히 중요한 의미를 지닌다.

로버트 타우니는 제1장 내내 관객에게 필요한 정보들을 꼭 필요한 만큼만 제공한다. 일단 미스터리가 기초한 정황들을 다 보여준 다음에도 역시 관객이 필요로 하는 순간마다 극히 적은 단편적 정보만을 설명해준다. 대체로 갈등이나 유머를 섞어서 제공하며 때로는 힌트를 주거나 '돌파구(breakthroughs)'를 열어주는 식으로 설명하는 것이다.

갈등과 유머를 동시에 사용한 설명의 훌륭한 예로는, 제3부의 제8장 〔설명〕에서 다룬 바와 같이, 등기소에서 토지소유자의 이름을 알아내는 장면을 들 수 있다. 옐버튼을 만나기 위하여 대기실에서 기다리는 장면에서도 동일한 기법이 사용되었다. 제이크는 의도적으로 여비서를 성가시고 불안하게 만들어 노아 크로스와 수력국의 역사, 그리고 그와 멀레이의 관계에 대한 정보를 캐내는 것이다.

캐릭터의 성격묘사

오프닝에서부터 제이크는 자신감에 차 있으되 약간 교만한 인간으로 묘사된다. 그는 자신이 인간의 내면을 읽어내는 데 일가견이 있다고 여기면서 약간 잘난 체하는 인간이다. 그는 마치 책을 읽듯 컬리의 속마음을 읽어내며, 싸구려 술을 한 잔 건네 그를 위로하고는, 인간의 본성에 대한 자신의 이해에 스스로 찬탄하는 듯하다. 이러한 성격은 가짜 멀레이 부인이 나타나 남편의 불륜현장을 포착해달라고 부탁했을 때에도 그대로 나타난다. 남자란 다 그런 것이니 사랑한다면 잊어버리라고 충고하는 것이다.

사람의 마음을 읽어내는 제이크의 능력은 물론 그가 사설탐정으로 일하면서 생겨난 것이다. 그는 자신의 능력에 대하여 자부심을 느끼고 있다. 바로 그렇기 때문에 그는 자신이 속았다는 사실을 깨닫게 된 순간, 자존심이 상하여, 그 함정의 배후를 끝내 파헤치겠다고 결심하게 되는 것이다. 이렇게 제이크가 가지고 있는 자기 이미지와 그것을 파괴시킨 주변 정황이 서로 부딪쳐 스토리를 만들어 나간다.

에벌린은 때때로 신뢰할 수 없는 사람처럼 묘사되는데 이 점에서 제이크와 확연한 대비를 보인다. 물론 그녀에게도 노인요양소에서 사납게 차를 몰아 제이크를 탈출시킬 때 확인할 수 있는 바와 같이 제이크와 그녀 자신 그리고 관객까지도 놀라게 하는 면이 있기는 하다. 그러나 대부분의 경우, 에벌린은 말을 할 때 머뭇거리거나 말끝을 흐림으로써 지금 자신이 무슨 말을 하고 있는지에 대해서조차 확신을 갖지 못하는 인물로 묘사된다. 그녀는 어떤 말을 했다가도 다음 순간 아주 간단히 그 말을 다른 말로 바꾸어버리는 그런 여자이다. 이 모든 것들은 그녀가 겪어온 개인사가 남겨준 생생한 흔적으로, 정신병리학적으로 결코 치유될 수 없는 영구적인 상처를 남겨준 노아 크로스와의 관계, 그리고 오랜 세월 그녀를 지탱해준 멀레이와의 관계를 드러낸다.

노아 크로스는 제이크와 비교해볼 때 뚜렷한 유사성을 가지고 있는 동시에 확연히 구별되는 차별성 역시 가지고 있다. 그는 제이크와 마찬가지로 주변인물들의 내면을 읽어낼 수 있다는 확신에 차 있으며 자기가 하고자 하는 일을 추구하는 데 확고하다. 그러나 제이크에게는 자신의 고객 혹은 주변인물들을 돕고자 하는 열망이 강한 반면, 노아는 자신 이외의 그 누구에게도 관심이 없는 인물이다. 제이크는 기본적으로 다른 사람들로부터 고맙다는 말을 듣고 스스로가 긍정적인 영향을 끼치고 있다고 믿고 싶어하는 반면, 노아의 행동 뒤에 숨겨진 모든 동기들은 오직 부와 권력을 추구하는 것이다.

스토리의 발전

이 스토리의 발전은 아주 정확하게 제이크와 관객이 갖게 되는 '차이나타운'이라는 느낌을 계속 확장해가는 방향으로 이루어져 있다. 스토리가 발전되어 나감에 따라 관객은 이제야 뭘 좀 알겠군 하는 느낌에서 정말 어떻게 된 건지 전혀 알 수 없군 하는 느낌을 받게 된다. 마치 점점 작아지는 인형들을 속에 감추고 있는 러시아 장난감처럼, 하나의 미스터리를 벗겨내고 나면 그것이 또 다른 미스터리가 되는 식이다. 가령 제이크가 이제야 진실-에벌린이 그 여자를 납치하고 있으며, 질투심을 못이겨 남편을 살해했다-을 깨닫게 되었다고 느끼는 순간, 진실은 전혀 다른 방향으로 나타나고, 그것이 새로운 미스터리를 만들어내는 것이다.

257
차이나타운

아이러니

〈차이나타운〉은 스토리를 전개시키고 그것을 화면에 담아내는 독특한 방식([비주얼]을 보라)을 구사하여 관객으로 하여금 제이크와 동일한 체험을 하게 만든다. 제이크는 관객이 모르고 있는 것은 모르며, 관객 역시 제이크가 알고 있는 것만큼만 알게 된다. 이러한 방식 때문에 적어도 제이크와 관련된 한도 내에서는 아이러니의 사용이 극히 제한되었다.

제이크와 에벌린이 처음 만나는 장면은 예외이다. 제이크는 에벌린이 뒤에서 있다는 사실을 모르는 채 듀피와 월시에게 음담패설을 늘어놓는다. 그녀가 누구이며 그녀의 출현이 무엇을 의미하는지 모르기는 관객 역시 마찬가지이지만, 어찌됐건 관객은 그녀가 거기에 있다는 사실을 알고 있으며, 이때 발생되는 아이러니가 그 장면을 지극히 효과적이고 기억할 만한 것으로 만드는 것이다.

다른 인물들을 다룰 때에는 종종 아이러니가 사용된다. 특히 에스코바의 경우, 그가 제이크와 마주치는 거의 모든 장면에서 관객은 아이러니를 맛본다. 그가 얼마나 진실과는 무관한 판단을 내리고 있는지 관객은 알고 있기 때문이다. 이러한 아이러니의 사용은, 제이크가 부당하게 대우받고 있다는 사실을 보여줌으로써, 관객을 제이크 편으로 끌어들이고 그에게 감정이입을 하도록 만드는 효과를 자아낸다. 옐버튼이 나오는 장면에서도 이러한 아이러니는 광범위하게 사용되었다.

준비와 여파

이런 종류의 영화에서는 분위기가 대단히 중요하다. 이를 위하여 준비와 여파가 정교하게 사용되고 있다. 가령 제이크가 멀레이의 집을 처음으로 찾아가는 장면을 보면 대단히 긴 준비신이 나온다. 정문에서 저택에 이르는 긴 드라이브웨이, 어딘지 모르게 미스터리한 느낌을 주는 중국인 정원사, 문 앞에 지켜서 있는 또 다른 하인, 신경에 거슬리는 소음을 내며 세차하고 있는 운전수. 에벌린은 이 모든 준비신이 끝난 다음 등장하는데, 이때 그녀가 보여주는 모습은 조금은 더 솔직해진 것으로 제이크의 사무실에서 보여주었던 모습과는 영 딴판이다. 이 복잡하게 뒤엉킨 스토리가 제대로 힘을 받아 새롭게 출발하는 시점이 바로 여기이다.

제이크가 오렌지농장을 찾아가는 장면에서는 광활한 풍경과 조용하고 우호적인 분위기가 준비신으로 제시된다. 그러나 그는 곧 그곳의 농부들과 한바탕 격투를 벌여야만 한다. 제이크가 깨어나 자신을 굽어보고 있는 에벌린을 발견하는 것은 여파신이다. 제이크가 어떻게 된 일인지 깨달을 즈음에야 관객 역시 이 여파신을 소화하게 된다.

제이크과 에벌린이 노인요양소를 찾아가는 장면 역시 마찬가지이다. 그곳으로 찾아가는 길, 단지 내부의 드라이브웨이, 음산한 건물 등이 분위기를 위한 준비신으로 제공된다. 요양소의 내부로 들어가서도 그들이 담당직원에게 거짓말을 하기 전에 일련의 준비신들이 보여진다. 결국 멀빌과 마주쳐 또다시 격투를 벌이고 아슬아슬하게 탈출한 다음 한동안 묵묵히 차를 몰고 있는 두 사람의 모습이 보이는데 이것이 여파신이다.

씨뿌리기와 거둬들이기

이 영화에서 가장 중요한 씨뿌리기와 거둬들이기는 물론 '차이나타운'이라는 메타포이다. 영화의 초반부에서 차이나타운이란 그저 하나의 지명일 뿐이다. 그러던 것이 스토리가 진행됨에 따라 '어떤 일이 벌어지고 있는지를 알고 있다고 생각하지만 실제로는 전혀 모르고 있는 것 같은 느낌'이라는 것이 점점 더 분명해져 간다. 결국 관객은 하나의 지명일 뿐인 차이나타운과 그 단어가 주는 느낌을 하나로 결합시키게 된다. 제이크는 에벌린에게 차이나타운에 대하여 이야기하면서 "누구나 그렇게 느끼게 되지(Everyone felt that way)"라고 말하는 것이다.

관객이 이 느낌으로부터 빠져나오게 되는 것은 엔딩에 이르러서이다. 비록 에벌린의 죽음 및 소녀의 미래와 맞바꾼 것이기는 하지만, 에스코바가 "잊어버려 제이크, 여긴 차이나타운이잖아"라고 말할 때, 그것은 하나의 메타포가 되어버린다. 아마도 이 대사가 그토록 인상적인 것은 그 때문일 것이다.

대사를 이용한 씨뿌리기와 거둬들이기의 또 다른 예로는 "잔디에 나쁜데(Bad for grass)"를 들 수 있다. 맨처음 그 말을 한 것은 중국인 정원사였다. 그러나 그때 제이크는 그저 흘끗 연못을 바라보며 흘려들었을 뿐이다. 훗날, 제이크가 다시 한 번 그 말을 듣고는 그것이 연못에 소금물이 들어왔다는 뜻임을 알아차리게 될 때, 그것은 훌륭한 거둬들이기가 된다. 그리고는 퍼뜩 정신을 차린 제이크가 연못을 자세히 들여다보다가 깨어진 안경이라는 결정적인 증거를 찾아내는 것이다.

　제이크가 옐버튼의 명함을 한 장 슬쩍 하여 얼마 후 그것을 사용하는 것도 물론 씨뿌리기와 거둬들이기에 해당한다. 멀레이와 소녀가 함께 있는 장면을 찍은 제이크의 사진도 훌륭한 씨뿌리기이다. 훗날 그 사진은 이다 세션스의 집에서 발견된다. 제이크를 함정에 빠트린 것이 누구인지를 확연히 드러내는 거둬들이기이다.

미리 알려주기와 예상하게 만들기

　에벌린이 제이크에게 저수지에 나가 멀레이를 찾아보라고 했을 때, 그녀가 자신의 여동생-딸을 먼 곳으로 데려가겠다고 했을 때, 계획이 더 진전되어 그녀가 다섯시 반 기차를 타기로 했다고 했을 때, 이 모든 것이 미리 알려주기에 해당한다. 제이크가 에스코바에게 전화를 걸어 에벌린과 소녀가 있는 곳의 주소를 불러준 것도 미리 알려주기이다. 이제 관객은 여자들이 그곳을 떠났음에도 불구하고 조만간 에스코바가 들이닥치리라는 것을 기대하게 된다.

　불길한 전조를 느끼게 하는 예상하게 만들기로는 제이크와 에벌린이 차 안에 앉아 소녀가 머물고 있는 집을 바라보고 있는 장면을 들 수 있다. 그때 에벌린은 자신의 여동생-딸을 안전한 곳으로 피신시켜 보호하겠노라고 말하며 무척이나 지친 듯 핸들 위에 머리를 기대고서는 경적을 울린다. 이 장면에서는 눈치채기 힘들겠지만 그것은 분명히 엔딩에 대한 불길한 전조로서 만들어진 것이다. 엔딩에서 에벌린은 소녀를 데리고 도망치다가 총에 맞아 핸들에 머리를 박은 채 죽음으로써 괴로울 만큼 기나긴 경적을 울려대는 것이다.

개연성

　〈차이나타운〉에는 어떤 초자연적인 존재나 믿기 어려운 사건들이 등장하지 않는다. 그야말로 리얼한 스토리이다. 관객은 그러한 사건이 일어날 수 있으며 어쩌면 이 영화에서 묘사된 바로 그대로 일어났을 수도 있다고 믿게 된다. 더 나아가 새로운 거짓말들이 밝혀지고 새로운 미스터리가 그 뒤를 따름에 따라, 이 영화에서 다루고 있는 사건들이 다른 방식으로는 전개될 수 없었으리라는 느낌마저도 받게 된다. 즉 '결국 그럴 수밖에 없었다는 느낌'을 획득하고 있는 것이다.

행동과 활동

오프닝에서 컬리에게 싸구려 술을 따라주는 것은 그저 일상적인 활동이었을 뿐이다. 그러나 다음 순간, 자신을 멀레이 부인이라고 밝히는 여자와 마주치자, 짐짓 깜짝 놀라는 듯한 표정을 지어보인 것은 행동이다. 그는 그런 거물의 뒷조사에는 많은 돈이 든다는 사실을 시위하고 있는 것이다.

제이크가 옐버튼의 여비서와 단둘이 있게 되자 담배를 피우고, 휘파람을 불고, 공연히 사무실 내를 서성거리는 것은 마치 활동처럼 보이지만 실제로는 행동이다. 그녀에게서 정보를 얻어내고 빨리 옐버튼을 만나기 위하여 계산된 행동인 것이다.

에벌린이 제이크의 다친 코를 치료해주는 것은 활동이다. 반면 제이크가 옐버튼의 명함을 훔치는 것은, 앞으로 그것을 사용하게 될 경우를 미리 상정한 것이므로, 행동이 된다. 제이크가 에벌린과 함께 노인요양소 내의 웅장한 계단을 올라가면서 그녀의 팔짱을 끼는 것은 행동이다. 그녀를 부인처럼 보이게 만들면서 이제 막 하려고 하는 거짓말에 공범으로 참여시키기 위한 계산에서 나온 것이다.

대사

이 영화에서의 대사는 특히 캐릭터의 성격묘사에 효율적으로 사용되었다. 제이크는 언제나 위트가 넘치는 스마트한 대사를 구사하고, 에벌린은 특히 노아 크로스에 대해서 말할 때 심하게 말을 더듬거나 떨며, 노아 크로스는 마치 불도저처럼 사람들을 밀어붙이며 말한다. 그는 심지어 다른 사람의 이름을 발음할 때조차 극히 냉담한 어조를 띤다.

이 영화의 마지막 대사는 영화사상 가장 유명한 것들 중 하나이다. 그러나 그 밖에도 탁월하게 구사된 대사들은 헤아릴 수 없이 많다. 예를 들어 제이크는 에벌린이 문제의 소녀를 감금하고 있다고 생각했을 때 그녀를 '에벌린'이라고 부르는 대신 '멀레이 부인'이라고 부른다. 바로 직전의 장면에서 사랑을 나누었으므로 그녀를 가깝게 느끼고 있는 자신의 감정에 대하여 일정한 거리를 유지하려는 노력의 표현이다. 노인요양소에서 담당직원의 방해를 물리치기 위하여 에벌린의 팔짱을 끼고 내뱉는 제이크의 대사 역시 노련한 사설탐정으로서의 그의 능력을 유감없이 표현하고 있다.

비주얼

〈차이나타운〉에서 사용된 비주얼은 매우 독창적이어서 진지한 토론의 대상이 된다. 이 영화는 시점숏(point-of-view)을 거의 사용하지 않음에도 불구하고 주인공인 제이크가 보고 느끼고 생각하는 것과 동일한 체험을 관객에게 선사하고 있다. 관객이 제이크의 시선으로 보게 되는 것은 아니다. 오히려 그가 보고 있는 것을 바라보게 된다. 그는 일종의 '훔쳐보는 사람(voyeur)'이며, 관객은 그가 훔쳐보는 것을 훔쳐보게 되는 것이다.

예를 들어보자. 영화의 초반부에서 제이크는 바닥이 말라버린 강가에 서 있는 멀레이를 미행하게 된다. 여기에서 난간 뒤에 숨어 멀레이를 바라보는 숏이 제시된다. 아마도 보통의 다른 영화에서였더라면 시점숏으로 간단히 처리했을 것이다. 그러나 〈차이나타운〉은 다르다. 카메라가 한 바퀴 팬을 하고 나면 그 숏의 끝에 우리가 훔쳐보고 있는 것을 훔쳐보고 있는 제이크가 나오는 것이다.

이러한 비주얼의 기법은 제이크와 관객 사이의 유대를 공고히 한다. 이러한 기법이 결과적으로 제시하는 추론은 다음과 같다. 멀레이는 어떤 미스터리를 풀려고 노력하고 있다. 제이크는 멀레이를 염탐하며 동시에 어떤 미스터리를 풀려고 노력하고 있다. 관객은 멀레이와 제이크를 동시에 보고 있다.

제이크가 멀레이와 소녀의 밀회장면을 훔쳐볼 때에도 동일한 기법이 사용된다. 제이크가 그들의 모습을 카메라에 담을 때, 관객은 카메라 렌즈에 반사되어 보이는 그들의 모습을 보게 되고, 제이크가 카메라를 작동시키는 모습도 보게 된다. 바라보고 있는 누군가를 보여주고, 그가 바라보고 있는 것이 무엇인지를 보여주고, 그의 반응까지도 동시에 보여주는 것이다. 이 독창적인 기법 덕분에 〈차이나타운〉은 그 흔한 시점숏을 거의 사용하지 않고도 관객에게 제이크의 내면, 심지어 그가 사용하고 있는 카메라의 내면까지도 속속들이 보여줄 수 있었다.

드라마틱한 장면

아마도 문제의 소녀가 에벌린의 여동생-딸이었다는 것이 밝혀지는 장면보다 더 드라마틱하고 인상적인 장면을 찾아낼 수는 없을 것이다. 이 놀라울 만큼 드라마틱한 장면 안에는 준비와 여파가 있고, 행동과 활동이 병행되어 있으며, 두 번 꼬인 반전이 있고, 열정과 페이소스와 캐릭터 안의 격렬한 변화가 있다.

제이크는 멀레이의 집 앞에 사납게 차를 세우고는 문을 박차고 들어가 하인과 몸싸움을 벌인다. 여기까지가 준비신이다. 곧 진주목걸이를 한 에벌린이 계단을 내려와 그에게 점심식사는 했느냐고 묻지만 제이크는 곧바로 결론으로 들어간다. 그는 에스코바에게 전화를 걸고는 에벌린에게 변호사나 찾아보는 것이 좋으리라면서 깨어진 안경을 제시한다.

이제 제이크가 막 알게 된 진실(그러나 실제로는 전혀 사실과 다른 진실)을 하나하나 밝혀 에벌린에게 들이밀 때마다 긴장과 갈등은 고조된다. 그는 에벌린을 구슬리기도 하고 설득하려 하기도 하고 말도 꺼내지 못하게 하다가 급기

야는 그녀의 뺨을 올려붙인다. 결국 에벌린은 문제의 소녀가 자신의 여동생이자 딸이기도 하다는 진실을 털어놓는다. 이 장면의 첫 번째 반전이다. 그 반전은 제이크에게 커다란 충격을 주어 그를 변화시킨다. 결국 그는 모든 것을 알게 되었다고 믿었지만 사실은 전혀 모르고 있었던 것이다.

그리고는 곧바로 두 번째 반전이 제시된다. 깨어진 안경도 멀레이의 것이 아니라 노아 크로스의 것이었다. 이 장면의 핵심은 여기서 끝난다. 그러나 아직 여파신이 남아 있다. 문제의 소녀가 제이크에게 소개되고, 그들이 어디에서 다시 만날 것인지가 결정된다. 다시 만날 약속을 정한 것은 제이크에게 또 다른 영향을 끼친다. 그는 창문 너머로 에벌린과 그녀의 여동생-딸이 자동차를 타고 사라지는 것을 내다본다. 이 여파신은 곧 들이닥칠 에스코바를 위하여 만들어진 준비신이기도 하다.

특기할 만한 사항

〈차이나타운〉을 꼼꼼히 분석해본 다음에 얻게 되는 아이러니는 이것이 실은 대단히 단순한 스토리라는 것이다. 노아 크로스와 멀레이는 LA의 물공급을 책임지고 있었다. 노아는 자신의 딸인 에벌린을 임신시키자 그녀를 멀레이에게 시집보낸다. 노아가 LA로 공급되어야 할 물을 북서계곡에 있는 값싸고 넓은 땅으로 빼돌리려는 음모를 세우자 멀레이는 이에 크게 반발한다. 노아는 멀레이를 파멸시키기 위하여 사설탐정 제이크를 함정에 빠트린다. 그리고 제이크가 이 모든 일의 배후에 얽힌 미스터리를 풀어내는 것으로 스토리는 끝난다.

〈차이나타운〉의 스토리는 단순하다. 그러나 그 스토리텔링의 방식은 매우 복잡미묘하고 흥미롭다. 무엇이 '잘 짜여진 좋은 스토리'를 만드는 것인지를 다시 한 번 되짚어볼 수 있는 대목이다. 〈차이나타운〉에는 새로운 스토리가 없다. 다만 새로운 캐릭터가 있고 관객에게 그 스토리를 체험하게 하는 새로운 방식이 있을 뿐이다.

스토리는 제시된 모든 거짓말들과 미스터리들을 탐구해나가면서 '차이나타운'에 있는 것 같은 느낌을 자아낸다. 그래서 이례적으로 긴—그러나 전혀 지루하지 않은—제2장 내내 미스터리를 풀면 또 다른 미스터리가 나타나고 그것을 풀면 또 다른 미스터리가 나타나는 과정을 되풀이하는 것이다. 관객은 그 과정에 사로잡혀 혼란과 흥미를 동시에 느낀다. 혼란을 극복한 관객에게는 또 다른 혼란이 주어진다.

〈차이나타운〉은 스토리텔링에서 흔히 간과되어온 중요한 본질이 무엇인지를 분명하게 보여준다. 스토리텔링이란 곧 시나리오작가와 관객이 함께 벌이는 게임이라는 사실이다. 시나리오작가와 관객은 동일한 게임을 벌이기로 합의한 것이다. 게임의 목적은 스토리의 체험을 즐기는 것이다. 그러기 위해서는 감동이 있어야 하고, 지성과 정서를 최대한 활용할 수 있어야 하며, 현실세계와는 다른 스토리의 세계 속으로 들어가야 하고, 영화 속에서가 아니라면 결코 만나지 못했을 캐릭터들에게 관심을 가지고 그들과 함께 스토리를 체험해야 하는 것이다.

뻐꾸기 둥지 위로 날아간 새

One Flew Over the Cuckoo' s Nest 1975 ⅠⅠⅠⅠⅠⅠⅠ

시나리오 로렌스 호벤, 보 골드먼
원작 켄 케이시
감독 밀로스 포먼

아카데미상 중에서도 가장 중요한 다섯 개 부문을 꼽으라면 작품상·감독상·각본(색)상·남우주연상·여우주연상이 될 것이다. 이 '톱 파이브(the top five)'를 모두 수상한 작품은 역사상 세 편밖에 없다. 그 첫 번째는 〈어느 날 밤에 생긴 일〉이고, 두 번째가 바로 이 〈뻐꾸기 둥지 위로 날아간 새〉이며, 세 번째가 〈양들의 침묵 The Silence of the Lambs〉이다.

〈뻐꾸기 둥지 위로 날아간 새〉는 이탈과 판타지를 꿈꾸는 관객의 입장에서 본다면 그다지 기분 좋은 영화가 못 된다. 하지만 이 작품은 흥행과 비평 모두에서 대단한 성공을 거두었다. 이 영화는 할리우드 주류영화의 기본 공식에서 멀리 떨어져 있다. 유명한 배우라고 해야 한 명밖에 나오지 않고, 당시만 해도 거의 이름이 알려지지 않았던 외국인 감독이 연출을 맡았으며, 암담한 결말과 씁쓸한 엔딩으로 끝난다.

〈뻐꾸기 둥지 위로 날아간 새〉의 성공은 강렬한 스토리에서 기인한다. 이것은 결코 대적할 수 없을 것 같은 거대한 시스템에 홀로 맞서는 한 남자의 스토리이다. 시나리오는 주인공에 대한 관객의 감정이입을 강렬하게 추동한다. 그에 덧붙여 배우들의 훌륭한 연기와 스태프들의 헌신적인 노력이 이 영화를 위대한 작품으로 만든 것이다.

시놉시스

정신병원으로 끌려온 R. P. 맥머피는 그의 손목에서 수갑이 풀려져나가는 순간 기쁨에 겨워 날뛴다. 그가 정신병동에서 처음 만난 인물은 '추장'이라는 별명으로 불리는 덩치 큰 농아 인디언이고, 그에게 처음으로 말을 건넨 인물은 말더듬이 빌리이다. 맥머피는 하딩, 체스윅, 마티니가 벌이고 있던 카드판에 끼어들어 게임을 더 이상 할 수 없도록 만든다.

담당의사인 스피비 박사와 상담을 하는 과정을 통해서 관객은 맥머피가 강제노동수용소에서 이송되어왔다는 사실을 알게 된다. 그는 미성년자를 추행한 혐의로 기소되어 있으며 온갖 싸움질을 일삼는 인간이다. 강제노동수용소

쪽은 그가 마치 정신병자처럼 행동하는 것에 대하여 의심을 품고 그에게 정말 정신질환이 있는지의 여부를 판단하기 위하여 이곳으로 보낸 것이다. 맥머피는 이곳에서 자신의 정신상태를 관찰하는 일에 기꺼이 협조하겠노라고 한다.

치료의 일환으로 진행되는 그룹토론에서 수간호사 래취드는 하딩의 가정문제를 토론의 대상으로 내놓는다. 이 토론은 곧 정신병자들끼리 서로 소리를 지르는 난장판으로 변해버리지만 래취드는 그저 가만히 그들을 주시할 뿐이다. 운동시간이 되자 철조망을 살펴보던 맥머피는 추장에게 농구하는 법을 가르치려 한다.

맥머피는 포커게임을 하면서 야구시합에 대한 중계방송을 듣고 싶어한다. 그러나 '잔잔한(tranquil)' 음악이 병동 내에 너무 크게 울려퍼지고 있다. 그는 간호사실로 들어가 음악소리를 줄이려 하다가 래취드와 신경전을 벌인다. 래취드와의 싸움에서 밀린 맥머피는 환자들에게 앞으로 일주일 이내에 그녀를 굴복시키겠노라고 호언장담한다.

그룹토론시간에 맥머피는 래취드에게 이제 곧 시작될 월드시리즈를 볼 수 있도록 정신병동의 스케줄을 조절해달라고 제안한다. 그러나 투표에 부쳐본 결과 맥머피의 제안에 찬성하는 환자는 겨우 두 명뿐이다. 약이 오른 맥머피는 병동바닥에 붙박아놓은 싱크대 기둥을 뜯어 유리창을 깨부수고 탈출하겠노라고 선언한다. 환자들이 믿으려 하지 않자 그는 내기를 한다. 하지만 안간힘을 써도 싱크대 기둥은 꼼짝도 하지 않는다. 맥머피는 말한다. 적어도 나는 시도는 해봤잖아!

다음 그룹토론시간에 체스윅은 재투표를 요구한다. 이번에 맥머피의 제안에 찬성한 사람은 그룹토론에 참석한 환자들 중 모두 아홉명이다. 하지만 래취드는 병동에 있는 모든 환자들을 따져볼 때 아홉명은 과반수가 되지 않는다며 부결시킨다. 맥머피가 다른 환자들의 찬성을 얻으려 뛰어다니는 동안 래취드는 토론은 끝났다며 나가버린다. 추장이 찬성의지를 표시한 것은 그 직후이다. 낙담한 맥머피는 켜지지 않는 TV를 멍하니 쳐다보다가 갑자기 TV화면에 뭐가 보이기라도 하는 듯 중계방송을 시작한다. 그러자 정신병자들이 그의 주변으로 몰려들어 마구 흥분한 채 열띤 호응과 응원을 보낸다.

맥머피는 담당의사에게 래춰드가 정직하지 않으며 공평하지 않은 게임을 일삼는다고 항변한다. 얼마 후 그는 추장의 도움을 받아 철조망을 넘어간 다음 모든 환자들을 버스에 태우고는 시내로 나가버린다. 여자친구인 캔디까지 버스에 태운 맥머피는 커다란 바다낚싯배가 있는 항구로 향한다. 바다로 나간 그는 환자들에게 미끼를 끼우는 법과 낚시하는 법을 가르쳐준 다음 캔디와 함께 밀실로 들어간다. 그러나 모든 환자가 창문으로 그들을 들여다보고 배가 제멋대로 회전하는 바람에 그는 더 이상 캔디와의 밀회를 즐길 수 없게 된다. 항구로 돌아왔을 때 그들을 기다리고 있는 것은 경찰관들과 구경꾼들이다. 그들은 자기들이 낚시로 잡은 고기들을 자랑스럽게 보여준다.

맥머피의 정신상태를 관찰한 의사들은 그가 정신병자는 아니지만 위험한 인물이라면서 강제노동수용소로 되돌려보낼 것을 제안한다. 그러나 래춰드는 이곳이 그에게 도움을 줄 수 있을 것이라며 그를 병원에 붙잡아둘 것을 요청한다. 맥머피는 자신이 이곳에서 보내고 있는 시간만큼 형량에서 감형되는 것은 아니라는 사실을 알고는 충격을 받는다. 그를 더욱 놀라게 한 것은 대부분의 환자들이 자발적으로 이곳에 머무르고 있다는 사실이다. 맥머피는 그들에게 말한다. 당신들은 바깥에 있는 사람들보다 오히려 온전한 편이야, 그냥 제 발로 걸어나가라구!

체스윅이 담배를 배급해달라며 아우성을 친다. 래춰드는 맥머피가 포커게임을 해서 담배를 모두 따가기 때문에 배급할 수 없다고 한다. 맥머피는 이 소동을 잠재우기 위해 간호사실의 유리창을 깨부수고 담배를 꺼내려 한다. 안전요원들이 달려와 맥머피를 제압하려 하자 추장까지 끼어들어 싸움이 커진다. 결국 맥머피, 체스윅, 추장의 손목에 수갑이 채워진다.

체스윅이 어떤 종류의 치료를 받기 위하여 끌려가 있는 동안 맥머피는 뜻밖의 사실을 알게 된다. 추장은 들을 수도 있고 말할 수도 있는 정상인인데 그동안 농아 흉내를 내고 있었던 것이다. 그들은 함께 탈출하여 캐나다로 가자는 계획을 세운다. 잠시 후 치료실로 끌려들어간 맥머피는 전기충격요법을 받는다. 며칠 후, 병동으로 돌아온 맥머피는 마치 식물인간처럼 비실비실댄다. 그러나 그것은 정신병원쪽을 속이려는 연극이었을 뿐, 그는 다시 예전의 활력을 되찾는다.

맥머피는 캔디에게 술을 잔뜩 사가지고 병원으로 오라고 부탁한다. 자신과 추장이 이제 곧 탈출할 것이기 때문에 환자들과의 이별파티를 해야 한다는 것이다. 그들은 야간경비원에게 돈과 술과 여자를 안겨 그를 매수한다. 환자들은 술을 마시고 광란의 파티를 벌이며 병동을 마구 어질러놓는다.

말더듬이 빌리는 캔디와 춤을 추다가 사랑을 느낀다. 빌리는 맥머피에게 캔디와 결혼할 것이냐고 묻는다. 맥머피는 그들이 떠나기 전에 빌리에게도 여자와 '데이트(date)' 할 기회를 주어야 한다고 생각하고는 그와 캔디를 내실로 밀어넣는다. 맥머피와 나머지 환자들은 모두 계속 술을 마시며 파티를 즐긴다.

아침이 되어 안전요원들이 출근했을 때, 병동 바닥에는 모든 환자들이 널브러져 잠들어 있다. 맥머피와 추장 역시 예외가 아니다. 곧 이어 출근한 래취드는 환자들을 모두 한자리에 모으고 열려진 창문을 다시 닫는다. 그러나 단한 사람, 빌리가 보이지 않는다. 결국 침대 위에 캔디와 함께 누워 있는 빌리를 발견한 래취드는 빌리의 엄마에게 이 사실을 알리겠다며 협박한다. 패닉상태에 빠진 빌리는 안전요원들에게 끌려가 치료실에 갇힌다.

맥머피는 이때까지만 해도 여전히 자신의 손 안에 열쇠를 가지고 있는 상태이다. 그는 창문을 통하여 탈출하려 하지만 안전요원들이 달려와 한판 붙어야할 형편이다. 그러나 이때 비명소리가 들린다. 빌리가 자살해버린 것이다. 사납게 변한 맥머피는 래취드에게 달려들어 그녀를 목졸라 죽이려 한다. 그러나 래취드의 숨이 거의 넘어갈 즈음 안전요원들이 맥머피를 그녀에게서 떼어놓는다.

정신병동의 일상은 다시 예전으로 돌아간 듯하다. 다만 달라진 것이 있다면 래취드가 목에 깁스를 했다는 것뿐이다. 맥머피가 결국 탈출에 성공했다는 소문도 들린다. 하지만 어느 날 밤 맥머피는 안전요원들에게 끌려와 자신의 침대에 눕는다. 추장이 들여다보니 그는 이미 식물인간이 되어 있다. 슬픔에 빠진 추장은 결국 그를 질식시켜 안락사에 이르게 한다. 추장은 싱크대 기둥을 바닥에서 떼어내어 그것으로 창문을 깨부순 다음 그곳을 탈출한다.

주인공과 그가 하고자 하는 일

주인공은 맥머피이다. 그가 하고자 하는 일과 그의 내면에서 꿈틀대는 삶의 기쁨(joie de vivre)이 스토리를 만들어 나간다. 만일 그가 병동에 수감되어 있는 다른 환자들과 똑같은 인간이었다면 스토리는 아예 성립하지도 않았을 것이다. 그가 하고자 하는 일은 처음에는 아주 단순한 것이었다. 강제노동수용소에서 나오는 것이다. 그는 그렇게 하기 위하여 일부러 미친 사람처럼 행동한다. 그가 진정하고자 했던 일은 어서 수감생활을 끝내고 자신의 자유로운 삶을 되찾는 것이었다.

장애물

맥머피의 1차적인 장애물은 물론 수간호사 래취드이다. 그녀는 어떤 의미에서 맥머피가 계속 반항해온 거대한 제도 혹은 권위적인 시스템의 의인화된 형태라고 볼 수 있다. 그녀가 등에 업고 있는 것은 시스템이다. 그녀는, 맥머피가 담당의사에게 항변했듯, 공평하지 않은 게임을 일삼는다.

맥머피에게는 래취드, 정신병원이라는 환경조건, 그리고 어떤 권위주의 체제와 같은 외적 장애물말고도 내적 장애물이 있다. 정신병원에 머물면서 그가 하고자 했던 일은 즐겁고 편하게 지내는 것이다. 만일 그가 하딩처럼 유순하고 수동적인 인물이었다면 문제는 좀더 단순했을 것이다. 그러므로 맥머피의 생기발랄함, 에너지, 장난스럽고 유쾌한 성격이야말로 그의 전락을 불러온 최악의 내적 장애물이다.

전제와 오프닝

전제는 맥머피와 래취드라는 두 인물이 서로 충돌할 수밖에 없다는 것이다. 래취드는 차분하게 도움을 주는 것처럼 행동하면서 실제로는 정신병동 전체를 통제하고 지배한다. 반면 맥머피는 자유로운 인간이다. 그는 즐겁게 살기를 원하고, 생기와 에너지가 넘치는 쾌활한 인간이며, 타고난 리더이자 싸움꾼이다. 그는 또한 미성년자 추행혐의로 강제노동수용소에서 복역중인 죄수이기도 하다.

시나리오작가 로렌스 호벤과 보 골드먼은 오프닝에서 우선 정신병원 바깥의 광활한 풍경을 잠깐 보여주고는 곧바로 유순하고 수동적인 환자들의 나른한 일상을 보여준다. 그리고는 맥머피가 이 정신병원으로 끌려오는 장면이 나온다. 그는 자신의 손목에서 수갑이 벗겨지자마자 기쁨에 겨워 괴성을 질러댄다.

주요긴장과 절정과 해결

이 스토리의 주요긴장은 맥머피와 래취드 사이에 분명한 전선이 그어지면서 형성된다. 음악의 볼륨을 놓고 한바탕 설전을 벌인 뒤, 맥머피는 일주일 이내에 래취드를 굴복시키겠다고 호언하면서, 내기를 걸어도 좋다고 한다. 이제 이 두 주인공들간의 싸움은 예고된 것이다. 그러므로 주요긴장은 바로 이 시점에서 명확한 질문의 형태를 갖게 된다. "과연 맥머피는 래취드와의 싸움에서 이길 수 있을까?"

절정은 맥머피와 추장이 탈출을 위한 모든 준비를 끝마쳤을 때이다. 스토리가 진행됨에 따라 맥머피는 그가 하고자 하는 일을 시스템(과 래취드)에 도전하는 것에서 그것으로부터 탈출하는 것으로 바꾸었다. 파티가 막 시작될 무렵, 그는 자신이 하고자 하는 일을 성취할 수 있는 모든 수단과 능력을 갖추고 있었다. 열쇠를 가지고 있었으므로 그저 도망치면 되는 것이다. 그러나 맥머피는 동료환자들을 위하여 이별파티를 열고, 특별히 빌리를 위해 그에게 '선물(present)'을 준다. 창문은 이미 열려 있었으므로 탈출이 가능하다. 그의 탈출은 곧 래취드에 대한 승리를 의미할 수도 있다. 그러나 맥머피의 어떤 인간적인 측면-영화 전반에 걸쳐서 관객에게 보여진-이 그것을 지연시킨다. 이것이 그의 패배의 결정적인 요인이다.

해결은 추장이 맥머피를 안락사시킨 다음, 그들이 함께 계획했던 바 그대로, 탈출을 감행하는 것이다. 맥머피의 영향으로 적어도 한 사람의 갇힌 영혼이 해방된 것이다. 맥머피는 육체적으로는 패배했지만, 정신적으로는 승리한 셈이다.

주제

이 영화의 주제는 자유이다. 래취드는 인간 영혼의 족쇄와도 같은 존재이다. 그녀는 환자들에게 도움을 주는 척하지만 실제로는 그들을 지배하려 든다. 맥머피와 래취드는 이 자유라는 문제를 놓고 싸운다. 이 영화에는 또한 다양한 서브플롯들이 존재하는데 그것들이 다루고 있는 것도 모두 자유의 문제이다.

하딩과 빌리는 둘 다 자발적으로 그곳에 들어온 사람들이다. 하딩은 자유를 두려워하고 오히려 노예상태로 남아 있는 것이 더 안전하다고 느끼기 때문에 계속 이곳에 머무르려 한다. 빌리는 떠나고 싶어하지만 아직 준비가 덜 되어 있다고 생각한다. 실제로 그를 둘러싸고 있는 감옥은 바로 그의 어머니, 그리고 어머니의 대리자인 래취드이다. 빌리가 설사 육체적으로는 이곳을 벗어날 수 있다고 해도 정신적으로는 여전히 어머니의 지배로부터 자유로워질 수 없을 것이다.

추장과 관련된 서브플롯은 좀더 정교하다. 그 역시 무엇엔가에 갇혀 있다. 처음에 그것은 농아라는 육체적인 장애처럼 보인다. 그러나 실제로 그를 가두고 있는 것은 자기회의 혹은 자신에 대한 믿음의 부족이다. 맥머피는 그에게 자신감을 불어넣어준다. 결국 모든 등장인물들 중 오직 그 한 사람만이 자유

를 찾는다. 자유라는 주제는 추장의 서브플롯을 통하여 위대한 반향을 불러일
으킨다.

통일성

이 영화를 관통하고 있는 것은 맥머피라는 개성적인 인물이 보여주는 행동
의 통일성이다. 이 행동의 통일성에는 대응(reaction)도 포함된다. 영화의 절
반 정도는 맥머피가 자신이 하고자 하는 일을 추구하는 데 할애된다. 그는 좀
더 편하고 즐겁게 지내려고 하고, 그럴 권리를 보장받으려 애쓰며, 환자들 사
이의 리더십을 쟁취하고, 탈출을 감행하려 노력하는 것이다. 나머지의 절반
정도는 래취드에 대한 대응에 할애된다. 그는 래취드에 맞서 반항하고, 그녀
가 괴롭히고 있는 환자들을 보호하려 애쓴다.

설명

맥머피에 대한 설명은 그가 담당의사와 처음 면담하는 장면에서 이루어지
는데 그 장면의 저류에 흐르는 서브텍스트에는 팽팽한 갈등이 존재한다. 비록
서로 주고받는 대사들은 대단히 장난스러운 것이지만 내심으로는 서로 다른
의도를 가지고 있는 것이다. 의사는 맥머피가 강제노동수용소에서 나오기 위
하여 정신병자 흉내를 내고 있다고 생각하고, 맥머피는 정신병원에 머무르기
위해서는 관찰이 필요하므로 의사를 혼동시키려 하고 있는 것이다.

다른 환자들에 대한 설명은 그 대부분이 집단토론 장면을 통하여 이루어진
다. 환자들 각 개인을 꼼꼼히 관찰해보면 그들 모두가 어떤 문제를 갖고 있는
인물이라는 것을 알 수 있다. 그들은 집단토론을 하면서 서로 갈등을 빚어내
는데, 관객은 그 장면이 낳은 부수적인 효과로 그들에 대한 정보를 얻을 수 있
다.

래취드에 대한 설명 역시 동일한 방식으로 이루어진다. 그러나 그것은 어

디까지나 그녀가 환자들을 어떻게 다루는가에 대한 것뿐이다. 그녀의 개인사혹은 그녀가 왜 그런 인물이 되었는가에 대한 설명은 의도적으로 철저히 배제되어 있다. 그녀의 배경에 대한 설명의 부재는 래취드를 더욱 사악한 인간인것처럼 만든다. 관객에게 그녀의 삶과 행동에 대한 어떠한 종류의 정보도 제공되지 않기 때문이다.

캐릭터의 성격묘사

맥머피의 성격묘사는 그가 등장하는 첫 번째 장면에서부터 시작된다. 수갑이 풀리자마자 괴성을 지르며 경비원에게 달려들어 그의 이마에 키스를 퍼붓는 것이다. 그는 생기발랄하고 과시적이며 에너지가 넘치는 인간이다. 그러나동시에, 싱크대 기둥을 뽑아 창문을 깨겠노라고 달려들 때 확인할 수 있는 바와 같이, 맥머피는 도전하는 인간이다. 그 장면은 맥머피와 그의 스토리에 대한 모든 것을 압축해서 보여준다. 그는 혼신의 힘을 다하여 불가능한 일에 도전하는 인간이다.

래취드는 냉혹하고 자신이 하고 있는 일에 의해 고통받는 사람들에 대하여무관심한 인간이다. 그러나 그녀는 관심과 애정을 가장한 표정을 짓는다. 그녀는 환자들을 서로 떼어놓고 그들을 지배함으로써 자신의 권력을 마음껏 누린다. 환자들이 한데 뭉치지 못한다는 것이야말로 그녀가 가지고 있는 권력의조건이다. 바로 그렇기 때문에 맥머피라는 존재는 그녀에게 치명적인 위협이된다.

추장은 처음에는 멍청하고 닫혀 있는 인물로 묘사된다. 그러나 농구시합을통해 그는 서서히 본래의 모습을 되찾아가는 변화를 보인다. 이 변화는 계속 발전하여 결국 영화의 엔딩을 장식한다. 빌리는 소심한 성격의 말더듬이이다. 그는 자살을 시도한 경력이 있고 어머니와의 관계에서 어떤 문제가 있는데 래취드는 바로 이 점을 이용하여 그를 자신의 지배하에 둔다. 마찬가지로 하딩이 자신의 아내와의 관계에서 가지고 있는 문제 역시 래취드에게는 약점이 된다.

스토리의 발전

이것은 정신병원을 지배하고 있는 간호사와 어느 날 갑자기 그곳으로 끌려와 그녀의 지배를 위협하게 된 한 남자에 대한 스토리이다. 그러므로 이 스토리는 곧 연속된 싸움의 형태를 띤다. 처음에는 사소한 충돌로 시작되었다가 나중에는 아예 공개적으로 대결을 선포하고 두 주인공 사이에 끊임없는 공격과 반격이 계속되는 것이다. 그러는 동안 다른 환자들은 때로는 이 사람 편에, 그 다음엔 저 사람 편에 서기를 반복한다.

월드시리즈 시청문제를 둘러싼 싸움과 환자들을 모두 이끌고 바다낚시를 떠난 사건에서는 맥머피가 승리한다. 그러나 래취드는 전기충격요법을 사용해서 반격하고 그를 식물인간으로 만들어버린다. 결국 승리는 래취드의 것처럼 보인다. 그러나 추장만은 탈출에 성공한다. 이 영화의 제목인 〈뻐꾸기 둥지 위를 날아간 새〉에서 바로 그 '새'는 추장을 가리킨다.

아이러니

이 영화에서 아이러니의 사용은 상대적으로 매우 제한적이다. 그것은 아마도 시나리오작가가 관객이 극장문을 나설 때 갖게 되는 가장 중요하고도 끔찍한 아이러니의 효과를 극대화하기 위하여 영화 안에서의 사용을 절제했기 때문이 아닌가 싶다. 만약 맥머피가 강제노동수용소에 그대로 남아 있었더라면, 지금쯤은 복역을 마치고 자유인이 되었을 것이다. 만약 맥머피가 다른 환자들은 나몰라라 하고 자신만을 챙겼다면, 버스를 탈취했을 때에나 파티를 벌이고 있을 때 충분히 탈출할 수 있었을 것이다. 진정으로 인간적인 사람은 범죄자라 불리는 반면 오히려 가학적인 사람이 인간적인 사람처럼 인정받는 것은 도대체 어찌된 일인가?

영화가 끝난 다음에도 오랫동안 관객의 뇌리를 사로잡는 이러한 질문들은 실제로 영화가 진행되는 동안에는 그다지 강하게 다가오지 않는다. 영화 속에서 아이러니의 사용을 극히 절제했기 때문이다. 맥머피에게 어떤 아이러니를 느끼는 것은 사실이다. 관객은 맥머피가 스스로 느끼는 것보다 훨씬 더 강한 정도로 그의 운명에 대하여 어떤 불길한 예감 같은 것을 갖게 된다.

그러나 이 영화에서 아이러니가 전혀 사용되지 않은 것은 아니다. 하딩이 버린 담배꽁초가 테이버의 옷자락에 끼어 있을 때 그 사실은 관객에게 누설되고 따라서 그들은 테이버의 인식과 반응을 기다리게 된다. 맥머피가 전기충격요법을 받은 다음 식물인간처럼 비실비실대며 돌아왔을 때에도 마찬가지이다. 그가 다른 환자들에 앞서 추장에게만 진실을 보여줄 때 한시적인 아이러니가 발생한다. 아침이 되어 출근한 래취드와 안전요원들이 빌리를 찾기 위하여 허둥댈 때에도 아이러니가 발생한다. 그들은 빌리가 어디 있는지를 모르지만 관객과 나머지 등장인물들은 모두 그가 어디에서 무엇을 하고 있는지를 안다.

준비와 여파

맥머피가 처음 전기충격요법을 받게 되는 장면을 전후해서 사용된 대비에 의한 준비는 대단히 훌륭한 것이다. 추장과 둘이 남게 된 맥머피는 그가 여지껏 농아 흉내를 내면서 사람들을 속여 왔다는 것을 알게 된다. 흥분한 그는 추장에게 함께 캐나다로 탈출하자고 제안한다. 이제부터는 모든 것이 맥머피가 원하는 대로 되어갈 것만 같다. 그는 치료실로 끌려들어가면서도 추장에게 엄지손가락을 곧추세워 자신감을 표현한다. 그러나 바로 다음 순간 무시무시한 전기충격요법이 시작되는 것이다.

이 영화의 엔딩은 대단히 훌륭한 여파신으로 마감된다. 탈출에 성공한 추장이 저 멀리 보이는 산을 향하여 들판을 성큼성큼 가로지를 때, 잠에서 깨어난 테이버가 기쁨에 겨워 괴성을 지르는 것이다. 그러자 깨어나게 된 모든 환자들이 박수를 치면서 환호한다. 이 여파신은 맥머피의 죽음 때문에 한껏 가라앉아 있던 관객의 정서에 어떤 가벼운 고양감을 주면서 영화를 마무리한다.

씨뿌리기와 거둬들이기

이 영화 속에는 무수히 많은 씨뿌리기와 거둬들이기가 존재한다. 맥머피가 처음 담당의사와 면담을 할 때, 그들의 화제 중 하나는 바다낚시였다. 훗날 맥머피는 환자들을 모두 이끌고 바다낚시를 나간다. 버스가 철조망 밖에 세워진다는 것을 알게 된 것은 씨뿌리기이고 그래서 그것을 탈취하여 바깥세상 구경에 나서는 것은 거둬들이기이다. 추장이 농아라는 것은 씨뿌리기이고 전기충격요법 치료실 앞의 벤치에서 그것이 연극이었다는 것을 알리는 것은 멋진 거둬들이기이다. 빌리가 자살시도를 했다는 사실 역시 씨뿌리기였으며 훗날 그것은 대단히 고통스럽게 거둬들여진다.

맥머피가 들어올리려 애썼던 싱크대 기둥 역시 씨뿌리기에 해당하는데 이것은 거의 메타포의 수준에까지 이르렀다. 맥머피가 하려는 짓은 거의 불가능한 일처럼 보인다. 이 장면에서의 맥머피는 시지프스를 연상케할 정도이다. 그러나 엔딩에 이르러 추장은 그 일을 해낸다. 추장이 맥머피가 치켜들려 한 횃불에 불을 댕긴 것이다. 싱크대 기둥은 이 시점에 이르러 하나의 메타포가 된다.

미리 알려주기와 예상하게 만들기

맥머피와 담당의사의 면담장면은 미리 알려주기에 해당한다. 관객은 그 장면을 통해서 맥머피가 당분간 그곳에 머물게 될 것이며 병원쪽이 그를 관찰하고 어떤 결정을 내리게 될 것이라는 사실을 알게 된다. 그 결과 하나의 타임프레임이 설정되었을 뿐 아니라 병원쪽의 평가에 대한 관객의 호기심이 작동된다. 또 다른 미리 알려주기는 맥머피가 캔디에게 오늘밤 파티를 열겠다고 전화를 거는 장면이다. 이제 관객은 파티가 어떻게 벌어질 것인지를 기대하게 된다.

예상하게 만들기 역시 다양하게 사용되었다. 관객은 이 영화를 보는 내내 등장인물들이 느끼는 것보다 훨씬 더 강렬하게 어떤 예감이나 전조 등을 느끼게 된다. 가령 맥머피와 추장이 전기충격요법 치료실 밖에 앉아 있는 장면을 보자. 관객은 무언가 끔찍한 일이 벌어질 것 같다는 예감에 사로잡힌다. 그러나 정작 맥머피는 무사태평이다. 맥머피가 환자들을 모두 데리고 탈출하여 바다낚시를 즐기는 장면도 그렇다. 관객은 도대체 얼마나 혹독한 대가를 치르려고 저러나 하고 걱정하게 되지만 맥머피는 기껏해야 정신병자 취급이나 받을 것이며 아무 일도 없을 거라고 말한다. 이것도 일종의 아이러니이다.

그 밖에도 맥머피가 추장과 함께 캐나다로 탈출 계획을 세우는 것이나, 그가 의사한테 "끝까지 가보자구요(get to the bottom of R.P.McMurphy)"라고 말하는 것이나, 환자들 모두에게 싱크대 기둥을 뽑아내 창문을 부수고 탈출하겠노라고 선언하는 것 등이 모두 예상하게 만들기에 해당한다.

개연성

이 스토리가 지니고 있는 개연성은 너무도 사실적이기 때문에 오히려 관객을 슬프게 한다. 영화에서 묘사되는 정신병원의 상황은 결코 최악의 것이라 할 수 없다. 병원쪽 사람들의 행동 역시, 관객이 매일매일 일간신문의 사회면에서 접하게 되는 온갖 끔찍한 이야기들에 비한다면, 그다지 그악스럽다고 할 수 없다. 등장인물들의 행동은 모두 그 나름대로 충분한 동기가 있고 논리적이기까지 하다. 그들의 대사, 그들이 안고 있는 문제, 그들이 가지고 있는 힘 등 그 모든 것이 충분한 개연성을 띠고 있다.

행동과 활동

맥머피가 그룹토론시간에 처음으로 월드시리즈 시청문제를 제안했을 때 그 자신도 실제로 그것을 보게 되리라고는 기대하지 않았을 것이다. 그는 다만, 래취드를 굴복시키겠노라고 선언했기 때문에, 그녀를 곤경에 빠트리고 싶었던 것뿐이다. 그러나 그 문제를 놓고 두 번째 투표가 실시되자 그는 어쩌면 이

번 투표에서는 승리할지도 모른다는 기대감을 갖게 된다. 결국 두 번째 투표마저 무산되자 맥머피는 꺼져 있는 TV를 보며 엉터리 중계방송을 해대는데, 이것은 대단히 강렬한 행동으로, 래취드에게 패배감을 안겨주기 위한 것이었다.

맥머피가 추장에게 농구를 가르칠 때 그것은 그저 활동이었을 뿐이다. 하지만 그가 추장의 도움을 받아 철조망을 넘어간 것은 명백한 행동이다. 그리고 환자들을 모두 데리고 바다낚시에 나선 것은 그 전체가 행동에 해당한다. 그는 혹시라도 자신이 '미치지 않았다(not crazy)'는 판정을 받을까봐 일부러 그런 짓을 저지른 것이다. 배 위에서 체스윅에게 조종을 맡기고 환자들에게 미끼를 끼우고 낚시하는 법을 가르쳐준 것은 행동이다. 그는 환자들로부터 떨어져나와 캔디와의 밀회를 즐기고 싶었던 것이다.

대사

이 영화에서 사용된 대사들은 대단히 사실적이어서 캐릭터와 상황에 정확하게 부합된다. 맥머피가 구사하는 상스러운 말투와 괴상한 리듬은, 비록 일반적인 의미에서의 시적인 것과는 거리가 멀지만, 그의 캐릭터를 적절히 드러낸다. 래취드의 대사는 통제지향적이고, 사람들을 교묘하게 다루며, 마치 유도심문을 하는 것처럼 음흉하다. 자신을 감추고 싶어하는 하딩의 대사는 공연한 지식을 앞세워 본질을 흐리는 데 주로 사용된다. 빌리의 경우 중요한 것은 그 대사의 내용이 아니라 말더듬이 그 자체이다. 추장의 침묵은, 그 내막을 알게 된 다음에야 깨닫게 되는 것이지만, 하나의 웅변이다.

비주얼

이 영화에 사용된 비주얼의 특징을 꼽으라면 하이퍼-리얼(hyper-real)하다는 것이다. 카메라는 고통스러운 이미지들을 비켜가지 않고 있는 그대로 잡아낸다. 관객은 낚싯바늘이 생선의 눈을 꿰는 장면, 전기충격요법의 공포스러운 장면, 자살한 빌리의 목에서 피가 흘러나오는 장면 등을 극도로 가까운 거리에서 지켜볼 수밖에 없다. 이러한 비주얼은 이 영화의 스토리를 전달하는 데 대단히 효과적으로 사용되었다. 관객으로 하여금 평상시라면 눈을 감고 지나쳐버리고 싶은 있는 그대로의 현실을 고통스럽게 직시하도록 만드는 것이다.

대단히 서정적인 장면과 이미지들도 많다. 맥머피가 엉터리 TV중계를 하여 환자들을 불러모았을 때, 그들의 모습은 꺼져 있는 TV화면에 반사되어 보여진다. 추장이 농구시합을 하는 장면도 인상적이다. 처음에는 가만히 서 있기만 하던 그가 어떤 자부심 같은 것을 느끼면서는 성큼 성큼 걸어다니다가 결국엔 자신감에 충만하여 운동장을 달리는 장면은 아름답다. 아침이 되어 들이닥친 안전요원들이 창문을 다시 잠글 때, 그 창문 바로 앞에 멍청히 서 있는 사람은 다름아닌 맥머피와 추장이다. 대단히 아이로니컬한 비주얼이다.

드라마틱한 장면

첫 번째 그룹토론시간은 대단히 드라마틱하다. 이것은 래취드의 신인데, 표면적으로는 환자들에게 하딩의 결혼생활에 대하여 토론을 벌이도록 이끌고 있는 것 같지만, 실제로는 그들 각자가 서로로부터 멀어지도록 자신의 권력을 휘두르고 있는 것이다. 이 장면 바로 앞에는 그녀가 환자들 앞에 서서 스트레칭 체조를 지도하고 있는 장면이 나오는데 이는 물론 준비신에 해당한다. 그때에도 맥머피는 한껏 게으름을 피우고 있다.

래취드는 환자들을 자극하여 그들이 불화를 일으키고 서로에게 소리를 지르도록 만든다. 그리고는 정작 시끄러운 말싸움이 시작되자 팔짱을 끼고 앉아 아무런 제지도 하지 않는다. 이렇게 환자들을 통제할 수 없는 상태로 만드는 것이야말로 그녀의 통제이며 그녀가 가지고 있는 최고의 무기인 것이다. 이 장면은 훌륭한 여파신으로 마무리된다. 소동이 벌어지고 있는 동안 맥머피와 래취드가 서로를 응시하는 장면인데, 오직 그 두사람만이 지금 벌어지고 있는 소동의 본질을 분명히 인식하고 있다는 것을 보여준다.

월드시리즈 시청문제를 놓고 벌어진 두 번째 투표장면도 대단히 드라마틱하다. 맥머피의 부추김으로 그룹토론시간에 참여한 대다수의 환자들이 찬성을 표하게 되자 래취드는 즉각 게임의 규칙을 바꿔버린다. 병동에 수감되어 있는 환자들 전체의 과반수가 넘어야 한다는 것이다. 새로운 게임의 규칙을 받아들인 맥머피가 병동 구석구석까지 돌아다니며 온갖 감언이설로 새로운 찬성자를 합류시키려 하자 래취드는 다시 게임의 규칙을 바꾼다. 그룹토론시간이 끝났으므로 그 안건은 부결되었다는 것이다. 낙담한 맥머피가 엉터리 TV중계로 환자들을 끌어모아 즐거운 소란을 일으키는 것은 결국 이 시퀀스에서 벌인 래취드와의 싸움에 대한 여파신이 된다.

특기할 만한 사항

가장 중요한 사항은 이미 위에 있는 [아이러니]에서 밝혔다. 관객은 영화를 보고 있는 동안이 아니라 영화가 끝난 다음에야 이 영화가 가지고 있는 숱한 아이러니와 비극성을 절감하게 된다는 것이다. '범죄자(criminal)'가 오히려 인간적이며 '인간적인 사람(humanitarian)'이 실제로는 범죄자라는 진실의 인식은 극장문을 나서는 관객의 마음을 오래도록 사로잡는다.

그다지 훌륭하지 않은 인물이 주인공으로 나오고 해피엔딩이 아니라 씁쓸한 엔딩으로 끝을 맺었음에도 이 영화가 커다란 성공을 거두었다는 것도 특기할 만하다. 그가 가지고 있는 혐오스러운 전과에도 불구하고 맥머피는 사랑스러운 면이 있고 공감이 가는 인물이다. 스토리가 진행되면서 맥머피가 관객의 공감을 살 수 있었던 것은 그가 가지고 있는 삶의 기쁨과 착한 마음씨 덕분이다. 그래서 그는 누구나 좋아할 만한 인물은 아니지만 주인공의 역할을 훌륭히 해냈으며 관객으로부터 강한 정서적 반응을 이끌어냈다.

이 영화는 반드시 해피엔딩으로 끝나야만 흥행에 성공한다는 속설을 보기 좋게 깨뜨렸다. 만족스러운 결말이라는 것이 반드시 해피엔딩만을 의미하지는 않는다는 사실을 증명한 것이다. 해피엔딩은 만족스러운 결말들 중 하나일 뿐이다. 관객에게 스토리가 완결되었다는 느낌, 즉 이제 더 이상 보고 있지 않아도 스토리가 저 혼자 발전해나가지는 않으리라는 느낌을 주는 것이 중요하다.

끔찍하고 비참한 패배로 끝나는 영화는 관객에게 너무 부담이 된다. 만약 추장이 맥머피를 안락사시킨 다음 탈출을 시도하다가 잡혔다면 살인죄로 처형당해야 할 것이다. 그렇게 되면 관객에게 만족감이나 완결되었다는 느낌을 줄 수 없다. 이 영화처럼 분위기를 반전시키는 작은 희망의 씨앗이라도 보여주어야 한다. 〈뻐꾸기 둥지 위로 날아간 새〉는 주인공의 패배와 죽음에도 불구하고 관객에게 만족스러운 결말을 제시한 영화이다.

애니 홀

Annie Hall 1977 ||||||||||||||||||||||||||||||||||||||||||

WOODY ALLEN DIANE KEATON

annie hall

시나리오 우디 앨런, 마셜 브릭먼
감독 우디 앨런

〈애니 홀〉은 미국이 낳은 몇 안 되는 작가들 중 한 사람으로 꼽히는 우디 앨런의 대표작이다. 우디 앨런은 시나리오작가 · 감독 · 배우로 활동하면서 유쾌한 코미디로부터 침울하고 사려 깊은 내적 성찰을 다루는 작품에 이르기까지 폭 넓은 경향의 영화들을 만들어내고 있다. 〈애니 홀〉은 그의 작품들 속에 나타나는 이 두 가지의 극단을 대단히 유쾌하고도 섬세하게 종합한 작품이다. 이 영화는 아카데미 작품상 · 여우주연상 · 각본상 · 감독상을 수상했으며, 우디 앨런은 배우로서 남우주연상 후보에 노미네이트되었다.

시놉시스

스탠드업 코미디언 앨비 싱어는 카메라를 정면으로 쳐다보면서 자신의 인생에 대한 이야기를 시작한다. 유년 시절의 앨비는 실존적 고뇌에 사로잡혀 있었다. 코니 아일랜드에 살았던 그의 가족들의 모습, 초등학교 교실 안에서 표출된 유년기의 성적 충동, 그리고 그가 성인이 되어 TV토크쇼에 나오는 모습 등이 소개된다.

앨비는 뉴욕의 어떤 극장 앞에서 애니를 기다리다가 노동자 같아 보이는 팬들로부터 집적거림을 받는다. 그를 곤경에서 '구출(rescued)' 해준 것은 막 택시를 타고 도착한 애니이다. 그러나 애니는 기분이 좋지 않은 상태였고, 분위기는 함께 보려고 했던 영화가 2분 전에 시작해버렸다는 이유로 앨비가 신경질을 냄으로써 더욱 나빠진다. 앨비는 애니를 설득하여 나치의 유대인학살을 다룬 다큐멘터리영화 〈슬픔과 연민 The Sorrow and the Pity〉을 한 번 더 보기로 하지만, 줄을 서서 기다리는 동안 그들 앞에서 어떤 남자가 줄곧 거들먹거리며 떠들어대는 바람에 다시 기분이 상하고, 마침내 앨비는 논쟁의 대상인 마셜 맥루한(Marshall McLuhan)을 직접 대질시킴으로써 그 남자의 코를 납작하게 만들어버린다.

앨비는 침대에 누워 애니와 사랑을 나누고 싶어하지만 애니는 몸을 빼면서 앨비의 전처 앨리슨의 이야기를 끄집어낸다. 화면은 과거 앨비가 참가했던 코미디 경연대회의 무대 뒤쪽으로 옮아간다. 앨비는 그곳에서 앨리슨을 만나고 두 사람은 곧 결혼한다. 그러나 앨비는 앨리슨과 사랑을 나누려 말고 갑자기 케네디 암살사건에 감추어진 의혹들을 마구 주워섬긴다. 앨리슨은 앨비가 자신과 사랑을 나누기 싫어서 암살사건의 의혹이나 파헤치고 있다고 비난한다.

해변의 별장에서 앨비와 애니는 랍스터를 요리하며 즐거운 시간을 보낸다. 해변을 산책하던 중 애니는 자신의 옛 애인들에 대한 이야기를 늘어놓는다. 앨비는 애니와 함께 그녀의 과거를 '방문(visit)'해 옛 애인들과 어울리고 있는 애니를 바라본다.

앨비의 두 번째 아내는 야심적이고 '예의 바른(proper)' 로빈이다. 그녀는 뉴욕의 저명한 문필가들을 집으로 초청해 파티를 열고 있다. 그러나 앨비는 파티에 온 손님들에게 관심이 없다. 그가 원하는 것은 오직 TV 야구중계를 보거나 로빈과 사랑을 나누는 것뿐이다. 얼마 후 그들은 사랑을 나누려 하지만 짜증스러운 사이렌 소리 때문에 집중을 하지 못한다. 결국 로빈은 신경안정제를 먹고 앨비는 찬물 샤워를 한다.

앨비가 유대인 차별문제에 대한 항변을 늘어놓지만 그의 친구 랍은 그 이야기를 묵살하는 대신 문화의 새로운 메카로 떠오르고 있는 캘리포니아에 대하여 떠들어댄다. 그들은 테니스장에서 두 명의 여자들을 만난다. 이것이 앨비와 애니의 첫 만남이다. 서로에게 끌린 앨비와 애니는 테니스 게임이 끝난 후 어설픈 대화들을 주고받다가 결국 애니가 앨비를 업타운까지 태워주기로 한다. 애니의 아파트 옥상에서 와인을 들며 나누는 그들의 대화는 대단히 복잡한 내면심리를 드러낸다. 입 밖으로 나오는 말들과는 전혀 다른 내면의 생각들이 자막으로 처리되는 것이다. 결국 앨비는 애니에게 데이트를 신청한다.

애니는 라이브 카페에서 노래를 부르는데 그곳의 관객은 산만하기 이를 데 없다. 앨비는 애니를 데리고 나와 저녁을 먹으러 가는 길에 그녀에게 키스한다. 샌드위치를 먹으면서 앨비는 그의 전처들에 대하여 이야기한다. 결국 침대에서 사랑을 나눈 앨비와 애니는 더 없는 만족감을 느낀다. 앨비는 애니에게 제목에 '죽음(death)'이 들어간 책들을 소개해주고, 센트럴파크에 나란히 앉아 지나가는 사람들의 '유형들(types)'을 재미삼아 분석해보면서 데이트를 계속한다. 앨비는 결국 애니에게 사랑을 고백한다.

그러나 애니가 짐을 싸들고 자신의 아파트로 옮겨오려 하자 앨비는 약간 주저한다. 애니의 아파트를 유지하는 것이 그들의 관계가 지속되기 위한 안전판이라는 것이다. 앨비는 애니에게 컬럼비아대학의 성인교육과정들 중 하나를 들으라고 권한다. 앨비는 애니와 사랑을 나눌 때 그녀가 마리화나를 복용하는 것에 대하여 못마땅해한다. 결국 그들이 마리화나 없이 사랑을 나누는 동안 애니의 '영혼(spirit)'은 침대에서 슬쩍 빠져나와 자신의 드로잉노트를 찾는다.

앨비는 구성작가를 찾고 있는 끔찍한 코미디언과 지긋지긋한 인터뷰를 한 다음, 위스콘신의 한 대학에서 코미디 공연을 한다. 앨비는 어느 일요일 저녁, 애니의 가족들을 만나러 간다. 애니의 할머니는 앨비를 유대교의 일파인 하시드 교인쯤으로 받아들인다. 애니의 가족들과 함께한 저녁식사 장면은 화면을 두 개로 나누어 앨비의 가족들과의 대비를 보여준다. 운전할 때마다 자살 충동을 느낀다는 애니의 남동생이 비가 잔뜩 오는 밤에 그를 공항까지 배웅해줌으로써 앨비는 공포에 떤다.

앨비는 애니가 성인교육과정의 교수와 지나치게 가깝게 지낸다면서 질투를 하고, 애니는 앨비가 자신을 한번도 똑똑하다거나 지적인 여자라고 생각한 적이 없다며 반발한다. 애니는 앨비의 비용으로 정신과 의사와의 상담을 시작한다. 그녀는 단 한 번의 정신과 치료로 앨비가 15년 동안 계속해온 정신과 치료보다 더 나은 효과를 얻는다.

애니는 앨비가 자신을 숨막히게 한다고 느낀다. 답답해진 앨비는 길거리를 지나가는 사람들을 붙잡고 사랑의 지속성에 관해 물어본다. 〈백설공주 Snow White〉를 패러디한 애니메이션에서 랍은 애니말고도 여자는 많다면서 앨비에게 다른 여자와의 데이트를 주선해준다. 앨비는 비쩍 마른 〈롤링 스톤 Rolling Stone〉의 여기자와 데이트를 한 다음 그녀와 함께 침대에 든다. 그때 애니가 울먹이며 전화를 걸어온다. 달려가 보니 욕실에 거미가 있다는 것이다. 거미 때문에 한바탕 소동을 치른 다음, 앨비와 애니는 침대 위에서 부둥켜 안고 다시는 헤어지지 말자고 맹세한다.

랍과 애니, 그리고 앨비는 브루클린의 옛 동네를 찾아가 앨비의 과거를 '방문'한다. 애니의 생일날 앨비는 속옷과 시계를 선물한다. 나이트클럽에서 〈옛날 일 같아 Seems Like Old Times〉라는 노래를 멋지게 부른 애니는 LA의 잘 나가는 음반제작자 토니 레이시의 눈에 띈다. 그러나 앨비는 파티에 함께 가자는 토니의 제안을 거절한다. 다음 장면에서는 각자 정신과 의사와 면담하는 두 사람의 모습이 이중분할된 화면으로 보이는데, 앨비와 애니는 각자 사랑을 "지속시키는(constant) 것이 왜 이리도 힘드냐(hardly ever)"고 한탄한다.

앨비는 친구들에게 떠밀려 코카인을 시도하지만 결국 재채기를 함으로써 그 자리를 망쳐놓고 만다. 앨비와 애니는 LA에 자리잡은 랍을 방문한다. 앨비는 TV출연 일정이 잡혀 있었지만 갑자기 원인 모를 복통에 시달린다. 그러나 자신을 대체할 인물이 정해지자 앨비의 복통은 거짓말처럼 나아버린다. 랍은 두 사람을 토니 레이시의 대저택에서 열리고 있는 파티에 데려간다. 토니는 애니의 앨범을 제작하고 싶으니 자신의 저택에서 6주 동안 머물러 달라고 부탁한다. 앨비는 물론 그 계획에 반대한다. 뉴욕으로 돌아오는 비행기 안에서 그와 애니는 자신들이 더 이상 함께 살 수 없다는 결론을 내린다. 그들은 각자의 책과 물건들을 나눠갖고 헤어진다. 애니는 앨비에게 다른 여자를 만나보라고 충고한다.

앨비는 다른 여자와 해변의 별장에서 랍스터를 요리하면서 즐거움을 느끼려 하지만 뜻대로 되지 않는다. 그는 애니에게 전화를 걸어 돌아와달라고 간청하지만 애니는 거절한다. 그는 결국 다시 LA행 비행기에 오른다. 앨비는 서툰 운전솜씨로 렌터카를 몰고 애니를 찾아간다. 그는 노상카페에서 애니에게 청혼하지만 거절당한다. 화가 잔뜩 난 앨비는 결국 접촉사고를 내고 교통경찰이 보는 앞에서 면허증을 찢어버린다. 랍은 보석금을 내고 앨비를 유치장에서 꺼내준다.

뉴욕으로 돌아온 앨비는 그의 첫 번째 희곡작품을 막 무대에 올리려 하는데, 이 작품은 애니와의 마지막 만남을 거의 그대로 옮겨놓은 것이다. 남자가 떠나려 하자 여자가 달려와 결혼에 응한다는 것만 빼고는. 앨비는 다시 카메라를 정면으로 바라보며 관객에게 이야기한다. 얼마 후 그는 다시 애니와 마주쳤는데, 그들은 함께 즐거웠던 옛 시절을 회상했고 다정하게 헤어졌다는 것이다. 그는 사랑이라는 관계는 비이성적이고 부조리한 것이지만 그럼에도 우리 모두는 그것을 필요로 한다는 결론을 내린다.

주인공과 그가 하고자 하는 일

등장인물의 이름을 제목으로 삼고 있는 대부분의 영화들에서는 그 등장인물이 곧 주인공이다. 그러나 〈애니 홀〉은 예외이다. 이 영화의 주인공은 애니가 아니라 앨비인 것이다. 이 영화의 스토리는 곧 그의 삶을 다루고 있다. 그가 하고자 하는 일은 행복해지는 것이다. 그는 즐거움과 사랑을 찾거나 경험하고 싶어하며, 삶의 한계를 수용하고자 한다.

장애물

앨비가 즐거움, 사랑, 그리고 삶의 한계를 수용하는 법을 경험하지 못하도록 막는 가장 커다란 장애물은 그 자신의 신경증(neuroses)이다. 앨비의 신경증은 유년기의 강박관념에서부터 그가 말하는 농담에 이르기까지 다양한 형태로 묘사된다.

앨비의 복합적인 신경증은 그가 사랑에 빠졌던 여자들에 의해 더욱 악화된다. 앨리슨과 로빈이 지닌 문제점들은 앨비의 문제점과 부딪쳐 갈등을 자아내는 것이다. 결국 이러한 사태는 앨비가 그들에게서 기대했던 사랑과 수용 그리고 즐거움을 찾아내기란 불가능하다는 확신만을 심어줄 뿐이다.

앨비는 애니와 사랑에 빠지면서 마침내 행복의 열쇠를 찾았다고 생각한다. 그러나 알고 보니 애니에게도 그녀 자신만의 불안과 콤플렉스가 있고, 이것은 애니의 자아와 야망이 커져가는 것과 더불어 앨비의 추구에 장애물로 작용한다.

전제와 오프닝

신경증에 걸린 뉴욕의 유대인 코미디언이 온건한 중서부 출신으로서 뉴욕에서 가수가 되려 하는 여자와 사랑에 빠진다. 그는 그 여자와의 사랑을 통해 삶을 받아들이고, 그것을 있는 그대로 사랑할 수 없는 자신의 무능력에 대한 해답을 찾고자 한다. 사랑과 이해를 찾아헤매는 앨비의 추구는 스토리가 시작되기 전에 이미 전제되어 있는 것이다.

앨런과 브릭먼은 앨비가 카메라를 정면으로 바라보며 관객에게 직접 자신의 삶과 철학을 반영하는 농담들을 늘어놓는 것으로 오프닝을 선택했다. 그는 애니와 헤어졌다는 사실을 암시한 다음 그의 신경증과 고뇌가 싹튼 어린 시절을 묘사하는 데로 말머리를 돌린다. 이 오프닝에서 보여주려한 것은 그의 성장과정의 실상이 아니라 그가 어린 시절부터 시달려왔고 성인이 되어서도 여전히 가지고 있는 내면의 정서적 상태이다. 앨비는 결국 오프닝시퀀스의 끝을 TV토크쇼에 나와 자신의 신경증적 실존에 관한 농담을 늘어놓는 것으로 마무리한다.

주요긴장과 절정과 해결

주요긴장은 "과연 앨비는 애니와의 관계 속에서 행복의 열쇠를 찾을 수 있을 것인가?"이다. 이 주요긴장은 두 사람이 테니스장에서 만나 어울릴 때 시작되지만, 관객은 이미 오프닝에서부터 이러한 주요긴장의 존재를 알고 있다. 문제는 그들이 관계를 맺을 것인가가 아니라 그 관계가 앨비에게 어떤 효과가 있을 것인가이다. 그러므로 관객은 주요긴장이 분명해지기 훨씬 이전부터 이 스토리가 처해 있는 맥락-앨비는 어떤 사람인지, 그의 콤플렉스는 무엇인지, 그가 과거에 맺었던 관계들은 어떤 것이었는지, 그리고 그와 애니는 그들의 결합을 어떻게 이끌어나갈지-에 주의를 기울이게 된다.

절정은 그들이 LA로부터 돌아오는 비행기 안에서 헤어져야 한다는 결정을 내리는 것이다. 앨비는 자신의 문제를 해결하기 위하여 애니와의 관계에 모든 노력을 기울였지만 그 시도는 실패로 돌아갔다.

해결은 앨비가 애니와의 사랑을 '개작(improved)'한 희곡작품을 무대에 올리려고 하는 것이다. 그는 애니와 함께 한 즐거웠던 시간들을 회상하면서 그때를 다시 한 번 체험한다. 앨비는 이 순간에 이르러서야 그에게 딱 맞는 완벽한 열쇠란 없다는 것, 그가 사랑을 받아들이고 기쁨을 경험하는 데에서 겪어야 했던 문제점을 해결해줄 관계란 없다는 것, 그러나 '우리 모두에게는 달걀이 필요(we need eggs)'하기 때문에 사랑이라는 관계는 여전히 소중하다는 것을 결론으로 받아들인다.

주제

이 시나리오가 쓰여지고 촬영되던 과정의 본래 제목은 안도헤니아 (Andohenia)였다. 즐거움을 느끼지 못하는 일종의 무능력상태를 일컫는 정신의학용어이다. 결국 그것은 폭 넓은 관객을 끌어들이지 못하리라는 우려 때문에 폐기되었지만 그 내용만은 주제로 고스란히 남아 있다. 오프닝에서부터 앨비는 자신의 삶이 얼마나 불행한지 이야기한다. 그는 또한 만약 우리의 삶이 불행(miserable)하다면 그것에 대하여 감사해야 하는데, 왜냐하면 삶이란 불행하거나 끔찍할(horrible) 수밖에 없기 때문이라고 말한다. 엔딩에 이르러서야 그는 삶의 불행함이라는 것도 한 번쯤 겪어볼 만한 가치가 있는 것이라고 결론짓는다.

애니는 동일한 주제를 다르게 변주한다. 그녀 역시 수많은 콤플렉스가 있고 즐거움을 있는 그대로 느끼는 데 어려움을 겪는 인물이다. 그러나 애니는 앨비와 달리 점차 성숙해져 좀더 자신감을 갖게 되면서 그녀의 성공이 가져다준 즐거움과 새로운 인생을 즐길 수 있게 된다.

랍은 앨비와 완벽한 대비를 이루는 인물이다. 그는 무심한 쾌락주의자로서 언제나 앨비가 추구해온 완전한 만족상태의 삶을 구가한다. 랍은 즐거움을 위해서라면 거리낌없이 두 여자와 함께 잠자리에 들며, TV토크쇼를 녹화할 때 가짜 웃음소리를 넣는 일도 마다하지 않는다.

통일성

이런 종류의 영화에서는 통일성이 극히 중요하다. 스토리가 시간순서대로 진행되지도 않으며 언뜻 보기에 명확한 목표가 설정되어 있는 것도 아닌 것처럼 보이기 때문이다. 그러나 앨비가 카메라를 쳐다보며 관객에게 직접 말을 걸기도 하고, 자신의 어린 시절을 보여주며 속마음을 이야기하고, 옛 애인과 함께 있는 애니를 바라보기도 할 때, 관객은 앨비의 입장이 되어 그의 내면 깊숙한 곳으로 들어가게 된다. 그 결과 앨비는 자신이 하고자 하는 일이 정확하게 무엇인지 모르고 있을 수도 있지만, 관객은 그가 추구하는 것이 즐거움과 사랑을 느끼고 행복을 찾는 일이라는 것을 안다. 이 영화에 통일성을 부여하고 있는 것은 그래서 결국 행복을 찾으려는 앨비의 행동이다.

설명

이 영화에서의 설명은 항상 유머와 결합되어 제시되며, 막연히 암시되기보다는 드라마틱하게 표현된다. 유년 시절에 대한 설명은 관객에게 그 시절의 앨비의 집, 앨비의 가족, 앨비의 교실을 직접 보여줌으로써 제시된다. 애니의 옛 애인에 대해서도 마찬가지이다. 관객은 그들이 함께 있는 것을 바로 옆에서 쳐다보게 되는 것이다.

이러한 설명들은 대부분 갈등과 결합되어 있다. 예를 들어 애니가 옛 애인과 함께 있는 장면의 경우, 그 장면 안에는 예전의 애니와 현재의 앨비가 서로 부딪쳐 갈등을 빚어내고 있는 것이다. 유년 시절의 앨비가 어머니 손에 이끌려 정신과 의사를 만나는 장면도 갈등과 결합되어 있다. 우주가 팽창하여 결국엔 폭발할 것이라는 어린 앨비와 그의 잘못된 망상을 고쳐주려는 의사가 서로 갈등을 일으키는 것이다.

캐릭터의 성격묘사

앨비의 성격묘사에서 두드러진 것은 그의 신경증과 강박관념이다. 〈슬픔과 연민〉이라는 영화에 집착하는 데서도 확인할 수 있듯이 그는 죽음과 죄의식이라는 강박관념에 사로잡혀 있다. 그는 인생이란 불행하거나 끔찍하게 마련이라고 생각하며, 어디에서나 반유대주의를 의심하고, 심지어는 자신이 코미디언으로 성공했다는 사실을 인정해서 기분이 좋아지는 것조차 허락하지 않는 사람이다. 엔딩에 이르러서 애니와 함께 지냈던 옛 시절을 회상할 때에야 그는 불행하다고 여겼던 것이 사실은 즐거움이었다는 사실을 깨닫는다. 때로 즐거움은 늦게 찾아올 수도 있다. 어찌됐건 그는 이제 즐거움을 느낄 수 있는 인간이 된 것이다.

애니는 자신이 충분히 지적인 인물이 되지 못하면 어떻게 하나를 끊임없이 염려하는 인물로 묘사된다. 애니에게도 앨비와 같은 신경증이 있어 자신의 강점을 강점으로 보지 못하고 자신의 매력이란 고작 괴팍스럽다는 점밖에는 없다고 생각한다. 그래서 그녀는 성인교육과정을 수강하라는 앨비의 제안을 거절하지 못하는 것이며 그의 사소한 말 한마디에도 상처를 받는다. 그러나 애니는 훨씬 개방적인 인간이다. 그녀는 '성적인 문제(sexual problem)'를 공개적으로 거론하는 데 거리낌이 없으며 앨비가 수년 동안 정신과 치료를 받아오면서 얻은 것보다 훨씬 더 많은 것을 단 한 번의 치료에서 얻어내기도 한다.

스토리의 발전

이 스토리는 사건들이 실제 발생한 시간순서와는 무관하게 발전해나간다. 〈애니 홀〉은 배우가 관객에게 직접 말을 건네는 등의 파격적인 방법으로 영화를 마치 '현실(reality)'처럼 받아들이려는 관객의 환영을 여지없이 깨뜨린다. 그 결과 시나리오작가는 자신이 원하는 시간과 장소-과거, 현재, 환상, 애니메이션-를 마음대로 넘나들 수 있게 되었다. 그래서 〈애니 홀〉의 스토리는 사건의 시간순서에 따르는 것이 아니라 주인공의 감정곡선에 따라 발전해간다.

스토리는 먼저 앨비의 삶과 그가 가지고 있는 신경증으로부터 시작한다. 애니가 처음 등장했을 때 관객은 그녀가 혹시 앨비에게 안도헤니아를 극복할 수 있는 행복의 열쇠를 가져다 줄지도 모른다는 희망을 품게 된다. 앨비가 전처들과의 관계에서 겪었던 문제들은 그들의 만남을 한층 더 깊게 이해하게 한다. 일단 앨비와 애니가 동거를 시작하면 사건들은 잠시 시간순서에 따라 전개되는 것처럼 보이지만 과거로 돌아가는 일은 여전히 계속되며 심지어 환상이나 애니메이션이 등장하기도 한다. 스토리를 발전시키는 것은 여전히 앨비의 감정곡선이지 사건들의 시간순서가 아닌 것이다. 제3장에 나오는 시간상의 큰 비약이 가능했던 것도 이 때문이다.

아이러니

〈애니 홀〉에는 자막을 사용한 독창적인 아이러니로 유명해진 장면이 있다. 앨비와 애니가 처음 만난 날, 서로에게 좋은 인상을 심어주려고 예술에 대한 구름잡는 이야기를 마구 늘어놓는 장면이다. 관객은 그들이 실제로는 무슨 생각을 하고 있는지를 자막으로 보게 된다. 이 독창적인 아이러니는 언표된 말과 내면의 생각 사이에 존재하는 극명한 대비를 유머러스하게 보여준다.

전통적인 아이러니는 앨비가 〈롤링 스톤〉 여기자와 함께 침대에 누워 있다가 애니의 전화를 받고 그녀에게로 달려가는 장면에서 사용된다. 애니가 누구와 함께 있었냐고 묻자 앨비는 그저 TV를 보고 있었노라고 거짓말을 한다.

이 영화에서는 아이러니가 반성적으로 사용된 경우가 많다. 앨비는 거리를 지나치는 무관한 사람들을 붙잡고 스토리 속의 사건들 혹은 그들 삶의 여러 측면들에 대하여 논평을 부탁한다. 분할스크린-양가 가족들의 모습 혹은 각각 정신과 의사와 면담하는 모습-의 사용 역시 관객에게 현재 벌어지고 있는 사건들에 대하여 곰곰이 생각해보도록 만든다.

과거를 방문하는 것도 묘한 아이러니를 자아낸다. 가령 성인이 된 앨비가 초등학교 의자에 앉아 있는 장면이나 애니의 옛 애인을 찾아가 그와 함께 있는 예전의 애니를 함께 바라보는 장면을 보라. 관객은 화면 속의 인물이 알지 못하는 것을 알게 되고, 과거와 현재를 동시에 바라보며, 두 측면을 동시에 생각해보게 된다. 이러한 아이러니의 사용은 그것이 가지고 있는 본래의 목적, 즉 관객을 스토리 안으로 끌어들이는 것에 커다란 기여를 한다.

준비와 여파

앨비가 애니를 기다리며 극장 앞을 서성이다가 껄렁한 사람들로부터 귀찮은 일을 당하는 것은 준비신이다. 잠시 후 도착한 애니는 마치 그를 구원해줄 것처럼 보인다. 그러나 실제로 그녀는 아주 기분이 나쁜 상태여서 두 사람은 곧바로 다투게 되는 것이다.

대비에 의한 준비가 돋보이는 것은 앨비가 애니에게 사랑, 아니 "싸-랑(lurvs)한다"고 고백하는 장면이다. 이 장면은 그 다음에 애니가 짐을 싸들고 앨비의 아파트로 쳐들어오자 그가 극도로 신경질적인 반응을 보이는 장면과 절묘한 대비를 이룬다.

앨비가 다시 LA로 날아가 노상카페에서 애니에게 청혼하는 장면은 준비와 여파로 둘러싸여 있다. 애니가 나타나기 전에 앨비는 카페의 웨이트리스와 사소한 말다툼을 벌이는데 이것이 준비신이다. 애니가 떠나간 다음의 여파신은 주차장에서 벌어진다. 앨비의 렌터카가 그의 운전미숙으로 인하여 세 대의 차와 우당탕 부딪치는 것이다.

〈애니 홀〉에서 사용된 준비신은 대체로 전통적인 것인 반면, 여파신은 대단히 독창적인 것들이 많다. 가령 성인교육과정을 담당하는 교수문제 때문에 두 사람이 싸우고 난 다음의 여파신을 보자. 앨비는 길거리를 지나가는 사람들에게 자신의 답답한 심정을 토로하고 조언을 구한다. 그들은 사랑이란 식게 마련이고 그저 건성으로 대해야 관계가 유지된다는 이야기를 해준다. 길거리를 지나가던 또 다른 남자는 애니가 LA로 떠나버렸다는 소식을 전해주기도 한다. 이 모든 독창적인 여파신들은 관객을 스토리에 참여시키는 데 기여한다.

씨뿌리기와 거둬들이기

유년 시절의 앨비가 코니 아일랜드의 놀이동산에서 범퍼카를 몰아대는 장면은 훌륭한 씨뿌리기였다. 앨비와 자동차 운전의 관계는 스토리 전체에 걸쳐 계속 변주된다. 애니의 난폭한 운전솜씨 때문에 겁에 질리는 것, LA에 가서도 운전하기를 싫어하는 것, 애니에게 청혼하러 갈 때 무모하게도 운전을 시도하는 것 등. 결국 이 변주는 애니가 그의 청혼을 물리치고 돌아서자 유년 시절의 범퍼카 장면이 다시 한 번 짧게 인서트됨으로써 거둬들여지게 된다.

랍스터 요리장면 역시 씨뿌리기와 거둬들이기의 훌륭한 사례이다. 앨비와 애니가 함께 보냈던 좋았던 시간들 중 하나는 해변의 별장에서 랍스터를 요리하며 벌인 우스꽝스럽지만 즐거운 소동이었다. 애니와 헤어진 앨비는 다른 여자와 다시 한 번 랍스터 요리를 시도하지만 이번에는 끔찍한 재앙이었을 뿐이다.

이런 식으로 씨뿌리기와 거둬들이기를 대비시키는 것은 애니가 마리화나를 피우는 문제에서도 마찬가지이다. 처음에 앨비는 애니가 마리화나 피우는 것을 아무렇지 않게 받아들이지만 나중에는 그것을 싫어하여 결국 갈등을 일으킨다.

제목에 '죽음'이 들어간 책 역시 씨뿌리기와 거둬들이기가 정확하게 적용된 예이다. 그들이 관계를 시작할 무렵 영화에 등장한 이런 책들은 두 사람이 갈라설 때 그 기준점이 되며, 훗날 앨비가 자신의 연극을 만들 때 거둬들여지는 것이다.

미리 알려주기와 예상하게 만들기

　이 영화에서 다루고 있는 스토리는 대부분 앨비와 애니가 함께 보낸 시간들이다. 그러나 오프닝에서 앨비는 자신이 애니와 이미 헤어졌다는 것을 미리 알려준다. 랍이 끊임없이 캘리포니아 이야기를 하면서 앨비에게도 함께 가자고 권하는 것은 예상하게 만들기에 해당한다. 토니 레이시가 앨비와 애니에게 언젠가 캘리포니아에 오게 되면 자신을 방문해달라고 말하는 것도 역시 예상하게 만들기이다.

개연성

　〈애니 홀〉은 관객에게 영화 속에서 묘사된 사건들이 곧 현실이라는 것을 믿으라고 강요하지 않는다. 반대로 이 영화는 오프닝에서부터 대부분의 영화가 창조해내려 애쓰는 '현실'이라는 환영을 깨뜨리는 데 주력한다. 〈애니 홀〉이 관객에게 선사하려는 것은 그 속에서 그려지고 있는 경험들의 '정서적 현실'이다. 따라서 관객이 영화 속에서 묘사된 사건들을 과장이나 허풍 심지어 노골적인 환상으로 받아들여도 상관없다.

　〈애니 홀〉에서 관객의 체험을 조종하는 방식은 대단히 흥미롭다. 이 영화는 오프닝에서부터 관객에게 직접 말을 건넴으로써 대단히 독특한 스토리텔링 방식이 도입될 것임을 보여준다. 관객이 과연 어린 앨비가 정말 우주가 팽창한다는 학설에 그토록 민감한 반응을 보일까에 대하여 의심할 수도 있다. 그러나 다음 순간, 관객은 어른이 된 앨비가 초등학교 시절의 의자에 앉아 자신의 성적 관심은 실재했었다면서 선생과 논쟁을 벌이는 장면을 목격하게 되면서, 자신이 품었던 의심이 얼마나 부질없는 것인가를 깨닫게 된다.

즉 〈애니 홀〉의 스토리텔링 방식은 영화 속에서 벌어지는 사건들을 현실로 받아들이라고 주장하는 것이 아니다. 그것은 오히려 그러한 사건들이 주인공의 정서에 어떤 영향을 끼쳤을까를 주목하라고 요구하는 것이다. 〈애니 홀〉에서 요구되는 개연성은 다른 영화들에서 요구되는 것과는 사뭇 다르다. 관객은 주인공이 과연 저렇게 느꼈을까에 대한 개연성만을 따지게 된다.

행동과 활동

두 번에 걸쳐 나오는 랍스터 요리장면은 활동과 행동이 어떻게 다른가 보여주는 좋은 사례이다. 애니와 함께하는 첫 번째 장면은 행복하고 즐거운 것이지만 활동이다. 그들에게는 랍스터를 요리함으로써 달성하고자 하는 어떤 다른 목적이 없다. 그저 즐거운 시간을 보내고 있는 것뿐이다. 다른 여자와 함께하는 두 번째 장면은 그러나 행동이다. 그는 이제 단순히 랍스터를 요리하려는 것이 아니라 자신이 전에 느꼈던 행복한 순간을 재연해보고 싶어하는 것이다.

애니가 한밤중에 앨비에게 전화를 걸어 거미를 잡아달라고 하는 것은 행동이다. 그녀는 그들이 다시 옛날처럼 함께 지내기를 원한다. 반면 앨비가 거미를 잡는답시고 일대소동을 벌이는 것은 그저 활동일 뿐이다.

애니와 앨비가 처음 만난 날 서로에게 차를 태워주겠다고 하는 것은 두 사람 모두에게 행동이다. 두 사람은 상대방에 대하여 더 알 수 있는 기회를 얻고 싶어하지만 첫 만남이라 어색해서 그런 내심을 편안하게 드러내지 못하는 것이다. 그래서 그들은 함께 있는 시간을 조금이라도 더 늘리기 위해 누가 누구를 태워줄 것이며 실제로 차를 가지고 있는 것은 누구인지 따위를 가지고 말장난 같은 대화를 길게 주고받는 것이다.

대사

〈애니 홀〉에는 재치가 넘치고 의표를 찌르는 대사들이 많이 나온다. 삶을 불행한 것과 끔찍한 것을 나눈다는 앨비의 대사에서부터 "당신과의 섹스는 진정 카프카적인 경험이었다(Sex with you is a real Kafkaesque Experience)"라고 말하는 〈롤링 스톤〉 여기자의 대사에 이르기까지 냉소와 조롱으로 가득 찬 재치있는 대사들이 넘쳐난다. 앨비와 애니가 헤어지기로 결심한 순간의 대사는 진정 걸작이다. "관계란 상어와 같아서 계속 움직이지 않으면 죽어버린다. 이제 우리 관계에서 남겨진 것은 죽어버린 상어뿐인 것 같다(A relationship is like a shark, it has to keep moving or it dies. I think what we got on our hands is a dead shark)."

〈애니 홀〉의 대사에 재치만 있는 것은 아니다. 때로는 어떤 상황들을 대비시키거나 발전된 모습을 표현하는 데에도 요긴하게 쓰인다. 앨비는 애니에게 성인교육과정을 수강하라면서 그곳에서 "재미있는 교수들을 많이 만날 수 있을 것(could meet lots of interesting professors)"이라고 말한다. 훗날 애니가 실제로 그런 사람을 만나게 되자 앨비는 그 교육과정 자체가 "쓰레기 같은 것이며, 거기 교수들은 다 사기꾼들(such junk, the professors are so phony)"이라고 매도한다.

영화의 끝부분에서 애니는 앨비의 청혼을 거절하면서 그를 죽어가는 도시인 뉴욕에 비유한다. 앨비는 훗날 '현실을 교정하여(fixes up reality)' 연극으로 만들 때 바로 애니의 이 비유를 그대로 인용하는데, 이는 그가 애니로부터 얼마나 커다란 영향을 받았는지를 보여준다.

비주얼

이 영화의 비주얼은 줄곧 '영화는 현실'이라는 환영을 깨뜨리기 위하여 사용된다. 주인공이 카메라를 바라보며 관객에게 말하는 것이나 길거리를 지나가는 사람들에게 인터뷰를 하는 것에서 볼 수 있듯이, 〈애니 홀〉의 비주얼과 그로 인해 생겨난 역설들은 이 영화의 독특한 스타일을 유지하는 데 기여한다.

가령 어른이 된 앨비가 초등학교 시절의 의자에 앉아 당시의 선생님과 논쟁을 벌이는 장면을 보라. 충격적이지는 않지만 흥미로운 장면이다. 그리고 이 영화에서는 앞으로 현실적으로 불가능한 장면이라도 자유롭게 카메라에 담겠노라는 의지의 표현이기도 하다. 두 사람이 함께 과거의 애니와 그녀의 옛 애인이 데이트하는 장면을 바라본다든가, 앨비의 과거를 '방문'할 때 그 장면 안에 현재의 사람들이 공존한다든가.

〈애니 홀〉의 비주얼은 '자유(freedom)'로 요약된다. 각자 정신과 치료를 받고 있는 장면 혹은 양가 가족들이 저녁식사를 하는 장면을 대비시키기 위하여 분할화면을 사용한다거나, 환상(fantasy)을 그대로 카메라에 담아 관객에게 보여주는 것-앨비가 애니의 가족들과 저녁식사를 하다가 하시드 교인으로 변하는 것, 애니메이션시퀀스, 애니의 영혼이 침대에 누워 있는 몸으로부터 빠져나오는 것 등-은 모두 비주얼에 대한 자유로운 태도 덕분에 가능했다.

드라마틱한 장면

테니스장에서의 첫 만남은 선명한 기억을 남길 만큼 생생하고 드라마틱하다. 이 장면에서는 '어색함(awkwardness)'이 캐릭터의 성격을 드러내는 데 대단히 효과적으로 쓰였다. 왜 그들이 어색하게 되었고 그 어색함을 극복하려는 시도가 어떻게 하여 그들을 더욱 불편하게 만들었는가를 보여주는 과정에서 그들의 캐릭터가 가지고 있는 어떤 천성들을 생생하게 드러내는 것이다.

따지고 보면 대단히 단순한 장면이다. 그저 서로 차를 태워주겠다는 제안만이 오갈 뿐이다. 그러나 이 장면은 놀라울 만큼 정교하게 구성되어 있고 배우들의 연기 역시 훌륭하다. 애니는 앨비에게 관심이 있는 것 같고, 앨비는 애니가 일관성도 없고 다소 모순되는 얘기를 한다고 생각하지만 그녀를 붙잡으려 한다. 애니는 어찌해야 좋을지 몰라 짐짓 내숭을 떨지만 그 모습은 사랑스럽고 매력적이다. 한마디로 "라-디-다(la-de-da)"이다. 이제 관객은 빨리 그들이 이 어색한 순간을 벗어나기를 기대한다. 결국 애니가 앨비를 업타운까지 태워다주기로 한다.

이 장면의 마무리부분도 대단히 재미있다. 앨비는 문쪽으로 걸어나가다가 자신의 테니스라켓으로 애니를 '찌르는(poke)' 실수를 범하는 것이다. 일종의 프로이트적 함의라고 볼 수 있다. 이 프로이트적 함의는 앨비가 아이젠하워 정권 시절에 잠깐 사귀었던 어떤 여자에 대한 농담과 연결된다.

해변의 별장에서 사랑을 나누려 할 때 마리화나를 가지고 옥신각신하는 장면도 대단히 드라마틱하다. 앨비는 애니가 사랑을 나눌 때 마리화나를 피우는 것이 못마땅하다. 앨비와 애니의 욕구는 이 문제를 놓고 정면충돌한다. 그래서 그들은 사랑을 나누는 것이 아니라 싸우고 있는 셈이다. 앨비는 지금 두 사람이 서로 싸우고 있다는 사실을 직시하지 않으려 노력하지만, 그 노력은 애니의 영혼이 몸에서 빠져나와 드로잉노트를 찾으려 할 때 여지없이 좌절된다. 앨비가 애니와의 사랑을 자신의 바라는 바에 맞도록 재조정하고 싶어한다—그래서 마리화나를 피우지 않는 대신 빨간 전구를 켠다는 것이 그들 사이에 놓인 갈등의 핵심이다. 이 앨비의 욕망은 무참히 좌절된다.

특기할 만한 사항

이 영화에는 오래도록 기억에 남을 장면들이 많다. 마셜 맥루한이 직접 출연해 잘난 체하는 성가신 사람의 코를 납작하게 만드는 장면, 자막을 사용하여 두 사람이 내심 다른 생각을 하고 있다는 것을 보여주는 장면, 애니의 영혼이 침대에서 빠져나와 앨비와 말다툼을 벌이는 장면, 앨비가 길거리를 지나가는 사람들에게 하소연을 하고 조언을 듣는 장면 등. 그러나 이 영화를 관객의 기억 속에 오래도록 남게 하는 가장 중요한 요인을 꼽으라면 단연코 '내면의 외면화'가 될 것이다.

내면의 외면화야말로 시나리오작가가 끊임없이 부딪쳐야 하는 문제이다. 다른 사람이 내심 무엇을 느끼고 어떻게 생각하고 있는지를 보여주는 방법 말이다. 통상 이 문제는 캐릭터들에게 행동을 부여함으로써-그들이 내뱉는 대사와는 무관하게-그들의 감정과 생각을 드러내게 하여 해결하는 것이 보통이다. 〈애니 홀〉에서도 이 전통적인 방법이 수 차례 사용되었다. 그러나 〈애니 홀〉의 본질적인 특징은 내면을 있는 그대로 관객에게 보여줬다는 데에 있다.

거리를 지나가는 사람들에게 물어본다든가 마셜 맥루한을 직접 나서게 한다든가 하는 것은 말 그대로 내면의 환상을 직접 실연한 것이다. 유년 시절로 돌아가 초등학교 선생님과 논쟁을 벌인다든지, 거들먹거리는 애니의 옛 애인을 비판한다든지, 카메라를 보며 관객에게 직접 말을 건다든지 하는 모든 것들은 주인공의 내면에 있는 환상을 화면 위에 그대로 표출시킨 것이다. 관객은 그런 주인공의 환상을 함께 체험함으로써 그의 내면에 있는 생각과 감정들에 대하여 은밀히 관여하게 되는 것이다.

〈애니 홀〉의 방식이 모든 영화에 다 통용될 수는 없다. 그것이 가능하려면 관객에게 앞으로 그 스토리가 전개될 방식이 그러하다는 것을 받아들이도록 해야만 한다. 제대로만 된다면 〈애니 홀〉처럼 경이로운 결과를 낳을 수도 있다. 그러나 실패할 경우, 영화는 끔찍한 재앙이 되며, 관객을 우르르 출구로 내모는 결과를 낳을 수도 있다.

E. T.

E. T. 1982 ||||||||||||||||||||||||||||||||||||||||||||||||||||||||||||

시나리오 멜리사 마티슨
감독 스티븐 스필버그

특수효과, 그중에서도 특히 기계인형(mechanical puppetry)의 사용에서 획기적인 이정표가 된 〈E.T.〉는 노소를 불문하고 모든 관객의 심금을 울린 시대의 걸작이다. 〈E.T.〉는 할리우드 블록버스터임에 틀림없지만 그런 종류의 영화들에서 흔히 발견되는 상투적인 설정이 없다. 즉 〈E.T.〉에는 어떤 종류의 전쟁장면도 없고, 카리스마를 풍기며 고비마다 영웅적인 행동을 해내는 인물도 없으며, 섹스나 욕설이나 가학증도 보이지 않는다. 대신 〈E.T.〉에는 단순한 스토리가 있다.

우화나 요정담에 가깝다고나 해야할 〈E.T.〉의 스토리에는 보편적인 호소력-특별한 비밀을 간직하고 있는 한 어린이가 그것을 파괴하려드는 어른들로부터 비밀을 지키려 노력한다-이 있다. 〈E.T.〉에서 관객을 극장으로 끌어모으고 결국 그들의 친구들까지 동원해낼 수 있었던 것은 바로 '잘 짜여진 좋은 스토리'였다.

시놉시스

한 우주선이 적막한 숲 속에 착륙한다. 가슴에서 붉은 빛을 발하는 작은 생명체 하나가 거기에서 내려 한밤중의 숲 속을 어슬렁거린다. 그 생명체는 올빼미 울음소리와 개 짖는 소리에 겁을 내고, 키 큰 나무들에 놀라며, 랜턴불빛을 희번덕거리며 무언가를 찾고 있는 모종의 남자들에게 쫓긴다. 그들 중 한 명은 허리띠에 열쇠고리를 매달고 있다. 남자들에게서 위협을 느낀 우주선은 이륙해버린다. 이제 혼자 남은 생명체는 스스로 앞길을 헤쳐나가야 한다. 한편 그곳에서 멀리 떨어지지 않은 곳에서는 엘리엇 테일러라는 소년이 살고 있다. 그는 형과 그의 친구들이 하는 게임에 끼어보려고 하지만 받아들여지지 않는다.

엘리엇은 집 앞 창고 속에서 생명체의 소리를 듣고 겁을 집어먹지만 아무도 그 사실을 믿지 않는다. 한밤중에 홀로 일어난 엘리엇은 결국 괴상하게 생긴 그 작은 생명체와 마주친다. 둘은 모두 겁에 질려 반대 방향으로 도망치지만, 엘리엇은 그 생명체가 간 방향을 눈여겨 보아둔다.

다음날 엘리엇은 그 생명체를 유혹하기 위해 사탕을 여기저기 흩뿌려놓고 기다린다. 둘은 서로에 대한 공포를 극복하고, 엘리엇은 그 생명체를 자기 방으로 데려온다. 다음날 엘리엇은 꾀병을 부려 학교를 땡땡이치고는 그 생명체와 하루를 보내면서 그것에 E.T.(자기 이름의 이니셜)라는 이름을 붙여준다. 엘리엇은 어떻게든 의사소통을 해보려 애쓰다가 E.T.가 호기심을 느끼고 있다는 사실을 알게 된다. E.T.는 얼마 지나지 않아 엘리엇의 모든 행동을 따라 한다.

형 마이크가 학교에서 돌아오자 엘리엇은 그에게 비밀을 지키겠다는 맹세를 하게 한 다음 E. T.를 보여준다. 하지만 바로 그 순간 방에 들어온 여동생 거티가 E.T.를 보고는 머리를 흔들며 소리를 질러대자 E.T.도 똑같이 따라 한다. 세 아이가 갑자기 공포와 패닉상태에 빠져 난리를 치자 엄마도 무언가 이상한 낌새를 눈치챈다.

아이들이 태양계의 그림을 보여주자, E.T.는 놀랍게도 공들로 행성들의 궤도 같은 것을 만든다. 아이들은 그것을 보고 E.T.가 먼 우주에서 왔다는 사실을 알게 된다. 다음날 엘리엇이 학교에 간 사이, E.T.는 혼자 집에 남아 맥주를 마시고 전자제품들의 배선을 바꾸는 등 이런 저런 장난을 치다가, TV와 신문 만화를 통해 지구에 관한 정보들을 익히게 된다. E.T.는 TV에서 장거리 전화광고를 보고는 그 역시 집에 전화를 걸고 싶어한다. 한편 그 시간에 학교에 있던 엘리엇 역시 E.T.와 동시에 '술에 취하여(drunk)' 비틀거리다가 곧 해부될 예정인 개구리들을 풀어준다.

거티는 E.T.가 말하는 법을 배웠으며, 이제는 집에 전화걸고 싶어한다는 사실을 알게 된다. 아이들은 E.T.를 위해 필요한 것처럼 보이는 것이라면 무엇이든지 모아오고, E. T.는 전화기를 만드는 일에 착수한다. 마이크는 E.T.의 건강이 별로 안 좋아 보인다는 점을 알아챈다. 그러나 E.T.와 연결되어 있는 엘리엇은 "우리는 괜찮아(we're fine)"라고 대답한다. E.T.가 엘리엇의 베인 손가락에 자신의 손가락을 살짝 대자 상처는 감쪽같이 사라진다.

전화기는 완성되었지만 그것을 사용하려면 숲 속의 개척지까지 올라가야 한다. 때마침 할로윈 밤이어서 세 아이들은 E.T.를 유령처럼 꾸며 몰래 집에서 빠져나가게 한 후, 전화를 걸 수 있는 장소로 데리고 간다. 그들이 나가자 고도의 장비를 갖춘 채 집 주변을 수색하던 열쇠고리의 남자와 그 동료들이 집 안으로 들어와 샅샅이 뒤진다. 아이들이 도망치는 도중 E.T.는 엘리엇의 자전거를 날게 해서 숲으로 간다. 그러나 E.T.의 전화기는 작동되는 것 같지 않고, 엘리엇은 잠에 곯아떨어진다. 아침에 일어나 보니 E.T.의 모습은 보이지 않고 엘리엇의 몸은 아주 안 좋은 상태이다.

집으로 돌아온 엘리엇은 마이크에게 E.T.를 찾아달라고 부탁한다. E.T.는 강물에 얼굴을 처박은 채 발견되었는데, 몸 전체가 하얗고 상태가 아주 안 좋아져 있다. 집에서 E.T.와 엘리엇이 만났을 때 그 둘이 똑같은 병에 걸려 있다는 사실을 알게 된다. 마침내 E.T.에 관해 알게 된 엄마는 '괴물(monster)'과 아이들을 빨리 떼어놓으려 한다. 그러나 그녀가 아이들을 데리고 집에서 빠져나가려 하는 순간, 열쇠고리의 남자와 그 동료들이 밀고들어와 집 안을 발칵 뒤집어놓는다.

E.T.와 엘리엇을 진찰한 기술자와 의사들은 그 둘이 완전히 연결되어 있다는 기이한 사실을 발견한다. 그들은 E.T.와 엘리엇을 모두 동시에 잃을까봐 두려워한다. 엘리엇은 E.T.가 겁을 먹고 있으며 고통스러워하고 있다는 것을 분명히 느낄 수 있다. 그는 사람들에게 E.T.를 괴롭히지 말라고 애원한다.

엘리엇을 살리기로 결심한 듯 E.T.는 스스로를 엘리엇에게서 떼어낸다. 그러자 엘리엇은 회복되어 가지만 E.T.는 혼수상태로 빠져든다. 마침내 의사들이 E.T.는 죽었다고 판정하고 그를 '얼음 속에 넣는다(put him on ice).' 엘리엇은 E.T.가 죽었고 이제 곧 그들에 의해 해부될 것이라고 생각하자 슬픔에 겨워 울부짖는다.

잠시 동안만이라도 단둘이 있게 해달라고 부탁한 엘리엇은 E.T.가 생기를 되찾았다는 뜻밖의 사실을 알게 된다. E.T.에게 필요했던 것은 바로 냉장설비였던 것이다. E.T.는 엘리엇에게 그들이 함께 만든 전화기가 작동하여 이

제 곧 우주선이 날아오리라는 사실을 알려준다. 마이크와 엘리엇은 거티를 통해 엄마에게 쪽지를 보낸다. 마이크와 엘리엇은 아슬아슬하게 E.T.를 빼내고, 다른 친구들과 만날 약속을 한다.

조용한 교외주택가의 언덕 위로 엄청난 추격전이 벌어진다. 수백명의 경찰과 열쇠고리의 남자 및 그의 동료들이 아이들과 E.T.의 뒤를 쫓는 것이다. 그들이 막 붙잡힐 것처럼 보이는 순간 E.T.는 다섯 대의 자전거 모두를 하늘 위로 떠오르게 한다. 엄마와 거티 그리고 열쇠고리의 남자가 도착한 것은 E.T.가 막 떠나려는 참이다. 엘리엇과 E.T.는 슬픔에 겨워 작별인사를 나눈다. E.T.는 엘리엇에게 나는 네 마음속에 살아 있을 것이라는 말을 남기고는 우주선에 올라 집으로 돌아간다.

주인공과 그가 하고자 하는 일

이 영화의 주인공은 두 명의 E.T.-즉 엘리엇 테일러(Eliot Taylor)와 외계인 E.T.(Extra-Terrestrial)-처럼 보인다. 그들은 불가사의하게 연결되어 있는데 심지어는 육체에까지도 영향을 끼칠 정도이다. 그러나 자세히 들여다보면 그들은 각자 하고자 하는 일이 다르다. 엘리엇은 그와 E.T. 사이의 특별한 관계/우정을 유지하고자 하지만, E.T.는 자신의 동족들이 있는 고향으로 돌아가고자 한다. 그들이 부딪히게 되는 장애물들도 서로 연결되어 있기는 하지만 동일한 것은 아니다. 스토리가 진행됨에 따라 펼쳐지는 곤경은 분명히 엘리엇에게 귀속된다.

따라서 이 영화의 주인공은 엘리엇이고 그가 하고자 하는 일은 E.T.와 맺은 특별하고도 신비한 유대관계를 유지하는 것이다. 이 일은 특별히 공격적이거나 많은 행동을 요구하는 것이 아니기 때문에 스토리텔링의 성패는 그 일을 적극적으로 가로막고 어렵게 만드는 상황을 설정하는 데 달려 있게 된다.

장애물

엘리엇의 장애물은 두 개의 세계-엘리엇의 세계와 E.T.의 세계-에 걸쳐 설정된다. 엘리엇의 세계에서 나오는 장애물은 두 가지이다. 첫째, 어른이라면 누구도, 심지어는 엄마조차도 믿을 수 없다는 것. 둘째, 열쇠고리의 남자 및 그 동료들이 E.T.를 찾아 데려가려고 한다는 것. E.T.의 세계에서 나오는 장애물도 두 가지이다. 첫째, 그가 지구에서는 생존할 수 없다는 것. 둘째, 그는 고향으로 돌아가고 싶어한다는 것. 이 네 가지의 장애물이 모두 엘리엇이 하고자 하는 일에 정면으로 배치된다.

전제와 오프닝

이 스토리의 전제는 오프닝과 함께 설정된다. 그것은 주인공이 소개되기 직전에 나타난다. 무해할 뿐 아니라 사랑스럽기까지 한 한 외계인이 인간의 세계를 두려움에 가득 차 바라보고 있는데, 그를 태우고 온 우주선은 추적자들을 피해 떠나버린다는 것이다. 일단 오프닝에서 전제를 설정한 다음에는 곧바로 엘리엇과 그가 속해 있는 세계가 소개된다. 그래서 관객은 그 둘이 서로 만나기도 전에 이 두 꼬맹이 아웃사이더들에게는 공통점이 있다는 것을 알게 된다. 그들은 모두 과소평가되고 있거나 오해받고 있다는 것이다.

주요긴장과 절정과 해결

주요긴장은 모든 변수들이 다 제자리를 잡았을 때 확립된다. E.T.와 엘리엇은 특별한 유대관계를 형성했다. 엘리엇은 E.T.와 함께 지내며 그와의 의사소통을 원한다. 엘리엇은 형과 누이에게 절대로 비밀을 지키겠다는 맹세를 하게 함으로써 어른들을 적대시한다는 점을 분명하게 보여준다. 따라서 주요긴장은 "과연 엘리엇은 이 별난 작은 친구 E.T.와의 특별한 관계를 유지할 수 있을 것인가?"가 된다.

절정은 그 유대관계가 깨졌을 때 찾아온다. 둘 다 어른들의 치료에도 불구하고 함께 죽어가는 것처럼 보일 때, E.T.가 엘리엇에게서 자신을 떼어내는 순간이다. 그러나 실제로는 육체적인 유대를 떼어낸 것뿐이지 마음까지 갈라선 것은 아니다. 그리고 다음 순간, 어른들은 E.T.가 죽었다고 생각한다.

해결은 엘리엇과 E.T.가 작별을 고하는 것이다. E.T.는 빨간 불이 들어온 손가락을 엘리엇의 이마에 대고 "나는 언제나 너와 함께 있을 것(I'll be right here)"이라고 말한 다음 우주선을 타고 고향으로 떠난다.

주제

이 영화의 주제는 E.T.가 빨간 불이 들어온 손가락을 엘리엇의 이마에 대고 "나는 언제나 너와 함께 있을 것"이라고 말할 때 분명해진다. 그것이 의미하는 바는 무언가를 진심으로 믿으면(believe in) 그것은 곧 진실이 된다는 것이다. 이보다 훨씬 앞에 나오는 병원장면에서 E.T.가 죽었다고 생각한 엘리엇이 "나는 언제나 너를 믿을 것"이라고 말하는 것도 같은 맥락이다.

믿음과 불신이라는 주제는 이미 스토리의 도입부에서부터 나온다. 엘리엇이 창고 속에 어떤 괴물이 있다고 말해도 아무도 믿어주지 않는 것이다. 자신이 발견한 생명체에 관한 이야기를 들려줘도 믿지 않기는 마찬가지이다. 마이크와 거티는 자신들의 눈으로 직접 E.T.를 확인한 다음에야 비로소 믿게 된다. 그러나 그들은 엄마에게 말하지 않겠다고 맹세한다. 말해봐야 엄마는 믿으려 하지 않을 것이기 때문이다. 실제로 거티가 엄마에게 E.T.에 관한 이야기를 해도 그녀는 믿지 않는다.

이 영화가 다루고 있는 믿음과 불신의 문제는 단순히 현실세계 속에서 통용되고 있는 차원을 넘어선다. 여기에는 어딘가 판타지 혹은 마술 같은 분위기가 있다. 엄마가 거티에게 〈피터 팬 Peter Pan〉을 읽어주면서 거기에 등장하는 요정들의 존재에 대하여 믿어야 될 것인지의 문제를 이야기해주는 장면은 우연히 끼워넣어진 신이 아니다. 그것은 이 스토리의 핵심적인 주제와 맞닿아 있다. 이 스토리에서 중요한 사건들이 할로윈 날 일어난 것도 단순히 시각적인 즐거움을 주기 위한 것만은 아니다. 할로윈이라는 것 자체가 어떤 초자연적인 것에 대한 믿음 위에 기초해 있는 축제인 것이다.

주제의 측면에서 볼 때 열쇠고리 남자의 존재도 흥미롭다. 스토리가 진행되는 동안 그는 마치 악당들의 두목쯤 되는 것으로 보여지지만 실제로는 엘리엇과 똑같은 믿음을 가지고 있는 사람이었다. 그렇기 때문에 그가 마지막 작별장면에 등장하는 것이 정당화될 수 있다. 그는 10살된 엘리엇의 마음을 여전히 가슴속에 품고 사는 어른인 것이다. 이 영화의 주제는 동심의 믿음이다. 동심의 믿음만이 피터 팬을 하늘로 날아오를 수 있게 한다. 〈E.T.〉는 동심의 믿음을 탐구한 영화이다.

통일성

이 영화에 통일성을 부여하는 것은 엘리엇의 행동이다. 그는 E.T.와의 특별한 유대관계를 유지하고자 한다. 그러나 그러한 목표의 추구는 수많은 장애물들로 인해 계속 어려움을 겪는다. 현재상태를 유지하려는 것은, 비록 방어적인 성격의 일이지만, 그것이 적극적으로 위협당하는 한 생생하고 드라마틱한 목표가 될 수 있다.

설명

최초의 설명이자 이 스토리의 전제-E.T.가 지구에 홀로 남겨졌다-는 관객에게 직접 보여줌으로써 간단하게 전달된다. 멋지게 사용된 음향과 시각디자인으로 인해 아무런 대사 없이도 관객은 E.T.가 어떻게 해서 지구에 홀로 남게 되었는지를 알게 되는 것이다. E.T.를 겁에 질리게 하는 소리들은 관객이 그에게 공감을 느끼도록 하는 효과적인 도구이다.

엘리엇에 대한 설명도 이와 비슷하게 처리된다. 대사들이 나오기는 하지만 그다지 중요한 정보가 제공되는 것은 아니다. 그 대신 화면으로 보여지는 것은 그룹에서 소외되어 있는 엘리엇의 처지와 그 그룹에 끼어보려 하는 엘리엇의 노력이다. 엘리엇은 그룹에서 떨어져 나와 있는 외로운 존재인 것이다. 그래서 엘리엇이 창고에서 무슨 소리를 듣고 그것을 살펴보려 할 때 관객은 그와 E.T.를 동일시하게 된다. 마치 오프닝에서 E.T.가 지구라는 미지의 세계를 두리번거릴 때 보여주었던 것과 똑같은 호기심과 순진함 그리고 용기를 보게 되는 것이다.

다른 장면의 설명들은 대체로 갈등 내지 유머와 결합되어 있다. 아이들이 E.T.가 어디에서 왔는지를 알고 싶어 할 때 결합되어 있는 갈등은 의사소통의 어려움이다. 엘리엇이 학교에서 술에 취한 상태로 개구리들을 놓아주는 장면은 갈등과 유머를 통하여 그와 E.T.가 얼마나 강하고 깊게 연결되어 있는지를 훌륭하게 설명해준다.

캐릭터의 성격묘사

엘리엇과 E.T.는 주인공과 적대자가 아니다. 그들은 같은 종류의 두 영혼이다. 처음에는 이 두 영혼이 동일한 성격을 가지고 있는 것처럼 보이지만 스토리가 진행됨에 따라 그 차이가 확연해진다. 먼저 묘사되는 것은 그들 사이의 공통점이다. 그들은 둘 다 아웃사이더이며, 겁이 많은 만큼 호기심도 많고, 대단히 영리하다. 엘리엇이 체온계를 가지고 벌인 트릭은 이 영화가 개봉된 다음 모든 아이들이 무단결석을 하고 싶을 때 따라 하는 방법이 되었을 정도이다.

그러나 엘리엇은 E.T.와의 유대관계를 계속 유지하고 싶어하는 반면 E.T.는 집으로 돌아가고 싶어한다. 그 역시 엘리엇을 사랑하지만 자신의 동족에게로 돌아가고자 하는 것이다. 그들 중 그 어느 편도 상대방을 단호하게 물리치는 성격은 아니다. 하지만 그들은 마치 한 꼬투리 속에 들어 있는 두 개의 콩

알처럼 서로의 관계 속에 갈등의 씨앗을 품고 있으며, 이 갈등이 이후의 스토리를 앞으로 발전시킨다.

어른들에 대한 성격묘사는 특히 흥미롭다. 엔딩에 이르기까지 관객이 지속적으로 보게 되는 유일한 어른은 엄마뿐이다. 그녀는 좋은 사람이지만 때로는 허둥지둥 갈팡질팡하며, 규칙을 내세우기 좋아하지만 실은 대단히 느슨한 사람으로 묘사된다. 엄마 이외의 다른 어른들은 대체로 허리 이하의 앵글로만 비쳐지며, 열쇠 · 랜턴 · 모종의 장비들을 가지고 무언가를 급하게 해내려는 사람들로 묘사된다. 이처럼 익명의 존재들을 그것도 허리 이하의 앵글로만 보여줌으로써, 어른들은 실제보다 더욱 무서운 사람들로 묘사되며, 관객이 엘리엇의 입장-즉 모든 면에서 자신보다 훨씬 우세한 어른들의 세계와 맞서 있는 한 소년의 입장-에 서도록 한다.

스토리의 발전

일단 엘리엇과 E.T. 사이에 유대관계가 확립되고 나면, 그들이 속해 있는 두 세계 고유의 갈등들이 스토리를 앞으로 전진시킨다. 인간세계에 적응할 수 없는 E.T.가 집으로 돌아가고 싶어한다는 것이 숱한 행동들을 자아낸다. 열쇠고리의 남자 및 그 동료들의 존재는 어른들에 대한 엘리엇의 불신을 정당화시켜주는 동시에 결국엔 E.T.의 존재가 알려지리라는 사실을 매순간 불길하게 예고하고 있다.

아이러니

〈E.T.〉에는 아이러니가 광범위하게 사용되고 있다. 가령 엘리엇이 맨처음 창고를 살펴보러 가는 장면을 보자. 관객은 창고 안에 무엇이 있는지 알고 있으므로 엘리엇의 모든 행동은 아이러니를 자아낸다. 일단 엘리엇이 E.T.와 친구가 되고난 다음에는 나머지 가족들이 한 사람씩 그 사실을 알아차릴 때마다 아이러니가 생겨난다. 열쇠고리의 남자 및 그 동료들이 집 주변을 수색하고 있다는 것도 아이러니를 만들어낸다. 그 사실은 관객만 알고 있지 엘리엇의 가족들과 E.T.는 전혀 모르고 있는 것이다.

이 영화에 등장하는 대부분의 유머는 아이러니에 기초해 있다. 거티가 E.T.이야기를 하지만 엄마는 믿지 않을 때(심지어 같은 화면 안에 엄마와 E.T.가 동시에 잡혀 있는데도), 엘리엇이 집에 외계인이 있다고 말하자 마이크의 친구들이 웃어버릴 때, 엘리엇이 학교에서 '술에 취해' 책상 밑으로 미끄러질 때, 엄마가 엘리엇과 마이크 그리고 유령 분장을 한 E.T.의 사진을 찍어줄 때, 엘리엇이 체온계를 백열전구로 데운 다음 열이 있다고 거짓말을 할 때, 엄마가 〈피터 팬〉을 거티에게 읽어주고 엘리엇과 E.T.가 그 이야기에 귀를 기울일 때, 이 모든 장면들은 관객은 알고 있는 사실을 등장인물은 모르고 있기 때문에 유머러스해지는 것이다.

준비와 여파

엘리엇과 E.T.가 처음 만나는 장면에는 훌륭한 준비신이 있다. 엘리엇이 랜턴과 담요를 준비하고 집 밖에서 밤을 새우다가 그만 잠에 떨어져 경계를 늦추는 신이다. 그가 잠이 든 동안 E.T.가 움직였기 때문에 관객은 그들의 첫 만남-엘리엇에게는 무서울지 몰라도 관객은 그것이 안전하리라는 것을 안다-이 재미있게 전개되리라는 것을 기대하게 된다.

엘리엇이 마이크와 거티에게 E.T.를 소개하는 장면의 여파신이 재미있다. 엘리엇이 엄마에게 호된 꾸지람을 듣는 동안, 아이들과 E.T.는 옷장 속에 숨어 있는 것이다. 옷장 속의 셋은 서로를 뚫어지게 쳐다본다. 그들이 서로의 존재에 대하여 느끼는 놀라움은 옷장 밖에서 야단치고 있는 엄마의 존재 때문에 더욱 집중적으로 강조되는 것이다.

제3장에서는 중요한 장면들마다 훌륭한 여파신들이 따른다. 마이크와 엘리엇이 자동차를 이용하여 탈출의 첫 단계를 성공시키는 장면의 여파는 마이크

의 친구들이 E.T.를 처음으로 보게 되는 것이다. 자전거를 탄 소년들이 미친 듯이 동네를 질주하고 마침내 E.T.가 그들 모두를 하늘로 날아오르게 하는 장면의 여파는 경외에 가득 찬 시선으로 우주선이 착륙하는 모습을 지켜보는 것이다. 〈E.T.〉에서 최후의 여파신에 요긴하게 사용된 것이 우주선에서 땅 위로 걸쳐진 기다란 출입문 복도이다. 엘리엇, 소년들, 거티, 엄마, 열쇠고리의 남자 등이 우주선에 올라 떠나가는 E.T.를 바라보면서 느끼게 되는 감정의 여파를 솜씨좋게 갈무리하는 역할을 하는 것이 바로 이 우주선의 출입문 복도인 것이다.

씨뿌리기와 거둬들이기

엘리엇이 E.T.를 유혹하려고 뿌려둔 사탕은 씨뿌리기와 거둬들이기의 좋은 예이다. 이것의 거둬들이기는 E.T.를 자신의 방으로 불러들이는 것과 얼마 후 열쇠고리의 남자가 그것을 발견하여 입에 대어보는 것으로 나뉜다. 옷장 속에 가득 차 있는 동물인형들 역시 훌륭한 씨뿌리기이다. 그것은 E.T.가 그런 인형들 가운데 하나인 척해서 엄마의 눈을 피하는 장면에서 매우 효과적으로 거둬들여진다. 열쇠고리의 남자 역시 하나의 씨뿌리기이다. 그와 동료들은 허리 이하의 앵글로밖에 보여지지 않기 때문에 열쇠고리는 그들 중 특히 한 사람을 구별해내는 효과적인 지표가 된다. 나중에 얼굴이 공개되었을 때 그가 그다지 낯설게 느껴지지 않는 것도 열쇠고리 덕분이다.

엘리엇이 손가락을 베자 "아야(Ouch)"라고 소리지르는 것도 중요한 씨뿌리기이다. E.T.는 그 말이 고통스러움을 뜻한다는 것을 알아차리고는 훗날 이 말을 되풀이하여 사용하는 것이다. E.T.는 자신이 얼마나 집에 가고 싶어하는가를 표현할 때 "아야"라고 한다. 엔딩에 이르러 우주선을 타기 직전에 "아야"라고 말하는 것은 거의 메타포의 수준에 이른 표현이다. 엘리엇과 E.T.에게 "아야"는 육체적인 고통이 아니라 정신적인 고통을 의미하게 된 것이다. 〈E.T.〉에 등장하는 또 하나의 메타포는 화분이다. 처음 E.T.가 죽어가는 화분의 꽃을 되살려낼 때 관객과 등장인물들은 신비함을 느낀다. 훗날 E.T.가 '죽어가자(dying)' 화분의 꽃도 시든다. 그러나 E.T.가 다시 살아날 때 그 화분의 꽃도 함께 피어남으로써 E.T.의 소생에 대한 메타포가 되는 것이다.

미리 알려주기와 예상하게 만들기

엘리엇이 E.T.를 집에 데려온 직후 어른들은 "E.T.를 절제하거나 실험할 것(give him a lobotomy or experiment on it)"이라고 말하는 것은 예상하게 만들기에 해당한다. 엄마가 할로윈 날 아이들을 외출하게 하면서 어두워지면 한 시간 안에 돌아와야 한다고 이르는 것 역시 예상하게 만들기에 해당한다. 관객은 과연 저 아이들이 그럴 수 있을까에 대하여 회의를 품게 되는 것이다. 마이크가 엘리엇에게 E.T.의 건강이 좋아보이지 않는다, 어딘가 아픈 것 같다고 말하는 것도 앞으로 벌어질 일에 대한 예측과 같은 것으로 예상하게 만들기에 해당한다.

반면 아이들이 할로윈 날 밤 어떤 변장을 할 것인가를 의논하는 것은 미리 알려주기이다. 또한 E.T.가 엘리엇에게 전화가 작동되었으며 우주선이 그를 찾아 돌아오고 있다고 말하는 것도 미리 알려주기이다.

개연성

초현실적인 존재를 다루는 스토리는 반드시 관객의 불신을 극복할 수 있는 방법을 찾아내어야 한다. 대부분의 경우 그런 스토리들은 현실세계로부터 시작된 다음, 초현실적인 존재를 소개하고, 처음에는 믿지 못하던 주인공으로 하여금 그것의 존재를 받아들이게끔 만듦으로써 관객의 불신을 극복하는 방법을 사용한다.

그러나 〈E.T.〉에서 멜리사 마티슨과 스티븐 스필버그가 사용한 방법은 정반대이다. 그들은 먼저 초현실적인 존재를 등장시킴으로써 스토리를 시작한 다음, 관객을 그 존재의 입장에 서도록-혹은 적어도 그 존재를 이해하도록-한 것이다. 관객은 그 존재가 무해한 소리에도 겁을 집어먹고, 이리 저리 움직이는 랜턴불빛에도 두려워한다는 사실부터 알게 된다. 관객이 열쇠고리의 남자 및 그 동료들을 볼 때에는 오직 허리 아래의 모습만을 보게 된다. 즉 관객은 초현실적이고 낯선 존재인 그 외계인의 내면으로 들어가 그의 시점으로 영화를 보게 되는 것이다. 그러니 어찌 그 외계인의 존재를 믿지 않을 수 있겠는가? 〈E.T.〉를 보면서 관객은 그 존재에 대하여 의심을 품어보기도 전에 동일시되어버리는 것이다. 오프닝을 볼 때의 관객은 대체로 기대에 차 있게 마련이다. 이 영화에서 전개되는 스토리에 흠뻑 몰입하고 싶어하는 것이다. 〈E.T.〉의 시나리오작가는 이 점을 십분 활용했다. 그래서 관객은 인간캐릭터들이 등장하기 훨씬 전에 이 스토리에 대한 불신을 깨끗이 접어버리게 되는 것이다.

행동과 활동

마이크가 차고에서 엄마의 차를 후진시켜 꺼낼 때 그것은 활동이다. 그는 다만 운전을 하고 싶어 죽을 지경이었을 뿐이다. 그러나 그 장면은 동시에 훗날의 자동차 탈출을 위한 씨뿌리기이기도 하다. 정작 자동차를 몰고 탈출을 하게 되자 마이크는 운전을 하고 싶어 안달하는 것이 아니라 죽을까봐 덜덜 떤다. 이때의 운전은 물론 E.T.의 탈출을 위한 것이므로 행동이다.

엘리엇이 E.T.를 방으로 데려온 다음 잠시 생각에 잠겨 얼굴을 긁적거린 것은 활동일 뿐이다. 그러나 E.T.가 자신을 따라 하는 것을 발견하고나서 하는 여러 가지 몸짓들은 모두 행동이다. 그는 E.T.와 의사소통할 수 있는 길을 찾으려고 애쓰고 있는 것이다.

E.T.가 소생하고 있다는 것을 발견한 엘리엇은 그 사실을 어른들에게 들키지 않으려고 다양한 행동들을 한다. 빨간 불이 들어온 E.T.의 심장을 담요로

가리고, 비닐백의 지퍼를 올려버리며, 뚜껑을 덮은 다음 그 위에 엎드려 엉엉 울어대는 것이다. 이 행동들은 물론 열쇠고리의 남자 및 그 동료들을 속이기 위한 것이다.

대사

〈E.T.〉의 스토리는 물론 어린이의 눈높이에 맞추어져 전개된다. 그러나 그것이 가지고 있는 호소력은 대단히 광범위하고 막대한 것이어서 〈E.T.〉가 단순히 아이들만을 위한 영화라고 볼 수는 없다. 이 영화의 대사는 아주 자연스러운 '아이들의 말(kidspeak)'로 되어 있다. 그들의 생각, 오해, 말투가 대사에 그대로 녹아 있는 것이다. 그러나 엘리엇과 마이크 그리고 거티의 대사에는 그들만의 개성이 표현되어 있다. 엘리엇의 개성을 보여주는 대사는 그가 E.T.에게 자신의 장난감병정, 상어인형, 어항 따위를 보여줄 때 잘 드러난다. 마이크의 개성은 그가 E.T.를 보기 직전, 엘리엇을 놀릴 때의 대사에서 잘 드러난다. 거티의 개성은 E.T.와 마주치자마자 그가 여자인지 남자인지를 물어볼 때, 그리고 마이크가 윽박지르자 "숨 좀 돌리고(give me a break)"라고 말할 때 잘 드러난다.

〈E.T.〉는 미국 전역에서 크게 유행한 명대사를 남겼다. "집에 전화해 (phone home)."

317
E.T.

비주얼

〈E.T.〉에서 찾아볼 수 있는 의미심장한 비주얼은 앞서 거론한 바와 같이 어른들을 비출 때 허리 이하의 앵글로만 보여준다는 것이다. 이 비주얼은 관객에게 카메라가 스토리의 핵심을 어떻게 해석하고 있느냐를 잘 보여준다. 관객은 오직 카메라(와 그것의 뒤에서 일하는 사람들)가 허락하는 것만을 볼 수 있을 뿐이다. 시나리오작가는 엄마 이외의 다른 어른들이 온전한 사람의 모습으로 비쳐지는 것을 원치 않았다. 그래서 관객은 어린이의 관점에서만 이 영화를 보게 된다.

스토리의 어떤 요소들을 강조하기 위하여 비주얼이 사용된 예로는 마술을 들 수 있다. E.T.가 공으로 태양계와 비슷한 궤도를 만들어내는 장면은 일종의 마술과도 같다. 자전거 타는 장면은 두 번에 걸쳐 나오는데 여기에서는 현실세계과 마술세계가 병치된다. 소년들이 자전거를 타는 솜씨는 놀랄 만큼 뛰어나지만 분명히 현실세계에 속해 있는 것이다. 언덕을 넘나들고 자동차의 지붕을 타고 넘어가는 것은 대담하고 현란한 기술이지만 가능한 일인 것이다. 그러나 E.T.와 함께 자전거를 타고 하늘을 난다는 것은 마술세계에 속한다. 자전거가 하늘을 나는 장면에서는-당연히 음악까지 동원되어-전혀 새로운 분위기가 조성되며, 비주얼은 숲 위로, 달을 배경으로, 그리고 마지막 탈출에서는 지는 태양을 배경으로 아름답게 변주되는 것이다.

드라마틱한 장면

마이크와 거티가 처음으로 E.T.를 만나는 장면은 대단히 드라마틱하다. 마이크가 학교에서 기분 좋게 돌아오는 것은 준비신에 해당한다. 그는 엘리엇을 놀리면서도 그가 요구하는 맹세를 마지못해 한다. 대비에 의한 준비이다. 마이크가 잘난 체하며 농담을 지껄일 때 관객은 아이러니를 느끼며 그가 보일 반응을 흥미진진하게 기다리게 된다. 이때 갑자기 반전이 생긴다. 거티가 돌연 방으로 들어왔다가 E.T.를 보고는 비명을 질러대는 것이다. 그 방에 있던 네 명의 캐릭터들이 제각각 정신없는 반응을 보인 다음에는 엄마가 들이닥침으로써 또 한 번의 반전이 생긴다. 이 장면의 여파신은 물론 엘리엇을 제외한 셋이 벽장 속에 나란히 숨는 것이다.

엘리엇이 E.T.가 아직 살아 있음을 발견하는 장면 역시 드라마틱하다. 그가 바깥에서 비닐을 통해 이제는 '죽어버린(dead)' E.T.가 어른들에게 둘러싸여 있는 것을 바라보는 것은 짧지만 훌륭한 준비신이다. 열쇠고리의 남자는 엘리엇에게 다가와 E.T.와 단둘이 있을 시간을 허락해준다. 이 장면은 E.T.의 죽음으로 유발된 관객의 슬픔을 정교하게 확장시키고 있다. 그러나 그것은 동시에 다가올 핵심적인 순간을 위하여 마련된 '대비에 의한 준비'이기도 하다. 엘리엇은 이제 E.T.와의 시간은 끝났다고 믿으며 발길을 돌린다. 그러나 관객은 E.T.의 가슴에 붉은 빛이 감돌기 시작했다는 것을 알게 된다. 또 하나의 아이러니가 발생한 것이다. 방을 빠져나가려던 엘리엇은 화분의 꽃이 살아나는 것-메타포가 완성된 것이다-을 보고 E.T.의 소생을 눈치챈다. 여기서부터 이 장면은 완전히 다른 색깔을 띠게 된다. 슬픔에서 기대와 두려움으로 변환한 것이다. 관객은 E.T.가 되살아났다는 것을 은폐할 수 있게 되기를 기대하는 동시에 어른들이 그 사실을 알아내어 다시 E.T.를 괴롭히게 될까봐 두려워하게 된다. 엘리엇이 E.T.의 소생사실을 감쪽같이 속이고 밖으로 나간 다음에는 여파신으로 마무리한다. 마이크에게 꽃을 보여주어 E.T.가 살아 있다는 사실을 알려주는 것이다.

특기할 만한 사항

스토리에는 기본적으로 두 가지 유형이 있을 뿐이라는 이론이 있다. 첫 번째 유형은 평범한 사람이 비범한 상황에 처하게 되는 스토리이고, 두 번째 유형은 비범한 사람이 평범한 상황에 처하게 되는 스토리이다. 대부분의 스토리들은 이 두 가지 유형 중 어느 하나로 설명된다. 물론 장애물이 충분히 강하고 주인공과 적대자가 팽팽한 긴장관계를 유지할 수만 있다면, 평범한 사람이 평범한 상황에 처하게 되는 것도 좋은 스토리가 될 수 있다. 그러나 〈E.T.〉에서 확인할 수 있듯 대체로 훌륭한 효과를 발휘하는 것은 첫 번째 유형의 스토리이다.

엘리엇은 평범한 가정의 평범한 소년이다. 그런데 궁지에 빠진 외계인이 찾아오는 비범한 상황이 생기면서 이 스토리가 시작되는 것이다. 그런 상황이 가능할까에 대해서는 선뜻 동의할 수 없을지 몰라도, 엘리엇이 다른 수많은 소년들과 똑같이 평범한 소년이라는 것만은 확실하며, 관객이 자신과 엘리엇을 쉽사리 동일시하는 것은 바로 그의 평범성 때문이다. 이 역동적인 상황은 평범한 주인공으로 하여금 결국 비범한 일을 해낼 수밖에 없도록 만든다는 점에서 흥미롭다. 〈E.T.〉에서 엘리엇이 해낸 비범한 일이란 잘 훈련된 수많은 어른들을 뚫고 대담한 탈출을 감행하는 것이다.

위트니스

Witness 1985 ||||||||||||||||||||||||||||||||||||||||||||||

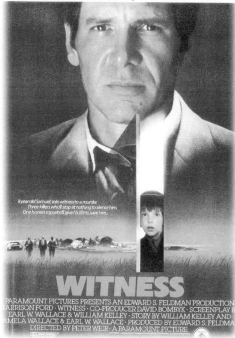

시나리오 윌리엄 켈리, 파멜라 월리스,
얼 W. 월리스

감독 피터 위어

각본상과 감독상을 포함하여 아카데미 8개 부문에 노미네이트된 〈위트니스〉는 견고한 스토리텔링과 현대의 영화제작기법을 결합시킨 1등급 사례이다. 스토리는 현대사회의 중심문제 가운데 하나인 폭력의 이용과 남용을 중심 축으로 다루고 있는데, 그 드라마를 평화로운 애미쉬의 세계를 배경으로 추구했다는 점에서 모험적인 시도였다. 〈위트니스〉는 스토리텔링의 기법들을 확실하게 구사한다면 가장 가망이 없어 보이는 재료를 가지고서도 아주 멋진 영화가 창조될 수 있다는 사실을 증명한다.

시놉시스

새뮤얼 랍이라는 한 애미쉬 소년과 그의 어머니이자 젊은 미망인인 레이첼 랍은 기차 여행 도중 필라델피아 역에서 3시간 동안 기다리게 된다. 새뮤얼은 필라델피아 기차역 남자 화장실에서 잔인한 살인 현장을 목격한다. 이 사건의 수사를 맡은 경찰은 존 북이다. 레이첼은 북의 폭력적인 태도에 질겁을 하지만 소년은 난생 처음 본 바깥 세상에 눈이 활짝 열려 있다. 목격자인 새뮤얼은 경찰서에서 용의자 사진들을 훑어보던 중 그 살인자를 확실하게 지목하지만 그는 맥피라는 이름의 신망있는 고참 경찰이다.

북은 재빨리 소년을 누이의 집에 안전하게 숨긴 다음 이 소식을 그의 상관이자 예전 파트너인 셰퍼 경감에게 보고하러 간다. 북은 맥피가 마약사건에 연루되어 범죄를 저질렀다고 생각한다. 그 소년의 신원에 관해 알고 있는 사람이 더 있느냐고 셰퍼가 묻자, 북은 셰퍼 경감과 자신 두 사람뿐이라고 대답한다. 두 사람은 당분간 이 사실을 비밀에 부치기로 결정한다.

집으로 돌아가려던 북 앞에 맥피가 나타난다. 총격전이 벌어지고 맥피는 북에게 부상을 입힌 후 달아난다. 이제 셰퍼 역시 범죄에 연루되었다는 것을 알게 된 북은 파트너를 시켜 새뮤얼과 레이첼의 이름 및 주소가 담긴 서류철을 영원히 '분실(lose)' 시킨 다음, 부상사실을 알리지 않은 채 두 모자를 차에 태워 그들의 안전이 보장되는 애미쉬 마을의 집으로 데려다준다.

북은 레이첼과 새뮤얼을 그곳에 남겨두고 떠나려 하지만 결국 의식을 잃고 만다. 레이첼은 북을 자신의 집으로 옮긴다. 북은 애미쉬 장로들 가운데 한 사람의 도움과 레이첼의 간호를 받아 사경을 헤매다가 회복된다. 이제 이 세 사람은 북이 이 딜레마를 해결할 방법을 생각해내는 동안 애미쉬 마을에 숨어 있어야 한다. 북은 자신이 기차역 살인사건과 관련되어 수배되었다는 사실과 부패경찰들이 그를 찾아내려고 혈안이 되어 있다는 사실을 알아낸다.

북은 애미쉬와 동화되려 혹은 최소한 애미쉬처럼 보이려 노력한다. 그는 레이첼의 죽은 남편의 옷을 입고 무뚝뚝하지만 마음씨 좋은 레이첼의 시아버지 일라이를 위시해 가족과 잘 어울리려고 노력한다. 새뮤얼이 총에 손을 대자 북은 소년에게 총을 안전하게 사용하는 법에 대해 가르치려 하지만, 일라이는 손자에게 폭력 사용에 대한 애미쉬의 견해를 들려준다. 결국 총은 장전되지 않은 채 찬장 속에 숨겨진다.

북은 '소박한(plain)' 옷을 입고 젖소의 우유를 짜고 집안 일을 거들면서 가족의 일원이 되어가는데, 그러는 사이 북과 레이첼은 점점 서로에게 이끌리게 된다. 북은 레이첼을 사랑하고 있는 애미쉬 청년 대니얼을 만나고, 두 사람은 헛간을 세우는 날 작업 파트너가 되는데, 이때 그들은 힘든 목공일을 통해서 서로를 재발견한다. 시간이 지나면서 북은 점점 더 애미쉬가 선택한 삶의 방식에 찬탄을 머금게 된다. 그러나 레이첼이 그를 받아들이겠다는 뜻을 표시해왔을 때 북은 그녀를 받아들이지 못한다.

자신의 파트너마저 셰퍼와 맥피에게 살해되었다는 사실을 알게 되자 북의 분노가 폭발한다. 그는 애미쉬의 비폭력주의를 빌미삼아 애미쉬 사람들, 특히 대니얼을 조롱하고 있는 젊은 관광객을 때려눕힌다. 그러나 그러한 행동이 눈에 띄어 결국 셰퍼에게 자신과 소년의 위치를 알리는 결과를 낳는다. 북은 떠날 결심을 하고 마지막 마무리를 한다. 레이첼은 애미쉬 사람들로부터 '영국놈(the English)'과 가까이 하지 말라는 압력을 받고 있음에도 불구하고 자신을 억누를 수 없고 마침내 그들은 서로에 대한 열렬한 감정을 표현한다.

셰퍼와 맥피, 그리고 또 한 사람의 살인자 퍼기는 중무장을 하고 새벽에 일라이의 농장에 다가간다. 북이 농장일을 하고 있을 때 세 사람이 레이첼과 일라이를 사로잡는다. 북은 새뮤얼에게 대니얼의 농장으로 도망치라고 한다. 그러나 소년은 얼마 가지 않아 총소리를 듣고는 달음박질을 멈춘다. 북은 자신이 알고 있던 농장 구조를 이용해서 옥수수 저장고에서 퍼기를 죽이고 그의 총을 빼앗아 맥피도 처치한다. 그 사이 새뮤얼은 농장의 저녁종을 계속 울려서 모든 마을 사람들이 농장으로 달려온다. 셰퍼는 레이첼의 머리에 총구를 겨누고 북을 무장해제시키지만 북은 마을 사람들이 모두 증인(witness)이 되었다면서 더 이상의 헛된 짓을 그만두라고 절규한다. 결국 셰퍼는 무릎을 꿇는다.

그 지역 경찰들이 몰려와 사건 현장을 처리하는 동안 북은 새뮤얼에게 작별 인사를 하고 레이첼을 떠난다. 일라이는 북에게 '영국놈들 세상에서(out among them English)' 조심하라고 일러준다. 북은 자신이 영위해야 할 삶이 있는 도시를 향해 차를 몰아 떠난다. 레이첼을 만나러 오고 있던 대니얼이 그에게 가볍게 손을 흔든다.

주인공과 그가 하고자 하는 일

제목인 '위트니스'는 물론 애미쉬 소년 새뮤얼을 의미하지만 이것은 존 북의 스토리이다. 북은 난폭한 세계 속에 사는 거칠고 결점이 많으며 폭력을 휘두르기 일쑤인 남자이지만, 그럼에도 불구하고 공감이 가는 인물이다. 레이첼과 새뮤얼을 존중해서 점잖은 말을 쓰려고 노력한다든지, 편하게 살기보다는 올바르게 살려고 한다든지, 자신이 속해 있는 이 폭력적인 세계로부터 무구한 두 모자를 보호하려 갖은 애를 다 쓴다든지 하는 것들이 모두 북에 대한 관객의 공감을 증폭시킨다.

그가 하고자 하는 일은 명백하다. 새뮤얼과 자신을 없애려 하는 부패경찰들로부터 그들 모자를 보호하는 것이다.

장애물

북의 가장 큰 장애물은 그의 적, 즉 살인자들이 모두 신망있는 경찰이며, 그들은 경찰력의 모든 수단을 마음대로 쓸 수 있다는 사실이다. 또한 북은 심하게 부상당하여 당분간 운신조차 자유롭지 못한 상태에 빠진다. 게다가 그는 애미쉬 마을에서 환영도 신뢰도 받지 못하는 침입자일 뿐이다. 애미쉬 마을은 북이 끌고 들어온 골칫거리에 대하여 전혀 상관하고 싶어하지 않지만 새뮤얼이 위험하기 때문에 어쩔 수 없이 그를 머무르게 하는 것이다.

그에 못지않게 중요한 내적 장애물은 그가 마치 옷을 갈아입는 것처럼 쉽사리 자신의 본성을 바꿀 수 없다는 사실이다. 관광객들의 눈에 비친 북은 애미쉬처럼 보일지도 모른다. 식전 기도 시간에 조용히 입 다물고 있을 줄도 알게 된 것이나, 애미쉬 사람들과 함께 힘을 합쳐 목공일을 할 때 보면 실제로 다른 사람이 된 것 같기도 하다. 그러나 그의 내면 깊숙한 곳에는 여전히 행동가—때로는 폭력적인 행동가로서의 북이 자리하고 있으며, 이 행동가는 그가 궁지에 몰리거나 감정이 북받쳐오를 때 밖으로 불쑥 튀어나온다.

마지막으로 그의 장애물은 중무장한 세 남자가 그를 죽이러 오는데, 그에게는 총은 물론 '영국놈들' 세계에서 사용되는 그 어떤 무기도 없다는 사실이다.

전제와 오프닝

이 영화의 전제는 사회적 상황과 개인적 상황으로 양분되어 있다. 사회적 측면의 전제는 바로 비폭력적인 애미쉬 공동체가 그 어느 때보다도 더욱 폭력적이고 빠르게 돌아가는 현대 미국 세계에 둘러싸여 있으면서도 본질적으로 전혀 다른 시간대에서의 삶을 영위해가고 있다는 것이다. 개인적 측면의 전제는 북이 거칠되 올바른 정신을 지닌 경찰이라는 것과 가끔 여동생과 조카들을 만날 뿐 가족이 없는 사람이라는 것이다.

윌리엄 켈리와 윌리스 부부는 애미쉬 문화의 단편들을 관객에게 소개하는 것으로 오프닝을 선택했다. 오프닝을 통해서 레이첼 남편의 장례식을 보여줌으로써 그녀가 처해 있는 개인적인 상황을 관객에게 알려주는 것이다. 이 스토리는 두 문화-하나는 관객이 너무도 익히 아는 문화이고 다른 하나는 실상 알려져 있는 바가 거의 없는 문화-의 충돌을 축으로 해서 세워진 것이기 때문에 이런 방식으로 오프닝을 설정한 것은 대단히 현명한 결정이다.

만일 오프닝이 격렬한 액션-가령 화장실의 살인사건-으로 선택되었더라면, 그것은 충격을 심하게 경감시켜버렸을 것이다. 관객이 그 사건을 목격한 애미쉬 사람들이 누구인지, 그들의 삶은 어떤 성격의 것인지를 모르는 채 그 장면을 목격하게 되기 때문이다. 또한 그렇게 되면 애미쉬에 대한 설명은 결국 그들이 농장으로 되돌아갔을 때에나 이루어지게 될 터인데, 이것은 너무 늦은 시점이다.

주요긴장과 절정과 해결

주요긴장은 "과연 북이 부패경찰들로부터 새뮤얼과 자신을 보호할 수 있을까?"이다. 제1장의 끝에서 관객이 품게 되는 의문은 북이 셰퍼와 맥피를 이길 수 있을까가 아니라 그가 그들로부터 발각되지 않을 수 있을까가 되는 것이다.

절정은 북이 그를 애미쉬 남자로 오인하고 있는 도시의 젊은 건달을 때려 눕히는 장면이다. 이 사건으로 셰퍼는 북이 숨어 있는 곳을 찾아내게 된다.

해결은 북이 마침내 셰퍼를 굴복시켜 애미쉬 사람들 앞에 무릎 꿇게 만드는 것, 즉 그의 폭력이 애미쉬 공동체의 비폭력을 이겨낼 수 없다는 사실을 직면하게 만드는 것이다.

주제

이 영화의 주제는 개인적인 영역이 아니라 사회적인 영역에 속한다. 이 주제는 두 문화, 즉 폭력에 젖어 있는 문화와 폭력을 금지하는 문화를 대비시킴으로써, 사회 속에서 폭력이 차지하는 위상과 의미를 탐구하는 것이다. 애미쉬 공동체 내라고 해서 폭력이 전혀 사용되지 않는 것은 아니다. 애미쉬 공동체가 레이첼을 격리시킬 수도 있다는 것은 일종의 강제력을 가진 폭력이다. 그것은 북이 맞서고 있는 좀더 공공연한 폭력만큼이나 레이첼에게는 강력하고 위협적인 것이 된다. 그러나 셰퍼의 총이 그들의 공동체 전체를 향해 겨누어질 때 결국 승리를 차지하는 것은 후자이다.

통일성

이 영화의 통일성은 행동에서 나온다. 즉 자신의 증인을 보호하려는 존 북의 일관된 행동이 영화 전체에 통일성을 부여한다. 영화의 모든 스토리가 북의 그런 행동에만 초점을 맞추고 있는 것은 물론 아니다. 그러나 대부분의 경우, 그가 하고자 하는 일은 모든 사건들의 계기로 작용한다. 그가 간호를 받고 회복할 때, 애미쉬 공동체에 받아들여지려고 노력할 때, 레이첼에게 끌리는 마음을 억누르려 할 때, 그 모든 것의 배후에는 언제나 새뮤얼을 보호하려는 소망이 궁극적으로 놓여 있는 것이다. 북의 소재를 파악하고 소년과 그 어머니의 신원을 알아내려고 애쓰는 셰퍼와 관련된 장면들은 그가 하고자 하는 일에 대한 장애물로 작용한다.

설명

이 영화에서는 설명의 다양한 방법들이 효과적으로 사용되고 있다. 이 스토리가 전개되는 세계는 관객 대부분에게 대체로 아주 새롭고 이국적인 곳으로 느껴질 것이기 때문에 설명에의 요구는 그만큼 늘어날 수밖에 없다.

오프닝에서 애미쉬 세계에 대한 소개는 장례식을 통해 이루어지는데 여기에서는 이 공동체에 속한 사람들이 어떤 식으로 상호작용을 하고 있는지가 잘 드러난다. 또한 이 스토리의 주요 배경인 랩 가족의 농장도 소개해준다. 물론 소소한 갈등의 순간들(대니얼이 다른 여인들 앞에서 레이첼에게 조의를 표하는 것)과 몇몇 유머의 순간들(말의 교환에 관한 농담, 마차 위에 우뚝 선 대니얼이 기차를 타고 있는 새뮤얼과 레이첼을 따라잡으려 하는 것)도 있다. 그러나 설명이 행해지는 오프닝의 대부분은 별다른 갈등없이 제시된다. 관객이 그 설명들을 무리없이 받아들인 것은 그것이 오프닝이었기 때문이다. 대체로 오프닝에서의 관객이란 무엇이든 소화해낼 의지에 충천해있는 까닭이다. 만약 이러한 설명이 나중에 이루어졌다면 관객이 받아들이는 데 문제를 일으켰을 것이다.

유머와 결합되어 매끈하게 전달된 설명의 좋은 예는 북이 레이첼과 새뮤얼에게 핫도그를 사주는 장면에서 볼 수 있다. 레이첼은 북의 여동생에게서 들은 그의 단점들을 조목조목 짚어낸다. 관객은 이를 통하여 북의 개인사에 대한 정보를 얼마간 알게 될 뿐만 아니라 그가 이 당혹스러운 순간에 어떻게 반응하는지도 보게 된다.

경제적 설명의 좋은 예는 북이 셰퍼의 집을 방문하는 장면이다. 그는 셰퍼의 아내가 문을 열어주자마자 곧장 거실을 가로질러 서재로 들어간다. 그 장면은 북이 오랫동안 셰퍼와 관계를 유지해왔으며 그의 가족들과도 친밀한 관계를 맺고 있다는 사실을 보여준다. 그가 이 집의 구조를 훤히 알고 있고, 셰퍼의 아내나 딸과도 좋은 관계를 맺고 있음을 확인하게 되면서, 관객은 그가 이전에도 여러 차례 이 집에 온 적이 있으며 환영받는 친구이자 손님이라는 것을 알게 된다.

갈등과 결합된 설명은 부상당한 북이 침대에 누워 있고 애미쉬 장로들이 그를 어떻게 처리할지를 결정하기 위해 모여 있는 장면에서 훌륭하게 사용되었다. 자기들의 세계에 갑자기 침입한 이 마땅치 않은 '영국놈'의 문제를 놓고 무엇을 어떻게 처리해야 하는지를 둘러싼 그들의 논쟁은 위계질서가 분명한 애미쉬의 지도체계에 대해서뿐만이 아니라 그곳에서 일라이가 차지하고 있는 위치, 그리고 장차 레이첼에게 닥쳐올지도 모를 잠재적인 사회적 위협에 대해서도 많은 것을 이야기해준다.

'훈계(lecture)'를 통한 설명은 일라이와 새뮤얼이 북의 총을 놓고 이야기를 나누는 장면에서 효과적으로 사용된다. 일라이가 새뮤얼에게 살인은 나쁜 짓이라고 말하며 애미쉬의 비폭력주의를 설파할 때, 그 장면의 저류에는 갈등의 서브텍스트가 형성되며, 관객은 애미쉬 사람들이 가지고 있는 세계관의 중요한 부분을 배우게 되는 것이다.

캐릭터의 성격묘사

존 북은 책임감이 강한 사람, 해야 될 필요가 있는 일에 대해서는 주저하지 않는 사람, 실용적이기도 하기만 약간 둔감하기도 한 사람으로 묘사된다. 이러한 캐릭터는 스토리 전체에서 꽤 일관되게 유지되지만, 북의 둔감함만은 그가 애미쉬 세계를 점점 알아감에 따라 예외적으로 변화한다. 북의 성격묘사는 그가 하고자 하는 일, 즉 자신의 직무를 공정하고 정직하게 그리고 효과적으로 수행하려는 것을 축으로 해서 전개된다.

레이첼과 북은 성격상 몇 가지 공통점을 가진다. 레이첼도 북과 마찬가지로 대단히 실용적인 성격이며 자신이 해야 될 일이라면 중언부언하는 대신 그대로 밀고나간다. 그녀는 그러나 자신을 통제하는 데에서나 감수성과 관련된 부분에서는 북과 다른 성격을 보인다. 스토리가 진행되어 나감에 따라 그녀의 성격은 변화하는데, 가장 확연한 변화는 스스로 자기 운명의 주인이 되고자 하며 그것이 필연적으로 수반할 결과까지도 기꺼이 감수하겠다는 태도를 갖게 된 것이다. 그녀는 자신의 내부에서 샘솟는 북에 대한 열정을 회피하지 않으려 한다. 그것 때문에 애미쉬 세계로부터 격리될지 모른다는 위협을 받을 때조차도 그렇다. 그녀는 타인-그가 도시의 경찰이든 애미쉬 세계의 장로이든-의 기준에 따르기보다는 자신의 마음이 지시하는 바를 따라 행동하는 여자로 묘사된다.

새뮤얼은 주류 문화 속에 사는 다른 소년들과 다른 점이 없는 보통 소년-자신이 속한 세계 저 바깥의 다른 세계에 대하여 호기심이 많고 들떠 있으며 경이로 가득 찬 소년-으로 묘사된다.

일라이는 레이첼과 흥미로운 대비를 이루는 인물이다. 그는 애미쉬 세계의 문화와 규율을 철저히 따른다. 레이첼이 다른 사람의 시선을 의식하지 않고 자기가 하려고 하는 일을 한다면, 일라이는 겉으로 드러나는 모양새를 중시한다. 장로들을 대하는 일라이의 태도, 북의 존재를 달가워하지 않는 태도, 레이첼에게 닥친 격리의 위협-아마도 그렇게 되면 일라이 자신도 사회적 고립을 면치 못할 것이다-에 대한 두려움 등의 밑바닥에는 모두 그가 애미쉬 세계로부터 받고 있는 압력이 존재한다.

셰퍼는 북과 대비를 이루는 인물이다. 한때 동료이자 조언자였으며 함께 경찰 교육을 받은 경험을 공유하고 있으나 두 사람은 너무도 다른 인물이 되어버렸다. 그러나 두 사람에게는 공통점이 있다. 똑똑하고 교활하며 현재 벌어지고 있는 게임의 법칙을 훤히 꿰고 있고 어떻게 해서든 자신들의 목표를 달성하려고 한다. 그러나 그들이 하고자 하는 일은 너무 다르다. 북은 그의 증인을 보호하고자 하지만, 셰퍼는 자신과 동료들이 저지른 부정이 발각되지 않도록 북과 증인을 없애려 한다.

스토리의 발전

이 스토리는 북이 모르고 범한 한 실수로부터 발전해 나간다. 그의 실수란 셰퍼에게 목격자를 확보하고 있으며 맥피가 살인범이라는 사실을 말한 것이다. 이 실수가 없었더라면 스토리는 전혀 다른 방향으로 발전해 나갔을 것이다. 북도 관객도 발설의 순간에는 그것을 눈치채지 못했지만 실제로 이 순간은 나머지 스토리를 촉발시키는 방아쇠의 역할을 한다.

발설의 결과, 그는 저격을 당하고 셰퍼와 맥피는 북과 소년의 뒤를 쫓는다. 그래서 북은 경찰이자 살인자들을 피해 그들이 숨을 수 있는 장소를 찾게 된다. 레이첼과 새뮤얼을 집으로 돌려 보내지만 그 자신이 입고 있는 부상 때문에 그 역시 그들의 집에 머무를 수밖에 없게 된다. 애미쉬 사람들은 내치지 않아 하면서도 북을 돕기로 결정하고, 그는 다른 사람들의 눈에 띄지 않도록 애미쉬 사람으로 변장하는데, 한동안 이것은 효과가 있는 것처럼 보인다. 그러나 그의 성격상 그는 애미쉬 사람이 될 수 없다.

이로 인해 북은 두 번째 실수를 저지른다. 주먹다짐에 휘말려 결국 자신의 은신처를 탄로나게 한 것이다. 그 결과 평화로운 랍의 농장에 세 명의 무장한 살인자들이 찾아온다. 그 동안 애미쉬의 생활방식에 따르려고 했던 노력 때문에 정작 그들이 침입해 왔을 때 북에게는 무기가 없다.

아이러니

이 스토리를 추동시켜 나간 가장 중요한 누설-사실은 셰퍼도 공범이다-은 아이러니와 함께 전달되지는 않았다. 관객 역시 북이 그 사실을 인식하게 되는 순간에 이르러서야 그 사실을 인식하게 되는 것이다. 이 영화에는 그러나 다양한 아이러니들이 효과적으로 사용되었다.

북이 레이첼과 새뮤얼을 여동생의 집에서 데리고 나와 애미쉬 마을로 돌아가는 장면을 보자. 관객은 북이 부상을 당했다는 사실을 알고 있지만 레이첼과 새뮤얼은 모르고 있다. 북이 애미쉬처럼 보이려고 그들의 복장을 입고 있다는 사실을 관객은 알고 있지만 도시 사람들은 모른다. 이 결과 발생하는 아이러니는 도시의 젊은 건달이 대니얼을 조롱하는 장면에서 특히 드라마틱한 효과를 자아낸다. 관객은 그가 '싸움질(whacking)'을 얼마나 잘하는지 알고 있지만 그 불쌍한 건달은 북을 그저 비폭력주의를 신봉하는 애미쉬 사람이라고만 여기고 있는 것이다.

준비와 여파

이 영화에는 새뮤얼로 하여금 문제의 살인사건을 목격하도록 만들기 위한 준비신이 대단히 세심하게 만들어져 있다. 그는 눈을 동그랗게 뜬 채 기차역

구석구석을 탐욕스러울 정도로 흥미롭게 쳐다보는 호기심 많은 소년으로 묘사된다. 문제의 살인사건을 목격할 때에도 새뮤얼의 눈은 동일한 경이로 가득 차 있다.

북이 술집에서 용의자를 끌고나와 새뮤얼이 타고 있는 차의 창문에다가 '사납게 밀어붙이는(whacks)' 장면을 보자. 이 장면의 준비신은 차를 타고 오는 동안 레이첼이 북에 대한 불신을 표현하는 것이다. 이 장면의 여파신은 레이첼이 다시 한.번 북에 대해서 불만을 토로하고 그가 사용하는 방법과 그가 속해 있는 세계에 대하여 불신을 피력하는 것이다. 이 장면은 반드시 필요하다. 이때 서로 맞부딪치는 두 사람의 생각과 그 접근방식이 스토리의 중심을 이루고 있기 때문이다.

새뮤얼이 북의 총을 만져보는 장면 역시 준비와 여파를 훌륭하게 사용하였다. 새뮤얼은 북의 총을 발견하자 호기심에 이끌려 자신도 모르게 그것을 만진다. 이것은 곧바로 이어져 나올 두 개의 대비가 되는 장면들을 위한 준비였다. 우선 먼저, 북은 새뮤얼에게 총이란 대단히 위험한 것이라는 사실을 가르치고는 그에게 총을 만져보도록 한다. 그리고는 곧바로, 일라이가 등장하여, 총이란 그 자체가 멀리 해야 될 것이라면서 폭력과 살인에 대한 애미쉬의 철학을 설파하는 것이다. 이 장면은 결국 총과 총알을 따로 분리해서 레이첼에게 맡기는 여파신으로 마무리된다.

씨뿌리기와 거둬들이기

이 영화에는 한 신이 어떻게 동시에 여러 가지 기능들을 충족시켜줄 수 있는지를 보여주는 흥미로운 사례가 있다. 바로 북이 레이첼에게 총을 건네주며 숨겨두라고 말하는 신이다. 그것은 새뮤얼이 총을 만진 사건에 대한 여파였다. 그러나 동시에 훗날 그가 총과 밀가루 통 속에 들어 있던 총알을 건네받는 장면을 위한 씨뿌리기이기도 하다. 그리고 더 훗날, 그에게 총이 필요한 순간이 왔을 때, 그에게는 총이 없다는 사실을 관객에게 알리기 위한 씨뿌리기의 역할도 하고 있는 것이다.

씨뿌리기와 거둬들이기가 적절히 사용된 다른 예는 새뮤얼이 북에게 옥수수 저장고를 보여주고 나중에 북이 그 저장고를 이용해서 퍼기를 죽이는 순간이다. 아침식사가 준비되었다는 뜻으로 치는 부엌의 종소리는 씨뿌리기이고, 엔딩에 이르러 새뮤얼이 마을 사람들을 불러모으기 위해 치는 부엌의 종소리는 거둬들이기이다. 북이 목공 연장을 가지고 새집을 고치는 장면은 물론 그가 헛간을 세우는 날 애미쉬 공동체 속에 '섞여들어가기(initiation)' 위한 씨뿌리기이다. 대사를 이용한 씨뿌리기와 거둬들이기의 좋은 예는 일라이가 입버릇처럼 되뇌이는 "바깥 세상의 영국놈들을 조심하게"인데, 이 대사는 엔딩에 이르러 그가 떠나가는 북에게 던질 때 즈음에는 훌륭한 아이러니의 효과를 자아내기도 한다.

메타포의 경지에 오른 씨뿌리기와 거둬들이기는 레이첼의 보닛이다. 대부분의 경우에 그녀는 다른 모든 애미쉬 여인들처럼 보닛을 쓰고 있으며, 이럴 때 그녀의 행동은 당연한 전통적인 방식을 따른다. 그러나 레이첼과 북이 헛간에서 춤을 출 때 그녀는 보닛을 쓰고 있지 않으며 그래서 금지된 행동을 마음껏 한다. 그녀가 북에게 자신을 허락하겠다는 뜻을 나타내는 장면에서도 마찬가지이다. 북이 다 고친 새집을 세우는 것을 보면서 그가 떠날 채비를 하고 있다는 사실을 깨달은 레이첼이 극히 절제된 동작으로 보닛을 벗어 탁자 위에 내려놓는 장면은 특히 강조되어 있다. 보닛을 쓰는 것과 벗는 것은 하나의 메타포이다. 서로에게 끌리고 있었으나 억제되어 왔던 그녀와 북의 열정이 세차게 터져나와 그들이 열렬한 키스를 나눌 때, 레이첼의 머리 위에는 당연히 보닛이 쓰여져 있지 않다.

미리 알려주기와 예상하게 만들기

북이 레이첼에게 살인사건에 대한 재판은 열리지 않을 것이라고 말할 때, 북이 파트너에게 전화를 걸어 놈들이 무슨 짓을 하려고 하는지를 물어볼 때,

일라이와 레이첼이 북은 내일 떠날 것이라는 사실에 대해 이야기할 때, 그리고 일라이가 레이첼에게 '영국놈'을 마을에 데려왔으니 격리당할지도 모른다는 경고를 할 때, 그 모든 것은 예상하게 만들기에 해당한다. 이러한 순간들은 앞으로 일어날 일에 대하여 예상하게 만든다. 물론 실제로 그런 일이 일어나리라는 보장은 없다. 그러나 어찌됐건 관객은 그런 일이 일어날지도 모른다고 예상하게 되는 것이다.

반면 헛간에서 춤을 추다가 레이첼이 북에게 헛간 세우는 일에 초대되었다는 이야기를 해주는 것은 미리 알려주기에 해당한다.

개연성

이 스토리에는 관객이 불신으로 뻗댈 만한 요소가 거의 없다. 과연 애미쉬 공동체에서 '이방인(stranger)' 한 명을 색출해내는 일이 그렇게도 어려울까를 놓고 약간의 의심을 품어볼 수 있을지는 몰라도 스토리의 대부분은 충분한 개연성을 가지고 있다. 현대 도시에 속해 있는 경찰과 범죄세계가 비폭력주의를 표방하는 애미쉬 공동체와 어울려 충분히 그럴 법한 스토리를 만들어낸 것이다.

이 영화를 보고나면 그럴 수밖에 없었다는 느낌을 강하게 받게 된다. 이 영화의 스토리는 하나의 문제가 해결되면 그것이 곧 다른 문제를 촉발시키는 방식을 채택하고 있기 때문에, 관객은 결국 그럴 수밖에 없었다는 느낌을 받게 되는 것이다.

행동과 활동

장례식 혹은 마을공동체에서 헛간을 세우는 날 음식을 차려내는 것, 북이 헛간에서 차를 수리하는 것, 헛간을 세우는 일 그 자체, 그리고 아침식사를 알리기 위해 종을 울리는 것 등은 모두 활동이다. 그러나 북이 헛간에서 레이첼을 끌어당겨 춤을 추는 것은 행동이다. 그는 그러한 행동을 통하여 그녀에게 다가가려 하고 있다. 레이첼이 목욕을 하다가 그를 향하여 정면으로 돌아서는 것은 행동이다. 그녀가 기꺼이 그를 받아들이려 한다는 것을 보여주고 있는 것이다. 대니얼이 헛간을 세우는 공동작업 도중 북과 레모네이드를 나눠 마시는 것 역시 행동이다. 그는 자신이 북을 환영하고 있다는 것과 그 누구도 그들의 은밀한 경쟁관계를 간섭해서는 안 된다는 것을 시위하고 있다. 북이 총알을 뺀 빈 총을 새뮤얼에게 넘겨주는 것이나 새뮤얼이 종을 울려 마을 사람들을 불러모으는 것 역시 행동이다.

대사

이 영화에서의 대사는 일차적으로 두 개의 문화를 대조하는 데 사용된다. 애미쉬 사람들이 쓰고 있는 고리타분한 구식 영어는 도시 사람들 특히 북이 쓰는 속어나 욕설 섞인 말과 대조된다. 레이첼이 '치고받기(whacking)'라는 구식 표현을 사용하는 것, 북이 레이첼의 간호를 받을 때 잠꼬대로 내뱉는 욕설, 북이 애미쉬로 변장하고 있으면서도 도시의 여자관광객에게 내뱉는 경멸조의 언어, 새뮤얼이 자신이 본 살인자를 묘사할 때 '새끼돼지(stumpig)'는 아니었다고 진술하는 것에 이르기까지.

대니얼이 기차역에서 새뮤얼에게 여행하는 동안 "아주 많은 것을 보게 될 것(will see so many things)"이라고 말할 때, 그 대사는 예언의 성격을 띤다. 계속 반복되면서 그때마다 조금씩 다른 의미를 띠게 되는 대사의 좋은 예는 물론 일라이의 "바깥 세상의 영국놈들을 조심해라"이다.

비주얼

이 영화의 비주얼은 대단히 훌륭하여 때로는 거의 회화적이기까지 하다. 그러나 시각적인 구성의 아름다움으로 인해서 스토리텔링이 압도되는 일은 한

번도 일어나지 않는다. 밭에서 곡식이 물결치는 오프닝 이미지에서부터 죽어 가는 사람을 끌어안고 있는 기차역의 천사상에 이르기까지 시각적인 이미지 들은 단순히 눈에 보이는 것 이상을 넘어서서 정서적 맥락을 제공하거나 심지 어는 스토리가 전개되어나갈 방향을 미묘하게 암시하기까지 한다. 기차역의 천사상 이미지는 북이 부상당한 사실을 레이첼이 알게 될 때 다시 한 번 나온 다. 그녀와 일라이는 북을 차에서 끌어내야 하는데, 이때 천사상의 자세와 구 도가 그대로 반복되는 것이다.

셰퍼·맥피·퍼기가 랩 농장을 침입할 때 그들이 타고온 차는 언덕을 막 넘어서려다가 곧 헤드라이트를 끈 다음 눈에 띄지 않도록 언덕 아래로 후진한 다. 찬란하게 빛나는 농촌의 아침햇살 속에 제시된 이 단순한 이미지는 관객 에게 은연중 불길한 느낌을 갖게 만든다.

엔딩에서 북과 레이첼이 작별인사를 나눌 때, 북의 뒤로는 그가 돌아가야 할 도시로 향한 길이 길게 뻗어 있다. 레이첼의 뒤에 있는 것은 그녀가 결코 떠날 수 없는 그녀의 집과 애미쉬의 세계이다. 이러한 화면구성의 우아한 단 순함은 더 이상의 말을 필요없게 만든다. 레이첼은 등을 돌려 자신의 집 안으 로 들어가고 북 역시 몸을 돌려 그가 가야만 할 길로 돌아선다. 이렇게 비주얼 한 화면구성은 이 순간의 임팩트를 극대화시킨다.

드라마틱한 장면

이 영화에는 드라마틱한 장면들이 아주 많다. 부상당해 누워 있는 북의 침 대 앞에 모여든 애미쉬 장로들이 원하는 것이 이 '영국인' 침입자를 내쫓는 것이다. 레이첼은 그들과 반대편에 서 있다. 그녀는 새뮤얼을 보호하기 위해 서라도 북을 의사에게 데리고 가서는 안 된다고 뻗댄다. 그들 사이에 일라이 가 있다. 그는 물론 며느리를 돕고 싶어하지만 그와 동시에 애미쉬 사회에서 의 자신의 위치가 흔들리게 되는 것은 원치 않는다. 이렇게 서로 하고자 하는 일이 다른 사람들이 한 장소에서 부딪치고 있기 때문에 이 장면은 대단히 드라마틱해지는 것이다.

일라이가 레이첼에게 북 때문에 네가 격리될지도 모른다고 경고하는 장면도 마찬가지이다. 그는 여전히 자신의 사회적 지위와 공동체의 규율을 염려하지만, 레이첼은 자신에게는 아무런 잘못도 없다면서 계속 자신이 하고자 하는 바를 추구하려 든다.

이 영화의 엔딩은 대단히 드라마틱한 장면으로 준비와 여파를 완벽하게 갖추고 있다. 셰퍼는 맥피가 당하기 전까지만 해도 직접적인 폭력을 사용하지는 않는다. 그러나 북의 반격이 예상 외로 거세자 그는 레이첼과 일라이를 헛간 쪽으로 끌고 들어가 레이첼의 머리에 권총을 겨눔으로써 북을 무장해제시킨다. 이 장면은 그 자체로서 드라마틱하지만 실은 여기까지도 준비신에 속한다. 진정한 대결은 '셰퍼 대 북과 새뮤얼'이 되는 것이다.

셰퍼는 대단히 흥분하여 자신이 레이첼을 죽이러 온 것은 아니지만 필요하다면 기꺼이 그럴 수도 있다고 외친다. 사태는 긴박해지고 셰퍼와 레이첼은 격렬한 감정상태에 빠진다. 이때 사태를 수습할 수 있는 냉정함을 유지하고 있는 사람은 북뿐이다. 그러는 사이에 애미쉬 마을 사람들이 모두 몰려온다. 북은 셰퍼에게 이제 너의 패배를 인정하라고 설득한다. 셰퍼는 마침내 항복하고 만다. 이때 관객에게 지금까지의 모든 사건들을 소화할 수 있도록 하는 짧은 여파신이 주어진다. 그 여파신을 통하여 관객은 심지어 셰퍼에 대해서조차 일말의 동정심 같은 것을 느끼게 된다.

특기할 만한 사항

〈위트니스〉에서 발견할 수 있는 흥미로운 점은 사회적 요소가 개인적 요소를 지배하고 있다는 사실이다. 이것은 두 문화의 충돌을 다룬 스토리이다. 북, 레이첼, 새뮤얼, 일라이, 셰퍼는 모두 한 개인이고 구체적인 인간이지만, 그들 사이에서 갈등을 일으키는 힘은 각각 그들이 속해 있는 상이한 문화로부터 나온다. 도시 경찰들의 폭력적인 도시 생활과 고요하고 비폭력적인 애미쉬 세계의 충돌이 이 스토리를 만들어내고 지탱한다.

위에서 [주제]를 논하면서 밝혔듯이 이 영화는 우리 사회에 만연해 있는 폭력을 탐구한 작품이다. 〈위트니스〉의 시나리오작가는 이 문제에 대한 답변을 억지로 짜내지 않는다. 즉 그는 현명하게도 이 작품을 탐구가 아니라 고발이나 주장으로 만들어놓지는 않았다는 것이다. 만약 시나리오작가가 사회 속의 폭력에 대한 결정적인 해답을 제시하려 한다면, 영화를 만들 것이 아니라, 당장 UN으로 달려가는 것이 더 나을 것이다.

시나리오작가가 하는 일은 복잡하고도 골치아픈 문제에 대한 탐구이다. 그래서 현대 도시문명이 온통 나쁘게만 그려지지도 않고, 애미쉬 사회라고 해서 온통 좋게만 그려지지도 않는다. 두 사회 모두 훌륭한 점이 있는 것과 마찬가지로 나름대로의 폭력이 있다. 이 영화는 결국 애미쉬 사회의 비폭력주의-그것은 공동체적 강제력 위에 기반하고 있다는 점에서 어느 정도 폭력적이기도 하다-가 현대 도시문명의 폭력을 이기는 것으로 되어 있지만, 그것이 꼭 보편적으로 적용될 수 있는 해결책이라고는 보기 어렵다.

〈위트니스〉는 관객에게 우리 사회에 만연해 있는 폭력이라는 문제를 직면하게 만들고, 그것은 대단히 복잡한 문제여서 똑 떨어지는 해답을 찾을 수 없다는 것을 보여주고, 이 영화를 통하여 알게 된 폭력의 다양한 측면들에 대하여 탐구해볼 수 있는 기회를 제공하고 있다.

섹스, 거짓말, 그리고 비디오테이프

Sex, Lies, and Videotape 1989 ||||||||||||||||||||

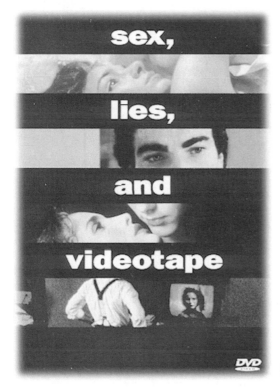

| 시나리오 · 감독 스티븐 소더버그

저예산 인디영화이자 스티븐 소더버그의 데뷔작인 〈섹스, 거짓말, 그리고 비디오테이프〉는 선댄스영화제에서 개봉되자마자 커다란 화제를 불러일으켰고 결국 칸영화제에서 그랑프리를 수상하는 영광을 안았다. 이 영화는 할리우드 주류영화들과 달리 대사가 많고 음울한 내용을 담고 있음에도 성공을 거두었으며 시나리오작가이자 감독인 스티븐 소더버그를 스타의 반열에 올려놓았다. 사려 깊은 시나리오를 쓰고 그토록 적은 수의 등장인물들로부터 빼어난 연기를 이끌어낸 그의 능력은 경탄할 만하다.

시놉시스

앤 밀레니가 자신의 정신과 상담의와 함께 쓰레기문제와 섹스문제(남편과 그녀 자신에 관련된)에 대하여 토론을 벌이고 있을 때, 그녀의 남편인 존은 처제인 신시아와 격정적인 밀회를 즐기고 있다. 같은 시간, 존의 대학동기인 그레이엄은 그들의 집을 향하여 달려오는 중이다.

그레이엄과 앤의 첫 대면은 그다지 유쾌한 것이 못 된다. 존이 귀가하여 만나게 된 그레이엄은 예전에 그가 알던 그레이엄으로부터 너무도 변해 있다. 그레이엄은 물질적인 삶을 추구하지도 않고 야망도 없으며 제멋대로 살고 있는 것처럼 보인다. 그러나 그는 자신을 타박하는 존에게 자신이 적어도 거짓말쟁이는 아니라며 항변한다.

앤은 그레이엄이 시내의 아파트를 구하는 일을 돕는다. 그레이엄은 아마도 몇 년 전에 그를 차버린 옛 애인의 곁에 머물기 위하여 돌아온 것처럼 보인다. 존은 앤이 집을 비운 시간을 틈타 신시아를 아내의 침대로 불러들여 정사를 나눈다. 앤과 그레이엄은 허심탄회한 대화를 나누며 친구가 된다. 앤은 자기가 섹스를 그다지 중요시하지 않는다고 고백하고, 그레이엄은 자기가 성적무능상태에 빠져 있어서 누군가가 옆에 있으면 발기가 안 된다—예전에는 그렇지 않았지만—는 사실을 털어놓는다.

신시아는 존과 앤에게 그레이엄에 대해 묻는다. 존과 앤은 신시아가 별반 관심이 없는 것처럼 말하지만 내심으로는 그와의 섹스를 원하고 있지 않을까 의심한다.

예고없이 그레이엄의 아파트를 방문한 앤은 여자들이 자신들의 성생활에 대하여 인터뷰한 비디오테이프들을 발견한다. 그레이엄은 때때로 그녀들이 카메라 앞에서 어떤 행동을 하기도 하지만 자신과의 성적 접촉은 없었다는 사실을 어렵사리 털어놓는다. 앤은 겁을 먹고 달아난다.

그레이엄이 하고 있는 일에 대하여 앤이 말하려 들지 않자 더욱 호기심을 느낀 신시아는 언니에게 쏘아붙인 뒤 스스로 그레이엄을 찾아간다. 그가 비디오로 섹스에 대한 인터뷰를 한다는 사실을 알게 된 신시아는 자신의 테이프를 만들겠다고 자청하고는 스스로 옷을 벗고 인터뷰에 임한다. 신시아가 그러한 사실을 존과 앤에게 들려주자 두 사람은 모두 혼비백산하지만 그녀는 오히려 그러한 경험을 아주 즐기는 듯하다.

존에 대한 의심이 자꾸 커지자 앤은 혹시 바람을 피우고 있지 않느냐(특별히 신시아를 염두에 두고)고 다그친다. 존은 앤의 눈을 똑바로 쳐다보며 그런 것은 그저 공상에 지나지 않는다고 거짓말을 한다. 그는 또한 신시아를 만나서도 거짓말을 한다. 끝내 의심을 떨쳐버릴 수 없었던 앤은 결국 자신의 침실에서 신시아의 귀걸이를 찾아냄으로써 자신의 의심이 옳았음을 깨닫고 격분한다.

어떻게 왔는지도 모르게 그레이엄의 아파트에 도착한 앤은 그레이엄이 이미 그 사실을 알고 있음을 확인한다. 그는 신시아와의 인터뷰를 통하여 신시아와 존이 내연의 관계임을 알고 있었던 것이다. 이제 자신은 변했다고 단정적으로 말하는 앤은 그레이엄에게 자신도 인터뷰테이프를 만들겠다고 하고, 그레이엄은 마지못해 그 부탁을 받아들인다.

집으로 돌아온 앤은 존에게 이혼하자는 폭탄선언을 한다. 앤은 존에게 그레이엄의 아파트에서 인터뷰테이프를 만들었다고 말하고 정사를 가졌을지도 모른다는 암시를 준다. 분노한 존은 그레이엄에게도 달려가 그를 집 밖으로 내쫓고 앤이 인터뷰한 테이프를 본다. 테이프에 녹화된 내용 안에서 앤과 그레이엄은 서로간에 장벽을 허물고 각자가 안고 있는 섹스문제의 본질이 무엇인가를 이해하게 된다. 그리고 정사를 막 시작하려고 할 때 비디오카메라를 꺼버린다.

존은 좌절하여 떠나면서 그레이엄에 대한 복수의 일환으로 그의 옛 애인과 관련된 진실을 털어놓는다. 그레이엄은 자신의 비디오테이프 컬렉션을 찢어버리고 비디오카메라 역시 부숴버린다. 존은 중요한 고객으로부터 해임을 당하지만 앤과 이혼하게 된 것은 잘된 일이라며 여전히 스스로를 속인다. 앤은 자신을 독립적이고 강한 인간이라고 느끼기 시작하면서 새로운 직장을 얻는다. 스토리의 엔딩에서는 앤과 그레이엄의 새로운 관계가 시작된다.

주인공과 그가 하고자 하는 일

이 영화의 주인공은 앤이다. 그러나 다른 영화들 속의 주인공처럼 그다지 강렬하게 의식되지 않는다. 앤은 대단히 수동적인 성격으로, 무언가를 능동적으로 추구하기보다는, 그저 자신이 가지고 있는 것을 유지하려 하기 때문이다. 존과 신시아와 그레이엄은 그들 각자간의 관계보다는 앤과의 관계에 의하여 의미를 갖는다. 특히 그레이엄은 앤의 집에 잠시 머물게 된 손님으로 등장하였다가 그녀가 겪게 되는 변화에 어떤 촉매 구실을 한다. 앤이 하고자 하는 일은 자신의 눈과 귀를 막음으로써 그녀의 삶이 처해 있는 실제의 현실을 외면하는 것이다.

장애물

현실을 외면하고자 하는 앤의 노력에 대한 장애물에는 외적인 것과 내적인 것이 있다. 외적인 장애물은 그녀의 남편이 자신의 여동생과 불륜관계에 있다는 사실이다. 내적인 장애물은 그녀의 강박관념이다. 앤은 자신으로부터 도망치기 위하여 혹은 자꾸만 불거지는 의심을 떨쳐버리기 위하여 이 강박관념에 기댄다. 이처럼 불안한 상황에서 불쑥 끼어들어온 그레이엄 역시 현실을 외면하고자 하는 앤에게 장애물이 된다. 그는 앤의 세계-그리고 그보다 더욱 중요하게는 그녀의 영혼(psyche)-에 자신의 존재를 넌지시 투영하는 것이다.

이 스토리에 등장하는 장애물들을 눈여겨보아둘 필요가 있다. 앤이 장애물에 부딪히는 게 아니라 장애물이 앤에게 다가온다. 주변의 상황과 사건들이 수동적인 성격의 앤에게 다가와 그녀로 하여금 자신의 삶과 스토리 안에서 어떤 적극적인 역할을 해내라고 다그치는 것이다. 앤은 마치 〈카사블랑카〉의 릭처럼 행동하려 들지 않고 그저 회피하려고만 한다. 그러나 내적인 그리고 외적인 상황들은 그녀를 자신이 원하는 대로 내버려두지 않는다.

전제와 오프닝

사랑스럽기는 하지만 강박관념이 있는 앤은 성공한 변호사인 존의 아내이다. 존은 그러나 대단히 이기적인 인간으로 처제인 신시아와 불륜의 관계를 맺고 있다. 앤과 존은 더 이상 섹스를 나누지 않는다. 앤은 존이 자신의 몸을 만지는 것 자체가 싫다. 그녀는 스스로 자신은 섹스를 그다지 좋아하지 않으며, 섹스의 즐거움은 과대평가되고 있는 것 같다고 말한다. 이러한 상황에서 앤 못지않게 강박관념을 가지고 있는 그레이엄이 찾아온다. 그는 현재 성적무능상태이며 섹스에 대한 여자들의 내밀한 고백을 인터뷰한다.

스티븐 소더버그는 동시에 세 장소에서 벌어지는 장면들을 빠르게 교차편집하면서 영화를 시작한다. 앤이 정신과 상담의와 나누는 대화가 다른 장면위로 걸쳐지는 식이다. 앤이 바깥세상에 대한 강박관념과 섹스에 대하여 흥미를 잃게 된 사연을 이야기할 때, 관객은 변호사 사무실을 빠져나와 신시아와 격렬한 섹스를 벌이고 있는 존을 목격하게 되며, 동시에 그레이엄이 마을에 도착하여 존의 집에 들어가기 전에 준비를 하고 있는 장면을 보게 되는 것이다. 그레이엄의 기벽(奇癖)과 가난 그리고 언뜻 비쳐지는 고독감이 인상적이다.

주요긴장과 절정과 해결

이 스토리의 주요긴장은 "앤은 과연 계속해서 현실을 외면할 수 있을 것인가?"인데, 이는 그녀가 그레이엄과 마주앉아 친밀한 대화를 주고받을 때 형성된다. 이때 보여지는 친밀함은 실상 남편과의 사이에서도 가져보지 못한 정도의 것이다. 관객은 이미 그녀가 남편은 물론이고 정신과 상담의조차 뚫고 들어오지 못할 정도로 두꺼운 갑옷을 입은 채 자신 안에 웅크리고 있다는 사실을 안다. 그런데 갑자기, 그레이엄과 마주앉아 친밀한 대화를 나누다가, 그녀는 무장해제를 당한다. 이는 곧 삶에 대한 그녀의 태도에 어떤 변화가 올지 모른다는 사실을 암시한다.

절정은 그녀가 신시아의 귀걸이를 발견하는 순간이다. 이를 계기로 그녀는 결정적으로 그리고 확고하게 자신이 가지고 있던 수동성을 과감하게 떨쳐낸다.

이 스토리의 해결은 실제로 그 일이 일어난 시간적 순서보다 조금 늦게 보여진다. 시간적 순서에 따르자면, 앤과 그레이엄은 비디오카메라를 꺼버린 다음에 섹스를 나눴고, 그 이후에 앤이 존을 만나 이혼을 요구하는 것이다. 그러나 스토리텔링이 반드시 시간적 순서에 따라야만 하는 것은 아니다. 최대한의 드라마틱한 임팩트를 위해서라면 그 순서가 조금 뒤바뀐다고 해도 상관없다. 소더버그는 영리하게도 다른 요소들-특히 존-을 모두 치워버린 다음에야 해결을 제시했다. 그래서 존이 뒤늦게 녹화된 테이프를 화면을 통해서 볼 때에서야 관객 역시 실제로 무슨 일이 벌어졌는가를 알아차리게 된다. 앤과 그레이엄이 사랑을 나누게 되었다는 것, 그것이 이 스토리의 해결이다.

주제

이 스토리의 주제는 거짓말이다. 앤이 스스로에게 하는 거짓말을 보면 단연 세계챔피언감이다. 그녀는 자신이 진정으로 걱정하거나 두려워하고 있는 것을 감추기 위해 이 세상을 뒤덮고 있는 쓰레기와 아프리카에서 굶어죽어가는 어린이들에 대하여 강박관념을 갖게 되는 것이다. 존은 모든 사람들에게 빤한 거짓말을 일삼는 인물이다. 고객들, 아내, 정부, 옛 친구, 그리고 자신의 여비서에 이르기까지.

신시아도 거짓말을 하지만 존과는 차원이 다르다. 신시아는 등장인물들 중 누구보다도 자기와 자신의 감정에 대하여 솔직한 인물이다. 존과의 관계도 감정적으로는 솔직하고, 그레이엄에 대해서도 정직하며, 앤과의 관계에서도 대체로 사실을 이야기한다. 그레이엄과 함께 인터뷰테이프를 만들었다는 사실에서부터 그들의 어머니가 어떻게 지내고 있는지에 대해서까지.

그레이엄은 영화의 초반부에서 스스로를 '병적인 거짓말쟁이(pathological liar)'였다고 말한다. 하지만 앞으로는 완전히 정직한 인물이 되려 결심했다고 선언한다.

통일성

이 영화에서도 통일성을 유지하고 있는 것은 행동이다. 그러나 주인공인 앤이 너무도 수동적인 성격인 까닭에 이 행동의 통일성에는 약간의 변주가 필요했다. 어쩌면 그것을 반응(reaction)의 통일성이라고 부를 수도 있을 것이다. 앤을 둘러싼 모든 정황들이 그녀에게 압력을 가해오지만, 그녀는 자기의 삶이 처해 있는 현실을 직시할 능력이 없는 것이다.

그녀는 두꺼운 갑옷 속에 웅크리고 있는 인물이다. 그레이엄과 친밀한 대화를 나눌 때 잠깐 밖으로 나오지만 이내 또다시 자기 속으로 도망친다. 한껏 용기를 내어 다시 나왔다가는, 그레이엄이 섹스와 관련된 비디오테이프를 만들고 있다고 고백하자, 다시 자기 속으로 도망친다. 언제나 그런 식이다.

이 영화의 통일성은 그러므로 그녀의 두꺼운 갑옷에 대한 끊임없는 공격과 그것에 대한 그녀의 반응으로 형성되어 있다. 이러한 반응들이 하나의 행동패턴을 형성하여 스토리의 명확성과 집중도를 높여준다.

설명

비록 영화의 초반부에서 대부분의 설명이 대사를 통해서 이루어지는 것은 사실이지만 그것들은 모두 갈등과 적절하게 결합되어 있다. 가령 오프닝에서 앤이 정신과 상담의와 면담하는 장면을 보자. 이 면담과정을 통해서 관객은 그녀의 삶과 주변환경과 문제에 대해서 많은 것을 알게 된다. 이때 주목할 것은 상담의가 앤에게 정곡을 찌르는 질문을 던짐으로써 그녀를 당혹스럽게 한다는 점이다. 그래서 앤이 어렵게 그리고 내키지 않은 기분으로 내놓은 답변은 설명이 갖게 마련인 지루한 측면을 상당히 상쇄시키게 된다.

존과 신시아에 대한 설명은 훨씬 더 행동에 기대어 있다. 그들의 불륜장면은 앤의 면담과정과 병치됨으로써 일종의 아이러니를 만들어내기까지 한다. 그레이엄에 대한 초기 설명은 대사 없이 이루어진다. 차의 트렁크에서 보여지는 잡동사니들, 주유소의 남자화장실에서 행해지는 면도와 옷 갈아입기, 그리고 남루한 모습들.

대사를 통해 관객에게 직접 들려주는 또 다른 설명의 예로는 앤과 그레이엄이 아파트를 돌아본 다음 마주앉아 있는 장면을 들 수 있다. 두 사람이 나누는 친밀한 대화를 통하여 관객에게 전달되는 설명은 다른 방식으로는 전달될 길이 없는 것처럼 보인다. 어찌보면 드라마적으로는 대단히 취약한 설정이다. 그러나 내밀한 문제에 대한 자기고백이라는 것이 갖고 있는 어떤 충격적인 효과로 인하여, 그리고 예기치 않게 자기문제를 고백하게 된 앤의 무장해제로 인하여, 이 장면이 가지고 있는 설명적 요소들은 그다지 무리없이 전달되고 있다. 이와 병행하여 앤의 내적 갈등이 하나의 서브텍스트로 작용하였다는 것이 플러스요인이 된 것은 물론이다.

캐릭터의 성격묘사

앤의 성격은 오프닝에서부터 잘 묘사되어 있다. 그녀는 강박관념을 가지고 있으며 심지어 정신과 상담의 앞에서도 강렬한 자의식으로 스스로를 보호하고 있다. 이는 곧 그녀가 하고자 하는 일의 핵심이 곧 자신을 숨기기 위하여 연막을 피워올리는 것임을 보여준다. 훗날 그레이엄은 그녀가 자의식 과잉이라는 점을 분명히 지적해준다.

그레이엄이 가지고 있는 고독함과 정처없음의 느낌은 그가 "오직 하나의 열쇠만을 가지겠다(have only one key)"는 신조를 강조할 때 분명하게 드러난다. 그는 두 개 이상의 열쇠를 소유함으로써 자신에게 어떤 부담을 주기가 싫은 것이다.

존의 성격묘사는 그가 가지고 있는 것-전망 좋은 곳에 위치한 잘 나가는 사무실과 성공을 위한 여러 가지 속임수들-과 그가 하고 있는 일에 의해서 이루어진다. 영화 속에서 보여지는 그의 첫 번째 행동은 거짓말을 하여 고객과의 스케줄을 뒤로 미루고 신시아와의 섹스를 위하여 사무실을 나서는 것이다.

신시아의 성격은 그녀가 원하는 것이 무엇인지에 의하여 묘사된다. 그것은 놀랍게도 존이 아니다. 그녀가 원하는 것은 언니인 앤보다 우월해지는 것이다. 그녀는 앤의 남자들에게 욕망의 대상이 되고 싶어하고 칭찬받기를 원한다. 그녀는 방종이 허락하는 한 삶을 즐기고 싶어한다.

스토리의 발전

주인공인 앤이 수동적인 캐릭터이므로 이 스토리의 발전 역시 일반적인 상궤와는 달리 진행된다. 이 영화의 스토리는 현실을 직시하려 하지 않는 앤에게 가해지는 공격이 점점 더 강해지는 방향을 따라 발전된다.

처음에 그레이엄은 완벽한 친구처럼 보인다. 센서티브하고 대화가 잘 통하는 데다가 성적무능상태이기까지 하니 섹스에 대한 앤의 기피증을 위협할 가능성이 전혀 없었던 것이다. 그러나 그가 섹스에 관한 비디오테이프들을 찍고 있다는 사실을 알게 되자 앤은 겁을 먹고 달아나 버린다. 앤이 그레이엄의 비디오테이프들에 보인 반응은 오히려 신시아를 자극시킨다. 그녀는 적어도 섹스문제에 관한 한 앤과는 정반대의 지향을 가지고 있다. 신시아가 비디오인터뷰를 했을 뿐만 아니라 그런 사실을 곧이곧대로 앤에게 이야기해주자 앤이 느끼는 현실의 하중은 더욱 커진다.

신시아의 귀걸이를 발견하자 앤은 돌변한다. 그러한 현실에 대한 반발로 앤이 선택한 것은 바로 그레이엄에게로 가서 비디오인터뷰를 행하는 것이다. 하지만 그러한 행동은 곧 스토리를 다음 단계로 발전시킨다. 그레이엄에게 과거에 인터뷰를 했던 여자들은 모두 그와 어떠한 관계도 맺지 않았다는 점에서 본질적으로 신시아와 다르지 않다. 그러나 앤은 그의 친구인 것이다.

그래서 인터뷰를 하는 동안 앤의 내면에서는 어떤 변화가 일어나고 상황은 돌변하게 된다. 앤과 그레이엄은 자신들이 당면해 있는 섹스와 인간관계의 문제에 대해서 직시하게 되고 그것의 해결에 대한 어떤 실마리를 찾아내는 것이다. 이 인터뷰는 앤의 내면에 어떤 반향을 불러왔을 뿐만 아니라 스토리를 더욱 앞으로 전진시킨다. 존이 결국 그 테이프를 보게 되고 존과 앤의 결혼생활에 종지부가 찍히는 것이다.

아이러니

이 영화는 오프닝에서부터 아이러니를 적극적으로 사용한다. 관객은 오프닝에서 이미 존과 신시아가 내연의 관계를 맺고 있다는 사실을 알게 된다. 이제 남은 문제는 앤이 그것을 언제 알게 되느냐일 뿐이다. 이 문제를 둘러싼 긴장감은 스토리가 진행되어감에 따라 점점 고조되다가 결국 앤이 신시아의 귀걸이를 발견하는 시점에까지 이른다.

이 영화에는 또한 아이러니와 관련된 색다른 트릭이 나온다. 신시아가 비디오인터뷰를 했을 때 그레이엄은 그 사실과 내용을 철저히 비밀에 부치겠노라고 약속한다. 이제 관객은 신시아의 비디오테이프가 이후의 스토리에서 어떤 아이러니를 만들어낼 것이라고 기대하게 된다. 그러나 앤과 존에게 섹스에 대한 비디오인터뷰를 했노라고 먼저 알려주는 사람은 바로 신시아이다. 그것은 그녀의 성격상 자연스러운 일이다.

이 영화의 주제가 거짓말이라는 것은 곧 아이러니가 대단히 효과적으로 사용될 수 있다는 것을 뜻한다. 관객이 알고 있는 사실이 언제 누설될 것인지 혹은 계속 비밀로 남겨질 것인지가 영화에 끼치는 정서적인 임팩트는 대단히 클 수밖에 없다.

예를 들어 그레이엄이 비디오를 보고 있는 동안 갑자기 앤이 찾아오는 장면을 보자. 관객은 이미 그가 보고 있던 것이 약간은 난잡스러운 내용을 담고 있는 비디오라는 것을 알고 있다. 그래서 관객은 앤이 그에게 무엇을 보고 있었느냐고 물었을 때 그가 사실대로 말하지 않기를 기대하게 된다. 그러나 그는 사실대로 말한다. 이 역시 그의 성격상 자연스러운 일이다. 또한 거짓말이라는 주제와 연결시켜 볼 때, 앞으로는 언제나 정직하게 살고자 한다는 그의 선언과도 맞아떨어지는 행동이다.

준비와 여파

그레이엄이 앤의 집에서 자는 마지막날 밤에 대단히 짧지만 훌륭한 준비신이 나온다. 침대에서 일어난 앤이 소파에 누워 자고 있는 그레이엄에게 다가가 물끄러미 내려다보는 장면이다. 잔잔히 흐르는 음악과 분위기 있고 친근한 느낌을 주는 조명이 이 장면을 조용하고 평화로우며 로맨틱하게 만든다.

바로 다음에 이어지는 것이 정신과 상담의와 면담하는 장면인데, 그가 그다지 달갑지 않았던 방문객은 어떻게 됐느냐고 묻자, 앤은 그런대로 괜찮았노라고 대답한다. 이 대답이 힘을 받는 것은 단지 그녀가 애틋한 감정을 가지고 물끄러미 내려다보고 있었기 때문만은 아니다. 그 장면의 세팅과 분위기가 그러한 느낌을 강조하고 있다.

한 장면의 여파신이 곧 다른 장면의 준비신이 되는 예를 살펴보자. 앤은 존에게 혹시 신시아와의 사이에 무슨 일은 없었느냐고 다그치는 장면이다. 존은 물론 능숙하게 거짓말을 해서 위기를 모면하지만 스스로도 조금은 당황한 눈치이다. 그래서 그는 침대의 한쪽 구석에 엉덩이를 걸치고 멍하니 앉아 있다.

이러한 자세는 곧 절묘한 장면전환의 매개체가 된다. 그는 여전히 침대의 한쪽 구석에 엉덩이를 걸치고 멍하니 앉아 있는데, 이때 그와 함께 있는 사람은 신시아이며, 그녀는 방금 그레이엄의 집에서 섹스인터뷰를 했노라고 말한 참이다. 존의 당황스러움에 대한 여파신이 곧 또 다른 당황스러움에 대한 준비신으로 전환된 경우이다. 이 절묘한 장면전환은 그를 '배신자'에서 '배신당한 자'로 전환시킨다.

씨뿌리기와 거둬들이기

이 영화에서 사용된 가장 인상적인 씨뿌리기와 거둬들이기는 신시아의 귀걸이이다. 그것은 곧 앤에게 자신의 의심이 옳았다는 것을 확신시키는 계기가 된다. 신시아는 존의 집으로 찾아가 언니인 앤의 침대에서 격정적인 밀회를 즐기다가 귀걸이를 잃어버리는데 이 장면은 의도적으로 강조되어 있다. 그래서 훗날 앤이 그것을 찾았을 때 관객은 그것이 언제 잃어버린 것이었는지를 또렷이 기억할 수 있게 되는 것이다.

씨뿌리기와 거둬들이기가 메타포의 경지에까지 오른 예가 바로 그레이엄의 비디오테이프 컬렉션이다. 그 테이프들이 가지는 의미는 이 영화 안에서 계속 변주된다. 스토리텔링의 한 요소가 되었고, 토론의 대상이 되었으며, 새로 만들어지기도 했고, 상상력을 자극시키거나 두려움의 대상이 되기도 했던 것이다. 그러나 영화의 엔딩에 이르러 그레이엄이 신경질적으로 그것들을 모두 찢어발길 때, 그 테이프들은 전혀 새로운 의미를 획득하게 된다. 그것들은 곧 그레이엄이 이 세계와 여자들과 대인관계에서 가지고 있었던 고립과 거리감을 의미한다. 바로 앤과 사랑을 나눔으로써 극복하게 된 그의 문제점들의 핵심인 것이다. 이 시점에 이르러 그레이엄의 비디오테이프 컬렉션은 하나의 영화적 메타포가 된다.

미리 알려주기와 예상하게 만들기

이 영화에는 무수히 많은 미리 알려주기가 등장한다. 그레이엄이 아파트를 찾을 때 앤이 도와주리라는 내용의 대화가 그렇고, 신시아가 존에게 언니의 침대에서 밀회를 즐기고 싶다고 말하는 것도 그렇다. 앤이 신시아에게 둘이 함께 어머니 선물을 사자고 제안하는 것 역시 마찬가지이다. 이 모든 것들이 앞으로 벌어질 일들을 미리 알려주는 것이다.

세심하게 고안된 예상하게 만들기는 그레이엄이 존의 집을 찾아온 첫날 저녁식사를 함께 하는 장면에서 나온다. 그는 존과 앤에게 자신은 절대로 거짓말을 하지 않을 것이라고 말한다. 이 약속 혹은 선언은 이후의 스토리에서 계속 시험에 들게 된다.

개연성

이 스토리에서는 개연성이 없는 부분을 찾아볼 수 없다. 관객은 이 스토리의 어느 요소에 대해서도 불신을 품지 않는다. 이 영화의 개연성을 더욱 확고한 것으로 만들어주고 있는 것은 배우들이 보여준 놀라울 만큼 자연스러운 연기이다.

행동과 활동

이 영화에는 어떤 동일한 장면이 한 사람에게는 활동인데 반해 다른 사람에게는 행동이 되는 흥미로운 예가 두 번 나온다. 존과 신시아가 앤의 침대에서 밀회를 즐기는 장면을 보자. 존에게 그것은 그저 활동이다. 표면에 보이는 것보다 더 깊은 곳에 숨겨져 있는 어떤 의도가 없는 것이다. 그러나 신시아의 경우, 그녀는 언제나 언니를 질투해왔고 그녀를 넘어서고 싶어했으므로 그것은 행동이며, 승리의 순간이기도 하다.

신시아가 그레이엄의 집으로 찾아가 비디오인터뷰에 응하는 장면 역시 마찬가지이다. 그레이엄에게 그것은 활동이다. 여지껏 그가 다른 여자들을 인터뷰한 것과 하등의 차별성도 없는 일상적인 일인 것이다. 그러나 신시아는 이 장면에서도 언니와의 경쟁을 의식하고 자신이 언니보다 뛰어나다는 것을 스스로에게 증명하려 애쓴다. 그것이 그러한 내적 충동에 의한 행동이었기 때문에 신시아는 그런 짓을 했다는 사실을 앤과 존에게 기꺼이 들려주는 것이다.

대사

이 영화에는 대사가 많으며, 그래서 할리우드영화보다는 차라리 유럽영화에 가까운 것처럼 느껴진다는 것은 부인할 수 없는 사실이다. 그런데 놀랍게도 미국 관객 대부분은 이 영화가 너무 느리게 진행된다거나 대사가 너무 많다고 느끼지 않았다. 어떤 식으로든 관객이 원하거나 즐길 수 있는 요소들이 충분히 들어 있는 영화라면 약간의 구조적 결함 따위는 얼마든지 무시될 수 있다는 사실을 증명한 셈이다.

<섹스, 거짓말, 그리고 비디오테이프>의 경우, 관객이 원하거나 즐길 수 있는 요소들은 위트와 유머, 그리고 페이소스이다. 그 결과 관객은 대부분의 장면들이 그저 두 명이 마주앉아 대사를 주고받는 것뿐이었다는 사실을 거의 눈치채지 못하는 것이다.

이 영화의 대사들이 매우 훌륭하고 빛나는 것은 그것들이 대부분 아이러니에 기초([아이러니]를 보라)하고 있기 때문이다. 그 덕분에 거의 모든 장면들이 이중의 혹은 삼중의 의미를 지닌다. 그것들은 물론 등장인물은 모르고 있지만 관객은 알고 있다는 상황에서 촉발된 것이다. 그렇게 계속 변주되는 아이러니들이 이 영화의 대사에 기여한 바는 엄청난 것이다.

단순한 단어의 선택만을 가지고도 캐릭터의 성격과 그 변화를 드러낸 흥미로운 경우를 보자. 앤은 육두문자(four-letter words)를 혐오하고 섹스에 관련된 토론은 아예 기피한다. 그러나 그녀가 그레이엄에게로 가서 스스로 비디오인터뷰를 하겠노라며 고집을 부릴 때에는 상황이 달라진다. 그녀가 극히 혐오하였던 육두문자를 마구 남발하면서 섹스문제를 입에 올리는 것에 대한 기피를 극복하려 애쓰는 것이다.

비주얼

이 영화는 충격적인 광경이나 공들여 짜맞춘 화면구성을 보여주지 않으면서도 독창적인 비주얼 스타일을 획득하고 있다. 가령 실사화면과 비디오화면을 절묘하게 오가는 장면전환이 그렇다. 비디오화면을 통해서 자연스럽게 플래시백을 사용하는가 하면, 카메라 렌즈를 통해 바라보기도 하고, 비디오를 찍고 있는 모습을 보여주다가 곧바로 그 비디오에 녹화된 실제상황으로 넘어가는 등, 자유자재로 구사하는 장면전환 솜씨가 일품이다.

비주얼을 이용한 독특한 장면전환의 훌륭한 예는 귀걸이를 발견한 앤이 집 밖으로 뛰쳐나와 자동차에 타고서는 자신의 머리를 감싸안는 신을 들 수 있다. 잠시 그대로 있다가 문득 고개를 들면 그녀는 어느새 그레이엄의 집 앞에 와 있다. 운전하고 있는 모습이 축약된 것이다. 이 장면전환의 핵심은 앤의 내면세계를 절묘하게 표현해내었다는 데 있다. 그녀는 그레이엄의 집으로 간 것을 전혀 의식하지 못하고 있다. 어쩌면 가려는 의도조차 없었을지도 모른다. 그럼에도 그녀는 그레이엄의 집 앞까지 와 있게 된 것이다. 이 장면전환은 관객을 캐릭터의 내면세계로 이끄는 데 탁월한 효과를 자아낸다.

드라마틱한 장면

어떤 장면의 효율성을 따지는 기준은 때때로 그것이 얼마나 관객을 불편하게 했는지에 있을 수 있다. 물론 얼마나 짜증나게 했는지가 될 수도 있고, 얼마나 들뜨게 했는지가 될 수도 있으며, 얼마나 흥분시켰는지가 될 수도 있을 것이다. 달리 표현하자면, 관객이 해당 장면을 바라볼 때, 자신이 어떻게 반응하는가를 얼마나 충분히 자각하고 있는지가 그 기준이 될 수 있다는 뜻이다.

그런 기준에서 볼 때 앤과 그레이엄의 첫 대면 장면은 매우 효율적이다. 관객은 이미 앤이 그의 방문을 탐탁지 않게 여기고 있다는 사실을 알고 있다. 그래서 실제로 그레이엄이 방문했을 때 그들 사이에서 느껴지는 어색함은 분명히 다가온다. 이제 관객이 원하는 것은 그들이 빨리 아무 말이나 지껄여 어색함을 메우고 불편하다는 느낌을 숨기는 일이다.

그러나 소더버그는 이러한 관객의 바람에 철저히 반항함으로써 이 장면의 효율성을 극대화시키고 있다. 그는 의식적으로 그리고 사려 깊게 이 두 사람 사이에 형성되어 있는 어색함을 되풀이하여 강조한다. 그리고 그 결과 관객은 이 두 사람의 첫 대면 장면에서 깊은 인상을 받게 되는 것이다.

또 다른 드라마틱한 장면으로는 앤이 어머니에게 선물할 드레스를 사 들고 신시아의 바에 찾아오는 신을 들 수 있다. 두 자매 사이에 형성되어 있는 갈등을 효율적으로 드러내기 위하여 두 가지의 요소가 사용된다. 첫 번째 요소는 술취한 남자이다. 그는 자매의 대화에 불쑥 끼어들어 그들 사이에 형성되어 있는 냉랭한 분위기를 더욱 고조시키는 역할을 한다. 두 번째 요소는 존으로부터 걸려온 전화이다. 그것은 그녀들이 정작 숨겨져 있는 중요한 문제에 대해서는 언급하지 않은 채 하찮은 문제만을 놓고 말다툼을 벌이고 있다는 것을 확인시켜줌으로써 묘한 아이러니를 자아낸다. 전화를 끊고 난 다음 신시아가 앤에게 내뱉은 말이 하나의 서브텍스트로 작용하는 것도 이 아이러니 덕분이다.

특기할 만한 사항

〈섹스, 거짓말, 그리고 비디오테이프〉는 미국 내에서는 물론이고 전세계적으로 비평과 흥행 모두에서 큰 성공을 거두었다. 액션도 별로 없고, 특수효과도 없고, 유명한 스타들이 나오는 것도 아니고, 전통적인 기준에서 볼 때 관객을 동원할 수 있는 요소들이 전혀 없는 데도 그런 성공을 거두었다는 것은 대단히 흥미로운 일이다.

이 영화의 강점은 관객이 스스로를 동일시하도록 만드는 스토리에 있다. 누구나가 한번쯤은 느껴보았고 그것 때문에 고통받아본 적이 있는 상황을 다루고 있고, 일상생활 속에서 흔히 찾아볼 수 있는 캐릭터들을 등장시킨 것이다. 무엇보다도 중요한 것은 그 스토리가 매우 효율적으로 잘 전달되었다는 것이다. 아이러니, 누설과 인식, 강렬한 서브텍스트, 어색하고 모욕적이며 난처한 순간들, 적절히 사용된 서프라이즈, 그리고 놀라울 만큼 자연스러운 연기… 이 모든 것들이 한데 융합되어 '잘 짜여진 좋은 스토리'를 만들어낸 것이다.

델마와 루이스

Thelma & Louise 1991 ||||||||||||||||||||||||||||||||

시나리오 칼리 쿠리
감독 리들리 스콧

논쟁이 생기면 흥행에 성공한다는 오래된 속설이 있다. 그래서 일부러 논쟁을 만들어내려 하는 제작자들이 있는가 하면, 영화의 본질상 논쟁을 불러일으키는 경우도 있고, 〈델마와 루이스〉처럼 예기치 않게 논쟁에 불을 붙이게 된 영화도 있다. 처음 〈델마와 루이스〉를 둘러싼 논쟁은 배급문제 때문에 일어났다. 이 논쟁의 아이러니는 그것이 바로 〈델마와 루이스〉가 비판적으로 조명한 성차별주의적 관점에서 촉발되었다는 것이다. 만약 델마와 루이스가 아니라 부치와 선댄스였다면 그토록 많은 언론매체가 이 논쟁에 참여하지는 않았을 것이다. 그래서인지 이 영화는 개봉하자마자 엄청난 반향을 불러일으켰고 흥행에도 성공했다.

그러나 이 영화는, 논쟁과는 별개로, 그 자체로서 비범한 작품이다. 〈델마와 루이스〉에는 마초들이 이끌어가는 남성적인 세계에서, 마초가 되지 않고도 단호하며, 미친 짓을 하지 않고도 자신들만의 고유한 진군나팔을 울리면서 힘차게 전진해가는 두 여성 캐릭터가 나온다. 이 영화는 또한, 마치 두 여성이 남부 여러 주(州)의 법을 무시하고 나아간 것처럼, 흥행이 되려면 반드시 해피엔딩으로 끝나야 한다고 믿는 할리우드의 고루한 법칙을 깨트려버렸다.

지나 데이비스와 수잔 서랜던은 동시에 아카데미 여우주연상에 노미네이트되는 진기록을 세웠다. 그 외에도 〈델마와 루이스〉는 감독상·편집상·촬영상 등 6개 부문에 노미네이트되었고, 시나리오작가인 칼리 쿠리에게는 각본상을 안겼다. 〈델마와 루이스〉의 시나리오는 시나리오 작법에서 새롭게 고려해보아야 할 여러 가지 안건들을 제기했다. 그것은 1990년대의 시나리오가 무엇을 지향해야 되는지에 대한 하나의 본보기이기도 하다.

시놉시스

루이스는 아칸소에 있는 허름한 식당의 웨이트리스이다. 루이스는 친구 델마에게 전화를 걸어 산장을 빌려 주말에 놀러 가기로 한 계획을 점검한다. 그러나 델마는 부엌에서 전화통화를 하면서 남편의 불쾌하고 억압적인 태도 때문에 주눅이 든다. 델마는 남편에게 여행을 다녀와도 좋겠느냐는 허락을 구하기로 되어 있지만 말을 꺼낼 엄두도 내지 못한다.

루이스는 일을 마치고 집으로 돌아가 짐을 꾸린다. 델마 역시 짐을 꾸리는데, 마치 집 안에 있는 모든 것을 다 가져가려는 식이다. 델마는 총—실제로는 손을 대기조차 두렵다—까지 챙기면서 혹시 마주칠지도 모를 미친 살인마나 곰으로부터 자신들을 방어하기 위한 것이라고 말한다. 델마는 총을 루이스의 가방에 넣는다.

그들은 마을을 떠나 산을 향해 간다. 그러나 델마는 도중에 잠깐 멈춰 놀다 가자고 제안한다. 그녀는 남편 대릴과 함께가 아니고서는 한 번도 마을을 벗어나본 적이 없다면서 정말이지 좀 재미있게 놀았으면 좋겠다고 말한다. 델마와 루이스는 트럭 운전사들이 들르는 술집으로 들어가 마음껏 술을 마시기 시작한다. 할란은 델마에게 특히 눈독을 들이며 그들에게 술을 보내온다. 델마가 할란과 춤을 추고 있을 때 루이스는 시간 걱정을 한다. 루이스가 화장실에 간 동안 할란은 술에 취해 어지러워진 델마에게 신선한 공기가 필요할 것이라며 그녀를 밖으로 데리고 나간다.

주차장에서 할란은 델마에게 집요하게 추근댄다. 델마가 강하게 거부하자 할란은 그녀를 구타한 다음 강간하려 한다. 그때 루이스가 나타나 할란에게 총을 겨누고 하던 짓을 멈추게 한다. 그러나 할란의 욕설은 계속되고, 그 욕설 가운데 무엇인가가 루이스의 속을 확 긁어대어, 결국 루이스는 할란을 쏴죽인다. 루이스는 델마에게 차를 가져오라고 한 다음 할란의 시체에다가 마지막 한마디를 쏘아붙인 후 차 안으로 뛰어오르고 두 사람은 전속력으로 달아나기 시작한다.

델마는 경찰서로 가야 한다고 주장하지만, 루이스는 네가 할란과 줄곧 부둥켜안고 춤을 추었기 때문에 그가 강간하려 했다는 사실을 경찰이 믿어주지 않을 것이라고 말한다. 그들이 잠깐 멈춰 커피를 마시는 동안 루이스는 경찰이 그들의 짓이라는 것을 모르리라는 결론을 내린다. 문제의 술집에서 주 경찰국의 할 슬로컴은 시체를 살펴본 다음 웨이트리스에게 몇 가지 묻는다. 웨이트리스는 할란을 죽인 사람은 델마나 루이스가 아니라 할란의 아내거나 할란과 놀아난 여자들의 남편일 것이라고 말한다.

루이스는 그들에게 돈이 더 필요하다는 생각을 한다. 그들은 도로변의 모텔에 들어가 생각을 좀 해보기로 결정한다. 그곳에서 루이스는 남자친구 지미에게 전화를 걸어 자신의 돈을 찾아달라고 부탁하고, 지미는 돈을 부쳐주겠다고 약속한다. 루이스는 지미에게 돈을 오클라호마시티로 부치라고 한다. 루이스는 델마와 함께 차를 몰고 오클라호마로 달려가는 동안 멕시코로 도피해야겠다고 결심한다.

젊고 매력적인 카우보이 제이디가 델마에게 차에 좀 태워달라고 부탁을 하지만 루이스는 거절하고 떠나버린다. 할은 경찰 컴퓨터를 통하여 루이스에 대한 추적을 시작한다. 그 사이 두 여자는 우회로를 통해 멕시코로 넘어가기로 한다. 할은 루이스의 집과 직장으로 찾아가 여러 가지를 물어본다. 델마는 제이디와 다시 마주치게 되자 루이스에게 보채서 결국 두 여자는 그를 차에 태운다. 할은 대릴에게 그의 아내가 어떤 상황에 빠져 있는지를 설명하려 하지만 대릴은 믿지 않는다. 제이디는 델마를 사로잡고 두 여자가 경찰을 피하려 한다는 사실을 눈치챈다. 그 사이 할은 델마가 집에서 가지고 간 총이 할란을 죽인 총과 일치한다는 사실을 확인한다.

루이스는 오클라호마에서 돈을 찾으러 갔다가 뜻밖에도 돈을 직접 가지고 온 지미와 만나게 된다. 델마와 루이스가 제이디를 떠나보내는 동안 지미는 모텔방을 두 개 잡는다. 루이스는 델마에게 지미가 가져온 돈을 주면서 잘 간수하라고 이르고 지미의 방으로 간다. 떠난 줄 알았던 제이디가 델마의 방 문 앞에 나타나자 델마는 그를 방으로 들어오게 한다. 제이디는 델마에게 자신은 가석방중인 무장강도라고 털어놓으면서 그가 벌인 무장강도행각을 자세하게 설명해준다. 혹시 루이스가 다른 남자와 사랑에 빠졌는지를 의심하던 지미는 그녀가 진짜 무슨 문제에 빠져 있는지를 말해주지 않자 화를 낸다. 다툼 끝에 지미는 루이스에게 자신이 가져온 약혼반지를 주면서 청혼한다. 델마와 제이디는 격렬한 사랑을 나누고 루이스와 지미도 함께 잠든다.

아침에 되자 루이스는 약혼반지를 가지고 있어달라는 지미의 부탁을 받아들이고 그에게 작별인사를 한다. 잠시 후 제이디와 황홀한 밤을 보낸 델마가 날아갈 듯한 발걸음으로 들어온다. 그러나 돈을 둔 방에 제이디를 혼자 남겨두고 나왔다는 사실을 깨닫자 두 여자는 혼비백산하여 달려간다. 제이디가 돈을 훔쳐갔다는 사실을 확인하자 루이스는 넋을 잃고 더 이상 계속해나갈 의지를 상실한다. 이제 루이스를 일으켜 세워야 할 사람은 델마이다.

할과 FBI는 대릴의 집으로 가서 도청장치를 한다. 그들은 대릴에게 델마가 전화를 하면 다정하게 받아서 델마가 의심을 품지 않도록 하라고 당부한다. 델마는 차를 세우고 가게로 들어가 돈과 술을 털어 도망친다. 경찰과 FBI, 대릴은 델마가 제이디에게서 들은 방식 바로 그대로 가게를 터는 장면을 비디오테이프로 지켜본다. 델마와 루이스는 도상에서 음란하기 짝이 없는 어떤 트럭 운전사와 자꾸 마주친다. 집으로 돌아온 지미는 기다리고 있던 경찰과 마주친다.

루이스는 이제 그들이 1급살인 및 무장강도 혐의를 받고 있으므로 델마의 집 전화가 아마도 도청되리라고 생각한다. 제이디는 경찰에 연행되어 할의 심문을 받던 중 경찰이 벌써 지미가 갖다준 돈에 대해 파악하고 있다는 사실을 알게 된다. 할은 단순히 두 여자를 체포하려는 것이 아니라 그들을 돕고 싶어한다. 제이디는 끌려 가면서 델마 이야기를 해 대릴을 조롱한다.

델마는 대릴에게 전화를 걸지만 그가 전에 없이 친절하게 구는 통에 도청사실을 알아차리고 전화를 끊어버린다. 루이스는 다시 전화를 걸어 경찰을 바꿔달라고 한다. 그녀는 할과의 통화에서 멕시코로 가려는 자신들의 계획이 이미 파악되었음을 알게 된다. 제이디를 통해 새어나갔다는 사실을 확인한 루이스는 델마에게 마구 화를 낸다.

밤을 새워 달리는 도중 델마는 루이스가 과거 텍사스에게 어떤 일을 겪었는가ㅡ루이스는 그곳에서 강간을 당했다ㅡ를 넘겨짚지만 루이스는 묵묵부답이다. 두 사람은 속도위반으로 주 경찰관에게 잡히지만 델마가 그에게 총을 겨누어 무기를 뺏은 다음 그를 경찰차의 트렁크 속에 가둔다. 루이스는 할에게 전화를 걸어 그 사건은 사고였다고 털어놓고 할은 자신도 그렇게 믿는다고 답한다. 할은 이쯤하고 그만두라고 권하지만 루이스는 대답하지 않는다. 그러나 이번의 통화는 너무 길어 전화발신지추적이 성공하고 두 여자의 위치는 발각된다. 할은 두 여자를 보호하기 위해서 FBI에 자신도 데려가 달라고 부탁한다.

음란한 트럭 운전사와 세 번째로 마주치자 루이스는 차를 세우고 그를 유인한다. 그녀는 총을 겨눈 채 사과하라고 하지만 그가 반발하자 유조차의 타이어를 쏘아버린다. 그가 더 심한 욕설을 퍼붓자 두 여자는 그의 유조차에 총을 쏘아 폭발시킨다. 굽이치는 연기를 뒤로 하고 그들은 차를 몰아 떠난다. 일단의 경찰차가 그녀들의 소재를 파악해 빠른 속도로 추격에 나선다. 루이스는 기막힌 운전솜씨를 발휘하여 경찰차들을 따돌린다. 그러나 이제 그들은 헬리콥터에 쫓기게 된다.

델마와 루이스는 커다란 낭떠러지 끝에서 가까스로 멈춘다. 그들은 이제 할과 FBI가 탄 헬리콥터 그리고 십여 대의 경찰차에 포위된다. 경찰은 그들에게 총구를 겨눈 채 투항을 권유한다. 할은 그들을 죽여서는 안 된다고 항변한다. 델마는 루이스에게 잡히는 것을 원치 않으며 그들은 이 여행을 끝까지 밀고나가야 한다고 설득한다. 루이스가 가속페달을 힘껏 밟자 차는 절벽 위를 날아간다.

주인공과 그가 하고자 하는 일

이 스토리의 주인공이 누구인가에 대해서는 다음과 같은 세 가지의 답변이 가능하다. 첫째, 델마와 루이스가 주인공이다. 둘째, 처음에는 루이스가 주인공이었지만 중반 이후로는 델마가 주인공이다. 셋째, 처음부터 델마가 주인공이었지만 한동안 루이스에게 압도당해-그녀가 오랫동안 남편에게 압도당해온 것처럼-있다. 세 가지 답변 모두 설득력이 있다.

일반적으로 주인공이란 스토리를 앞으로 전진시키는 결정을 내리는 사람이다. 그러나 〈델마와 루이스〉를 보면 이와 같은 일반론도 별로 쓸모가 없다. 이 영화에서 스토리를 앞으로 전진시키는 사건은 할란이 델마를 강간하려 하자 루이스가 그를 쏘아죽이는 것이다. 즉 사건을 그렇게 만든 데에는 델마와 루이스 두 사람이 다 관계되어 있다. 델마는 철이 없고 순진한 탓에 사건을 그렇게 끌고갔고, 루이스는 이로 인해 오랫동안 잊고 지냈던 옛날의 사건을 되씹게 된 것이다. 델마가 없었더라면 루이스가 할란을 죽이지는 않았을 것이다. 반면 루이스가 없었더라면 델마의 스토리는 전혀 다른 방향으로 발전해나갔을 것이다. 그렇다면 이 사건을 촉발시킨 핵심적인 결정은 누구에 의해서 이루어졌느냐를 따져보아야 한다. 할란과 어울리다가 곤란한 상황에 빠져버린 델마의 결정인가 아니면 울화가 치미는 순간 할란에게 총을 쏘아버린 루이스의 결정인가?

이 문제를 더 깊이 파고들어가 보자. 다른 핵심적인 결정들은 누가 내렸는가? 산으로 곧장 가는 대신 술집에 들러 놀다 가자고 한 것은 델마의 결정이다. 경찰서로 곧장 가지 않기로 한 것은 루이스의 결정이다. 제이디를 차에 태워주자고 한 것은 델마의 결정이다. 가게를 터는 것도 델마의 결정이다. 그러나 텍사스를 피해 멕시코로 가겠다는 것은 루이스의 결정이다. 마침내 투항하기보다는 차라리 벼랑 끝으로 차를 몰아가자는 것은 델마의 결정이다. 어찌보면 저울추는 델마에게로 많이 기우는 것 같지만 그것이 압도적이지는 않다. 따라서 다음으로 살펴보아야 할 것은 어떤 캐릭터가 더 많이 변화하는가이다.

캐릭터의 변화를 살펴보면 어떤 캐릭터가 주도적인 역할을 했는지를 분명히 알 수 있다. 루이스라는 캐릭터 역시 스토리가 진행되는 동안 변화를 겪지만 델마의 경우와 비교해볼 때 그 변화의 폭은 그리 크지 않다. 델마의 캐릭터는 복종적이고 완전히 억눌려 있는 가정주부에서 자기 주장이 분명한 여성으로 커다란 변신을 겪는다. 결국 좀더 위태로우며 더 많이 변화하고 이 영화의 주제-해방 또는 자기정체성의 확립-에 밀접하게 연결되어 있는 캐릭터는 델마인 것이다. 사실 델마가 이 스토리의 주인공이라는 것은 영화의 제목을 봐도 금세 알 수 있다.

이 사실을 염두에 두고 다시 할란을 죽이는 장면으로 돌아가보자. 여기에서 중요한 것은 할란을 죽이기로 한 루이스의 결정이 아니다. 루이스로 하여금 자신을 대신하여 생각하고 행동하도록 떠맡긴 델마의 결정이다. 마치 오랫동안 남편을 대할 때 그래온 것처럼, 델마는 사고가 생기자 금세 남편에게 전화를 건다. 어떻게 해야 좋을지에 대한 결정을 남편에게 미루는 것이다. 남편이 집에 없어 통화할 수 없게 되자 이번에는 루이스에게 그 결정을 떠넘기고는 차에 오른다. 이것이 곧 평소 델마가 세상사에 대처하는 방식이며 그녀가 가지고 있는 대책없는 수동성의 표현이다. 〈델마와 루이스〉는 지배하는 자와 지배당하는 자의 역할을 탐구하는 영화이다. 그러므로 지배에 대한 항거의 폭발이 곧 이 영화의 플롯이 된다.

델마가 하고자 하는 일을 이해하기 위해서는 남편의 허락을 받는 문제에 대해서 주목해야 한다. 그녀는 남편에게 허락을 구해보려는 시도조차 하지 못한다. 아무리 가고 싶어해도 대릴은 그녀를 보내주지 않았을 것이다. 그래서 델마는 물어보지도 않는다.

델마가 하고자 하는 일은 즐거운 시간을 보내는 것, 난생 처음 대릴 없이 마을 바깥으로 나가보는 것, 어떤 식으로든 다른 사람이 되어보는 것이다. 그래서 그녀는 거울 속의 자신을 보며 담배 피우는 흉내를 내보는 것이다. 정작 살인사건이 발생하자 델마가 보인 반응은 '내가 원했던 재미는 이런 게 아니었는데(it's not the fun she expected)'였다. 그러나 스토리가 진행되면서 델마는 자신이 하고자 했던 일을 전혀 다른 방향에서 실행한다. 제이디와의 섹스, 무장강도, 유조차를 날려버리는 일 등. 델마는 그런 일을 즐기고, 자신이 그런 재능을 타고났다고 느끼며, 그것을 재미있어 한다.

장애물

델마가 하고자 하는 일은 단순히 그저 즐거운 시간을 보내는 것이다. 그러나 그런 단순한 욕망조차 번번이 장애물에 부딪혀 갈등을 자아낸다. 첫 번째 장애물로 등장한 것은 루이스인데, 그녀는 중간에 쉬지 말고 곧장 산으로 가자고 한다. 델마는 처음으로 할란과 즐거운 시간을 보낸다. 그러나 델마가 추구하는 즐거움은 할란이 추구하는 즐거움과는 다르다. 그래서 결국 할란은 장애물로 변한다. 루이스가 할란을 죽인 것은 가장 핵심적인 장애물로 작용한다. 여기서 놀라운 것은, 그런 사건이 발생했음에도 델마는 자신이 하고자 하는 일을 포기하지 않는다는 사실이다. 이후에 등장하는 모든 장애물들은 그들이 살인을 저지르고 도망쳤다는 것으로부터 기인한다. 델마는 가끔 자신이 하고자 하는 일을 성취하기도 하지만 그것이 지속되지는 않으며, 새로운 장애물들이 계속 등장한다.

　루이스가 하고자 하는 일은–살인의 여파로 떠오른 것이긴 하지만–멕시코로 도망치는 것이다. 델마 역시 루이스가 하고자 하는 일을 따르기는 하지만, 엔딩에서 스스로 밝히듯, 그저 어디론가 차를 타고 돌아다니는 것 자체를 즐기는 것뿐이다. 델마는 루이스와 달리 뚜렷한 목적지를 가지고 있지 않다. 델마가 추구하는 것은 그저 어디론가 가는 행위 그 자체, 도상의 순간들일 뿐이다.

전제와 오프닝

　함께 여행을 떠난 두 여자가 자신을 강간하려한 남자를 살해하고 도망치다가 경찰의 대대적인 추적을 받게 된다. 술집 밖의 주차장에서 맞부딪친 세 개의 전제요소들이 스토리를 앞으로 전진시킨다. 첫째, 델마는 대책없이 순진하고 수동적이다. 둘째, 할란은 난봉꾼이며 폭력적이다. 셋째, 루이스는 과거의 상처에 억눌려 있다.

　칼리 쿠리는 두 여자의 일상을 보여주는 것으로 오프닝을 선택했다. 식당에서 주문을 받고 있는 루이스는 그 산만한 장소에서도 균형을 잃지 않는다. 반면에 델마는 자기 집 부엌에 혼자 있으면서도 진이 빠져 있으며 허둥지둥 남편의 아침식사를 준비하고 있다. 그들이 주고받는 대사를 통해서 관객은 델마가 대릴이 퍼붓는 욕설까지도 감내할 만큼 그에게 억눌려 있다는 것을 알게 된다. 또한 델마가 대릴 앞에서 여행계획을 입 밖에도 못꺼낼 만큼 겁이 많다는 것도 알게 된다.

주요긴장과 절정과 해결

주요긴장은 "과연 그들은 살인사건으로부터 도망칠 수 있을 것인가?"라기보다는 "과연 그들이 살인사건을 저지른 다음 경찰서에 가지 않기로 결정한 결과 무슨 일이 벌어질 것인가?"에 가깝다. 수동적인 주인공 델마는 살인사건 직후 어떻게 해야 할지에 대한 결정을 루이스에게 떠넘겨버린다. 만일 그녀에게 스스로 결정을 내릴 만큼의 힘과 자신감이 있었더라면 이후 전개되는 기나긴 여행과 수많은 난관들을 피해갈 수도 있었을 것이다.

절정은 루이스가 할과 이야기를 나누면서 투항하는 것을 곰곰이 생각해보는 장면이다. 이때 델마가 버럭 끼어들어 전화를 끊어버린 다음 루이스에게 끝까지 같이 간다는 다짐을 받아낸다. 델마라는 캐릭터의 변화는 완벽하다. 이제 그녀는 능동적인 주인공이 된 것이다. 얼핏 보면 델마는 무장강도짓을 할 때부터 능동적인 주인공이 된 것 같지만, 능동성과 수동성의 문제는 두 여자들 사이에 있는 것이지 그들과 법률 사이에 있는 것이 아니다. 델마는 이제 능동적인 의사결정자로 흔들리는 친구를 잡아끌며 그들이 시작한 일을 끝까지 밀고나가도록 한다.

해결은 델마가 경찰들에 겹겹이 둘러싸인 상태에서도 결코 투항하지 말자고 이야기하는 장면이다. 일단 족쇄에서 풀려나오자 델마는 다른 어떤 종류의 종속상태로도 돌아가지 않으려 하며, 그들이 빠져 있는 딜레마에 대한 유일한 해결책인 극단적인 행동으로 치닫는다. 델마는 루이스를 충동하여 차를 벼랑으로 몰고간다. 그녀를 그렇게 행동하도록 만든 용기는 힘들여 얻은 자아, 독립, 해방, 자유에서 나온 것이다.

주제

델마와 루이스는 별개의 인물들이지만 그 두 사람 사이에는 유사한 점이 있다. 델마는 남편으로부터의 억눌림을 감수한다. 그녀는 남편의 억압에 맞서지도 못하며 심지어 자신이 부당한 대우를 받고 있다는 것조차도 느끼지 못하는 듯하다—적어도 처음에는. 루이스가 감수하고 있는 억눌림은 좀더 미묘해서 그것이 표면화되는 데에는 좀더 많은 시간이 걸린다. 그녀의 직업이나 남자친구와의 관계를 두고 하는 이야기가 아니다. 루이스를 억누르고 있는 것은 그녀의 과거—텍사스에서 일어난 일—이다. 그것은 할란이 델마를 강간하려할 때 마침내 폭발한다.

그러므로 델마와 루이스는 주제라는 측면에서 긴밀히 연결되어 있다. 이것은 해방에 관한 스토리이다. 그러나 그 해방은 정치적 혹은 물리적 해방이 아니라 스스로 자신을 어떻게 생각하고 있는가 하는 '자기인식(self-definition)'으로부터의 해방이다. "네가 원하는 만큼 얻게 될 거야(You get what you settle for)"라는 루이스의 대사는 앞으로 그들이 영화 속에서 겪게 될 상황을 암시하고 있는 듯하다. 델마는 너무나 오랫동안 너무도 적은 것만을 원해왔다. 이제 그녀는 더 많은 것을 원한다. 제3장에 이르면 델마는 적극적으로 자신이 원하는 바를 모두 다 그러쥐려 한다. 그러면서 그녀는 자신이 지금까지 살아온 삶의 그 어느 때보다도 '더 깨어 있다(more awake)'고 느낀다.

루이스 역시 오랫동안 무언가—텍사스의 과거로부터 도망치고 그것을 잊으려 하는 일—를 감수해왔다. 그러나 악몽은 계속 그녀를 따라다닌다. 할란으로 인해 그 악몽이 되살아나자 그녀는 다시 도망친다. 그러나 루이스는 음란한 트럭 운전사를 유인해 사과를 요구하면서 마침내 그 악몽과 정면으로 대면하기에 이른다. 그리고 그가 사과를 거부하자 트럭을 시원스럽게 쏘아 날려버린다. 루이스는 결국 자신이 하고자 하는 일을 성취하지는 못했지만 자신의 내면으로부터 도망치는 대신 그것을 향해 똑바로 마주선 것이다.

이제 이 영화의 주제가 무엇인지는 분명해졌다. 그것은 다름아닌 자기정체성의 확립이다. 델마는 대릴이 억지로 강요하는 아내의 역할로부터 탈출하여 진정 자기가 원하는 자기자신이 된다. 루이스는 과거의 악령으로부터 도망치는 것을 그만두고 그것과 맞섬으로써 자기자신을 되찾는다. 그들이 자기정체성을 확립하는 과정에서 그토록 값비싼 대가를 치르고 그렇게 파괴적이고 불법적인 일을 많이 저질러야 했다는 사실이야말로 남성지배적인 현실이 얼마나 완고한가를 역설적으로 드러낸다.

이 영화가 논쟁에 휘말리게 된 것도 바로 이 때문이다. 평론가와 저널리스트들은 여성이 스스로의 인생을 결정하거나 남성지배로부터 해방되기 위해서는 꼭 범죄자가 되어야만 하느냐고 반문한다. 그것은 곧 이 영화가 관객에게 깊이 생각해보라고 던진 질문이기도 하다. 관객은 이 영화를 보면서, 엔딩에서 할이 말한 바 그대로, 무언가 공정하지 못하다는 느낌을 받게 된다. 이 영화가 커다란 반향을 불러일으켰다는 사실은 곧 이 스토리가 관객의 정서를 움직이고 그들 대부분의 고정관념에 도전할 만한 힘을 지녔다는 것을 의미한다.

통일성

델마가 보여주는 행동의 통일성은 어떤 면에서 반응(reaction)의 통일성이라고도 볼 수 있다. 스토리의 대부분에서 델마는 그녀가 하고자 하는 일을 능동적으로 추구하는 것이 아니라 그녀를 방해하고 위험에 빠뜨리는 이런 저런 사건들에 반응할 뿐이다. 그러나 제이디와의 관계에서 볼 수 있듯이 무슨 일이 벌어지든 상관하지 않고 자신이 하고자 하는 일을 추구하는 경우도 많다. 결국 그녀의 캐릭터가 가지고 있는 연속성이 이 영화에 통일성을 부여한다.

설명

영화의 오프닝에서 델마에 대한 설명은 갈등과 결합되어 제시된다. 루이스는 그들의 여행계획을 아직도 통고하지 않았느냐고 델마에게 쏘아붙인다. 그러나 델마는 대릴에게 물어보기는커녕 그가 내뱉는 욕설에 무력하게 굴복할 뿐이다. 델마가 현실세계에 대하여 무지하다는 것은 할란이 처음 다가왔을 때 보여주는 그녀의 반응과 루이스의 반응 사이의 대비를 통하여 드러난다.

설명을 설명처럼 보이지 않게 하면서도 그것이 처해 있는 배경을 훌륭하게 보여주는 신은 지미가 돈을 직접 들고 오클라호마로 찾아와 루이스를 만나는 장면이다. 그는 루이스가 비밀스러운 거동을 보이는 것이 다른 남자 때문이라고 생각하고 그녀에게 청혼하러 온 것이다. 관객은 이 장면에서 드러나는 갈등을 통하여 그들의 관계에 대한 많은 사실들을 알게 된다.

루이스의 텍사스 시절에 얽힌 비밀스러운 과거가 설명되는 방식은 대단히 경제적이면서도 절묘하다. 맨처음 루이스가 전에 텍사스에서 총을 쏴본 적이 있다고 말할 때에는 그저 암시만 될 뿐이다. 그 다음 루이스가 멕시코로 가되, 텍사스를 경유하는 것은 싫다고 말할 때 다시 한 번 슬며시 강조된다. 마침내 눈치를 챈 델마가 혹시 텍사스에서 강간사건이 있지 않았느냐고 묻는다. 루이스가 격하게 부정하는 것으로 보아 델마가 정곡을 찔렀다는 것이 분명하다. 이 모든 것들은 갈등과 결합된 설명을 대단히 흥미로운 방식으로 변주한 것이다. 그런 방식을 통해 과거에 숨겨져 있던 일의 전모를 낱낱이 털어놓는 사람을 등장시키지 않고도 꼭 필요한 정보만을 관객에게 설명해내는 것이다.

캐릭터의 성격묘사

루이스의 성격은 세상사에 밝지만 약간은 시름에 젖어 있는 인물로 묘사된다. 이러한 성격은 할란이 처음 나타났을 때, 할란을 멀리하려 할 때, 델마의 개방적인 태도를 걱정할 때 분명하게 드러난다. 반면 델마의 성격은 너무 순진하고 사람을 쉽게 믿으며 의심이 없는 것으로 묘사되며, 그것은 루이스의 경우와 마찬가지로 할란을 대하는 태도를 통해서 그대로 드러나고, 그 결과 주차장에서 강간당할 위기에 처하게 된다. 그럼에도 성격은 쉽사리 바뀌는 것이 아니어서 나중에 제이디를 만나게 될 때에도 똑같은 행동을 반복한다.

할은 이해심이 많고 공감을 잘하는 캐릭터이다. 그는 자신의 직업상 허용되어 있는 것보다 더 많이 그들의 편에 서 있다. 대릴은 밉살스러울 만큼 이기적이고 입이 거칠며 요구하는 것이 많은 캐릭터인데, 이 점은 델마와 함께 나오는 오프닝에서 분명하게 드러난다. 지미는 공감을 불러일으키는 또 하나의 남성캐릭터이다. 그는 화를 벌컥 내기도 하지만 대체로 섬세하고 부드러우며 무언가를 주려 하고 이해심이 풍부한 캐릭터이다. 제이디는 아주 예의 바르게 행동하기 때문에 부드럽고 신사다워 보이지만 자세히 살펴보면 지미보다는 대릴에 가까운 캐릭터이다.

이 영화에 나오는 남자들의 캐릭터는 무엇보다도 그들이 각각 무엇을 하고자 하는가에 따라 묘사된다. 할은 두 여자가 벌이고 있는 싸움을 중지시키고 그들을 돕고 싶어한다. 대릴은 델마가 고분고분 복종하기를 원한다. 지미는 루이스의 사랑을 원한다. 제이디는 델마가 줄 수 있는 것이라면 무엇이든 다 가지려고 한다.

369
델마와 루이스

스토리의 발전

스토리의 대부분은 델마의 캐릭터와 그녀가 하고자 하는 일이 세상의 현실과 부딪치는 것으로부터 나온다. 스토리의 나머지 부분은 루이스와 그녀의 과거로부터 나온다. 약간 촌스러운 구석이 있는 델마는 단순히 그저 즐거운 시간을 보내고 싶어하지만 남자를 잘못 찍는 바람에 거의 강간당할 뻔한다. 그때 루이스가 나타나 델마를 구해주지만 그 순간 과거 속에 묻어둔 무언가가 폭발하여 이 재수없는 사건은 졸지에 비극으로 바뀌어버린다. 바로 이 순간 델마와 루이스라는 두 캐릭터가 공모하여 이후의 스토리를 발전시켜 나가는 것이다.

루이스에게는 나쁜 일에서 도망치려 하는 버릇이 있고, 델마에게는 그녀 주변에 있는 더 지배적인 사람에게 그녀 대신 결정을 내리도록 떠맡기는 버릇이 있다. 그래서 델마는 루이스에게 결정을 떠넘기고, 루이스는 무작정 도망치기로 하며, 그 결과 이후의 스토리는 대부분 길 위에서 펼쳐진다. 그 과정에서 루이스는 과거의 자신을 다소간 그대로 유지하는 반면, 델마는 과거의 자신을 버리고 독립적인 인격으로 변화하게 된다. 그때부터 델마는 둘의 관계 속에서 지배적인 위치를 차지하고 기선을 잡는다.

아이러니

아이러니는 길게 이어지는 드라마틱한 장면보다 단 한순간을 창조하는 데 사용될 수도 있다. 델마가 대릴에게 전화를 거는 장면이 그 좋은 예이다. 그녀는 사태를 즉각 파악하고는 전화를 끊어버린다. 여기서는 경찰이 델마와 대릴의 관계를 몰랐다는 것이 아이러니로 작용한다. 델마는 남편이 자신에게 다정하게 대하는 것을 결코 경험해본 적이 없었던 것이다.

교통경찰이 두 여자를 속도위반으로 붙잡는 장면에서도 아이러니는 효과적으로 사용된다. 그는 자기가 호랑이 꼬리를 붙잡았다는 사실을 전혀 모른다. 그는 단지 그들이 시속 110마일로 달렸다면서 의례적인 활동을 할 뿐이다. 그는 결국 두 여자의 예기치 못한 반응—그러나 그들을 아는 관객의 입장에서 보면 충분히 예상할 수 있고 논리적으로까지 보이는 반응—으로 인해 거들먹거리며 위압적이던 당당한 모습에서 훌쩍거리며 애걸복걸하는 모습으로 변해버린다.

지미가 루이스를 만나는 장면 역시 아이러니가 흐른다. 그는 도대체 무슨 일이 벌어지고 있는지를 알고 싶어하지만 루이스는 말해주지 않는다. 그는 다른 남자가 생겼다는 성급한 판단을 내리고, 그 사태를 해결하기 위하여 만반의 준비를 해왔다. 반지를 건네면서 루이스에게 청혼하는 것이다. 그의 판단은 물론 완전히 빗나간 것이지만 그렇기 때문에 오히려 지미의 캐릭터와 두 연인 사이의 관계를 잘 드러내준다. 이 장면에 사용된 아이러니는 결국 두 여자가 선택한 길이 잘못된 것임을 역설적으로 드러내는 데 기여한다.

준비와 여파

두 여자가 할란과 만나게 되는 술집시퀀스는 효과적인 준비와 여파로 다듬어져 있다. 산으로 가는 길에 잠깐 쉬어가기로 한 후 델마와 루이스가 트럭 운전사들이 다니는 길로 접어들어 웨스턴 바의 주차장으로 들어가는 장면은 준비신이다. 그들이 이제 남성지배적인 환경 속으로 들어간다는 것이 잘 표현되어 있다. 여파신은 살인을 저지른 직후 그곳에서 전속력으로 빠져나오는 장면이다. 사방천지에는 트럭들만이 가득 차 있는 것 같은데 그들은 일제히 이 두 여자에게 시끄럽고 공격적인 욕설과 경적소리를 퍼부어댄다. 이 여파신은 관객의 뇌리에 그 살인사건은 아직 해결되지 않았다는 것을 강하게 각인시킨다.

오클라호마 모텔에서의 아침장면에는 멋지게 대비되는 두 개의 여파신이 나온다. 지미와 마지막 밤을 보낸 루이스는 아침 일찍 일어나 길 바깥을 내다보며 수심에 잠겨 있다. 지미가 떠난 다음 나타난 델마는 루이스와는 다른 종류의 밤을 보낸 여파를 시위한다. 그녀는 미칠 듯이 좋았다는 내색을 숨김없이 표현하는 것이다. 각각 남자와 밤을 보내고 난 다음 두 여자가 보여주는 이러한 모습들은 수천 마디의 말보다 더 많은 이야기를 해준다.

씨뿌리기와 거둬들이기

가장 명백한 씨뿌리기와 거둬들이기는 델마가 끔찍해하면서도 서랍에서 꺼내 짐 속에 넣어둔 총이다. 이 총은 루이스가 할란을 쏘아죽일 때 명백하게-비록 재앙스럽기는 해도-거둬들여진다.

좀더 복잡한 씨뿌리기는 제이디가 델마에게 자신의 무장강도행각을 아주 세세히 설명해주는 것이다. 이것이 거둬들여지는 두 장면은 빠르게 연결되어 나온다. 첫 번째 거둬들이기는 델마가 무장강도짓을 한 다음 즐거운 비명을 지르며 차 속의 루이스에게로 달려오는 것이다. 델마가 제이디가 가르쳐준 그대로 무장강도짓을 했다는 것은 바로 다음 장면에 나오는 비디오화면을 통해 보여진다.

미리 알려주기와 예상하게 만들기

예상하게 만들기가 사용된 예는 헤아릴 수 없을 정도로 많다. 델마와 루이스는 언제나 앞으로의 계획에 대하여 대화를 나누는 것이다. 멕시코로 도망가자. 그렇지만 텍사스를 경유하는 것은 싫다. 앞으로 어떻게 될까. 어떤 일이 일어났으면 혹은 일어나지 말았으면 좋겠다. 루이스가 "경찰서엘 왜 가? 시간이 지나면 그들이 우리에게로 올 텐데(Why go to the police? Give them enough time and they'll come to us)"라고 말하는 것도 물론 예상하게 만들기에 해당한다.

루이스는 이러다가 죽을 수도 있다는 것을 알고 있다고 말하자 할은 그러니 이쯤에서 도망치는 것을 그만두라고 권한다. 루이스는 좀더 생각해보겠노라고 대답한다. 델마가 앞으로 어떻게 될 것 같냐고 묻자 루이스는 "마마시타 해변에서 마가리타를 마시게 될 거야(We'll be drinking margaritas by the sea, Mamacita)"라고 대답한다. 이런 모든 것들이 예상하게 만들기이다. 이런 것들은, 그 내용이 정말 실현될 거라는 보장은 주지 않지만, 스토리에 대한 관객의 생각을 앞으로 전진시키는 것이다.

반면 루이스가 지미에게 전화를 걸어 오클라호마로 돈을 부쳐달라고 부탁하는 것은 미리 알려주기에 해당한다. 덕분에 관객은 이제 곧 그들이 오클라호마로 갈 것임을 안다. 물론 그곳에서 실제로 어떤 일이 벌어질지는 알 수 없고, 그래서 지미가 직접 온 것에 대해서 놀라게 되기도 하지만, 어찌됐건 오클라호마라는 장소가 스토리 안에 등장하게 되리라는 것은 분명히 알 수 있는 것이다.

개연성

이 영화에 등장하는 캐릭터들의 개연성에는 아무런 문제도 없다. 루이스나 델마는 대단히 친숙한 인물이다. 델마가 대릴의 욕설을 묵묵히 감수하는 것도 대릴의 꼴사나운 행동만큼이나 짜증스럽긴 하지만 역시 흔히 있을 수 있는 일이다. 할란이 등장할 때 관객은 루이스의 시선으로 그를 바라보게 된다. 그 역시 있을 법한 캐릭터이다. 바로 그렇기 때문에 관객은 할란의 마초적 세계관과 델마의 순진하고 수용적인 태도가 얽혀들 때 어떤 불길한 예감을 느끼게 된다. 그러나 정작 살인사건이 벌어지면 비로소 과연 저렇게까지 반응할 필요가 있었을까 하는 개연성의 문제가 제기된다.

루이스의 살인은 실제로 강간의 위협이 사라진 다음에 이루어졌다. 만약 강간 도중에 살인이 이루어졌다면, 도망칠 이유가 전혀 없었을 것이다. 칼리 쿠리와 리들리 스콧은 이 장면을 만들어내는 데 대단히 정교한 노력을 기울였다. 관객을 델마의 입장에서 바라보도록 함으로써 '서프라이즈(surprise)'를 체험하도록 만든 것이다. 관객은 루이스의 내면에 숨겨져 있던 무엇인가가 그렇게 갑자기 튀어나오리라고는 전혀 예상할 수 없었다. 이 문제에 대해서는 나중에라도 반드시 설명이 뒤따라야 할 것이다. 관객의 입장에서 보자면 루이스의 개성, 그녀가 남자를 제지할 때 보이는 단호한 면모, 그리고 그녀가 가지고 있는 남자들에 대한 불신 같은 것이야 얼마든지 받아들일 수 있다. 그러나 그녀가 실제로 남자를 죽일 수도 있다는 것에 대해서는 전혀 준비가 되어 있지 않았던 것이다.

바로 이 대목에서 텍사스에서 벌어졌던 루이스의 과거가 끼어든다. 루이스가 감히 살인까지 저지를 수 있었던 배경에는 그녀의 숨겨진 과거라는 미스터리가 작용하고 있었던 것이다. 그러나 관객은 여전히 루이스의 살인행위에 대한 개연성을 받아들일 수 없다. 칼리 쿠리와 리들리 스콧이 이 문제에 대한 관객의 불신을 극복하는 방식은 대단히 흥미롭다. 그들은 관객을 델마의 입장에 세움으로써 이 개연성의 문제를 극복하는 것이다.

델마 역시-관객과 마찬가지로-자신의 눈앞에서 살인이 자행되었다는 사실에 대하여 경악을 금치 못한다. 그러나 그녀는 이 문제에 어떻게 대처할 것인가에 대한 결정을 루이스에게 떠넘겨버린 다음 결국 루이스가 총을 쏠 수밖에 없었다는 사실을 그대로 받아들인다. 그리고는 이 진퇴양난의 위기에 대해 끙끙대면서 과연 루이스의 숨겨진 과거에는 어떤 일이 있었을까를 계속 되짚어보다가 그 미스터리를 눈치채는 것이다. 물론 관객에게 이 모든 사건들이 일목요연하게 도해되는 것은 아니다. 그러나 어찌됐건 관객은 델마가 루이스의 행동을 받아들일 때 그녀와 입장을 함께하게 된다.

이처럼 일단 사고를 저질러놓은 다음 나중에야 그 내면에 숨겨져 있던 동기를 설명하는 방식은 대단히 절묘한 것이긴 하지만 추천할 만한 것은 못 된다. 개연성에 대한 관객의 불신을 이런 식으로 극복하려는 시도는 성공할 확률보다 실패할 확률이 더 높다. 그러나 〈델마와 루이스〉에서는 대단한 효과를 거두며 성공을 거둔 것이 사실이다.

행동과 활동

제이디가 예의 바르게 처신하는 것이나 "좋은 하루 보내세요(Have a nice day)"라고 인사를 하며 기꺼이 돌아서는 것 등은 단순한 활동처럼 보이지만 실은 계산된 행동이다. 그는 자신이 추구하는 숨겨진 목적-차를 얻어타는 것, 델마와의 섹스, 경찰을 무마하는 것-을 언제나 신사 같은 공손함이나 천진함 따위로 위장한다. 루이스는 할란에게도 그랬던 것처럼 제이디라는 인간을 곧 꿰뚫어보지만 델마는 턱없이 속아넘어간다.

동일한 몸짓이 상황에 따라 활동이 될 수도 있고 행동이 될 수도 있다는 예를 살펴보자. 지미는 루이스에게 다른 남자가 생겼다고 오해하여 싸우다가 테이블 위의 병들을 바닥으로 쓸어버린다. 이것은 행동이다. 지미는 그렇게 함으로써 자신이 얼마나 깊은 상처를 입었는지, 얼마나 화가 났는지를 시위하려는 것이다. 동일한 시간대에 바로 옆방에서도 동일한 몸짓이 행해진다. 그러나 제이디가 테이블 위의 병들을 바닥으로 쓸어버리는 것은 단지 활동일 뿐이다. 그것은 그저 델마와 사랑을 나눌 자리를 만들기 위해서 공간을 만들어내는 일이었다.

대사

〈델마와 루이스〉에는 플롯을 전진시키거나 정보를 제공하는 수준을 훨씬 넘어설 만큼 효과적으로 사용된 대사들이 많다. 루이스가 "네가 원하는 만큼 얻게 될 거야"라고 말할 때 그것은 한 줄의 대사 이상이다. 그 대사는 그들의 삶을 압축해줄 뿐 아니라 그들에게는 거의 주문과도 같은 구실을 한다. 할이 "영리해도 멀리 못 가고 행운이란 바닥나게 되어 있어(Brains will get you only so far and luck always runs out)"라고 말할 때, 그것은 예상하게 만들기에 해당하며 두 여자가 현재 처해 있는 상황에 대한 정확한 진술이 된다. 루이스가 델마에게 "너는 언제나 미쳐 있었어…다만 이제야 너 자신을 표현할 기회를 찾은 것뿐이야(You've always been crazy…this is your first chance to express yourself)"라고 말할 때, 그것은 이미 엔딩에 이른 이 스토리를 멋지게 요약한 것이다.

비주얼

이 영화의 엔딩숏은 결코 잊을 수 없는 이미지를 만들어냈다. 그 이미지는 살인사건이 일어난 이후 펼쳐진 스토리의 진상-끔찍한 결말이 기다리고 있는 대장정-을 절묘하게 압축한 것이다. 이 영화에 사용된 인상적인 비주얼들은 대체로 여러 가지 요소들을 요약해놓거나 압축한 것들이다.

가령 두 여자가 벌판을 질주하고 수십 대의 경찰차들이 그들을 추격하는 장면을 보자. 달리 처리하려 했다면 수많은 숏들과 장황한 대사들이 소요되었을 상황을 단 하나의 이미지로 표현하고 있다. 앞바퀴가 절벽 위에 걸쳐져 있는 모습은 두 여자가 현재 처해 있는 상황을 절묘하게 압축해놓은 것이다. 그들은 이제 각자의 삶에서 벼랑 끝에 처해 있는 것이다. 폭발하는 유조차 앞에 무력하게 서 있는 트럭 운전사의 이미지는 두 가지 의미를 가지고 있다. 그것은 먼저 루이스가 얼마나 '정의(justice)'에 목말라 있는가를 보여준다. 그리고 동시에 그들이 법에 도전함으로써 현재 직면하고 있으며 앞으로 치러야할 대가가 어떠할지에 대한 예고이기도 하다.

드라마틱한 장면

할란과 제이디가 등장하는 장면들을 비교해보면, 둘 다 드라마틱하지만, 거의 비슷해보이는 두 사람이 실제로는 어떻게 다른가를 발견할 수 있다. 할란이 술집에서 두 여자에게 다가오자 델마는 그를 반기며 받아들이려 하지만 루이스는 그에게 핀잔을 주어 쫓아버린다. 할란은 어쩔 수 없이 물러나지만 마치 상어처럼 다시 공격할 방법을 찾고 있을 뿐이다. 제이디가 차를 태워달라고 부탁하자 델마는 그를 반기지만 루이스는 냉정하게 거절한다. 그러자 제이디는 할란처럼 다시 공격하려 배회하는 대신 깨끗이 사라져준다. 할란과 제이디는 유사한 의도를 가진 남자들이지만 서로 다르다. 물론 나중에 다시 한 번 기회가 생기자 제이디는 즉각 이를 받아들인다. 그러나 제이디는 이미 거절도 받아들일 수 있다는 점을 보여주었기 때문에 할란처럼 육체적·언어적 폭력을 휘두르는 종류의 인간은 아님이 느껴진다.

<델마와 루이스>에서 가장 드라마틱한 장면은 지미가 루이스에게 청혼하는 신이다. 이 신은 바로 옆방에 있는 제이디와 델마의 신과 병치되어 대비됨으로써 더욱 강렬하게 느껴진다. 지미는 루이스가 사실을 이야기해주지 않자 잘못된 판단을 내린다. 그래서 그가 불쑥 약혼반지를 내밀자 갑자기 분위기는 달라지고 지미와 루이스는 그들의 첫 만남을 추억하며 다정한 대화를 나누게 된다. 그리고 지미가 루이스의 눈이 무슨 색인지를 알아맞히자 그녀의 방어벽은 허물어지고 그들은 사랑을 나눈다. 지미와 루이스 사이의 우여곡절, 오해, 불신, 회복된 신뢰, 그리고 변화하는 역관계가 이 장면을 드라마틱하게 만들면서 강력하고도 사무치는 순간들을 보여주는 것이다.

특기할 만한 사항

〈델마와 루이스〉는 지루한 설교를 늘어놓지 않으면서도 강력하고 논쟁적인 사회적 발언을 훌륭하게 해냈다. 이 스토리의 핵심을 이루는 것은 여성에 대한 남성의 생각과 처우 속에 깃들어 있는 '불공정함(injustice)'이다. 관객은 영화를 보는 동안 그것을 느낄 수밖에 없고 극장을 나온 다음에도 그 문제에 대하여 생각해보게 된다. 하지만 영화를 보는 동안 관객이 의식하는 것은 그것이 '잘 짜여진 좋은 스토리'라는 것뿐이다. 달리 표현하자면 앞으로 어떤 일이 벌어질지에 대하여 궁금해할 수밖에 없지만 결코 그것을 예측할 수는 없다는 것이다.

불행하게도 오랫동안, 그리고 특히 최근에 들어서 더욱, 사색이란 흥미와 즐거움을 위해서라면 폐기될 수도 있는 그 무엇처럼 취급되어 왔다. 그 결과 흥미를 자극하는 영화와 사색을 자극하는 영화를 전혀 별개의 것처럼 인식하기까지 한다. 그러나 연극과 영화 그리고 스토리텔링의 역사를 들여다보면 진실은 그것과 정반대이다.

이 책에서 분석 대상이 된 영화들은 흥미로운 쇼를 보여주는 동시에 관객의 사색을 자극한다. 물론 이런 영화들의 대부분이 오늘날의 기준에서 보자면 다소 구닥다리라고 느껴지는 것도 사실이다. 그러나 〈델마와 루이스〉는 최근의 영화이며, 흥행과 비평에서 모두 높은 성적을 올렸고, 여러 부문의 아카데미상에 노미네이트되기도 한 작품이다. 이 영화는 관객에게 마치 롤러코스터를 타고 있는 것처럼 정신없이 벌어지는 흥미진진한 사건들을 보여주면서도 그 주제에 대하여 사색하고 느껴볼 것을 권유하는 훌륭한 작품이다.

본문에 등장하는 시나리오작가들

독자의 이해를 돕기 위하여 본문 제2부 및 제3부에 등장하는 시나리오작가들의 간략한 약력과 필모그래피를 덧붙인다. 우디 앨런이나 프랜시스 포드 코폴라처럼 시나리오작가로서의 아이덴티티보다 감독으로서의 아이덴티티가 강한 사람들의 경우는 제외시켰다. 한글영화제목 앞에 ⓥ를 표시한 것은 국내에 비디오로 출시되어 있음을 뜻한다. 배열은 한글이름의 가나다순에 따랐다.

닐 사이먼
Neil Simon, 1927~

브로드웨이 최고의 극작가로서 퓰리처상과 토니상을 수 차례 걸쳐 수상한 다음 활동폭을 TV드라마와 영화쪽까지 넓힌 작가이다. 그가 쓴 대부분의 시나리오는 자신의 희곡을 각색한 것인데 특히 현대인들의 내면풍경을 유머러스하게 다루는 코미디에 강하다.

초기에 그의 명성을 드높인 작품은 〈공원을 맨발로 Barefoot in the Park〉(1967)와 〈이상한 커플 The Odd Couple〉(1968). 대표작으로는 〈최후의 뜨거운 연인들 Last of the Red Hot Lovers〉(1971), 〈선샤인보이 The Sunshine Boys〉(1975), 〈굿바이걸 Good Bye Girl〉(1977) 등이 꼽힌다. 국내에 출시된 작품은 〈ⓥ갈등의 부부 The Heartbreak Kid〉(1972), 〈ⓥ5인의 탐정가 Murder by Death〉(1976), 〈ⓥ콜걸 California Suite〉(1978), 〈ⓥ결혼하는 남자 The Marrying Man〉(1991), 〈ⓥ욘커스 가의 사람들 Lost in Yonkers〉

(1993), 그리고 1975년 작품을 TV판으로 리메이크한 〈ⓥ우디 알렌의 선샤인보이 The Sunshine Boys〉(1995) 등이 있다.

데이비드 마멧
David Mamet, 1947~

닐 사이먼과 마찬가지로 브로드웨이 극작가 출신이다. 그러나 닐 사이먼의 시나리오에는 다분히 연극적 요소가 남아 있는 반면 데이비드 마멧의 시나리오는 대단히 영화적이다.

시나리오작가로서의 데뷔작은 〈ⓥ우편배달부는 벨을 두번 울린다 The Postman Always Rings Twice〉(1981). 이후 〈ⓥ심판 The Verdict〉(1982), 〈ⓥ언터처블 The Untouchable〉(1988), 〈ⓥ글렌게리 글렌로스 Glengarry Glen Ross〉(1992), 〈ⓥ호파 Hoffa〉(1992) 등을 썼고 최근작으로는 〈ⓥ왝 더 독 Wag the Dog〉(1997)과 〈ⓥ로닌 Ronin〉(1998)이 있다. 〈ⓥ위험한 도박 House of Games〉(1987), 〈ⓥ제3의 기회 Things Change〉(1988), 〈ⓥ호미싸이드 Homicide〉(1991), 〈ⓥ윈슬로우보이 Winslow Boy〉(2000) 등의 작품은 자신이 쓴 시나리오를 직접 연출한 것이다.

레이먼드 챈들러
Raymond Chandler, 1888~1959

시카고 출생이지만 영국에서 대학을 다녔고 저널리스트생활을 거쳐 소설가로 성공한 다음 영화계에 발을 들여놓았다. 그는 팜므파탈(femme fatal)이 등장하는 전형적인 하드보일드 누아르 스타일을 정립한 인물이다. 그가 쓴 작품에는 대부분 필립 말로이(Phillip Marlowe)라는 사설탐정이 등장한다.

시나리오로는 〈이중배상 Double Indemnity〉(1944), 〈블루 달리아 Blue Dahlia〉(1946), 〈ⓥ히치콕의 스트레인저 Strangers on a Train〉(1951) 등이 유명하며, 필름누아르의 고전으로 꼽히는 〈빅 슬립 The Big Sleep〉(1946)은 그의 장편소설을 윌리엄 포크너(William Fawkner)가 각색한 작품이다.

로버트 타우니
Robert Towne, 1934~

'미국 B급영화의 대부'라고 불리는 로저 코먼 밑에서 영화이력을 시작했다. 잭 니콜슨, 워런 비티, 톰 크루즈 등과 각별한 친분을 나누고 있다고 알려진 그는 예순을 훌쩍 넘긴 현재에 이르기까지 정열적인 창작활동을 계속하고 있다.

〈Ⓥ마지막 지령 The Last Detail〉
(1972), 〈Ⓥ바람둥이 미용사
Shampoo〉(1975), 〈Ⓥ그레이스톡 타
잔 Greystoke: The Legend of
Tarzan, Lord of the Apes〉(1984) 등
으로 아카데미상에 수 차례 노미네이트
되었으나 그에게 수상의 영광을 안긴
작품은 역시 〈Ⓥ차이나타운 China-
town〉(1974)이다. 그 밖에도 〈Ⓥ폭풍
의 질주 Days of Thunder〉(1990), 〈Ⓥ
야망의 함정 The Firm〉(1993), 〈Ⓥ미
션 임파서블 Mission: Impossible〉
(1996), 〈Ⓥ미션 임파서블 2 Mission:
Impossible 2〉(2000) 등을 썼고, 〈Ⓥ
불타는 태양 Tequila Sunrise〉
(1988), 〈Ⓥ톰 크루즈의 위다웃리밋
Without Limits〉(1998) 등은 직접
연출하기도 했다.

링 라드너 주니어
Ring Lardner Junior, 1915~

1937년의 〈스타탄생 A Star Is
Born〉에 크레딧 없이 참여한 이후로
무려 40년이 넘는 세월 동안 시나리오
를 써온 원로작가이다. 대표작으로는
〈아칸소의 판사 Arkansas Judge〉
(1941), 〈외투와 단도 Cloak and
Dagger〉(1946), 〈신시내티 키드 The
Cincinnati Kid〉(1965) 등이 꼽히며,
한국전쟁 당시의 미군야전병원을 다룬
〈Ⓥ야전병원 매쉬 MASH〉(1970)로
아카데미상을 수상했다.

마리오 푸조
Mario Puzo, 1920~99

뉴욕의 빈민가 헬스키친에서 태어나
고달픈 청년 시절을 보내다가 마피아
의 세계를 사실적으로 다룬 장편소설
〈대부 The Godfather〉(1969)가 세
계적인 밀리언셀러가 되면서 부와 명
예를 한손에 거머쥐었다. 당시로서는
무명의 감독이었던 프랜시스 포드 코
폴라와 함께 자신의 소설을 각색하면
서 시나리오작가로서의 명성도 얻었
다.
아카데미상을 수상한 〈Ⓥ대부〉 3부
작(1972-1974-1990) 이외에도 〈Ⓥ대
지진 Earthquake〉(1974)의 시나리
오를 썼고, 〈Ⓥ슈퍼맨 Superman〉 1,
2부(1978-1980), 〈Ⓥ카튼클럽 The
Cotton Club〉(1984), 〈Ⓥ콜럼버스
Christopher Columbus: The Dis-
covery〉(1992)에 스토리작가로 참여
했다.

빌 위틀리프
Bill Wittliff, 1940~

주로 서부를 배경으로 펼쳐지는 사
나이들의 세계를 그려온 시나리오작

가. 데뷔작은 〈흑마 The Black Stallion〉(1979)이고, 대표작으로는 〈ⓥ가을의 전설 Legends of the Fall〉(1994)과 〈ⓥ퍼펙트 스톰 Perfect Storm〉(2000)을 꼽을 수 있다. 그 밖에도 〈남루한 사나이 Raggedy Man〉(1981), 〈ⓥ크리크의 건맨 Ned Blessing: The True Story of My Life〉(1992), 〈ⓥ뉴욕의 해결사 The Cowboy Way〉(1994) 등이 있다.

I.A.L. 다이아몬드
I.A.L. Diamond, 1920~88

루마니아 출신의 작가로서 본명은 이텍 돔니치(Itek Domnich). 데뷔작인 〈푸른 방의 살인 Murder in the Blue Room〉(1944)으로부터 최후의 작품인 〈버디 버디 Buddy Buddy〉(1981)에 이르기까지 거의 40년에 육박하는 세월 동안 최고 수준의 시나리오를 써왔다. 빌리 와일더 후기의 파트너로서도 널리 알려져 있다.

그의 대표작으로 꼽히는 〈뜨거운 것이 좋아 Some Like It Hot〉(1959), 〈아파트 The Aprtment〉(1960), 〈포춘쿠키 The Fortune Cookie〉(1966)는 모두 아카데미상에 노미네이트되었고 그중 〈아파트〉가 수상의 영광을 안았다. 이 밖에도 〈텍사스에서 온 두 녀석 Two Guys from Texas〉(1948),

〈하오의 연정 Love in the Afternoon〉(1957), 〈셜록 홈즈의 사생활 The Private Life of Sherlock Holmes〉(1970) 등이 유명하다.

어니스트 레먼
Ernest Lehman, 1920~

할리우드의 메이저 스튜디오들과 긴밀한 관계를 맺고 있는 시나리오작가의 대명사. 서스펜스 스릴러로부터 로맨틱 멜로에 이르기까지 모든 장르를 섭렵하였으나 그중에서도 특히 뮤지컬에 강하다.

그의 데뷔작은 1995년에 시드니 폴락 감독에 의하여 리메이크되기도 했던 〈ⓥ사브리나 Sabrina〉(1954). 커다란 성공을 거둔 뮤지컬로는 〈ⓥ왕과 나 The King and I〉(1956), 〈ⓥ웨스트사이드스토리 West Side Story〉(1961), 〈ⓥ사운드 오브 뮤직 The Sound of Music〉(1965), 〈헬로 돌리! Hello, Dolly!〉(1969). 그 밖에도 대표작으로 꼽히는 것이 〈성공의 달콤한 향기 The Sweet Smell of Success〉(1957), 〈ⓥ북북서로 진로를 돌려라 North by Northwest〉(1959), 〈누가 버지니아울프를 두려워하랴? Who's Afraid of Virginia Woolf?〉(1966), 〈ⓥ블랙 선데이 Black Sunday〉(1977) 등이다.

월터 번스틴
Walter Bernstein, 1919~

주로 풍자와 코미디에 능한 할리우드의 원로 시나리오작가. 〈당신의 키스로 내 손의 피를 씻었다오 Kiss the Blood Off My Hands〉(1948)로 데뷔하였고, 대표작으로 꼽히는 〈페일 세이프 Fail-Safe〉(1964)는 2000년에 동일한 제목으로 리메이크되었다. 그 밖에도 〈ⓥ전쟁과 사랑 The Train〉(1965), 〈ⓥ프론트 The Front〉(1976), 〈ⓥ우정의 마이애미 Semi-Tough〉(1978), 〈ⓥ못다 한 사랑 An Almost Perfect Affair〉(1979) 등을 썼다.

윌리엄 골드먼
William Goldman, 1931~

장편소설 〈빗속의 병사 Soldier in the Rain〉(1963)로 데뷔한 이후 할리우드로 진출한 시나리오작가. 거의 모든 시나리오 작법서에 그와의 인터뷰가 인용될 만큼 시나리오작가로서의 위상이 확고하다. 특히 "시나리오에서 가장 중요한 요소를 세 가지만 꼽아달라"는 질문에 대하여 "구조, 구조, 구조"라고 답했다는 사실은 전설적인 일화로 남아 있다. 일흔을 바라보는 현재까지 왕성한 창작활동을 펼치고 있으며 그 동안 출간한 장편소설만도 10여 권에 이른다.

〈가장무도회 Masquerade〉(1965)로 할리우드에 데뷔했고 〈ⓥ내일을 향해 쏴라 Butch Cassidy and the Sundance Kid〉(1969)와 〈ⓥ대통령의 음모 All the President's Men〉(1976)로 두 차례에 걸쳐 아카데미상을 수상했다. 그 밖에도 〈ⓥ마라톤맨 Marathon Man〉(1976), 〈머나먼 다리 A Bridge Too Far〉(1977), 〈ⓥ프린세스 브라이드 The Princess Bride〉(1987), 〈ⓥ미저리 Misery〉(1990), 〈ⓥ투명인간의 사랑 Memoirs of an Invisible Man〉(1992), 〈ⓥ매버릭 Maverick〉(1994), 〈ⓥ챔버 The Chamber〉(1996), 〈ⓥ고스트 앤 다크니스 The Ghost and the Darkness〉(1996), 〈ⓥ앱솔루트 파워 Absolute Power〉(1997), 〈ⓥ장군의 딸 The General's Daughter〉(1999) 등이 있다.

톰 릭먼
Tom Rickman

롤러스케이팅을 대중적으로 확산시킨 〈ⓥ진정한 승리 Kansas City Bomber〉(1972)로 데뷔했다. 대표작은 '컨트리음악의 퍼스트레이디'라고 칭송받는 로레타 린의 일대기를 다룬 〈ⓥ위대한 탄생 Coal Miner's Daughter〉(1980). 그 밖에 〈유쾌한 경찰관 The Laughing Policeman〉 (1973), 〈후퍼 Hooper〉(1978), 〈모두가 미국인 Everybody's All American〉(1988) 등이 있다.

패디 차예프스키
Paddy Chayefsky, 1923~81

〈마티 Marty〉(1955), 〈종합병원 The Hospital〉(1971), 〈ⓥ네트워크 Network〉(1976)로 무려 세 번에 걸쳐 아카데미상을 수상한 관록의 시나리오 작가. 본명은 시드니 차예프스키인데, 소설가로 활동할 때에는 시드니 아론 (Sydney Aaron)이라는 필명을 사용하기도 했다. 사회적인 문제를 차분한 일상적 표현에 담아내는 솜씨가 빼어나다. 이 밖에도 〈총각파티 The Bachelor Party〉(1957), 〈에밀리를 미국사람으로 만들기 The Americanization of Emily〉(1964), 〈올터드 스테이트 Altered States〉 (1980) 등이 대표작으로 꼽힌다.

프레스턴 스터지스
Preston Sturges, 1898~1959

시카고의 부유한 집안 태생으로서 프랑스에서 유학하다가 제1차 세계대전에 공군으로 참가했다. 희곡작품 〈불명예 Strictly Dishonorable〉(1931)

가 브로드웨이에서 대히트를 하자 할리우드로 입성했다. 멜로에 정통한 시나리오작가로 명성을 떨치던 중 감독 데뷔작 〈위대한 맥긴티 The Great McGinty〉(1940)가 비평과 흥행에서 모두 대성공을 거두자 프랭크 카프라의 라이벌로 급부상했다. 파라마운트를 떠난 이후에는 하워드 휴스의 파트너로 일하기도 했다.

대표작으로는 〈슬픔은 그대 가슴에 Imitation of Life〉(1934), 〈레이디 이브 The Lady Eve〉(1941), 〈설리반의 여행 Sullivan's Travels〉(1942), 〈팜비치 스토리 The Palm Beach Story〉(1942), 〈광란의 수요일 Mad Wednesday〉(1947) 등이 있다.

본문에 등장하는 영화들

독자의 이해를 돕기 위하여 본문에 등장하는 영화들에 대한 간략한 해제를 덧붙인다. 제4부에서 집중적으로 분석되고 있는 영화들은 당연히 제외시켰다. 한글영화제목 앞에 ⓥ를 표시한 것은 국내에 비디오로 출시되어 있음을 뜻한다. 배열은 한글제목의 가나다순에 따랐다.

해제에 사용된 약어가 의미하는 바는 다음과 같다. S(Screenplay by) : 시나리오작가, D(Directed by) : 감독, F(Featuring) : 주연.

내쉬빌
Nashville, 1975

S&D 로버트 알트먼 **F** 키스 캐러딘, 데이비드 알킨, 네드 베티

컨트리음악의 메카인 내쉬빌을 무대로 하여 그곳으로 몰려들고 떠나가는 숱한 인간군상들을 그렸다. 주제곡인 〈아임 이지 I'm Easy〉는 널리 유행되었다. 같은 감독의 최신작인 〈ⓥ캔사스 시티 The Kansas City〉(1996)는 바로 이 영화의 재즈판 변형이라고 볼 수 있다.

ⓥ내일을 향해 쏴라
Butch Cassidy and the Sundance Kid, 1969

S 윌리엄 골드먼 **D** 조지 로이힐 **F** 폴 뉴먼, 로버트 레드퍼드, 캐서린 로스

저물어가는 서부시대를 배경으로 유쾌한 2인조 강도들의 모험과 몰락을 그린 버디영화의 대명사. 부치와 선댄스는 미국 초등학교의 교과서에 나올 정도로 널리 알려진 실존인물이기도 하다. 로버트 레드퍼드는 이 배역을 기념하여 '선댄스영화제'를 만들기도 했다.

ⓥ 늑대와 춤을
Dances with Wolves, 1990

S 마이클 블레이크 D 케빈 코스트너 F 케빈 코스트너, 메리 맥도웰

1858년, 남북전쟁에 지친 북군의 던바는 셀즈윅 요새에 단신으로 부임하였다가 인디언들을 만나 서서히 그들에게 동화되어 간다. 인디언식 이름인 '늑대와 춤을'이라 불리던 그는 '주먹 쥐고 일어서'와 사랑에 빠진다. 인디언에 대한 미국인의 원죄의식을 다룬 작품.

니노치카
Ninotchka, 1939

S 빌리 와일더, 찰스 브래킷 D 에른스트 루비치 F 그레타 가르보, 멜빈 더글러스

공무수행을 위해 파리에 온 소련 여성 니노치카가 그곳에서 플레이보이인 한 남성을 만나 사랑을 느끼게 된다. 동서 간의 로맨스를 다룬 코미디영화. 니노치카 역의 그레타 가르보는 중세 카밀라의 이미지를 벗고 코미디 배우로서의 천부적인 소질을 과시했다.

ⓥ 닥터 스트레인지러브
Dr. Strangelove: or How I Learned to Stop Worrying and Love the Bomb, 1964

S&D 스탠리 큐브릭 F 피터 셀러스, 조지 스콧, 스털링 헤이든

무한군비경쟁의 소용돌이에 휘말린 1960년대. 광기 어린 냉전분위기 속에서 한 독단적인 장군의 명령이 지구를 핵폭발의 위험에 처하게 만든다. 스탠리 큐브릭의 블랙유머와 냉소주의가 일품이다.

뜨거운 것이 좋아
Some Like It Hot, 1959

S 빌리 와일더, I.A.L.다이아몬드 D 빌리 와일더 F 마릴린 먼로, 토니 커티스, 잭 레몬

살인현장을 우연히 목격하게 된 두 남자 조와 제리는 갱들에 쫓기게 되자 여장을 하고서는 여성순회공연단에 몸을 숨긴다. 그곳에서 조는 리드싱어인 슈거에게 빠져들고, 제리는 엉뚱하게도 백만장자로부터 구애를 받게 된다. 다양한 장르가 융합되어 있는 요절복통 코미디.

레드 리버
Red River, 1948

S 보든 체이스 D 하워드 혹스 F 존 웨인, 몽고메리 클리프트

던슨은 양자인 매튜와 함께 가축을 이끌고 텍사스를 떠난다. 그러나 매튜

는 이동 도중 새로운 세상에 대한 정보
를 접하여 던슨과 결별하고 캔사스로
가려 한다. 할리우드의 거장 1세대로
꼽히는 하워드 혹스의 정통 서부극.

로젠크란츠와 길덴스턴은 죽었다
Rosencrantz and Guildenstern are dead, 1990

S&D 톰 스토파드 **F** 게리 올드먼, 팀 로스

톰 스토파드가 영국에서 대성공을
거둔 자신의 희곡을 직접 각색하고 연
출까지 도맡아한 감독데뷔작으로 베니
스영화제에서 그랑프리를 수상했다.
로젠크란츠와 길덴스턴은 본래 〈햄릿〉
에 단역으로 나오는 캐릭터들인데 이
작품에서는 주인공으로 행세한다. 톰
스토파드는 최근 〈셰익스피어 인 러브
Shakespeare in Love〉(1998)로 아카
데미 각본상을 수상한 저명한 시나리
오작가이기도 하다.

ⓥ 록키
Rocky, 1977

S 실베스터 스탤론 **D** 존 아빌드슨 **F** 실베스터 스탤론, 탈리아 샤이어

필라델피아 빈민촌의 무명복서 록키
는 어느 날 느닷없이 세계헤비급챔피
언 아폴로로부터 타이틀매치의 상대로
지목된다. 록키는 주변의 비웃음과 만
류에도 불구하고 자신을 단련시키기
위하여 최선을 다한다. 무수한 속편을
낳았을 정도로 대히트한 실베스터 스
탤론의 출세작.

마티
Marty, 1955

S 패디 차예프스키 **D** 델버트 만 **F** 어네스트 보그나인, 베시 블레어

정육점에서 일하는 노총각 마티는
연애문제에 있어서는 영 젬병인 인물
이다. 그러나 어느 날 그의 앞에 한 처
녀교사가 나타나면서 상황은 돌변하게
되는데…. 아카데미상을 휩쓸고 칸에
서도 호평을 받은 따뜻한 걸작소품.

ⓥ 멋진 인생
It's a Wonderful Life, 1946

S 프랭크 카프라, 프랜시스 굿리치, 앨버트 해킷 **D** 프랭크 카프라 **F** 제임스 스튜어트, 도나 리드

조지 베일리는 아무리 열심히 살려
고 해도 부정직한 세상의 횡포를 이겨
낼 수가 없다는 것을 깨닫고는 자살하
려 하지만 천사의 조언을 듣고 마음을
돌려 세상을 다시 본다. 프랭크 카프라
의 대책없는 낙관주의와 인민주의가
집대성된 그의 대표작.

ⓥ 모던타임스
Modern Times, 1936
S&D 찰리 채플린 **F** 찰리 채플린, 폴레트 고다르

전기철강회사에서 볼트조이는 일을
하는 단순노동자 찰리. 비인간적인 대
량생산체계는 그의 정신상태에 심각한
분열을 초래한다. 일인다역의 영화천
재 찰리 채플린의 풍자정신과 유머감
각은 지금 봐도 놀랍다.

ⓥ 문스트럭
Moonstruck, 1987
S 존 패트릭 셴리 **D** 노만 주이슨 **F** 셰어, 니콜라스 케
이지

로레타는 조니와 결혼을 약속하지만
갑자기 조니의 남동생인 로니와 사랑
에 빠진다. 로레타의 부모들 역시 무엇
에라도 홀린 듯 사랑을 찾아 밤거리를
배회한다. 뉴욕의 밤거리를 적시는 신
비로운 달빛이 따스하게 흐르는 로맨
틱 코미디.

미스터 로버츠
Mister Roberts, 1955
S 토머스 히긴, 조수아 로건 **D** 존 포드 **F** 헨리 폰다, 잭
레몬, 닉 애덤스

2차대전중 태평양을 항해하는 미국
의 화물선상에서 폭군인 선장에 대항
하는 주인공 로버츠를 비롯한 선원들
의 이야기를 다룬 고전적인 코미디 드
라마.

밀드레드 피어스
Mildred Pierce, 1945
S 래널드 맥두걸 **D** 마이클 커티스 **F** 조앤 크로퍼드,
잭 카슨

미국사회의 물질주의와 섹스, 부자
관계에 대해 어둡고도 복합적이고 신
랄한 비판을 가한 필름누아르의 걸작.
기형적이고 뒤틀린 가족관계에 초점을
맞추었다. 제임스 케인의 원작소설을
각색한 영화.

ⓥ 바람과 함께 사라지다
Gone with the Wind, 1939
S 시드니 하워드 **D** 빅터 플레밍 **F** 비비안 리, 클라크
게이블

남북전쟁이 발발하기 직전인 1861
년. 타라농장의 맏딸 스칼렛은 애슐리
를 사랑하지만, 그가 멜라니와 결혼하
자, 홧김에 멜라니의 오빠 찰스와 결혼
한다. 찰스가 전사하여 미망인이 된 스
칼렛 앞에 레트 버틀러가 나타난다. 멜
로와 스펙터클이 적절히 결합되어 있
는 할리우드 황금기의 걸작.

ⓥ백 투 더 퓨처
Back to the Future, 1985
S 밥 게일, 로버트 저메키스 **D** 로버트 저메키스 **F** 마이클 J. 폭스, 크리스토퍼 로이드

고교생 마티는 괴팍한 과학자 덕 브라운의 조수로 일하다가 그가 발명한 타임머신을 타고 과거로 돌아간다. 1950년대의 시점에서 마주친 그의 부모는 아직 고등학생이다. 그는 미래에 태어나기 위하여 자신의 부모를 맺어주어야 하는 기막힌 모순에 빠진다.

ⓥ보디히트
Body Heat, 1981
S&D 로렌스 캐스단 **F** 윌리엄 허트, 캐서린 터너

플로리다 작은 마을의 변호사인 네드는 유부녀인 마티와 불륜의 사랑에 빠져 허우적거리다가 결국 그녀의 남편까지 죽이게 된다. 그가 사건과 여인으로부터 빠져나오려 할수록 사태는 점점 꼬여만 간다. 팜므파탈이 등장하는 필름누아르의 전통을 멋지게 되살린 작품.

분노
The Outrage, 1964
S 페이 카민, 마이클 카민 **D** 마틴 리트 **F** 폴 뉴먼, 에드워드 로빈슨

중세 일본을 배경으로 했던 구로사와 아키라 감독의 〈라쇼몽〉을 미국의 서부시대로 옮겨놓은 작품. 원작에 비해 완성도가 떨어진다는 평을 받았다.

ⓥ분노의 주먹
Raging Bull, 1980
S 폴 슈레이더 **D** 마틴 스콜세지 **F** 로버트 드 니로, 캐시 머라이어티, 조 페시

좌절을 계속하던 복서 제이크 라모타는 무패의 전적을 자랑하던 슈거레이 로빈슨과의 시합에서 예상을 뒤집고 승리한다. 그러나 이 영화는 권투 그 자체보다는 20여년에 걸친 세월 동안 한 권투선수가 겪은 영욕을 파헤침으로써 미국사회의 내밀한 변천사와 그것의 해부에 더욱 역점을 두고 있다.

ⓥ사랑과 추억
The Prince of Tides, 1991
S 팻 콘로이, 벡키 존스턴 **D** 바브라 스트라이샌드 **F** 바브라 스트라이샌드, 닉 놀테

톰은 어린 시절에 받은 정신적 상처로부터 자유롭지 못한 남부의 터프가이. 정신과 의사인 수잔은 그를 치료하는 과정에서 연민을 느끼다가 점차 사랑에 빠져든다. 할리우드의 단골메뉴인 가족간의 갈등과 애증관계를 다루

고 있다.

ⓥ 사랑은 비를 타고
Singing in the Rain, 1952
S 베티 컴덴, 아돌프 그린 D 진 켈리, 스탠리 도넌 F
진 켈리, 데비 레이놀즈, 도널드 오코너

무성영화에서 유성영화로 넘어가던 1920년대의 할리우드를 배경으로 배우들이 겪어야 했던 혼란과 적응과정 그리고 사랑을 그렸다. 진 켈리가 동명의 주제가를 부르며 빗속에서 춤을 추는 장면은 아마도 영화사상 가장 유명한 신들 중의 하나일 것이다.

ⓥ 48시간
48 Hours, 1982
S 스티븐 드 수자, 월터 힐 D 월터 힐 F 닉 놀테, 에디
머피

터프한 형사 잭은 하몬드라는 죄수를 48시간 동안 가석방시켜준다는 조건으로 자신의 수사에 협조하도록 한다. 흑인과 백인, 경찰과 사기꾼이라는 이 기발한 2인조는 뜻밖에도 멋진 파트너가 되어 도시의 밤거리를 누빈다.

ⓥ 선셋대로
Sunset Boulevard, 1950
S 빌리 와일더, 찰스 브래킷 D 빌리 와일더 F 윌리엄
홀덴, 글로리아 스완슨, 에릭 폰 스트로하임

3류 시나리오작가인 조는 빚쟁이들에게 쫓기다가 선셋대로의 한 호화주택으로 숨어든다. 그곳에서는 무성영화시대의 잊혀진 스타 노마와 베일에 싸여 있는 하인 맥스가 외부와는 완전히 두절된 생활을 하고 있다. 캐릭터 중심 영화의 대표작. '죽은 자의 내레이션'이라는 기법으로도 유명하다.

성공의 달콤한 향기
The Sweet Smell of Success, 1957
S 클리포드 오데트, 어니스트 레먼 D 알렉산더 매켄드릭 F 버트 랭커스터, 토니 커티스

신문사 소속의 시드니 팔코는 저명한 칼럼니스트인 헌섹커의 이름을 도용하는 대가로 그의 여동생과 사랑에 빠져 있는 가난한 음악가를 완전히 사회적으로 매장시켜버린다. 특히 다면적인 인간인 시드니 팔코의 캐릭터 묘사가 뛰어나다.

ⓥ 세일즈맨의 죽음
Death of a Salesman, 1985
S 아서 밀러 D 폴커 슐뢴도르프 F 더스틴 호프먼, 케이트 리드, 존 말코비치

외판원으로 평생을 살아온 윌리는 어느 날 자신의 삶에는 아무런 가치도 없고 구원의 기회도 주어지지 않으리라는 것을 깨닫는다. 아서 밀러의 대표

작으로서 브로드웨이에서 크게 성공한 이 작품은 수 차례에 걸쳐 영화화되었는데, 현재 국내에 출시되어 있는 것은 이것뿐이다.

ⓥ 셰인
Shane, 1953

S A.B.거슬리 주니어 D 조지 스티븐스 F 알란 라드, 진 아서

개척민 마을에 낯선 총잡이 셰인이 찾아온다. 마을 주민들은 셰인에게 자신들을 괴롭히고 있는 악당들을 처치해달라고 부탁한다. 개척민들의 땅에 대한 집착과 떠돌이 총잡이라는 서부영화의 고전적 구도를 가장 잘 드러낸 작품으로 꼽힌다.

ⓥ 수색자
The Searchers, 1956

S 프랭크 뉴젠트 D 존 포드 F 존 웨인, 제프리 헌터, 베라 마일스

방랑의 영웅 이산 에드워드는 인디언들에게 가족이 살해당하자 유일하게 남은 혈육인 조카딸을 되찾아오기 위하여 인디언들을 추적한다. 결국 그들을 찾아낸 이산은 그러나 이미 인디언으로 변해버린 조카딸의 모습을 보고 절망한다. 서부영화 장르의 완성자로 불리는 존 포드가 역설적이게도 그것

의 해체를 시도한 작품.

ⓥ 스타워즈
Star Wars, 1977

S&D 조지 루카스 F 마크 해밀, 해리슨 포드, 캐리 피셔

스무살의 농부 루크 스카이워커는 자신이 구입한 로봇의 영상회로를 통해 구원을 요청하고 있는 레아 공주의 메시지를 듣고 제다이를 찾아나선다. 〈스타워즈〉 시리즈 중 최초로 발표된 작품. 그러나 최근에야 그 전모를 드러낸 〈스타워즈〉의 전체적 구성을 보면 '에피소드 4'에 해당한다.

ⓥ 스팅
Sting, 1973

S 데이비드 워드 D 조지 로이힐 F 폴 뉴먼, 로버트 레드퍼드, 로버트 쇼

1930년대. 풋내기 사기꾼 부커는 자신의 동료를 살해한 거물급 악당에게 복수하기 위하여 베테랑 사기꾼 군돌프를 찾아간다. 속도감 있는 전개와 관객의 예상을 뒤집는 극적인 반전이 돋보이는 유쾌한 사기극.

ⓥ 시라노
Cyrano de Bergerac, 1990

■ S&D 장폴라프노 F 제라르드 파르디외, 안 브로슈

자신의 커다란 코 때문에 대리연애에 만족할 수밖에 없었던 시라노의 애달프고 낭만적인 러브스토리. 17세기 프랑스의 사랑풍속도와 사회현실을 잘 묘사한 걸작 희곡을 영화화한 작품. 호세 페레가 주연을 맡았던 1950년의 작품이 유명하지만 현재 국내에 출시되어 있는 것은 이 작품뿐이다.

시에라 마드르의 보물
The Treasure of the Sierra Madre, 1948

S&D 존 휴스턴 F 험프리 보가트, 월터 휴스턴, 팀 홀트

돈을 벌기 위하여 멕시코에서 만난 돕스와 커틴은 매클레인의 꾀임에 빠져 보물이 묻혀 있다는 시에라 마드르를 탐험한다. 1940년대판 〈인디아나 존스〉 정도로 생각하면 큰 무리가 없다.

신 맨
Thin Man, 1934

S 프랜시스 굿리치, 앨버트 해킷 D W. S. 반 다이크 F 윌리엄 포웰, 미르나 로이, 윌리엄 헨리

전직 형사인 닉과 호탕한 그의 아내 로라가 한 살인사건을 맡게 되면서 용의자들을 추적해 나가는 과정을 재미있게 그린 미스터리 코미디. 복잡하게 얽혀 있는 사건들을 명쾌하게 풀어나가는 구성이 돋보인다.

ⓥ아마데우스
Amadeus, 1984

S 피터 셰퍼 D 밀로스 포먼 F F. 머레이 에이브러험, 톰 헐스

궁정 악단장인 살리에리는 천재적인 젊은 음악가 모차르트에게 질투를 느껴 결국 그를 죽음으로 몰아간다. 피터 셰퍼가 브로드웨이에서 크게 성공한 자신의 작품을 직접 시나리오로 옮겼다. 천재와 범인의 갈등이라는 주제가 강렬하다.

ⓥ아프리카의 여왕
The African Queen, 1952

S 제임스 에이지, 존 휴스턴 D 존 휴스턴 F 험프리 보가트, 캐서린 헵번

1차 세계대전이 발발한 지 얼마 되지 않은 동아프리카. 독일군에 선교사 오빠를 잃은 깐깐한 독신녀 로즈는 '아프리카의 여왕' 이라는 발동선을 가지고 있는 술꾼선장 찰리를 꼬드겨 독일군 전함 '루이자' 호를 격침시키려 한다.

어느 날 밤에 생긴 일
It Happened One Night, 1934

S 로버트 리스킨 D 프랭크 카프라 F 클로데트 콜버트, 클라크 게이블

애정의 도피행각을 벌이는 재벌의 외동딸 엘리와 해고당한 신문기자 피터가 뉴욕행 야간버스에 나란히 앉게 된다. 사회경제적·성격적 차이가 확연한 두 남녀가 애교스러운 승강이를 벌이다가 결국에는 행복하게 결합한다는 '스크루볼 코미디'의 원형이 된 작품.

어두워질 때까지
Wait Until Dark 1967

S 프레드릭 크노트, 로버트 하워드 캐링턴 D 테렌스 영 F 오드리 헵번, 앨런 알킨, 리처드 크레나

마약이 들어 있는 인형을 우연히 소지하게 된 맹인 여성이 비열한 마약상들 사이에서 자신을 어떻게 지켜나가는지를 보여주는 미스터리 심리 스릴러. 이 영화에서는 겉으로 드러나는 폭력보다 작품 전체를 관통하는 전율과 서스펜스가 압권이다.

5월의 7일간
Seven Days in May, 1964

S 찰스 베일리 D 존 프랑켄하이머 F 버트 랭커스터, 커크 더글러스, 프레드릭 마치

전형적인 정치 스릴러. 소련과의 핵 폐지 협정에 동의한다는 이유를 들어 대통령을 해임시킬 음모를 꾸미는 미국 군대 수뇌부의 이야기를 그린 영화. 감독은 이 영화에서 히치콕에 버금가는 정확성과 정교함을 보여주었다.

ⓥ오즈의 마법사
The Wizard of Oz, 1939

S 노엘 랭글레이, 플로랜스 라이어슨 D 빅터 플레밍 F 주디 갤런드, 프랭크 모건

소녀 도로시는 답답한 일상에서 벗어나 '무지개 저편'으로 가기를 원한다. 갑자기 불어닥친 회오리바람은 도로시를 오즈의 왕국으로 밀어넣고, 그녀는 '머리가 빈 허수아비', '마음이 없는 양철나무꾼', '용기가 없는 사자'와 함께 기이한 여행을 한다. 자유분방한 상상력으로 서구의 모든 예술가들에게 끊임없는 영감을 불어넣어주고 있는 작품.

ⓥ우리에게 내일은 없다
Bonnie and Clyde, 1967

S 데이비드 뉴먼, 로버트 벤튼 D 아서 펜 F 워런 비티, 페이 더너웨이

경제불황이 극에 달한 1930년대. 전설적인 갱커플이었던 클라이드 바로와 보니 파커의 일대기를 다뤘다. 1960년

대 미국의 청년문화가 이 영화를 하나의 문화적 선언으로 받아들일 만큼 커다란 반향을 불러일으켰다. 벌집이 되어 죽어가는 마지막 장면은 오래도록 기억에 남는다.

위대한 산티니
The Great Santini, 1979

S&D 루이스 존 카를리노 F 로버트 듀발, 블라이드 대너

파일럿인 아버지와 4명의 자녀들간의 갈등과 화해를 그린 드라마. 다른 영화를 통해 차분하면서도 현명한 인물을 주로 연기했던 로버트 듀발은 이 영화에서 난폭하고 권위적인 아버지 역을 잘 소화해 1980년 몬트리올영화제에서 남우주연상을 수상했다.

시나리오 가이드

ⓥ 이유없는 반항
Rebel Without a Cause, 1955

S 어빙 슐먼, 니콜라스 레이 D 니콜라스 레이 F 제임스 딘, 내털리 우드

짐은 새로 전학온 학교에서 불량스러운 학생패거리 존과 주디를 만난다. 짐은 주디의 친구와 벼랑 끝까지 달리는 자동차경주를 벌이다가 상대편을 죽게 만든다. 활극과 로맨스, 그리고 기성세대에 대한 반항으로 점철된 1950년대 비트 제너레이션의 우울한 초상화.

이중배상
Double Indemnity, 1944

S 레이먼드 챈들러, 빌리 와일더 D 빌리 와일더 F 프레드 맥머레이, 바버라 스탠윅

보험회사 소속의 사립탐정 월터 네프는 필리스 디에트릭슨이라는 매혹적인 고객과 사랑에 빠지는 바람에 그녀의 남편을 죽인다. 그러나 그 이후로 속속 밝혀지는 사건들은 그에게 불리하게만 작용하는데…. 팜므파탈이 등장하는 필름누아르의 원형이 된 작품.

ⓥ 이창
Rear Window, 1954

S 존 마이클 헤이즈 D 앨프리드 히치콕 F 제임스 스튜어트, 그레이스 켈리

다리를 다쳐 꼼짝없이 집에만 갇혀 지내는 사진기자 제프리는 정원 건너편 아파트를 심심풀이로 훔쳐보다가 혹시 살인사건이 벌어진 것은 아닌가 하는 의심을 품게 된다. 퍼즐맞추기와 서스펜스가 흥미롭게 결합된 히치콕의 걸작소품.

ⓥ 정의의 사관
The Lords of Discipline, 1983

S 로이드 폰비에, 토마스 포페 D 프랑크 로담 F 데이비드 케이스, 로버트 프로스키, 마이클 빈

한 육군사관학교 후보생도가 백인우월주의에 의해 박해받고 있는 흑인사관생도를 보호하기 위해 십자가를 진다. 인종주의의 횡포에 대한 첨예한 문제의식이 돋보이는 팻 콘로이의 장편소설을 영화화한 작품.

ⓥ제3의 사나이
The Third Man, 1949
S 그레이엄 그린 D 캐롤 리드 F 조셉 코튼, 오슨 웰스

소설가 홀리 마틴은 친구인 해리 라임이 교통사고로 죽었다는 소식을 듣고 비엔나로 온다. 해리의 여자친구 애나는 그의 죽음이 우연은 아닌 것 같다고 믿고 있다. 또 다른 사람은 해리가 죽을 때 그 곁에는 '제3의 사나이'가 있었다고 증언한다. 2차대전 직후의 혼란과 부패상을 놀라운 미스터리적 기법에 녹여낸 걸작.

ⓥ죠스
Jaws, 1975
S 칼 고틀리프, 스티븐 스필버그 D 스티븐 스필버그 F 로이 샤이더, 로버트 쇼, 리처드 드레퓌스

피서지의 해변에 갑자기 식인상어가 나타나 마을 사람들을 공포에 몰아넣는다. 보안관은 해변을 폐쇄하려 하지만 시장은 시의 재정상태를 걱정하며 그의 제안을 거절한다. 영화사상 처음으로 1억달러 이상의 흥행기록을 세워 '블록버스터'의 효시로 꼽히는 작품.

ⓥ지붕 위의 바이올린
Fiddler on the Roof, 1971
S 조셉 스타인 D 노만 주이슨 F 하이만 토플, 노만 크레인

1905년, 러시아 우크라이나 지방의 작은 마을에 정착해 있던 한 유대인 가족은 퇴거명령을 받게 되자 가재도구를 모두 마차에 싣고 방랑길에 오른다. 새로운 시대가 도래함에도 아랑곳없이 구시대적 가치관을 지키는 데 자부심을 느끼는 아버지 테브예의 캐릭터 묘사가 흥미롭다. 롱런을 기록한 브로드웨이 뮤지컬을 각색한 영화.

ⓥ지옥의 묵시록
Apocalypse Now, 1979
S 존 밀리어스, 프랜시스 포드 코폴라 D 프랜시스 포드 코폴라 F 말론 브랜도, 마틴 신

전쟁에 지친 윌라드 중위는 화려한 군경력과 가족을 팽개치고 돌연 밀림으로 들어가 원주민들을 지배하며 자신만의 왕국을 세운 커츠 대령을 암살하라는 특명을 받는다. 베트남 전쟁의

광기를 한 인간의 내면 속에 숨어 있는 지옥을 묘사함으로써 표현해낸 작품.

ⓥ 챔프
The Champ, 1979

S 월터 뉴먼 D 프랑코 제피렐리 F 존 보이트, 페이 더너웨이

이제는 한물간 왕년의 복싱챔피언이 아들을 위해 술과 도박을 끊는다. 아들은 친구들에게 자기 아빠가 다시 챔피언이 될 거라고 입버릇처럼 자랑한다. 가족의 사랑과 인간승리를 그린 최루성 멜로드라마.

ⓥ 카사블랑카
Casablanca, 1942

S 하워드 콕, 줄리어스&필립 엡스타인 D 마이클 커티스 F 험프리 보가트, 잉그리드 버그만

2차대전이 확대될 무렵의 프랑스령 카사블랑카. 냉소적인 릭이 경영하는 술집에 옛 애인 일자가 항독투사 빅터와 함께 나타난다. 전쟁과 사랑이라는 주제를 가장 훌륭하게 결합시킨 사례로 꼽히며 세계 전역에 숱한 마니아들을 양산했다. 주제가 〈세월이 흘러가도 As Time Goes By〉는 재즈 스탠더드가 되었다.

ⓥ 코드네임 콘돌
Three Days of the Condor, 1975

S 로렌즈 셈플 주니어 D 시드니 폴락 F 로버트 레드퍼드, 페이 더너웨이

CIA의 비밀조직에서 정보수집을 맡고 있던 터너가 잠시 사무실을 비운 사이 동료직원 전원이 사살된다. 사태의 전모를 이해할 수 없었던 그는 CIA 뉴욕지부장에게 구원을 요청하지만 그 결과 마주치게 된 것은 살인청부업자뿐이다. 제목 '콘돌'은 터너의 암호명.

ⓥ 콘랙
Conrack, 1974

S 어빙 래비치, 해리엇 프랭크 D 마틴 리트 F 존 보이트, 폴 윈필드

남캐롤라이나의 낙도분교에 부임한 초등학교 교사 콘랙은 모든 이들의 무관심 속에 버려져 있는 아이들을 보고 경악한다. 자유분방한 기질을 가진 그는 '열린 교육'을 펼쳐 아이들의 신뢰와 사랑을 받게 된다. 마치 1980년대 전교조 교사의 외로운 투쟁을 보고 있는 것 같은 착각이 들 만큼 사실적이고 따뜻한 영화.

ⓥ 크레이머 대 크레이머
Kramer vs. Kramer, 1979

S&D 로버트 벤튼 F 더스틴 호프먼, 메릴 스트립

테드 크레이머는 일과 승진에만 전념하는 남편이다. 그의 아내인 조안나 크레이머는 주부의 역할에만 안주할 수는 없다. 테드는 승진하지만 조안나는 집을 나가고, 그때부터 테드는 아빠·주부·직장인의 1인3역을 힘겹게 해낸다. 결국 테드와 조안나는 아이 양육문제를 놓고 법정에서 대결한다.

ⓥ 킹콩
King Kong, 1933

S 제임스 크리먼, 루스 로즈 D 어니스트 슈드색, 메리안 쿠퍼 F 페이 워레이, 로버트 암스트롱

영화제작자 칼은 열대의 해골섬에서 새로운 영화를 찍으려 하나 돌연 여배우 앤이 원주민들에게 납치된다. 원주민들은 그녀를 그들이 떠받드는 신(神) 킹콩에게 제물로 바치려 한 것이다. 칼은 동료들과 함께 밀림으로 들어가 킹콩과 대결한다.

ⓥ 택시 드라이버
Taxi Driver, 1976

S 폴 슈레이더 D 마틴 스콜세지 F 로버트 드 니로, 시빌 셰퍼드, 조디 포스터

월남전 귀환병 트래비스는 불면증에 시달리다가 뉴욕의 심야택시 운전사가 된다. 그의 눈에 비친 세상은 온통 추악할 뿐이다. 사회의 정화를 결심한 트래비스는 정치인을 테러하려다 실패한 다음 포주를 살해하고 12살짜리 창녀를 집으로 돌려보낸다.

ⓥ 터미네이터
Terminator, 1984

S&D 제임스 캐머룬 F 아놀드 슈워제네거, 린다 해밀턴

미래로부터 날아온 사이보그가 사라 코너를 죽이려 한다. 사라가 낳을 아이가 미래사회에서 사이보그와 맞서 싸우는 반군의 지도자로 성장하게 되기 때문이다. 사이보그의 계획을 저지하기 위하여 반군의 카일 리스도 현재로 날아온다.

ⓥ 투시
Tootsie, 1982

S 래리 길버트, 머레이 쉬스걸 D 시드니 폴락 F 더스틴 호프먼, 빌 머레이, 제시카 랭

직장을 잃은 한 연극배우가 TV드라마에서 배역을 따내기 위해 여장을 한다. 독특하고 적극적인 연기로 인기를 얻게 된 그는 일터와 애정생활 사이에서 바쁜 이중생활을 하게 된다. 폭소와 유머 뒤에 사회에 대한 냉소적인 비판을 깔고 있는 작품.

파이브 이지 피시즈
Five Easy Pieces, 1970

S 애드리안 조이스 D 밥 라펠슨 F 잭 니콜슨, 카렌 블랙

부유한 집안 출신의 음악도 로버트 듀피는 자신의 출신성분을 혐오한 나머지 전도양양한 미래를 포기하고 남부의 한 석유채취장에서 노동자로 살아간다. 아버지가 쓰러졌다는 소식을 듣고는 귀향하지만 여전히 가족들의 속물취미와는 화해할 수 없다. 부르주아 가정의 가치와 무정부주의적 노동자계급의 삶 사이에서 찢겨져 나간 외로운 젊은이의 초상.

페르소나
Persona, 1966

S&D 잉마르 베리만 F 엘리자벳 보글러, 비비 앤더슨

두 여주인공 알마와 엘리자벳은 처음에는 심하게 다투지만 곧 서로를 이해하게 되며 결국에는 자아의 정체성마저 뒤섞여버리는 지경에 다다른다. 그래서 알마는 엘리자벳의 남편과도 관계를 맺는데…. 자아의 정체성을 타자와의 관계에서 탐구해본 정신분석학적 작품.

ⓥ 프랑켄슈타인
Frankenstein, 1994

S&D 케네스 브래너 F 로버트 드 니로, 케네스 브래너, 톰 헐스, 헬레나 본햄 카터

1794년, 혹한의 북극바다에서 월튼 선장은 미치광이 과학자를 구해낸다. 그는 자신의 피조물인 끔찍한 괴물 프랑켄슈타인에 대한 이야기를 들려준다. 메리 셜리 원작의 〈프랑켄슈타인〉은 수 차례에 걸쳐 리메이크되었는데, 현재까지는 이것이 최신작이다.

ⓥ 프렌지
Frenzy, 1972

S 앤서니 셰퍼 D 앨프리드 히치콕 F 존 핀치, 알렉 매코엔, 배리 포스터

강간한 여인을 넥타이로 목졸라 죽이는 끔찍한 연쇄살인사건이 진행중인 런던. 술집에서 해고된 블레이니는 절묘하게 전개되는 플롯 때문에 연쇄살인의 누명을 쓰게 되지만 자신의 무죄를 증명할 길이 없다. 서스펜스란 무엇인가에 대한 교과서적 모범답안을 보여주는 히치콕의 걸작.

ⓥ 하이눈
High Noon, 1952

S 칼 포먼 D 프레드 진네만 F 게리 쿠퍼, 그레이스 켈리

자신의 본분에 충실한 보안관 윌 케인은 막 신혼여행을 떠나려 할 즈음, 자신이 잡아넣었던 악당들이 출옥하여 정오에 마을로 들이닥치려 한다는 소식을 듣는다. 윌은 마을 사람들을 불러 모으나 아무도 도우려하지 않는다. 스크린타임과 리얼타임이 일치하는 것으로 유명한 영화.

ⓥ 해리가 샐리를 만났을 때
When Harry Met Sally…, 1989

S 노라 에프론 D 로브 라이너 F 빌리 크리스털, 멕 라이언

냉소적이지만 솔직한 해리와 새침데기 수다쟁이 샐리는 대학 시절에 우연히 만나 오랫동안 인연을 유지해온 좋은 친구이지만 자신들이 서로를 사랑하고 있다는 것을 깨닫지 못한다. 1980년대를 대표하는 로맨틱 코미디.

ⓥ 현기증
Vertigo, 1958

S 새뮤얼 A. 테일러, 알렉 코펠 D 앨프리드 히치콕 F 제임스 스튜어트, 킴 노박

고소공포증 때문에 시경에서 은퇴한 스카치는 백만장자인 친구로부터 자살 충동에 시달리는 아내 매들린을 감시해달라는 부탁을 받는다. 그녀를 미행하던 스카치는 어느새 사랑에 빠지고 마는데…. 기막힌 반전과 치밀한 심리전이 돋보이는 히치콕의 대표작.

시나리오 가이드

초판 1쇄 발행 1999년 9월 8일
초판 30쇄 발행 2020년 6월 8일
개정판 1쇄 발행 2022년 4월 15일
개정판 2쇄 발행 2023년 9월 15일

지은이 데이비드 하워드, 에드워드 마블리
옮긴이 심산
펴낸이 이상훈
인문사회팀 최진우 김경훈
마케팅 김한성 조재성 박신영 김효진 김애린 오민정

펴낸곳 (주)한겨레엔 www.hanibook.co.kr
등록 2006년 1월 4일 제313-2006-00003호
주소 서울시 마포구 창전로 70 (신수동) 화수목빌딩 5층
전화 02-6383-1602~3 **팩스** 02-6383-1610
대표메일 book@hanien.co.kr

ISBN 979-11-6040-795-2 03680